心理学者、心理学を語る

Psychologists on Psychology

デイヴィッド・コーエン
子安増生＝監訳
三宅真季子＝訳

時代を築いた13人の偉才との対話

新曜社

David Cohen
PSYCHOLOGISTS ON PSYCHOLOGY

目　次

装幀＝難波園子

はじめに

心理学者の心理など部外者にはわけがわからないし、取るに足らないテーマだとさえ思われるかもしれない。しかしそんなことはない。今や心理学は、非常に影響力のある分野になっている。イギリスのオリバー・ジェームズやアメリカのフィリップ・ジンバルドのような心理学者は、メディアにもしばしば登場する。世間は新しい風潮について、彼らの洞察を求める。実のところ、それは今に始まったことではない。一九二七年、行動主義の祖ジョン・B・ワトソンは、セックスや赤ん坊や自動車の最新のトレンドについてコメントを求める新聞記者たちにいつも悩まされていると、抗議している。当時でさえ、心理学の専門家が世の中を判定していたのだ。

今では、圧力はもっと強い。西洋文明では神が死んだにひとしいから、人々は人生の真の意味を心理学者（および精神分析学者）から聞き出そうとする。導師よ、我を導きたまえ。そして、その導師に「―学」という名がつけば、ますます信頼するに値するというわけである。

本書の初版が世に出てから、二五年以上が過ぎた。そして、その間に心理学は大きく変化した。心理学は順調に発展し、かつてなく多数の心理学者を生み出すに至っている。一九七七年にイギリス心理学会の会員は六〇〇〇人ちょっとだった。現在では、三万五〇〇〇人を超えている。アメリカ心理学会はあまりにも規模が大きくなったので、会員のなかには学会が何か意味ある行動をするには巨大すぎるのではないかと考える人もいる。学会の大会を開くには、近くに大空港がある街を選ばなければならない。オーストラリア、南アフリカ、日本でも、何万人もの心理学者が分析をし、仮説を立てている。ルーマニアのような辺鄙な小国でさえ――私にはルーマニア人の血が流れているから、こんな表現も許されるだろう――正式な資格をもつ心理学者が何千人もいる。

数だけでは、洞察の深さと進歩を保証することはできない。過去三〇年、ますます多くの人々が心理学に携わることによってビールと寿司にあずかっているが、誠に残念なことに、何が人間を動かしているのか、ちっとも理解が進んでいないと多数の批判の矢が放たれてきた。

人々がどのように――そしてなぜ――行動するかについて、本当のところどれだけわかっているのかと心理学者に尋ねたならば、多くの心理学者は、不満を言ってはならないと諭すだろう。心理学は何といっても非常に若い学問なのだから、物理学や化学や天文学のような進歩を期待してはいけない、と。これは真実であり――そしてそれほど真実でもない。心理学のデビューを一八七九年という栄《は》えある年、つまり最初の心理学実験室ができたときとみなすなら、心理学は化学より若い。この年、ヴィルヘルム・ヴントがライプツィヒに、ウィリアム・ジェームズがハーバードに研究室を開設した。そのときから数えると、心理学の歴史は二〇〇四年現在でわずか一二五年にすぎない。そんなに歴史の浅い学問に、どれだけのことが期待できるだろうか。天文学はプトレマイオスとコペルニクスにさかのぼる。アイザック・ニュートンが活躍したのは一七世紀ではなかったか。リンゴが落ちて、腑にも落ちて、重力が発見されたときから、まもなく四世紀になるのだ。

しかし、一八七九年を心理学の始まりとすれば、デカルト、バークリー、ヒューム、J・S・ミルなどの、心理学的な問題に関心を寄せてきた一七世紀以後の思想家たちを無視することになる。アリストテレスのようなギリシャ人も、「精神」について語った。一六〇〇年にはすでにメランコリーについて多くが知られており、バートンが今日の抑鬱によく似たテーマについて長大な論文を書いている。ドイツの偉大な生理学者ヘルムホルツは、一九世紀の半ばから感覚心理学についての実験を行っていたし、催眠法に関する重要な実験が一八三〇年代にフランスのピュイセギュールによって行われていた。

本書の初版で、私は、心理学の楽観主義者と悲観主義者の間に多くの論争があると述べた。赤コーナーの楽観主義者は、心理学は非常に順調に前進しており、断片とはいえ知識が積み重ねられていると考え、青コーナーの悲観主義者は、この分野は完全に失敗したと考えている。心理検査に関するイギリスの権威者の一人ポール・クラインは、ようやく一九九〇年になって、心理学の大部分は常識をもったいぶって書いているにすぎないと嘆いた（『暴かれた心理学』Kline, 1988）。しかし、ハンス・アイゼンクは、この尊敬される同僚に反論して、「ポールは目の付け所が悪いのさ」と私に言った。残念ながら今ではどちらも鬼籍に入ったが、彼らはあの世でも論争を続けているのではないだろうか。

また、本書の初版では、心理学者の強迫観念のひとつについても述べた。自分たちは科学者なんだということを知ってほしい、身の上相談の回答者たちとはいっしょにしないでほしいという思いだ。六〇年代後半このかた、イギリスでもアメリカでも、心理学を学びたいという学生が非常に多い。一九七〇年代に私がインタビューした心理学者の多くは、心理学を学べば人生がわかると学生が考えているからだと信じていた。しかし、心理学者の大御所たちの多くはにべもなく、これは非常に残念な誤解だと言った。彼らは、心理学をどのように定義していいかは定かでないが、それが人生にほとんど関連していないのは一〇〇パーセント確実だと考えていた。そして、それで良かったのだ！

政府は世界中どこでも、実際的な結果を生み出す研究を支援したがる。だから、今日では象牙の塔にこもっている心理学者は少ない。また、現代では、心理学はかなり前途有望なキャリアを提供する。もっとも、駆け出しの心理学者は、自ら手を汚して働くよう期待されるけれども。心理学の学位があれば、医療、教育、人材育成の分野での仕事につける。「人材育成関係者」は、ある人が企業家やセールスマン、あるいは司祭、その他いろいろな職業に就く資質があるかどうかを明らかにする検査を開発し、実施する。看護師やソーシャルワーカーや教師も、警察官や治安判事やスチュワーデスも、心理学の教育を受けている。心理学の素養を身につけた警察官は、「多大な感受性をもって、あなたに手錠をかけます、ダチ公よ」と言う。ジンバルドは、インタビューの中で、新人警察官の感受性を高めるために被験者として新人警察官を使わせてくれるよう、どうやってパロアルト警察の署長を説得したか述べている——感受性が強化できるものならの話だが。

次のローマ法王は、サンピエトロ大聖堂の聖座に上る前に心理検査を受けるよう求められると言いたいところだが、そんなことはあるまい。だが、最近耳にしたことが本当なら、政治家たちは心理検査結果の提出を求められるようになるかもしれない。国会議員は心理測定を受けなければならないという提案がなされているらしいのだ。もっとも、議員たちがそれに賛成票を投じることなどありそうにもないが。私がこれを書いている最中、メディア王ルパート・マードックの息子ジェームズ・マードックは、父親が作ったBスカイB［訳注　イギリスの衛星放送会社］のトップの座に着くために、心理検査を受けることに同意しなければならなかった。縁故主義者はそんな無礼に身震いするかもしれないが、心理学者は、自分たちが適性についての専門家であると世界を説得してきたのである。

しかし、心理学者は常にあまり確信がない。本書には、ノーベル賞を受賞した三人の心理学者のインタビューが含まれている。ノーベル賞を受賞した心理学者は、これまでに五人しかいない。イヴァン・パブロフ、ニコ・ティンバーゲン、ハーバート・サイモン、ダニエル・カーネマン、コンラート・ローレンツだ。パブロフの受賞理由となったのは学習と条件反射の研究ではなく、生理学の研究であった。フロイトはついにノーベル賞を授けられることがなかったし、バラス・スキナー、ノーム・チョムスキー、ジャン・ピアジェも受賞していない。しかし、この四人は、少なくとも他のノーベル賞受賞者と同じくらいには、人類の知識を前進させ、二〇世紀の生活に影響を与えた。

一九七〇年代に心理学者へのインタビューを始めたとき、私は、一部の心理学者が自分たちの仕事をいかに過小評価しているかを知って驚いた（臨床心理学者なら、自尊心の欠如と診断するだろう）。『思弁的心理学の主題』（Jordan, 1968）を書いたニアマイア・ジョーダンは、偉大なカサンドラ（滅亡の予言者）だった。彼は次のように嘆いている。

> 「現代アメリカの科学的心理学が、不毛中の不毛であることには疑いの余地がない。長年にわたる熱心な取り組み、何百人もの教授や何千人もの学生の根気強い試みがまったく何も生み出していないのだ。……『重要な転換点』（J・B・ワトソンの『行動主義者から見た心理学』（一九一三年）が世に出たとき）から五三年間、心理学は人類の知識に何か一つでも貢献できただろうか。何もない。本質的な貢献を何一つ

あげることができないのだ。『心理学は新しい科学だ』という嘘っぱちは、もはや無意味だ。私たちは不愉快でがっかりするような事実を、ごまかさずに直視しなければならない。」

多くの心理学者はジョーダンのような考え方をしないが、自らの学問領域をこれほど辛辣に「弾劾」した物理学者、化学者、生物学者はいない。心理学はまずまずの成果をあげていると信じている心理学者でさえ、このような考え方にあらがって仕事している。心理学とはにわか作りの専門用語で常識を飾り立てているにすぎないと考えている心理学者もこの業界にはいるのだから。

大きな影響力をもった著書『科学革命の構造』(Kuhn, 1962) の序文で、トーマス・クーンは、執筆の最終段階の一年間、スタンフォード大学の行動科学高等研究センターで客員研究員として過ごしたが、それが彼の考えに影響したと書いている。クーンは次のように言う。

「……社会科学者たちを主とする集団の中に住んで、私が育ってきた自然科学者の集団とのちがいという思いがけない問題に出会った。特に印象づけられたことは、科学における正統な問題とか方法とはどのような性質のものか、について、社会科学者の間では意見のちがいが多く、その範囲も広いことであった。歴史の上でも、また私の知己の間でも、自然科学にたずさわっている人たちが、このような問題に対して、社会科学者より以上にしっかりした解答をもっているかどうかは、私には疑問であった。しかし、天文学、物理学、化学、生物学をやっているものの中では、今日心理学者や社会学者の間に特にひろがっている基本的なことについての論争が生じることはない。」(中山茂訳、みすず書房、iv頁)

クーンのこのことばの多くは、今でも真実だと私は思う。古い論争を理解することなしに、無秩序に拡大しつつある心理学という分野を理解することはできないだろう。

故ドナルド・ブロードベントは、私に、現代の行動主義者の立場について、最も説得力のある意見を述べてくれた。そして、『行動』（Broadbent, 1961）と『実証的心理学の擁護』（1974）で、伝統的な実験法に賛同することを宣言した。『行動』の末尾近く、「果てしなき探究」と題された節で、ブロードベントは次のように書いている（pp.200-201）。

「将来の心理学者がもつであろう信念に関しては何も確かではないという疑念について記して、終わることにしよう。そうあるべきなのだ。誰も肘掛け椅子に座ったまま物事の本質を把握することはできず、新しい実験が行われるまで、その結果がどうなるのか知ることはできない。人間の本性について自信たっぷりの独断論者の説は、説教壇、新聞の社説、学校の表彰から降り注ぐとしても、それは我々の道ではない。我々は、客観的な方法がいつか我々に知識を与えてくれると確信しながら、行動に関する不完全な知識とともに生きていく覚悟をしなければならない。客観的な方法は、過去五〇年においてさえも、その力を示してきた。振り返ってみると、そうした方法は、実際の証拠の重みだけで、次から次へと過度の単純化を打ち破り、パブロフの理論やハルの理論を我々に否定させ、理論的な反対者を同意させてきた。この半世紀、行動に関する我々の理解は大きく前進したのだ。」

本書には、一九九三年に他界したブロードベントへのインタビューを収録しなかったが、クラーク・ハルが没してまもない時期にイエール大学で学生だったフィリップ・ジンバルドとのインタビューから、この時代の深い自信を生き生きと感じていただけると思う。

イギリスで最も歯切れの良い心理学の批判者は、中等教育課程での創造的思考の研究のおかげで若くして有名になったリアム・ハドソンであった。知的な自伝ともいえる『事実という新宗教』(Hudson, 1972) の中で、ハドソンは次のように手厳しい要約を記している (p.111)。

「この学問領域の健全性は疑わしい……一貫した科学的法則の体系を生み出すにいたっていないのである。そして、その研究成果は明らかに、ささいなものという雰囲気をまとっている。心理学が社会に役立っていると主張することは、今のところまぎれもなく感傷にすぎない。過去五〇年、〝レリバント〟[訳注 適切である、関連性のある、実際的に意味のある」という複雑なことばのいかなる意味でも、レリバントなものをほとんど生み出していない。」

ハドソンは皮肉をこめてこの告発を締めくくっている。「技術的な副産物、たとえば焦げつかないフライパンが生み出されるという理由で宇宙探査を正当化してよいものか」(同上)。

悲観論者の立場には、大まかにいって二つのタイプがある。「ハード」な立場は、心理学はほとんど何の発見にも成功しておらず、これまで行われてきたような心理学をすっかり変えるべきだと示唆する。一方、「ソフト」な立場は、一部の心理学的な問題とアプローチが著しく過小評価されてきたと考える。彼らは、実際的な意味のある完全な心理学に近いものを達成しようとするならば、あまり実験的、行動主義的ではない方法を使わなければならないと主張するのである。

たとえばハドソンは、普通の環境にある普通の人々に関する研究がもっと行われるべきだと考えた（スペースの関係で、本書にはハドソンのインタビューも含まれていない）。言語学者であり、今でも厳密科学の中心地であるマサチューセッツ工科大学（Polytechnic for woolly thinking)」ではなく）で活躍するチョムスキーは、行動主義は人間についてあまりにも多くのことを無視してきたと主張する。実際、チョムスキーのおかげで、心理学者は言語と意識について考えるようになった。

チョムスキーやハドソンのような批判者は、一九七〇年代に著書を執筆していたとき、行動主義が英米の心理学を席巻していることをおぞましいものと思っていた。彼らが槍玉にあげたのは、バラス・スキナーだった。ハドソンは、スキナーが「半神半人」の衣をかぶっていると非難した。今回のインタビューの中で、チョムスキーは、スキナーの考えの成功について非常に興味深い主張をしている。

クーンが描いた状況は、いっそう深刻になっている。実験心理学者は今や、急進的なヒューマニスティック心理学の人気が分別ある人間研究の方法を脅かすのではないかと心配している。ヒューマニスティック心理学はしばしば、心理療法やさまざまな形の精神分析と結びついている。ハンス・アイゼンクは、精神分析は価値のないたわごとであるという証拠があるにもかかわらず、人々がそれを信じていると嘆いている。

一九五二年の有名な論文で、アイゼンクは、精神分析療法を受けた人は何もしなかった場合よりも回復の可能性が低いということが明らかになったと主張した。精神分析を受けて回復した人よりも、自然に回復した人のほうが多かったのである。アイゼンクが何度も繰り返したのは、一九二五年にゲーテ文学賞を受賞したフロイトはまさにそれにふさわしい人だった、つまりすぐれた小説家であったが、科学者ではなかったということである。しかし、ほとんどの人はそのことに耳を貸さなかった。

ドナルド・ブロードベントもフロイトに対して手厳しい。客観的方法は「一般に受け入れられている」と書いたあとで、「誰に受け入れられているのか」と問いかけている。彼自身の答えは明確である（1961, p. 35）。

「この問いに対する答えは、主に、英語圏で心理学の純粋な学術的研究に携わっている役に立たない人々である。」

ブロードベントの答えには、人間の本性に関する権威と人々がみなす多くの人々が除外されている。そのなかには心理学の学位をもたない多くの精神分析家が含まれている。ブロードベントは、精神分析家は緊急の臨床的な問題に直面しているため、「患者がかかえる困難の直観的な解釈」になりやすいものを含めて、あらゆる可能な手段を使わなければならないと認めている。しかしそれは、精神分析家が単なる推測で動いていることを意味する。フロイトが述べたことで実際に実験的に確認されたものはない。だから、フロイトの考えが「大学という象牙の塔の心理学者たちによって大いに疑問に思われてきた」のも、驚くにあたらない。

私はブロードベントが大好きだったが、彼が、心理学の学位をもっていない、おそらくは「大学教育」

も受けていない不幸な非アングロサクソンの人々を、慇懃無礼に見下すのを見逃せなかった。そうした人々が間違った思い込みをしても、適切な教育を受けていないのだから驚くことはないと彼は考えているのだった。

また、アイゼンクもブロードベントも、心理学を救世主的に見ている専門家たちを信頼しなかった。心理学は人に生き方を教えてくれるものではない。彼らはフロイトやユングだけではなく、エイブラハム・マズロー、ヴィクトール・フランクル、カール・ロジャーズといったヒューマニスティック心理学のスターたちも非難した。フランクルはこのインタビューの中で謙虚に見えるように努力したが、率直に言ってこれは彼の本性ではない。こうした人々は、自分の直観を大いに信じている。直観は実験よりもずっと簡単だとブロードベントは指摘した。残念なことに、直観はたいてい誤っている。そして、直観を確認するために実験を行わなかったら、そのことが分からないままなのである。自らを永遠の無知の中に閉じ込めてしまうことになる。そして、自分は特別なことを知っていると錯覚してしまう。人は見つけようと努力しない限り、決して知ることはできない。

この争いは一九六〇年代、七〇年代、八〇年代、心理学の現実像よりも理想像を探究する多くの書物に反映された。そうした書物には、スキナーの『自由と尊厳を超えて』(Skinner, 1972)や、今ではほとんど忘れられてしまったイシドール・チェインの『行動の科学と人間のイメージ』(Chein, 1972)などの古典を含めることができるだろう。このテーマについての他の書物としては、ハドソンの『事実という新宗教』(Hudson, 1972)と『人間』(1975)、テイラーの『行動の説明』(Taylor, 1964)、ショッターの『人間のイメージ』(Shotter, 1975)などがある。チョムスキーの『言語と精神』(Chomsky, 1968)には、行動主義に対する注目に値する批判が含まれている。アイゼンクも、一連の非常に有益な対決論文の書『行動科学における説明』（Borger & Cioffi, 1970）に一章を寄せ、心理学は何をすべきか、どのようにしてそれをはじめたらよいかというテーマを扱っている。

一九七七年、私は、世界で最も影響力の大きい心理学者一三人と話すことによって、それぞれの心理学者のアプローチや信念の違いと、その背後にある仮定について説明できないかと考えた。一九九三年、本書第二版で私は、心理学におけるその後の最も重要な変化は、認知心理学の出現と、人工知能に関する興味深い研究の発展であったと論じた。また、サンドラ・ベムやパトリシア・チャーチランドといった、重要な女性の心理学者にもインタビューを行った。

それからの一〇年、さらに多くの変化があった。認知と意識の研究は心理学の主流になった。しかし、かつて心理学に携わる人々が自分たちの学問は物理学に劣っていると感じたように、現在は、前途洋々たる分子生物学に比べてずっと正確さに欠けていると感じている。心理学はこれまで一度も、DNAの二重らせんの発見のような飛躍的前進を経験したことがない。生物学――そして物理学にも――大思想というものがある。しかも、一つの明白な真実がある。人間は、星や分子よりもさらに複雑だということである。

新版に含めたインタビューから、こうした状況への反応の一つとして、心理学は小さな問題に集中するようになっているということがわかる。その結果、今日の心理学は細分化している。かつては思想家たちが、何が人間を行動させるのか考え、壮大な理論を発展させようとしたが、今私たちは、より「小さく」、より答えが出しやすい問題について多数の研究を行っている。もちろん、ほとんどの科学の分野はビッグサイエンスではない。ほとんどの生物学者は分子Pや神経伝達物質Qを研究している。しかし、それは生命の本質と起源という大きな問題を問う学問との関連において行っているのである。ところが心理学は、そのような大きな問題から退却してしまったように見える。意識の本質という問題についてさえ、「ああ、それはつまらない神話だよ」と言う傾向がある。これらはすべて、心理学と心理学者の意欲の変化を表している。

心理学者の動機

私がもともと目的としていたことがもうひとつある。それは、個々の心理学者が主張する理論と、その心理学者本人のパーソナリティや動機との間に関連があるかどうかを調べることである。これは一九七七年の時点では、結局部分的にしか果たせなかった。自分自身の動機について積極的に話してくれる協力的な心理学者はほとんどいなかったからである。それは彼らが無口だったからではなく、彼らにとって奇妙な質問に思われたからだと思う。しかし、心理学者のパーソナリティは、調べるに値する非常に重要な分野である。心理学者とそのサブジェクト＝研究対象の関係は好奇心をそそる。というのも、率直に言って、「サブジェクト」はふつう、実験の対象＝オブジェクトと言われるべきだからである。いわゆる「サブジェクト」は人間である。そして、心理学者も人間である。心理学者が提示する実験や仮説の性質は、一般に、人間というものについてのその心理学者のイメージに大いにかかわる。心理学者のパーソナリティは、人間がどう機能するかに関するその人の理論に、何らかの形で反映されているはずなのである。興味深いことに、心理学者のパーソナリティについてはこれまでほとんど研究されていない。皮肉屋なら、心理学者がこのテーマを避けたがるからだというかもしれない。これまでにこのテーマにまじめに取り組んだ調査は二つしかないように思われる。そしてそれらはどちらも、もっと大きなプロジェクトの一部であった。まず、アン・ロウ（Roe, 1953）が著名な科学者のパーソナリティについて一連の論文を発表し、その中で心理学者のパーソナリティについて論じた。また、ハーバードでは、権力への動機に関する研究の中で、心理学者のパーソナリティに関してかなりの量の研究が行われた。ハドソン（Hudson, 1972）などいくつかの散発的な論文を除けば、このテーマに関する研究はこれですべてであるように思われる。

ロウは、著名な科学者に関する研究の中で、生物学者、物理学者、心理学者の間にははっきりとした違いがあることに気づいた。生物学者と物理学者は、孤独な子ども時代を過ごしている傾向があった。理論物理学者のなかには、子どもの頃、重い病気のために自分の想像だけを友に長い期間ベッドの中で過ごした経験のある人が多かった。生物学者のおよそ四分の一は、一〇歳になる前に両親のどちらかを亡くしていた。そのため、生物学者も物理学者も、成人してから人間関係をあまり重視しない傾向が見られた。成人してからも両親を尊敬している人は多いが、密接な関係を保っている人はほとんどいなかった。ある生物学者はロウに、「私の親とのつながりは、そんなに親密ではありません」と語った。

他方、心理学者は、子ども時代の困難に非常に違った形で反応している場合が多かった。彼らは知的な探究に埋没して人間関係から遠ざかるということがあまりない。また、心理学者の大部分は心理学の世界に入ったのが遅いこと、および心理学者になるという決定においてしばしば教師の個人的な影響が重要だったと思われることも特徴的であった。

ロウがインタビューした男性の多くは四〇代から五〇代であったが、彼らはいまだに両親との強い対立を口にした。多くの人が父親を恐れていた。ロウに対して「私はいつも母と諍いが絶えませんでした」と述べた人や、「家庭のしつけが非常に厳しかったと思います」と述べた人もいれば、「父親をはっきりと」憎んでいたと認めた人もいた。二〇年たっても、少年時代や青年時代について罪悪感や暴力性で反応していたのである。私もカール・ロジャーズの伝記を書く中で、ロジャーズが父親に対して強い反感をもっていたことに気づいた（Cohen, 1997）。若いときから自分が他人より優秀だと意識していたことをロウに認めた人も多かった。ロウは、心理学者は人間関係を非常に重視するが、それに対処するのはあまり得意ではないのかもしれないと指摘している。

ハーバード大学では、デイヴィッド・マクレランド（達成動機に関するオリジナルな研究のほとんどを行った学者）が、心理学者は権力への欲求が強いと考えた。マクレランドは、「権力の二つの顔」（McClelland, 1973）と題する論文において、権力への欲求の本質は、他者に対して強い影響力をもちたいということだと主張した。この欲求は二つの形で現れる。権力欲求が強い学生には、学生団体の中で多くの役職を持ちたがる傾向と、ひどく深酒をする傾向が見られたのである。ただし、同じ学生に両方の傾向が見られるわけではない。彼は次のように要約している。

「他人のために影響力をもつことを権力概念の中心としている人は、多くの役職を持ちたがる傾向がある。他方、個人的優越を中心としている人は、深酒をしたり、異性をものにしたり、ハイ・パワーの車を運転したりすることによって、大学の中で〝アクティング・アウト〟する傾向があった。」（1973, p. 305）

マクレランドは、心理学者は権力への欲求が非常に強いと論じた。その論文の中で、彼は、インドのビジネスマンの達成動機を高めるプロジェクトにかかわったとき、心理学者は達成動機などなくても完璧にうまくやっている人々にそれを植え付けることによって他人の人生に介入する、心理学的マキャベリストなのかと観察者たちが感じ始めたことについて述べている。心の帝国主義は究極の帝国主義である。このプロジェクトで、インドのビジネスマンたちに自分は強くて有能だと感じさせようとしたアメリカの心理学者たちは、そのあいだずっと、「有能で社会性のあるリーダー」として振る舞っていた。リーダーシップ、あるいはカリスマに接することの影響は、偉大な指導者に服従していると感じさせることではなく、自分自身がリーダーであるという考えを吹き込むことであるという逆説をマクレランドは指摘している。その心理学者たちは、インドのビジネスマンたちをリーダーにするのに成功した。彼らは精神的な改造を行ったのだ。権力への欲求が強い人々は、そのことに大いに満足するだろう。

マクレランドは、自分自身にも権力への欲求があり、そのことが心理学を志した理由の一つだと考えている。その後に私が行ったインタビューでも、心理学者たちは自分が闘争的であり、他人に影響力を持とうとすること、ときには他人を支配しようとすることを自ら明らかにしている。

権力への動機に関する研究から浮かび上がった興味深いポイントの一つは、この動機のために心理学者がいかに論争を求めるかということである。心理学者たちは感情的になり、意見の不一致にむきになって取り組みがちだ。そればかりか、相手をやり込める楽しみのために相手の立場を茶化すことさえある。

アイゼンクは、闘志満々の心理学者の好例であった。彼は嬉々としてフロイトと精神分析家を攻撃し続けた。アイゼンクだけではない。スキナーは、まるで心理主義（mentalism）が一種の病気であるかのように、「心理主義者」を批判した。彼は、心理主義者が、悲愴なまでに自己や自己を重んずる心を求め、自分の人生を自分が動かしていると信じようとするがゆえに、非難し哀れむべきなのかについては定かでなかった。むしろ環境が彼らを虚栄心の強い人間にしたのだろうと断じた。また、スキナーは一九五七年にヒューマニスティック派のセラピスト、カール・ロジャーズと有名な論争をしたことがあるが、そのとき二人は、互いに相手の考えをこてんぱんにやっつけようとした。

哲学者のチャールズ・テイラーは、三〇年前にこうした混乱を認め、次のように記している（Burger and Cioffi, 1970, p.54）。

「人間の科学が陥っている混乱や論争の状態は、適切な概念的枠組みをめぐる深い不一致から生じたものとして描くことができる。上記の分野のそれぞれは、いくつかのアプローチが張り合う場であり、どのアプローチも、決定的な枠組みとしてその場の中のすべての研究者が満足できるだけの地位を確立することができないように思われる。」

一九七七年の初版で私は、心理学者には問題を両極化しようとする傾向があると論じた。ある見方、たとえば行動主義の見方を採用すると、そのアプローチが心理学の有効なアプローチの一つであると主張するのではなく、心理学の唯一のアプローチだと主張するのである。イデオロギー的に敵対する人々の行為がいかに善意に基づくもの、あるいは賢明なものであっても、そのようなものは心理学ではないのである。一九六二年にホルトは、パーソナリティ研究のロマンチックなアプローチを批判した論文で次のように書いている。「科学では、私たちが何かを理解していると言うとき、それを予測し、制御できることを意味している。」言うまでもなく、これはまさにスキナーのような心理学者が目的とするところである。ホルトは、この科学的な意味での理解を、ロマンチックな意味の理解——特定のパーソナリティを識別し、没入感をおぼえ、楽しみあるいは苦しみ、感情移入すること——と対比させた。今日でさえ、多くの心理学者は、心理学を人間の行動の研究と定義するならば、人々が人工的な状況でどのように行動するかを予測および制御することに限定されると考えている。一方、予測ではなく理解を重視する心理学の定義は、常にとは言えないまでも多くの場合、スキナーやホルトのように主張する人々には受け入れられない。

マホニー (Mahoney, 1976) の二つの研究は、心理学者の推論の仕方を検討したものである。片方の実験でマホニーは、一五人の心理学者、一五人の科学者、一五人の保守的なプロテスタントの牧師の推論技能を調べた。その結果、牧師と心理学者の間にほとんど差が見られなかった。それはおそらく科学的な心理学者の現状を示しているのであろう。もう一つの研究で、マホニーは七五人の行動主義心理学者に対し、心理学の論争となっているあるテーマについての複数の論文原稿を査読するよう求めた。どの原稿も序論と実験の手続は同じであるが、結果と考察の部分の異なるものが与えられた。第一のグループには査読者の見解を支持する「肯定的」な結果、第二のグループには査読者の見解に反対する結果が与えられた。残りのグループの原稿には、曖昧な結果に続いて査読者の見解を支持する考察、またはそれに反対する考察が加えられていた。マホニーは、理性的な心理学者たちは純粋に論理と証拠に基づいて論文の評価をするだろうと期待し、曖昧な論文はあまり支持されないはずだと考えた。ところが、我が科学論文査読者たちは、自分の見解を支持する証拠が報告されているときのみ論文の掲載を薦める傾向があるという結論が得られた。データが自分の意見と反するとき、彼らは論文の方法と解釈を批判し、出版されるべきではないと勧告した。心理学者は、自分たちが思いたがっているほど客観的ではないのである。

哲学不足の心理学

現代の科学哲学がもっと心理学の問題を扱っていたら、心理学者はさらに自己批判的になっていたかもしれない。一九七〇年、チャールズ・テイラーは、行動主義的アプローチに対して事細かな批判を始めた(同上、pp.61-62)。

「行動主義者の科学の見方は一種の閉回路であり、自己誘導による不可避的な幻想である。というのも、心的なものは観察できないという命題は自明ではないからである。完全に妥当な意味で、私は他人の怒り、悲しみ、人を喜ばせたいという熱望、自己尊厳についての感覚、あやふやさ、女性への恋情、その他何であれ、観察することができる。ことばのごく普通の意味での観察を行うだけで、時にはただ相手のことばを聞くことによって、他者に関するこうした事柄を見出すことができる。しかし、聞くときにも、ことばにならない怪しげな「内観」を聞いているわけではない。というのも、人が自分について言うことがことばにならないということは、原理的に決して、実際的にもめったに、ないからである。」

テイラーは特に行動主義のある極端な形に反対する論拠を示したのだった。第一に、心的なものは観察できないという主張である。多くの心理学者は、これを主張するとき、「心的」の意味を相当狭く限定する。彼らは、心的状態は直接観察できないと主張するのである。たとえば、相手がXをしようとしていることを自分が知る唯一の方法は、相手がそのように言うことである。相手はうそをついているかもしれない。自分自身を欺いているかもしれない。ブロードベントのような行動主義者の多くは、相手のことばに喜んで耳を傾けるが、それを事実の唯一の証拠とは考えない。たとえば、ニューヨークに行くつもりだと言った人が荷作りや航空券の購入などをしているのが観察されたならば、その人が自分の意図だと言ったことが実際にその人の意図だと結論できるだろう。それに対して、ある人がニューヨークに行くつもりだと言って、そのあと何年もストレーザム［訳注　ロンドンの住宅街］から出る様子がまったく観察されないならば、もともとそれは彼の意図ではなかったと判断されるだろう。

スキナーは私に、人間に感情があるのは疑いないと述べ、実際自分も感情をもっていると認めた。彼が否定したのは、こうした感情が行動に関与したりその原因になるということであった。テイラーは、行動主義者は他者が悲しんでいる、怒っているといったことは観察できるとは考えないと述べて、この問題を単に回避した。私は、問題なのは人がそうした観察におく意味であり、行動主義者はそれにほとんど意味をおかないため、結局のところそれらを観察しようとはしなかったのだと主張したいのである。

もう一つ、心理学を変えてきた要素がある。心理検査のますますの隆盛である。これは第二次世界大戦後に普及し始めた。最も多用されたのがＩＱ検査で、一九五〇年代には何千というＩＱ検査があった。その多くは、被検者による、自分の考え、望み、感じたことの測定に依存した。神経症的性格と外向―内向に関するアイゼンク自身の研究が、悲しくなったり、自身を失ったりする傾向について多くのことを明らかにした。アイゼンクは、人々が質問票に答える際に自分の感情を正直かつ正確に述べることに信頼をおいた。これは一種の構造化された内観である。現在では、検査によっては、被検者に自分の感情や考えを自分のことばで書くよう求める自由回答式の質問が含まれている。これもやはり、一種の構造化された内観である。

皮肉なことに、心理学は、知的探究の野心が縮まる一方で、公共の場での野心が増大している。

私は心理学者だ……見出しをよこせ

メディアは心理学をあがめ、心理学者もメディアをあがめるようになった。一九七七年当時、私は、心理学者の論争好きや論争の欲求は、論敵に対してあまりにも極端な（どうしようもないとまでは言わないが）立場に心理学を置くことにならないかと思った。スキナーなどの心理学者は、新聞・雑誌に書くことに誇りをもっており、その際、単純な議論を展開した。そのため、スキナーはこれに賛成する、レインはあれを支持するということになり、すべての複雑さは失われた。権力を熱望する心理学者はしばしば、大いに確信をもって自分の理論にしがみつき、他人の見解には目を向けない。

しかし今、いたるところにメディア心理学があり、ほとんどの心理学者は、自分の見解を電波に乗せ、自分の専門知識を人々に雨あられと浴びせるチャンスがある。私自身しばしばメディアに登場するし、それが少しも嬉しくないといったら嘘になるだろう。我諭《さと》す、ゆえに我あり、だ。

一九七七年の時点で、ハドソンは、心理学者はそれぞれ非常に異なる分野で研究しているといえると論じた。心理学者には、同一の仮定、言語、「まともな研究とみなされるもの」についての考えを共有することがなかった。そうした共通の基準がないのに、同じことをしているといえるのだろうか。一三人のインタビューを行って、私はハドソンが正しいと思った。どの学派も、心理学者として存在する権利を他の学派の人々に認めようとしていないのである。状況の変化は、主として心理学が一層細分化することにより生じてきた。たとえば人工知能を専門とする心理学者は、他の心理学者の研究について以前ほど気にしなくなっているように見える。

また、心理学者になる道筋がすっかり変化したことも認識する必要がある。一九七七年に私がインタビューを行った人のほとんどは、心理学者を目指して出発したのではなかった。彼らは、第二次世界大戦以前かその直後に大学を卒業していた。当時、心理学で学位が取れる大学はほとんどなかった。彼らの多くは、他の分野で最初の学位、ときには二つ目の学位も取っており、心理学者ではない何かになることを望んでいた。スキナーは作家になりたかった。フェスティンガーはチェス・プレイヤーになりたかった。アイゼンクは物理学者になりたかった。ハドソンは哲学者になりたかったのだろう。他の分野の専門家として出発し、そうした分野の専門家であり続けながら、心理学の論争に巻き込まれた人々もいる。チョムスキーは昔も今も言語学者である。多くの心理学者が元の分野にとどまっていたかったと考えている。ジューヴェは昔も今も医者で神経生理学者である。レインは昔も今も医者で精神科医である。ロイポルト・ローウェンタールも昔も今も医者である。たとえばタジフェル教授が心理学の学位を取ったのは、三五歳になってからだった。そうした状況が変化したのである。

本書の新しいインタビューには、心理学がポピュラーになっているという事実が反映されている。フレイヴルとダマシオはどちらも、キャリアのはじめから心理学に関心があった。ダニエル・カーネマンもそうである。新たにインタビューを行った相手のうち、以前の心理学者の特徴に部分的にでもあてはまるのはデボラ・タネン一人である。彼女は、男性と女性の会話の仕方の違いを研究して名を成した。チョムスキーと同様に、タネンは半ば言語学者、半ば心理学者である。心理学の専門化によって、心理学は以前よりプロフェッショナルなものになったが、代わりに冒険心が薄れ、野心が小さくなってしまったようだ。

それでも、私は、本書に登場する全員とのインタビューを大いに楽しんだ。貴重な時間を割いてくださった方々に心から感謝している。一九七〇年のインタビューのとき、男性と女性を合わせて"man"ということばを使うのがまだ一般的であった。当時私が使ったことばを変えてテキストをゆがめることはやめておきたい。最近のインタビューでは、このことばを私は使っていない。

第1章　サンドラ・ベム

一九七〇年代、サンドラ・ベムは私のヒロインだった。多くの怒れる急進的な女性たちがフェミニズムを発見しつつあった一九七〇年代初期の熱気は、今となっては思い出すのも難しいほどだ。心理学はかなり反応が遅かった。ジェンダー研究は男児と女児、男性と女性の違いに重点がおかれていた。そこに新しい——そして福音的な——視点をもって、ベムが登場した。彼女は、心理的アンドロジニー（両性具有性）の理論を打ち立てた。

「心理的アンドロジニーの測定」（Bem, 1974）において、ベムは、車の修理など、典型的に男性の仕事とされるものが得意な女性は、ジェンダーの固定観念に凝り固まっている女性よりも心理的に健全であると論じた。同様に男性も、赤ん坊の世話など女性の仕事をこなすことができる人のほうが、精神的に健全であった。こうした発見にもかかわらず、ベムは控えめな要求しかしなかった。男性に認識をすっかり変えて男らしさを手放すようにとは求めず、自分のパーソナリティの中に多少の女性的側面を取り入れるべきだと論じたのである。両性のいい面を組み合わせようとベムは主張した。成熟した完全な人間は、男性のように活動し、女性のように感じるのだ。

ベムは労働者階級の出身である。ピッツバーグに生まれ、カーネギー・メロン大学で学んだ。ごく早い時期から心理学者になりたいと考えていたが、それはカウンセラーかセラピストになることを意味していたのであり、研究者を夢見ていたわけではなかった。

ベムが将来の夫となるダリル・ベムと出会ったとき、まわりの人はみな、当然彼女のキャリアは二の次になるだろうと思った。それにいらだった彼女は、結婚を取りやめようかとさえ考えた。ベムの成績は抜群だった。そこで、ベムと将来の夫は、どちらか一方の仕事を優先するのはやめよう、二人に平等な機会のある、平等な結婚にしようと取り決めた。

ベムは小柄な女性だ。そして、ほとんど盲目に近いくらいに視力が悪いのだが、車も運転すると笑いながら言う。ベムは、教室で「コンテクストにおける生物学」と呼ぶものを論じるとき、視力が悪いというハンディキャップをうまく使って説明する。自分がもし石器時代に生きていたら、視力のため生きるのが困難であり、十代で死んでしまっていただろう。しかし、強力なレンズがあるこのすばらしき新世界では、視力一・〇の人と同じようにふるまえるのである。

私が初めてベムに会ったとき、彼女はニューヨーク州北部のイサカにあるコーネル大学で教えていた。彼女は思考の速さにしゃべるのが追いつかないというタイプだ。センテンスの途中でときどきつまずくのは、しゃべっているうちに新しい考えが出てくるからだ。それに、心理的アンドロジニーの理論が反発を引き起こした経験から、自分の考えを述べるときには非常に注意深くなければならないことを知っているせいでもあると思う。

ベムはとても親切で、空港まで私を迎えに来た上、有機栽培の食材を使うヘルスバーにランチに連れて行ってくれた。私のことを知る時間がほしかったのだろう。インタビューの中で、ベムは、彼女のキャリアにおける個人的なことと政治的なことの興味深いかかわりあいについて語っている。彼女にとっての心理学は、個人的な改革運動といってもいいようなものを含んでいる。私の知る限り男性の科学者が認めたことはないのだが、ベムは、自分自身のビジョンを支持する実証的な証拠を見出したいと考えていたことを認める。ベムのビジョンとは、両性の生物学的な差異ができるだけ消えることであった。しかし、彼女の肯定的でリベラルな理論はすぐに、多くのフェミニストから敵視された。フェミニストたちは、ベムのアプローチはある種の裏切りであると考えたのである。ベムは困惑し、傷ついた。男性をよくいうことばは認めてもらえなかった。

ベムの理論は暴力と抑圧の問題を無視しただけではなく（ベムは、自分がたしかに少々無視したかもしれないと認めている）、両性の戦いは、妥協と、互いに学びあうことによって前進すると示唆した。心理的アンドロジニーは対決的なものではない。その目的は、人を成長させるため、また多くの場合には互いに成長しあうために、洞察を用いることであった。

ベムのキャリアは正統的である。カーネギー・メロン大学、スタンフォード大学、コーネル大学というアメリカのエリート大学で働いてきた。夫妻は若いときに交わした取り決めを守り続けたため、これらの大学が夫婦をそろって雇わなければならなかった。ベムは、いつも自分をフェミニストとみなしているが、一方で夫のことはいつも親友、何でも話せる相手と考えていると言う。

ベムはしばらくコーネル大学の女性学コースの長を務め、その仕事は満足のいくものであった。アメリカのたいていの著名な学者とは異なり、私が最初に会ったとき、ベムは一冊の著書も出版していなかった。一九八五年、最初の本となった『ジェンダーのレンズ』（Bem, 1993）の着想を得た。彼女はそれにとても興奮した。この本は、生物学の役割に関する一連の複雑な考え方を論じている。基本的なことは決して変わらない——女性は産む性である——が、ベムは、技術や文化がこれほどにも変化を可能にしている社会にあって、生物学的な性差は本当に私たちが考えているほど重要なことなのかと問いかけた。ベムは今も性差が消え去るのはすばらしいことだと考えているが、今は、男性も女性も、ジェンダーのレンズを通して世界を見るように条件づけられていると主張する。彼女は、このレンズを取り去ってしまいたいのだ。

ベムは、新しい理論への熱い思いを語り、学生がそれに気づくのがいかに有益かを強調した。学問的なツールとしても、一人ひとりの人生においても役に立つはずである。多くの男性の心理学者と異なり、ベムにとって心理学を研究する理由のひとつは、自分たちの生き方を理解し、そして変化させることなのである。

ランチが終わると、ベムは私を車で自宅に連れて行ってくれた。私たちはキッチンで話をした。それは性差別やコンテクストにおける生物学について論じるのにとてもふさわしい場所であった。

◆心理学の世界に入った背景について少しお聞かせください。学部生のとき、どうして心理学に興味をもつようになったのですか。

私は子どもの育て方をよく知らない家庭で育ちました。実のところ、私は、人間関係や、人が考えること、行動の決定要因、どうして人々がそんなふうに行動するのかといったことに興味をもっていたという意味で、子どものときからずっと心理学者だったと思います。そのレベルでは、心理学者に生まれついていました。ある意味で、私が生まれた家庭ではいつも私が親みたいでした。将来は子どものガイダンスをする臨床心理学者になって、自分の子どもをどう扱ったらいいかわからない人々の手助けをし、いろんな問題を解決したいと思っていました。

◆それは青臭く、傲慢だったと?

そうです。まったくそのとおりです。私はたいへん青臭く、傲慢でした。若いときって自分は何でも知っていると思うでしょう? そんな意味で傲慢だったと思います。私は、人々の何が間違っていて、どうして子どもたちをだめにしてしまうのかわかる、あるいはわかっていると思っていたという意味で、いつも心理学者だったんですね。

◆生まれながらの心理学者ではなくて、プロの心理学者になろうと決心したのはいつですか。

大学の専攻に心理学を選んで、それが気に入っていました。大学四年だったとき、いろいろな研究テーマを扱うゼミに参加しました。それはなかなかのもので、そこで毎週いろんなことをしました。

私にとって、プロの心理学者になることは結婚相手を決めることと密接に結びついていました。誰の人生にもそういう結びつきがあるわけではありませんけど、私にとっては夫ダリル・ベムを抜きにしては語れません。同じく心理学者であるダリルは、私がカーネギー・メロン大学で学部生だったとき、その大学の教授でした。私たちは私が四年生のときに出会いました。彼は心理学という分野、私にとって現実的で意味のある学問分野、科学分野を職業にしていました。そして、どういうわけかその道が、私自身の道にもなったのです。

◆大学院に進学したとき、どのようなことに興味をもっていましたか。

最初――振り返ってみるとそれはあまりはっきりしたものではなくて、おかしいくらいですけど――最初、私はまだ臨床的な関心をもっていました。ミシガンにデイヴィッド・バーチという実験心理学者がいました。バーチはヴィゴツキーやルリアといったロシアの研究者に関心をもっていたんですが、彼は私のアドバイザーになりました。バーチが扱っていたのは言語的な自己統制と呼ばれていて、自発的な行動を何が制御しているのかという問題でした。でも、私にとってはこれはある意味で――今ではどうしてそう思ったかわからないんですが、奇妙な形で――人はどのようにして喫煙をやめるようになるのか、規律ある行動を取っていない事柄についてどのようにして規律をもつようになっていくのかといったことに結びついていました。私の関心はまだぼんやりと臨床的なものでしたが、こうした事柄に関連を見出していましたから、バーチとともに研究を始めました。デイヴィッド・バーチは、私がとてもいいアイディアをもっていると思わせてくれました。考えてみると、大学院教育の中で本当に私が得たものは、自分は創造的で、興味のあることを調べる実験を思いつけるという自信だったように思います。そのときの研究は私のアイディア、私の実験でした。ほとんど最初から、バーチとは師弟の関係ではありませんでした。ですから、心理学者としての私のキャリアは、大学院で学んだこと、訓練を受けたことが積み重ねられていくという形ではなかったのです。

まだ質問されていませんけれど、関係をはっきりさせるためには、ちょっと別の方向からお話ししなければなりませんね。とても性区別的な言い方に聞こえるかもしれませんけど、誰と結婚したか、そしてそのとき、つまり一九六五年当時、どんな状況だったかということをお話しする必要があると思います。私は一九六五年の六月に、お話ししたように心理学者であるダリル・ベムと結婚しました。これは女性解放運動が全盛を迎える前です。いいですか。私が心理学者になったのは夫との結婚に関連していました。私たちが初めてデートしたとき、ダリルは私に「君はたしかにまじめで聡明な若い女性だけど、仕事と家庭の折り合いをどうつけていくつもりかい」と尋ねたんです。私はそれまで考えたことがありませんでしたから、優等生的な答えをしました。「わからないけど、夫の仕事が一番だと思うわ。何とかなるんじゃないかしら」って。それからわずか六週間後、私たちは結婚することに決めました。でもその数日後、私はひどく動揺して、「やめるわ。結婚はしない」ってダリルに言ったんです。結婚と仕事のことを初めて真剣に考えた私は、「あなたはすでに教授でしょ。だから、結婚するってことは、あなたがどこかの仕事に就いたら、私はあなたについていかなくちゃならないってことよ。私にはそのつもりはないわ」って言いました。二人とも困ってしまって、どんな決定をすればいいのか、どうすればそれを実現できるのか考え始め、平等な結婚の骨格を描こうとしました。私たちの考えを知った周囲の人たちは、それはおかしいと言いました。それで、いろんな人と話し合うことになりました。その中からジェンダーに関する私の関心と認識が高まっていったのです。「ここに私という人間がいる。成績はいい。カーネギー・メロン大学の心理学の学生の中で最高かもしれない。周りの人たちはみんな、ハーバードに行ったらいい、ミシガンに行ったらいいって騒いでいたのに、結婚すると言うと、『じゃあ、ピッツバーグ大学に行くのね』って言われる。ピッツバーグでもかまわないけど、『待ってよ。どうしてそう思うの？　きのう私はそんなふうに考えてなかったじゃない。どうしてみんなそう考えるの？』という疑問をもった」というわけです。このように、心理学者になること、妻になること、フェミニストになること、ジェンダーの問題に関心をもつこと、文化には男性と女性の人生を区別させる影響力をもつイデオロギーがあると知ること、これらすべてが絡み合っていたんです。私が結婚したために、周りの人たちは私についてこれまでとは違う考え方をするようになりました。これが大人になろうというころの私の心理学、ジェンダー心理学の基盤です。伝統的な進路ではなかったんです。

◆それでどうしましたか。ご自分の人生に関していろいろな問題に取り組まれたわけですが、それは急速にあなたの考え方の中に滲みこんでいったのですか。それとも、ただそこにあった問題だったのですか。

私の考え方に滲みこんだと思います。でも、大学院での勉強や研究には影響しませんでした。私が心理学者として大学院で行ったことにはまったく表れていません。私はジェンダーに関する授業も受けませんでしたし、ジェンダーに関する研究もしませんでした。ただ、大学院時代、講演をするようになりました。たしか出版は一九七〇年だったと思いますが、『人間の諸事における警察の態度』というちょっとしたペーパーバックの一章の一部になった講演があります。最初にそれを行ったのは一九六六年頃です。そのときの題名は「置かれた立場を知るよう女性を教育する—無意識のイデオロギーの力」というものでした。それから長い年月を経て一九九三年までできました。この新しい本は、ジェンダーに関連する文化的なイデオロギーを扱っています。ですから、ここに大きな連続性があります。でも、大学院を卒業する頃のことを言うと、それは私の考えになっていましたし、政治的にも個人的にも知的概念になっていましたけれども、私が今行っていること、正式に私の心理学と呼ばれるようなものとしてはまだ表れていませんでした。

◆それでミシガンに行き、デイヴィッド・バーチのもとで研究をして、それからどうしたのですか。

具体的にお話ししましょうね。そうしなければつながりを説明できませんから。私がミシガンに行ったとき、ダリルはカーネギー・メロン大学の教授会のメンバーでした。彼は休職して、ミシガンで私と暮らしはじめました。まもなく学位が取れるというころ、私の指導教官があちこちに手紙を出してくれました。「いい学生が卒業します。ジェンダーの研究ではなく発達心理学の研究をしています。ところで、彼女には夫がいます」ってね。でも、どこからも返事が来ませんでした。みんな夫婦での求職活動をどう扱っていいのかわからなかったのでしょう。やがて、カーネギー・メロンが私たち二人に仕事を与えてくれました。それで私たちはそこにとどまることになりました。私はカーネギー・メロンの講師になり、ダリルはそのまま仕事を続けることになったのです。

講師としての数年は、私にとってある種の移行期でした。私たちは出かけ、話し合い、長時間にわたって問いかけては答えを探りました。私たちは何年もそうしました。たぶん、一九七四年に最初の子どもが生まれるまで続いたと思います。それから、私は研究ではなく教えはじめました。私は実証のための実証というような仕事が好きではありません。本当に答えを知りたいというしっかりした理由がないと興味を失ってしまいます。私は若く、他のどんなやり方を心に描いていいのかわかりませんでした。でも、自分は研究で何を問うべきかをつかめていないということを認識していました。やりたいことを二七も書いたカードを持っている人もいますが、私はそんなタイプじゃないんです。自分が何をしていいかわからず、ほとんどすぐさま専門家としてのアイデンティティの危機に直面しました。ピッツバーグにはもう一つ地元のカレッジがあります。チャタムという女子大で、研究は行わない教育だけのカレッジです。私はしばらく「そこの教員になろうか」と考えていたことを覚えています。

そして、あるとき――突然ひらめいたとか、これと指摘できる瞬間があるというわけじゃないんですけど――自分の政治的、個人的、知的な関心を広くフェミニズムと心理学と呼ばれるものの中に統合する方法があるだろうという考えが浮かびました。それが形をなしたのは、一部は――当時あちこちに出かけて「置かれた立場を知るよう女性を教育する」と題する講演をしていたわけですが、その中で次のように言っていました。「女性解放運動やフェミニストを擁護する議論としていえば、この世にはすばらしく多種多様な、一人ひとり違った人間が生まれてくるのだけれども、文化がそれを二つの経路に押し込み、その結果、人間が男女というたった二つの種類になってしまう」と。そして、これは間違っていると私は言っていたのです。ジェンダーのカテゴリーに合わない人々は何かがおかしいのだと考えられていました。固定観念に適合する人々にも、何か抑圧的、拘束的問題があるでしょう。私はこの線を推し進めていきました。そして、ある時点で、「私は裏づけるデータも十分ないのにぺらぺらとしゃべっている。社会を変革させ、文化を批判するこうした政治的議論に役に立つ研究の方法があるのではないだろうか」と、自分にも他人にも言うようになりました。文化に問題があり、心理学も人を男女に分離して二つの方向に向かわせる力の一部だと言いたかったのです。こうして、一九六〇年代の終わりに、「これを試してみよう」と思うに至りました。

◆多くの反対に会いましたか。

最初はそうではありませんでした。いろいろな意味で変化のときでしたから、どのレベルでお答えしていいかわかりませんけど。もうしばらく時代順に話を続けると、これは一九六〇年代の終わりから一九七〇年代のはじめのことでした。一九七〇年、私たちはスタンフォードに移りました。スタンフォードは私にとって意義深い環境でした。そこでは、「結果を気にするのは間違いだ」とはあまり言われず、「本当に重要なのは場外にボールを打つことだ。ホームランを目指せ」と言われるのでした。「思い切ってやってみたほうがいい」という雰囲気がありました。ですから、スタンフォードに移ってから、大事なことのために全力を尽くすということを重視するようになったのです。これは「私が重要だと思うこと」、つまり、フェミニズムにとっても政治的にも重要だと思うことと、うまく合っていました。アンドロジニーという考え方は心理学にはありませんでした。心理学の用語ではなかったのです。このことば、ジェンダーの固定観念で人を見ないという考え方を取り入れることができれば、そしてこの考えを心理学にも文化にも導入できれば（私は明らかに両方に関心をもっていました）、これは私のフェミニズム――女性解放運動という意味で――の上でも、自分の職業と思われるものの上でも、全力を尽くすべきものになると思いました。

◆何が最初にあなたにそのアイディアを与えたのですか。ユングを読んだのですか。

いいえ。私自身です。いいえ、政治と直観の融合かもしれませんね。どう説明していいかわかりません。これまでそんなふうに説明したことはありませんし。何が私にアイディアを与えたか？　答えになってるかどうかわかりませんけど、私が最初に取り組んだのは、「因習的なジェンダーの固定観念をもっている人は、何らかの形で、アンドロジーニアスな人より何かよくない結果をもっているだろうか」ということを調べる実証的な方法でした。それから「アンドロジニーとは何か。どうやってそれを測定できるのか」と考えました。アンドロジニーを測定するための最初のアイディアの一つは……ある人がアンドロジーニアスかどうかを判断するためにどのようなことを尋ねればいいのか考えていたのですが、最初の質問は「あなた自身がどんなふうかを述べてください。そして、反対の性だったらあなたはどんな人間だと思いますか、どんな人間になりたいですか、どんな人間になれると思いますか」というようなものでした。つまり、自分はどんな人間か、どんな人間である必要があるかという考えの中で、性別がどれくらい中心的な位置づけにあるかを知ろうとしたのです。どこからこの着想を得たかと質問されてこのように答えているのは、私にとっては私の性別がそんなに重要なことではない、男なら男でもかまわないと認識していたからです。私は性別が変わったからといって、私という人間が別の人間になるとは思いませんでした。

◆それで、男女のそれぞれにふさわしい形容詞を考え、質問を作ったわけですね。それからどうなりましたか。

今話しているのは一九七〇年から一九七五、六年ごろの話です。それは私にとって実証的な段階でした。私は質問紙を作ろうとしていました。「アンドロジーニアスな人はそうでない人に比べて幸せで健全か」ということを調べるために、一連の研究を行いました。これは精神的健康に関することばになっていきました。ジェンダーの固定観念をもっている人々よりも健全で、多様な状況に対処する能力を備えているか。それで、ジェンダーの固定観念をもっている人とアンドロジーニアスな人を識別し、両者をいろいろな状況に置いて反応を見る調査を行いました（ちなみにこの研究は、今では私にとってずいぶん遠いものに思われます。ずっとずっと昔のことのようです）。それから、「何らかの意味でアンドロジーニアスな人のほうが幸せな点はあるか」と問いました。その結果、男性的な男性と女性的な女性は、文化がその性に適切であると決めている行動に限定されることが多く、アンドロジーニアスな人は、両方の種類の行動をすることができる、あるいはすることを好むということがわかりました。つまり、アンドロジーニアスな人は自分の置かれた状況の性質に応じて独立しており、また、養育的でもあるのです。

もう一つの研究は、「ジェンダーの固定観念をもっている人は、そのジェンダーにふさわしくない物事を行わなければならない可能性を不快に感じるか」を問うものでした。結果は、「そのとおり」でした。私はそれをいつも、アンドロジニーの行動的相関と言っています。それから、この問題をさらに推し進めて、何がジェンダーの固定観念をもっている人々を制約しているのかという次の段階にすすみました。どうして彼らはこれらの行動をできないのか。そこで、アンドロジーニアスな人々よりも、ジェンダーの固定観念をもっている人々に焦点を合わせた調査を行いました。「彼らは現実や自分自身を見るとき、まるで目に男性フィルターや女性フィルターをつけているかのように世界を見ているのではないか」ということです。そんな見方でなく……私自身は万華鏡のようなものとして世界を見ています。いろいろな形で分類したり記号化したりすることができるのです。そこには客観的なカテゴリーというものはありません。私は学生たちにこう言います。「私はこの講義室に座って講義をしています。みなさんはこの講義室をどのように説明しますか。まだ昼ご飯を食べていない人は、食べ物がないということを切実に感じるかもしれませんね。でも、それはふつう人々がこの部屋を説明する方法ではないでしょう。」こうした物の見方というのは誤りではなくて、すべて合理的な解釈です。ただ、ジェンダーの固定観念をもっている人は、ジェンダーのスキーマを当てはめて物を見ます。当時、私はジェンダー・スキーマと呼んでいました。今では、レンズと呼び、アンドロジーニアスな人々と呼びます。アンドロジーニアスな人々は、それぞれジェンダーに何が求められるかを知っています。「これは男性的な行動の仕方ですか、女性的な行動の仕方ですか」と聞かれれば、答えることができます。彼らは愚かでも無知でもありません。ジェンダーの知識をもつよう、文化によって社会化されていないというわけでもありません。ただ、彼らにとっては、それは自然に、あるいは容易に使えるものではないのです。

このようにして、性別類型とアンドロジニーの認知的前駆体、相関、あるいは原因と私が呼ぶものについての研究が始まりました。それから、私たちは、ジェンダーの固定観念の強い人が、よりアクセスしやすいジェンダー・スキーマをもつこと、彼らはそれを多く使うこと、おそらくはそもそも『ベム性役割調査尺度』で自分をジェンダー・ステレオタイプ型と表現する理由の一部なのだろうということについての証拠が集まり始めました。この調査尺度は六〇項目がばらばらに並べられていて、それぞれに「男」とか「女」とか書かれていないのですが、そうした人々はそれを見ると男女どちらかのカテゴリーに分けるのです。必ずしも意識的ではないんですよ。意識的に物事を記号化するんじゃないんです。

◆あなたが言っておられるのは、ある意味で、説明というよりも洗練された描写ですね。何が彼らを分けているのか、掘り下げたことがありますか。経歴やパーソナリティ、子どものころの育てられ方という面から見て、何がジェンダーの固定観念をもっている人とアンドロジーニアスな人々を分けているのでしょうか。

いいえ。ここではっきりさせておきたいのですが、私はこれらの人々の違いに関心があったわけじゃないんです。私の関心は常に文化的な批評でした。私が言いたいのは、「ごらん、アメリカよ。あなたはこのジェンダーの区分をどこまでも推し進めているけど、それは必要ない。ここにはジェンダーのカテゴリーがあるのがわかる？　ジェンダーのカテゴリーがあるということをどうしたら示すことができるのだろう。ほら、そうしたカテゴリーをあまり使わないように思われる人たちがいるのよ」ということです。

それは、そうしたカテゴリーを使わない可能性を意識にのぼらせます。「すべてがこうしたジェンダー・カテゴリーにあてはまるのが当然だという暗黙で無意識な仮定に代わるものを、どうやったらアメリカと心理学に示すことができるのだろう。そういう仮定をもっていない人々を探そう」ということだったのです。

私がはじめた問いは完全に合理的なものでしたが、それは決して「掘り下げて人々の違いを見出す」ということではありませんでした。私が追究したのは、「人は――どの人がということではなくて、人間全般は――どうしてこういうジェンダーのレンズをもっているのだろう」ということでした。それは文化が教え込むからです。女の子にはピンク、男の子にはブルーというようなことを文化が教えます。でも、それは必要なことなのでしょうか。文化は女の子向けの服をもっています。このような単純なことについても、もっと深い微妙な事柄についても。私の関心はすぐに文化に移り、「こうしたレンズをもつように子どもを育てるために、文化は何をするのか考えてみよう」と思いました。

◆では、あなたが選んだ問いは、あなたの、もともとの政治的関心というか、そうした関心に関連していたのですね。

そうだと思います。フェミニズムとともに生じた政治的関心と、より深い個人的、知的、政治的な関心の両方に関連していたと思います。カテゴリーは作られる、文化がカテゴリーを作るという概念――それを考える何千もの政治的なコンテクストがあるのは確かですから、これを政治的でないというつもりはありませんけど、とにかく、今、こうした大きなカテゴリーがあるということができます。現代の社会では、人は異性愛者か同性愛者のどちらかでなくてはなりませんが、本当に二つしかカテゴリーはないのでしょうか。それは自然なカテゴリーなのでしょうか。それとも、アメリカや西洋文明の見方なのでしょうか。これらが性的指向の二つのカテゴリーではない社会もあります。男性／女性はどうでしょうか。性器に異常がある半陰陽といわれる子どもたちがいますよね。私たちはそれを異常といい、文化が手術を受けさせ、二つのカテゴリーのどちらかに押し込みます。

◆私は一九七〇年代にあなたの論文を読んだはずですが、とても興味深いと思ったのは、ほとんどのフェミニストの著者と異なり、あなたは特に男性に敵意をもっていないように見えたことでした。あなたが望んでいるのは女性の状況を改善あるいは是正するだけではなくて、男性の状況も是正することであるように思われました。これは正しいですか。

はい。まさにそのとおりです。私は男性も女性も縛られているという認識をもっています。女性が問題を抱えている、抑圧されている、是正されるべき特別なニーズをもっているという認識は甘かったと思います。言い換えさせてください。私が現在使っているようなことばには、アンドロジニーとは何かを語るいろいろな手だてがあります。「文化も人も、ジェンダーにまったく注意を払うべきではない」と言い、「なぜ行動といった事柄がジェンダーや性別をもっているのか」と問うこともできます。あるいは、こうしたことを人間の可能性としてのみ考えるべきではない、それはアンドロジニーの深い道徳であると言い、これは男性に所属する男性的なもの、あれは女性に所属する女性的なものというように分けるこの人工的な区分はいったい何なのかと問うこともできます。いずれにしても、私が言いたいのはやはり、無理やりカテゴリーに分類するのは疑問だということです。常にカテゴリー分けに異議を唱えているのです。

社会や歴史が女性に特に悪いことをしてきたと言っているわけではありませんから、男性を責めることはできません。女性が活動的であったりリーダーになったりできないのと同じように、男性は――当時のことばで言うと――泣いたり、依存していると感じたり、傷つきやすさを表明したりすることができないのですから。つまり、男性と女性は完全に対称的なのです。『ジェンダーのレンズ』に使ったことば、私が現在使っていることばでいうと、ジェンダーの両極化です。男性・女性という二分法が必要ではない物事に、その二分法が押し付けられているということです。でも、一九七〇年代に使ったアンドロジニーという語であれ、一九九三年の著書で使っているジェンダーの両極化という語であれ、私は同じことを言っています。男性と女性は対称的だということです。一九七〇年代以降フェミニズムは文化の中でもっと活発になり、影響力をもつようになりましたが――繰り返しますが、アンドロジニーの理論は私にとってフェミニズムから出てきたのではありません――私が言いたいのは社会が女性に押し付けている特別な問題、改善されるべき問題についてではないということを、ますます認識するようになりました。たしかに男性は泣くことができないとはいえ、女性と違って金力と権力をもっています。でも、これは別の概念、別の問題です。『ジェンダーのレンズ』の中でアンドロジニーやジェンダーの両極化について語るとき、私は次のように言っているのです。「ここに人類がいる。それは男性の部分と女性の部分、あるいは男性的部分と女性的部分に分かれている。それは人々だけでなくその特色や衣服もそうである。性的な欲求でも感情の表し方でも何でも、すべてに区分がある。けれども、それらをアンドロジニー、あるいはジェンダーの両極化のコンテクストで分析すると、多かれ少なかれ両者は同等である」と。

でもそれは、世の中の現実の様子と異なっています。世界はそんなふうではなく、不平等を作り出しています。男性的なものを高くし、女性的なものを低くします。それで、結果的に男性がお金を手に入れます。男性的な行動は最終的に善になり、それは不平等、階層をもたらします。この本の中で、私は、男性中心主義、何事であっても男性のほうが優秀とみなされるという文脈の中でこのことを扱いました。これは分離の概念ですが、この世界は両方をもっていると思います。つまり、少なくとも原則的にフェミニストとして男性中心主義の排除を考えることができます。この考え方では男性性と女性性がまだ完全に分離されています。これからは女性的なものの価値を重視しようというわけです。そういうわけで、原理的には、男性中心主義を取り除くことはできますが、依然としてジェンダーの両極化はそのままです。私は、「そう、だけどそれは私のユートピアではない。私のユートピアは、ジェンダーの両極化も取り除くことだ」と言いたいのです。これであなたのご質問に答えたことになりましたか。

◆私がお聞きしたいもう一つのことは、おそらく、女性の抑圧を取り除くという考えは、あなたにとって後からやってきたものじゃないかということなんですが。

そうですね。ある意味でその通りだと思います。はじめからあったことはあったんですよ。私にとっては本当に大事なことでした。カーネギー・メロン大学の教授たちは、夫に「それじゃ仕事をあきらめて奥さんについて行くんですね」とは言わないで、私に「ハーバードやミシガンに行くチャンスをあきらめて、近くの大学に行くんですね」って言ったのですから。そのときにも、女性に向けられる非対称があり、妻というものに仮定されることがらについて考えていたわけですが、なぜだかそれは私を引きつけるものではありませんでした。私にとってはやはり、それを理論化し始めたとき、直観的にであれ何であれ、特に女性の抑圧ということを考えていたわけではないというのが本当のところです。

◆あなたの論文に対して、結果としてアンドロジニーの大部分は実のところ男性性の強さとして説明できるという批判を読んだことがあるように思います。正確に覚えているかどうかはわかりませんが、思い当たることがありますか。

はい。思うのは自尊心との相関です。指摘したいのは——男性的な人々とアンドロジーニアスな人々は高い自尊心をもっているということです。ここで、私が実験主義者ではないということがはっきりするんですが、自尊心の尺度の中にどんな項目が入っているのか見て、それから男性性の尺度を見ると、両方に共通する項目がたくさんありました。両者はそんなに違って見えなかったんです。二つの別々のことを測定したわけではないんじゃないのって言いたいくらいでした。実験レベルではそれからどんな結論が引き出されるのかよくわかりませんけど、私はすぐにそこから出て、「そうだ、だけど男性性は文化が重んじることだ。もちろん、男性的な人々は文化が好むものをもっているのだから、そうした人々のほうが物事がうまくいく」と考えました。アンドロジーニアスな人々が歴史のどんな時点であれ何らかの形で文化から逸脱していればいるほど、彼らが幸せで、よりよく生きることができ、高い自尊心をもつとはいえません。文化が彼らを好まないなら、彼らが生きやすいはずはないのですから。

◆一九七〇年代、フェミニストたちはどのように反応しましたか。あなたの論文に喜んだんでしょうけど、完全には喜ばなかった？

一九七〇年代には大きな変化がありました。心理学の中でいえば、アンドロジニーは――悪名高きアンドロジニーの考え方は――最初は大いにもてはやされました。みんなとても喜んでくれたんです。それはフェミニストの考え方、新しい考え方で、理論的にも実証的にも批判を補強する一つの方法でした。一九七〇年代初期、文化と心理学の両方について多くの批判が出されるようになっていました。フェミニズムが心理学の中に入ってきました。私が感銘を受けた画期的な論文が二つあります。いろいろな論文がたくさん出ましたけど、何より印象深かったのは、まずブローヴァーマンらの論文です。それは、精神的な健康の定義について精神科医、臨床心理学者、ソーシャルワーカーに面接調査をし、こうした臨床家たちがみな、その人の性とその概念が一致しているときに精神的に健康であると考えていることを明らかにしました。それから、それまでの性役割調査尺度やジェンダー調査尺度を批判したアン・コンスタンティノープルの論文がありました。いずれにしても、心理学と文化の中で大いにジェンダー・ステレオタイプの解体が行われ、アンドロジニーはその中にピッタリ収まりました。概念があり、検証がなされましたから、ずいぶんと関心が引き起こされたのです。

でも、それからごく短期間に、心理学の内部で二つのことが起こりました。私がよく覚えているのは――それは私にとってより明瞭だったからですが、そして自分がそんなに狭量だったとは信じられないくらいですが――アンドロジニーは心理学の分野で関心をもたれる前に、人文学など心理学以外の分野で関心をもたれました。そして、私が心理学にアンドロジニーを持ち込む頃には、心理学以外では支持を失っていました。それでどうだったかと問われれば、私はわなにはまったように感じました。それは心理学の中で急に重要なものになりましたが、私は心理学の外でもフェミニストの学問と関わっていて、ますます関わりを強めていましたから、最初はこのような激しい逆波にのまれたことをまったく理解できませんでした。突然、アンドロジニーはフェミニストたちにまったく人気のない考え方になりました。私はしばらく動揺していました。この頃のことを考えるとき一番に頭に浮かぶ名前は、詩人のエイドリアン・リッチです――この本［訳注『ジェンダーのレンズ』のこと］にも取り上げましたよ。彼女は、一九七〇年代初期にはアンドロジニーを持ち上げる詩を書いていたのに、一九七六年か一九七八年ごろになると、「二度と口にできないことばがある。アンドロジニーとヒューマニズムもそうだ」と言うようになりました。彼女は女性と不平等に重点を置くようになっていたからです。アンドロジニーの理論は、男性と女性に同等の状況があるかのように、男女の抑圧が対称的であるかのように考え、女性を取り巻く問題を焦点としないまさにその点が、反感を生み出したのです。アンドロジニーはこの論争にすっかり巻き込まれてしまいました。そして急速に、フェミニストの間で禁句になってしまったのです。

一九八〇年代にはフェミニズムは――私はキャロル・ギリガンのような人々を考えているのですが――女性と女性性を再評価するようになり、男性中心主義は永遠に価値を失いました。思いやり、親密さ、人との関係といったようなことが見直されたのです。重点はもはや、男性と女性の違いを最小化すること──両極化のことばを使うならば、両性の極化をなくすこと──ではなく、女性あるいは女性的と考えられてきたことに目を向け、その価値を再評価し、男性性、男性であること、男性的な制度や組織の批判をするようになりました。ですから、アンドロジニーは心理学の外でのほうがやや長いハネムーンがあったと言えるのかもしれません。心理学の中でのハネムーンはごく短期間でした。非常に急速に、フェミニストの流れは女性の差異を祝福する方向に向かい、アンドロジニーはそれとまったく相容れなかったのです。

◆あなたはそれをどう感じましたか。

打ちのめされましたよ。そのときには何が何だかまったくわかりませんでした。私は、渦の中に引き込まれたように感じました。理解できなかったのです。一九七八年に最初にここに来たとき、心理学者というのは概してかなり読書範囲が狭いのだなと思ったことを覚えています。大部分の心理学者は、他の心理学者の著作しか読んでいないんですね。生物学の論文を読んだり、なかにはコンピュータ──認知科学の論文を読む人もいますが、人文科学全般の著作を広く読む人はあまりいません。私もそうでした。そうした「やわらかい分野」を読むように勧められることはあまりないんです。アンドロジニーへの批判が起きたすぐ後、私がコーネル大学に来たとき──コーネルには「A・D・ホワイト・プロフェッサー・アット・ラージ・プログラム」と呼ばれるプログラムがあって、著名な人々を五年間、毎年数週間ずつ招待しています。エイドリン・リッチは私がここに来てから一年かそこらのときにここにやってきました。そして、いろいろ話し合ったのですけれども、アンドロジニーという語が出るたびに、明らかに穢《けが》れたことばのように扱われました。私はそれがなぜだか理解できませんでした。若かったのか、今より自信がなかったのかわかりませんけど。私は混乱してしまい、こうした流れを見極めるのにしばらく時間がかかりました。

◆私がお聞きしたかったのは、基本的にそのような反応があなたを変えたのかということなんですが。

こうしたことが起こる前にすでに、私はアンドロジニーから離れて考えを変化させていました。私の考えは常に進化しているのです。そのころまでに、いえ、おそらくはアンドロジニーの研究が学術雑誌に載る前にすら、私は「そうね、でも何かが違う。私が本当に言いたいのはこれじゃない」と考えるようになっていたと思います。私は、あなたは愛情こまやかであるのと同時に攻撃的または自己主張が強いですかと尋ねたいわけではありませんでした。アンドロジニーということばでそういうことを意味していたのではありません。両方のカテゴリーである、両方のカテゴリーをもっている、あるいはそのように思考するということではないんです。アンドロジニーの概念はそのようにして生まれたわけではないし、最終的に私がアンドロジニーの概念を操作的な形にしたのも、そういう考え方からではありませんでした。焦点が間違っていると感じ、当時私がジェンダー・スキーマ化のしやすさ（gender schematicity）と呼んでいたものに移っていきました。ジェンダーの固定観念をもっている人は、あることばを聞くとそれを男性的なものと女性的なものに分け、アンドロジーニアスな人はそうしないということです。ここに、両者が同じレンズを使っていないのだという考えが生まれました。それは私が言いたかったことに近づいています。ですから、アンドロジニーに対する批判が起こってきた頃、私は理解できず感情的には打ちのめされていたんですけど——私は自分の知的な発展の中でアンドロジニーと一体感をもっていましたからね——そのときにはもう、先に進んでいたのでした。私はすでに、自分の基本的なアイディアを表現する、よりよい新しい方法を見出そうとしていました。私の言ってること、わかります?

◆なるほど、では、おそらく一九七〇年代の終わりごろでしょうか、フェミニズムがイギリスに定着し、そういうフェミニストによる批判が起こったとき、すでにあなたは先に進みつつあったのですね。当時、私はフェミニストと結婚していたんですが、女性だけの問題が尽きることなくありましたよ。でも、そのときここアメリカでも、非常に成功したフェミニスト運動があったんですよね。

もう少し早かったと思います。面白いのは、本当のところ私はその運動に関わっていたわけではないということです。私は一度も女性団体に入ったことはありません。夫とはいつもベストフレンドの関係です。彼もフェミニストです。それがフェミニズムの不適切な側面だと言ってるわけではありませんよ。ただ、フェミニズム運動が私の政治活動、個人的な政治活動だったことはないのです。

◆『ジェンダーのレンズ』で述べていらっしゃることをここで説明していただけますか。

一九八五年、『ネブラスカ・シンポジウム』に、「アンドロジニーとジェンダー・スキーマ理論 ― 概念と実証の（実証と概念のだったかしら）統合」という論文を発表しました。私はこの二つのことがらを統合し、そこに新しいアイディアを持ち込もうとしたのです、同じ頃、『サイエンス』にも論文を発表しました。けれども、たいした反響はありませんでした。それから、本当に興味深い瞬間が訪れました。何だかおかしいくらいでしたよ。私はこのときのことを鮮明に覚えています。私はコーネル大学の研究室の中に座っていて、もう女性学の主任ではありませんでしたので、自分がどこに向かっているかもよくわからないまま、リチャード・シュワーダーという人類学者の「啓蒙主義に対する人類学のロマンチックな反乱」と題された論文を読んでいました。そこには、文化的な構成、私のことばでいうと、文化的なレンズの構築について書かれていました。文化によっていかに異なるレンズ、イデオロギー、世界観があるかということでした。私は読みながらダリルに電話をかけ、「今、これまでの人生で一番すばらしい論文を読んだわ。私、これにもうすっかり夢中よ」と言いました。この論文は私の中で共鳴しました。心理学の論文でそんなふうに共鳴を感じたことはありませんでした。それからどうなったかというと、私の理論がゆっくりと展開していったのです。ジェンダーのスキーマの考えをいろいろな歴史的伝統の中に置きなおしていったのですが、まだ明確に表現することはできませんでした。今ならばある種の社会的構築主義と呼べるかと思います。いずれにしても、ゆっくりと、ジェンダーだけではなく、私の考えがうまくおさまる知的なコンテクストがあるんじゃないかという感覚が生まれてきました。それ以上具体的には説明できませんけど。一九八七年、私たちは休暇を取り、一年間ハーバードで過ごしました。私の頭の中を何が泳ぎ回っていたのか正確には思い出せませんけど、私が望んでいたのは、その年の問い、すなわち「私の頭の中には著書が生まれているか」という問いに答えを見つけることでした。

私はハーバードスクエアに行って本を何百冊も買いこみ、それらを読みました。三月ごろ、そばに座っていたダリルに、「アウトラインが書けそうよ。どんな本になるかしら」と言いました。そして、この本が生まれてきました。「私は二〇年間ジェンダーについて教え、考えてきたのよ」と自分を励ましました。頭の中にあるものを自分の手でつかみ取りたい、壮大なアイディアが好きだけどシンプルにしたいと考えました。深遠なものやことば足らずのものではなく、シンプルにしたかったんです。自分自身にとって知的なチャレンジとなるようなもの、これまでの考えをすべて取り込むものを望みました。とても独自性があって、ジェンダーに関する自分の考えを本当に表現する何かを言えるだろうと感じていました。この本はそんなふうにしてできてきたのです。そして、私はアウトラインを書き、執筆に取り掛かりました。

◆この三つの基本的なレンズについて説明していただけますか。

わかりました。最初の一節を読みましょう。そうすればわかりやすいと思いますから。「これまでの西洋文化の歴史を振り返ってみると、女性と男性に関して三つの考え方がゆきわたっていた。男女の心理的な特徴や性的特徴は基本的に異なっているという考え方」――違いがあるということですね――「男性は生まれつき支配的である、ないし優れているという考え方」――不平等の概念です――「男女が基本的に異なっていることも男性が支配的であることも、いずれも自然の摂理であるという考え方である」――これらが伝統的な考え方です。「これが自然の摂理であるという考え方は、一九世紀の半ばまで、神の偉大な創造物の一部であるという宗教的なことばで、その後は生物の、あるいは進化による偉大な創造物の一部であるという科学的なことばで、信じられてきた。」

私はこの伝統的な三つの信念について述べています。違いがあるということ、不平等があるということ、そしてそれは自然であるということ。そして、それらを覆して、「いいえ、自然なものは何もない」と言っているのです。私たちがもっているのは、男性が中心だという文化的な仮定、「男性のほうがすぐれている」という文化的な仮定です。あるいは、すぐれているわけではないにしても、男性は人間という種の標準、基準、原型であり、女性は何か違うものと考えられています。それが何であろうと、それほど問題ではありません。いずれにせよ男性との関係で定義されているのです。レンズについてご質問になりましたから、そこから始めましょう。

それで最初のアイディアは、それは自然ではないというものです。それどころか、それは組織化の原理です。それが私がレンズと考えるもののもう一つのありようです。文化が築かれる基礎、ゆえに最終的に私たちの精神が築かれる基礎になる組織化の原理なのです。私たちの心は文化によって作り上げられます。ですから、最初のレンズは男性中心主義です。第二の観念は相違です。これはジェンダーの両極化ということができます。違いがあるということも自然ではありません。私たちは人間を見て、そして人間に結びつくすべてのことを見て、それに男性と女性の二分法を押し付けます。いろいろな見方ができる万華鏡ではなく、二つのカテゴリーとして見るのです。これがジェンダーの両極化です。そして、人が性的になる形――セクシュアリティに関する問題ですね――、性欲求の経験のされ方といったことも両極化されます。これは押し付けられたジェンダーです。男と女は違う、男は女を好きになり、女は男を好きになると言いますけど、私たちは性欲求に男女の二分法を押し付けていると私は言っているのです。そして、第三のレンズは生物学至上主義。こうした違いは自然であるという考え方です。

◆学生や同僚たちと議論するとき、どのような反応が返ってきますか。以前アンドロジニーに対して示されたような反感に会うこともありますか。

学生たちはとても気に入ってくれてますよ。とても気に入ってます。彼らは私の興奮を共有してくれます。私はたいていすごく熱を入れてエキサイティングな授業をしますから、学生たちはここで私といっしょにすごい出来事に参加していると感じてくれています。私の学生には男子も女子もいますけど、みんな若いフェミニストです。そうでなかったら私のクラスにいないでしょうからね。彼らは、これまでいつも、人がジェンダーに関連する因習的なことを言うときどう対応していいかわからなかったけれど、この本でそれがわかったと言っています。でも、まだ世間に出回ってはいませんからね。「反応はどうか」と聞かれてもよくわかりません。

◆そうですね。あなたは世間の反応に神経を尖らせていますか。

この本を書いているときに、最も気にしたのはフェミニストたちの反応です。ある意味で、彼らは私が最も注意を払う読者ですし、さっきも言ったように一九八〇年代を通してずっと、フェミニズムの主な流れは違いに目を向けること、ジェンダーの違いを最小にすることではなくて最大にすることだったからです。私はフェミニストたちの反応、その動きに神経質になっています。でも、文化は、フェミニズムとアメリカは、ある種の転換点にいると思います。振り子は男女の違いを強調する方向に行きすぎたと思います。そして、この本が出回る頃には、アメリカのフェミニズムの流れの中で私はそんなに異常ではなくなるんじゃないかと考えています。この揺り戻しは確かだと思いますよ。このように指摘するのはちょっと変に思われるかもしれませんけど、書店の棚を見てみると、最近ではバイセクシュアリティに関して多くの本が出ています。長い間、バイセクシュアリティについて書かれた本はまったくありませんでした。レスビアン、ゲイ、バイセクシュアルの研究が台頭してきています。違いを中心に据えたフェミニズム――それは実のところ女性の違いに焦点をおくものです――や、フェミニズムの底流にある政治性とゲイ解放との結びつきなどは、少々混迷していると思います。それはジェンダーに関する問題、ジェンダーの規範やジェンダー・カテゴリーの制約から逸脱している人々の問題を扱うのではなく、女性の抑圧だけを扱ってきたからです。そうした議論はゲイの男性をどう捉えるのでしょうか。私自身は、女性に対するのと少なくとも同じだけ、ゲイの男性にも連帯意識をもっています。私は女性に連帯意識をもっていないと言っているわけではありませんよ。ただ、私の政治学と理論化は、女性もゲイの男性も対象にしているのです。エイズへの曲解や悲劇もあって、レスビアンの女性とゲイの男性は連携を取り戻したと思います。男女の問題にある分裂の多くが――振り子が少々反対の方向に振れていて、今、アメリカでは積極行動主義、フェミニズムが復活していると思います。

◆それはとても興味深いですね。イギリスでは、たとえばメンズ・ムーブメントについてとてもイギリス的な反応が見られるんですが、それでもロバート・ブライのような人々の本がよく売れています。

イギリスの心理学者たちはアメリカの心理学者たちよりも私の本についてよく知っていますよ。私自身もイギリスに出かけていますし、シーラ・キッツィンジャーのおかげもありますから。心理学批判やフェミニズムと性的指向の関係について、私がシーラ以上に親近感をおぼえる心理学者はいません。この本の基礎にある知的な理論と政治学は、私の知っている他の誰よりも、彼女の考えと一致していると感じています。それもあって彼女とのインタビューがとてもうまくいったのだと思います。つまり、彼女は私を上手に使うことができました。彼女は、私にどんな質問をしたいのかわかっていました。他の心理学者のインタビューとはとても違っていたんです。二人の息がぴったり合ったんですね。それで、シーラは私の本のプロモーションをしてくれました。そのせいか、これまでのところアメリカよりもイギリスで動きがあるんですよ。

◆さきほど、違いを称揚するのはあなたにとってのユートピアではないとおっしゃいましたね。ではあなたの考えるユートピアのビジョンというものがありますか。

はい。でもそれが実のところどんなものかはわかりません。私は――この本の最後の段落を読みましょうね。最後の章の二つの見出しは、ええと、差異の難問について書いているんですけど、差異に焦点を向けることがいろいろな意味で終末を迎えていることについて書いています。その見出しは「中心ジェンダーの中立性 ― 男性中心主義の根絶」です。それから、最後のセクションの見出しは、「ユートピアに向けて ― ジェンダーの両極化の根絶」です。最後の二段落を読みましょう。

（ここでベムは自分の本を手に取り、キッチンテーブルの上に広げて読んだ。ここにそれを再録する。）

「究極的にはジェンダーの脱両極化を実現するためには、社会の諸制度を再編したり文化的な論議を再構築するという社会的変革以上のことが必要になる。ジェンダーの脱両極化はさらに、男性であるか女性であるかとか、何が男性的で何が女性的であるのかといった、私たちの最も深い感覚の心理的変革を必要とする。これは、生物学的な性別の意味や、それらが私たちの精神やセクシュアリティとどう関連しているかについての感覚の、根底的な変革でもある。簡単に言えば、こうした心理的な変革は、人間であるという生物学的事実を認識するのとまったく同じように、男性であることや女性であることの生物学的事実を認識することである。性別について、自分が何者であるのかをまったくもって真正なものであるとみなして、精巧なものにする必要があると考えたり、曖昧であるからもっと増強しなければならないと考えたり、他のモデルに置き換えなければならないと考えるのではなく、性は自然に与えられたものであり、その影響は自然に及ぶものであり、子どもを設けるといった実際に生物学的に重要な領域にのみ影響の範囲が限定されるものと見なすだろう。そうすれば、心の裏側にそっとしまいこんでおき、何もしないままにしておくことも可能になる。言い換えれば、生物学的性別は、もはや個人のアイデンティティやセクシュアリティの中核とはならないのである。」

これが私の考えるユートピアです。言い換えると、連結を打ち破ること、文化と歴史が性別とその文化内のすべてのことの間に作り上げてきた数え切れないほどの連結を断ち切り、なくしてしまおうということです。でも、それが実のところどんな世界になるのかはわかりません。ですから、ユートピアのビジョンをもっているかと聞かれれば、ユートピアの原理は考えているけれども、正確なビジョンはもっていないと答えるべきでしょう。

◆それは女性が男性と違っていることを祝福するのではなくて、一人ひとりが違っていることを祝福するということでしょうか。

「でも、人間っていうのはカテゴリーが必要なんだ。男女のカテゴリーをなくしたら、代わりにどんなカテゴリーをもったらいいんだ」ってしじゅう聞かれます。だから私はビジョンをもっていないんです。男女のカテゴリーをなくして、私たちはどのように考えることになるのでしょうか。私にはわかりません。でも、そこまでの道のりはまだまだ長くて、私たちはまだユートピアの建設に着手してもいないといえるでしょう。それはユートピアの実際的なビジョンではありません。言うまでもなく、人の心はカテゴリーを必要とします。私はそれに同意します。そこで、始めに戻ってしまいます。個人の違いを祝福するというのは私が研究を始めたときに考え、それからずっと言い続けてきたことです。比喩で言い逃れることはできますよ。反論の仕方もわかっていますけど、比喩的にいうなら、性別をもつことは、人間であることにほかなりません。あなたが人間であるという事実が、明らかにあなたの多くを形作っていますよね。四本足ではなく二本足で歩くとか、もろもろのことです。でも、それは意図的にやっているわけではないでしょう。つまり、「私は人間だ。だから二本足で歩こう」とは考えませんよね。同じように、どちらの性であるかということは、種としてのアイデンティティと同じように、おそらく私たちの多くを形作っていると思います。でも、それは自発的な参加、文化的に作られた意識的な形での参加を必要としないのです。

◆不思議なのは、世界中のほとんどすべての文化の中にこの男性中心主義があるように思われることです。これは説明が必要な点だと思いますが、あなたはこれを説明できますか。

はい。でも、昔々の物語という形です。『ジェンダーのレンズ』の第2章「生物学至上主義」において、私は二つのことを論じました。第一に、一九世紀半ばから終わりにかけての男女差と男女の不平等に関する科学的理論は生物学至上主義であると批判しました。私が言いたいのは、生物学を強調しすぎて、歴史または文化のコンテクストを過小評価しているということです。第二に、「社会生物学といった理論が非常に誘惑的である理由の一つは、説明が必要だと感じるような事柄について容易に説明しているように見えることだ」と論じました。つまり、世界を見渡すと、男性のパワーが目に入ります。男性が優位に立っており、責任をもっていることがわかります。どうしてどこでもそのように学習されているのでしょうか。

それで私は、「じゃあ、社会生物学がしているように、昔話をしましょう」と言いました。次のような説明が必要とされると私は感じています。男女の間には明らかな生物学的な違いがあります。平均して男性のほうが大きく、力が強い。女性は大人としての期間の多くを妊娠中か子育て中として過ごします。けれども、かつては環境についての反論の余地のない真実がありました。母乳の代わりになるものはありませんでした。仕事は頭を使うよりも主に肉体的なものであり、人体の力を拡張する技術的な道具もありませんでした。だから、先史時代には、生物学と文化、あるいは生物学と環境の相互作用はほとんど決定的であり、労働の性的分業がほとんど不可避でした。いつ誰が何をするかということに関してジェンダーの両極化が必要だったのです。女性はほとんどいつも胎内または身の回りに赤ん坊を抱えているというまさにそのために、そしておそらくは（あまりはっきりはわかりませんけれど）権力のある男性が現れる必要があったために、両極化が生じました。集団を守る必要があったからであれ、男性のほうが体が大きく力があり、女性は妊娠しているか子育て中だからであるという理由であれ、男性が戦士にならなければならず、そして、戦士であるから、他の決定も支配する必要があった、またはそのように信じられるようになったというわけです。

人間の生物学的な違いは、最終的に労働の区分、つまりジェンダーの両極化と、ある種の階層を作り出しました。ですから、最初は生物学的な違いから始まって、いったん力をもつと、つまりいったん男性が力をもつと――これは反男性主義だと思いません。私は反男性主義者ではないという考えと矛盾しないと思います――システムが発展し、男性が組織や制度を作ります。私たちの社会の組織や制度、文化的なイデオロギーのほとんどは男性が作ってきました。支配権をもっていたからです。男性は自分たちの視点で物事を見ました。男性は世界の中心にあって、物事を決定しました。女性は周辺的なもの、何か他のものでした。男性が組織や制度と文化の議論を作り、それは体系的に現状を維持するもの、男性の権力を再生産するものとなりました。それがこの本の主張です。最終的に、すべてがどのように始まったかという物語は、一つのバージョンにすぎませんし、完全なバージョンでもありません。でも、いずれにしても、生物学とコンテクストに関連するのだと思います。

私にいわせると、知識人としてもフェミニストとしても、何事も単純に生物学的なものだけでは決まらないと思います。私はほとんど盲目といってもいいくらい視力が悪いんです。西暦五〇〇年だったら、私はそのせいで死んでしまっていたでしょう。生物学的な要素は重要ですが、それがどの程度重要かはコンテクストによります。

西暦五〇〇〇年までメガネやレンズが発明されなかったならば、私はそのときまで無用者だったでしょうね。五〇〇〇年になってやっとなんとかなる。私はこのような単純な例を使います。飛べないのは人間という生き物の性質ですが、私たちは飛行機を発明しましたから、今では飛ぶことができます。これも、コンテクストの中での生物学的な概念です。私が主張するポイントの一つは、この単純化された物語を提示しましたが、私はそれが真実だと思っているというわけではないということです。私は、コンテクストにおける生物学とはどんなものかというモデルを示しただけです。重要なのは、この本で私が述べている制度的・文化的な権力の再生産によれば、その起源が何だったかは意味がないということです。起源に興味をもってもかまいませんが、システムは、いったんできあがってしまうとそれを再生産するのです。ですから、結局は、この物語は真実かということを知る必要はないのです。知的な好奇心から知りたいと思うかもしれませんが、社会の変化について考えるためには過去を知る必要はありません。いずれにしても、これがこのような質問に対する私の考え方です。そして、それは私にとって大変重要です。

違いの問題で頭がいっぱいになっている人はどこにでもいます。まるで、この質問への答えを知るのが一刻を争うことであるかのように、躍起になっています。でも、女性の抑圧というコンテクストでいうならば、そのような論議はちっとも急を要するものではないと思います。人々がそれを急を要するものと考える理由は、フェミニストが百年もの間、女性をもっと平等にするために物事を変えなければならないと言っていて、反フェミニストがちょっと待て、生物学を知らなければならない、生物学はその限界を超えた変化を不可能にするある種の基本的事実なんだから、と言い続けているからでしょう。ですから、あなたが考えているような世界が生物学的に可能なのかを考えましょう。それは、彼らが理解……

◆彼らは理解できないと言おうとなさったのですね。

そうです。間違ったことに——おわかりのようにこの基本的事実という考えは間違っています。生物学はコンテクストによって変わります。私たちがコンテクストについて今理解しなければならないのは、女性の差異を女性の不利益にしている男性中心主義のコンテクストがあるということです。どうして女性の上院議員がいないのでしょう。女性に何か問題があるからでしょうか。アメリカでは、背の低い人は、はしごやホースを扱うのに十分な大きさや力がないから消防士にはなれないとよくいわれます。じゃあ、私みたいに背の低い人が住む村を考えてみて、と私は言います。そんな村では家が全部燃えてしまうと思いますか。背の高い人々が作ったはしごやホースを使わなければならないならば、答えはイエスでしょう。でも、背の高い人も低い人も使うことができる軽いはしごやホースを作れば、答えはノーです。それは生物学的な問題ではありません。それは生物学とコンテクストの問題です。自分にうまく合わない社会的な制度や組織の中で生きていかなければならないときに生じる問題なのです。

ベムとのインタビューで最も特筆すべきことは、他のほとんどの心理学者よりも、心理学とは事実を見出すことだけではなく、自分のスタイルや関心を表明することでもあると認めるのに近づいたということであろう。彼女も認識しているように、これを認めるのは危険なことである。常に進化しているベムは、今は臨床心理学者として活躍している。

第2章　ノーム・チョムスキー

ノーム・チョムスキーは心理学者になることを選んだわけではなかった。心理学者になるための訓練も受けなかった。気がついてみると、言語学での業績から心理学者になっていたのだった。チョムスキーの言語学の業績に非常に感銘を受けた多くの心理学者は、彼が心理学にちょっと手を出しただけだということを残念がる。彼は心理学を知らない、と。ここに皮肉なことが二つある。第一に、科学者でありたいという強迫観念に取り付かれた心理学者たちの多くは、自分でも起源がほとんどわからない独断的な説を生み出している擬似科学者も同然だと、チョムスキーが主張していることである。第二に、チョムスキー自身、自分をプロの言語学者とみなしていないことである。インタビューの中で自ら述べているように、彼は、言語学者が知っていなければならない多くのことに関心をもっていない。彼の著作は、いくつかの学問領域での研究の成果なのである。

チョムスキーが一九五七年に出した最初の著作『文法の構造』(Chomsky, 1957) は言語学をすっかり変えてしまったが、それまで彼はなかなか論文を出版してもらえなかったし、仕事を得ることにさえ苦労していた。一九四八年には大学を退学する寸前までいったこともある。ペンシルバニア大学で二年間過ごした後、学問へのユダヤ的情熱を失ってしまったからである。彼は、イスラエルに行って急進的なアラブ人とユダヤ人の労働者階級の運動を模索しようと考えた。しかし、この幻滅した若い理想主義者は、ペンシルバニア大学の言語学の教授であるゼリグ・ハリスに出会う。ハリスは、急進的な考え方をチョムスキーと共有したばかりではなく、チョムスキーを言語学へと向かわせたのだった。

チョムスキーが出会ったとき、ハリスは『構造言語学の方法』(Harris, 1951)を書き終えたところだった。ハリスは、言語学にほとんど行動主義的ともいえる実証的なアプローチを取り入れようとしていた。言語の意味を参照することなく、音韻論と統語論による言語分析の原理を作り出すことを目指していたのである。一九五五年まで、チョムスキーは、ハリスのシステムをうまく機能させようと誠実に努力し、それを精緻化、定式化しようと試みた。しかし、長い時間を費やした――そしておそらくハリスからかなりの影響を受けた――後、チョムスキーはそれを断念し、独自の生成文法の考え方を練り上げ始めた。彼は以前から趣味のようなものとしてそれに少々取り組んでいたのだが、最初はハリスのシステムを機能させることよりもずっと重要性が低かった。

チョムスキーはハリスの研究を定式化するのにうってつけの人物であった。彼は、ペンシルバニア大学で学んだ後、哲学者のネルソン・グッドマンの下で研究を行った。グッドマンは彼をハーバード大学のソサエティ・オブ・フェローズの特別院生《ジュニア・フェロー》に推薦した。そこでチョムスキーは数学と形式論理学と代数を学んだ。彼は記号システムを好んだ。数学の影響は彼の研究にとって重要であった。そしてそれは、彼の研究に対する心理学者たちの態度を決定づける上でも、重要な要素になっているのではないかと私は思う。

四年間、チョムスキーは自由に学ぶことができた。特別院生の資格に「値する」よう特定分野の特定領域を専門にしなければならないという圧力がまったくなかった。チョムスキーは自分がとても幸運だったと考えている。また、一九五〇年代はじめのアメリカの学者たちのあいだではまだ、論文を発表することが必須とは考えられておらず、一向に成果が上がらないとけなされることもなかった。彼は、形式論理学といった風変わりなテーマを追究する自由があったからこそ、いろいろな着想を試してみて、そこから『文法の構造』を導き出すことができたのだと振り返っている。

チョムスキーは、ニューヨークの急進的なユダヤ人社会で育ったと自ら述べている。父親はある程度名の知れたヘブライ語学者だった。幼い頃からチョムスキーは、セム語の構造と歴史についてあれこれ見聞きしていた。そして、言語学とは、ことばがある時点で特定の意味をもつようになる変化を研究するものだと漠然と理解していた。言語学者の仕事は、あることばがそのときにその意味をもつようになった理由を説明することであった。実際、チョムスキーは最初の頃、現代ヘブライ語の研究を少々行っている。

それから三つの主要部分をもつ言語の理論を発展させた。まず、言語の「表層構造」がある。これは私たちが耳にする実際の文に対応する。第二に、意味で構成される「深層構造」がある。たとえば、表層構造"a wise man is honest"（賢人は正直である）は、深層構造"a man who is wise is honest"から出てくる。実際の文は、一連の変化によって現れる。チョムスキー自身は『行動科学における説明』に関するシンポジウムに提出した論文（1970, p.429）において、この理論を次のように説明している。

「言語と心の問題の研究にとって最も適切だと思われる一般的な枠組みは、一七世紀と一八世紀の合理論の心理学の一部として発展し、その後、別の問題に関心が移ったためにほとんど忘れ去られた。この伝統的な概念に従うと、文の意味を表現する命題のシステムは、その文が物理的な信号として作り変えられるときに心の中に生まれ、両者は現在の用語で文法的変形と呼べる形式的な操作によって関係づけられる。現在の用語で説明を続けるならば、文の表層構造、すなわち物理的な信号としてのカテゴリーやフレーズへのその組織化は、基底にある深い構造、すなわち、やはりカテゴリーやフレーズのシステムではあるがもっと抽象的な特性をもつものとは区別される。ゆえに、“a wise man is honest” という文の表層構造は、分析して主語 “a wise man” と述部 “is honest” に分けることができるが、深層構造は異なる。深層構造は、表層構造の主語を構成する複雑な考えから、特定的に、主語 “man” と述部 “be wise” をもつ基底的命題を引き出す。実際、深層構造は、伝統的な見方では、二つの命題のシステムであって、どちらもアクティブにはなっていないが、文 “a wise nun is honest” の意味を表すような仕方で、互いに関連している。」

チョムスキーは、深層構造の不可欠な構成要素と、この深層構造を、私たちが文として認識し使用する表層構造にする変形を分析した。彼は、言語に関する私たちの知識は、この深層構造とその必要な変形に基づいており、深層構造はしゃべることからだけでは推測や予測ができないと主張した。

チョムスキーの研究は形式論的であり、記号主義に大きく依存している。心理学者はそのような研究は苦手とする傾向がある。たとえば、ジンバルドは、自分の数学の出来はよくなかったと認めている。私は、チョムスキーが数学的な記号主義の正しい使い方を理解していたために、心理学者たちを脅えさせたのではないかと思う。悪いことに、彼は自然科学を専門とする大学で働いていた。さらに悪いことに、彼はほとんどの心理学者は擬似科学者だと批判した。

ハーバードの大学院生だったチョムスキーは、スキナーの『科学と人間行動』を原稿の段階で読んだ。これはキャンパスで回し読みされていたのだが、そのときこの論文を空虚なものだと思ったと彼は言う。『文法の構造』が出版されてからわずか二年後、彼はスキナーの『言語行動』に関する有名な批評を書いた。それは長く、辛辣なものだった。すでに彼は、子どもが言語を学ぶ方法は行動主義のモデルでは説明できないと主張していた。子どもは特定の語や句や文を言う習慣を学ぶのではない。親のはたらきかけによって言語が強化されるというような問題ではない。本質的な点は、私たちの言語の使用は創造的だということである。私たちが話すほとんどすべての文は、以前にその人が話したことがあるものではない。それなのに話し手はそれを話すことができ、聞き手は理解することができる。いかなる言語学習のモデルも、この事実を説明することができなければならないのである。

学者としての道を歩み始めてまもなく、チョムスキーは、自分の言語学の研究に心理学との関わりがあることに気づいた。『デカルト派言語学』(1966)と『言語と精神』(1968)において、彼は、当時タブーだった心(mind)を心理学に改めて持ち込んだ。チョムスキーは、一七世紀、一八世紀に合理論の哲学者たちが考えた最も貴重なポイントを、私たちは理解していないと主張した。たとえば、イギリスの哲学者ジョン・ロックは、子どもが一度もことばを聞かずに育ったならば話せるようにならないという根拠に基づいて、生得説を批判した。有力な哲学者の中で、このような極端な形の生得説を主張した人は他にいない。ことばをまったく聞くことができない完全な沈黙の中に置けば、確かにその子どもはしゃべれないであろう。しかし、それによってなにか証明されるわけではない。チョムスキーは、言語の学習は、生得的な生物学的スキーマに依存するが、それは子どもの言語習得を可能にすることのみを目的とすると考えている。健常な幼児は、非常に複雑な文法の規則を引き出すことをすばやく学ぶ。幼児がいろいろな規則を試してみるのも観察できる。五歳児ともなればほとんど大人と同じようにしゃべり、何千もの新しい文を生み出すことができる。行動主義は、このことも、あるいはあらゆる文化の子どもたちが話すことを学ぶということも説明できない。しゃべること、それがすなわち人間なのである。もちろん、励ましや指導は子どもの言語習得に役立つが、それは些細なことにすぎない。類人猿にどんなに語りかけても、唸り返すだけである。

後に、チョムスキーは、人間の思考と想像力も、生物学的な特殊化の一部なのではないかと主張した。ここでも彼は、心理学の実験の伝統は真剣な科学的態度の発展を妨げたと攻撃した。人は行動主義者や学習理論家が夢見るよりも多くの形で知識を獲得する。そのような疑問に取り組まず論点を避けるのは、非科学的な態度の表れであるとチョムスキーは論じるのである。

インタビューの中で、チョムスキーは、行動主義に対する批判を詳細に繰り広げた。しかし、彼がほとんど触れなかった点がある。それは内観である。行動主義者は常に、心理学に再び心を持ち込もうとする人々を批判し、一九〇〇年代初期に内観が生み出した混乱に戻りたいのかと非難してきた。しかし、チョムスキーは内観に反対している。心の生得的な原理があるかもしれないが、私たちが自分の思考の仕方を考えることによってこの原理を発見することができると考える理由はない、というのである。言うまでもなく、合理論の哲学者たちは、綿密な内観によって心の原理を発見できると考えた。

私としては、チョムスキーの主な関心が科学だけではないのも興味深い。彼は今も、研究とラディカルな政治の間で心が揺れている。彼は自分を「分裂的」と描写する。しかも、長い間そのような状態にある。MIT（マサチューセッツ工科大学）の彼の研究室を訪れると奇妙な思いにとらわれる。MITは攻撃的な先端科学の牙城だ。廊下を歩くとあちこちに掲げられた「危険」の警告が目につく。それは放射性物質や戦争関連の研究がすぐそばで行われていることを示している。ところが、チョムスキーの研究室には革命のポスターが飾られている。一九六五年以来、彼は米国の外交政策の不屈の批判者のひとりだった。最初はベトナム政策に、今はイラク政策に反対している。徴兵忌避者を励まし、ベトナム戦争への抗議として、有罪判決を覚悟してまで税の半分の納付を拒否した。彼は一四歳のときからラディカルな政治にかかわっている。流行に乗ったのではない、筋金入りの批判者なのである。

ここ二〇年間、チョムスキーは研究よりもラディカルな政治的見解にずっと多くの時間を注いでいる。アメリカ帝国の批判者となった彼は、最近では政治の現状のせいで憂鬱になるより興奮していると言う。「アドレナリンがたくさん出ていますよ。表面には出ていないかもしれませんが、とても怒りを感じています。なされなければならないことがあります。世界は三〇年前より良くなっていると思いますし、私たちは当時より正しい行動をするようになっていると思いますが、まだまだ道のりは遠いんです。」彼は、「思いつく限りのひどい恐怖」を引き起こしているとアメリカの歴代大統領――レーガン、クリントン、両ブッシュ――を非難する。ほとんどいつでも、極悪非道の政権を支持しているのはワシントンだ。私はチョムスキーとのインタビューの中で政治思想の面については尋ねなかった。この本は心理学に関するものであり、心理学に粗雑な行動主義を放棄させた巨人の一人としての彼の業績は、今なお揺るがないからである。それにしても、スキナーやジンバルドやフランクルと同じように、彼も非常に強い政治的意見をもっていることは興味深い。ある意味で、彼の政治と科学は一体になっている。彼が行動主義の最も鋭い批判者の一人であるのは、行動主義が理論的に間違っていると考えるからだけではなく、それが社会的に危険だと考えるからである。彼は、スキナーが自分の研究によって達成しようと望んだことと、スキナーの研究がどんなふうに利用されたか、そして今も利用されているかを非常に慎重に区別する。スキナーが擁護した考えは、中身がないか、あるいはアメリカの社会にとって役に立つからというので人気があるにすぎない。

しかし、科学者としてのチョムスキーは、相当に昔気質である。彼は私に次のように語った。

「もちろん、興味深いアイディアを追究し、それがうまくいくのを発見するのはいつだってわくわくしますよ。私の主な欲求不満は、やらなきゃならないいろんなことが割り込んでくるものだから、いつもアイディアを細部まで突きつめていく時間がないように思われることでしょうね。だから、私の満足はたいてい代償的なものです。学生たちが未熟な、だけど魅力的なアイディアを追究して何とか解決するのを見るとき、あるいはまったくの他人やよく知らない人であっても、私が関心をもっている問題に光を当てる何かを誰かが思いついてくれたとき、嬉しく思います。挫折感に関していうと、研究が進まないとき、もちろん苛立ちは感じますけれども、たいていは推し進めていけそうな有望な線がいつもありますから、どこにも行き着かないように思われる線を（望むらくは一時的に）放棄するのは簡単です。後から、新たに得られた洞察や理解を基礎にして、その放棄した線も正しい場所に収まるはずだと考えればいいのです。ですから、そのような失敗はたいして挫折感のもとになりません。それよりずっと挫折感に襲われるのは、本当に素敵だと思えたアイディア（あるいは何か深いものを示唆するように思われた原則）がうまくいかない、あるいは誤っているとわかったとき、すなわち世界は人が望むほどすっきり明快ではないとわかったときです。でも、そんなときでもいつも、それを埋め合わせるに足る十分に魅力的な別のアイディアがあるように思われますよ。」

チョムスキーがすっきり明快な理論を好むのは興味深い。これは、人間が提供する乱雑で厄介なデータを扱おうとする人よりも、自然科学分野の研究者に典型的に見られる傾向だからである。チョムスキーならば、整然としたシステムがない限り、いくら観察結果が山積みになってもほとんど意味がないと言うことだろう。

◆言語学者になる前のキャリアについて少々お聞きしてもいいでしょうか。あなたはしばしば合理的科学の法則ということをおっしゃいますね。それに、今日の心理学界で最も人間主義の方がＭＩＴにいらっしゃるのは私には奇妙な感じがします。あなたは科学者として教育を受けたのですか。

いいえ。学校で学んだこと以外には、取り立てて科学的な教育を受けていません。私がＭＩＴにいる理由は簡単ですよ。私が大学院生として取り組んでいた研究はあまりにも難解で風変わりだったため、認知されたどの分野にも属していなかったんです。私はほとんど研究を発表していませんでしたし、ハーバードで大学院の課程を終えたとき、どこからも就職口の声がかかりませんでした。私がＭＩＴにいる理由は、第一に、ここに非常に親しい友人であるモーリス・ホールがいたということです。彼は本物のプロの言語学者で――私とは違ってという意味です――私がやっていることに興味をもち、私がうまく納まることができる場所を作ろうとしてくれました。第二の理由は、初期段階にあったエレクトロニクスの研究室がかなり間口の広い組織だったということです。そこでは、神経生理学、オートマトン理論、コミュニケーション理論など、変わった研究がたくさん行われていました。当時その研究室の長であったゲイリー・ワイズナーは、もう一人くらい変なやつがいても何とかなると考え、こうした代物から何が出てくるか見てみようとしました。だから、私はＭＩＴにいるんですよ。

◆最初はどのような分野の教育を受けられたのですか。

学部生のときは、ペンシルバニア大学のゼリッグ・ハリスの下で言語学を学びました。それから一年か二年、ペンシルバニアの大学院で、ハリスと哲学者のネルソン・グッドマンの下で学びました。グッドマンはハーバード大学のソサエティ・オブ・フェローズと呼ばれる組織の大学院奨学金に私を推薦してくれました。それは三年間の小規模な大学院研究機関でした。私はその奨学金をもらい、そこに四年間いました。一年間の更新が認められたのでね。私は主に言語学理論に関する自分の研究に取り組んでいましたが、哲学、論理学、数学も学んでいました。この組織は大学院生としての研究を行うには本当にすばらしいものでした。形式ばった条件は何もなく、望むものを何でも学ぶことができました。好きなだけ自分の研究に時間を費やし、それをどの方向に進めてもいいのです。私にとって幸運なことに、義務的に与えられる大学院プログラムはまったくありませんでしたから、したいと思うことをしました。その結果、私の研究はどの分野にも属さないものでした。ですから、私は、いかなる分野も正式に修了したという資格がないのです。つまり、私はプロフェッショナルな言語学者だとはいえません。言語学者なら知っていなければならないのに私が知らないこと、興味がないことがたくさんあります。私に言語学者のポストをくれなかったと言って誰かに文句を言うつもりはありませんよ。それで当然だったのですから。でも、独自の道を行けるというのは有利なことでもありました。それは私にとてもいい結果をもたらしてくれました。こういう自由なプログラムはすぐれたシステムですが、仕事につけない、出版してもらえないというリスクがありますね。私がこの分野で行った主な仕事として、一九五五年に書き終えたすごく分厚い本があるんですが、これは今もって出版されていません。

◆初期の頃のあなたは何に影響を受けましたか。それとも、独自の道を歩んでいたから、何からも大きな影響を受けなかったのですか。

私なりの答え方でいいですか。正確かどうかはわかりませんが。私が認識しているのは……まず、マイナスとプラスの影響があったということです。ハリスから非常に大きな影響を受けました。私は何年もの間、彼の考えるシステムが彼の信じる形で機能するようにしようと懸命に取り組みました。哲学者のネルソン・グッドマンは、ハリスのことを知らなかったけれども、同じ線で研究していて、知的な意味でかなりハリスに似ていました。彼は構造的なシステムを発展させることに関心をもっていました。私がグッドマンの下で学んでいたとき、グッドマンは『経験の構造』というとても重要な著作を書き上げました。この本は、さまざまな性質の初歩的、原始的な認識を基礎にして、人間の経験の組織化の特性を説明する、きわめて体系的な方法を作り上げようとするものでした。私は、彼が発展させた方法の多くに大きな影響を受けました。最終的に私は、これは誤ったアプローチだと信じるようになりましたが、これについてじっくり考え、真剣に取り組んだ経験は、きわめて貴重で、私が別の形で行った多くの研究に生きていると思います。

同時に、主にハリスの勧めで現代論理学を学んだのも非常に有益でした。それから、やはりハリスの勧めで、現代数学と数理論理学、代数の基礎も学びました。そこから何か具体的な結論を得られたかどうかはわかりませんが、自分に合った考え方、私自身の関心において容易に利用することができる考え方を身につけることができました。ハーバードのクワインなどからも考え方の上で大きな影響を受けました。もっとも、最終的には多くの点で彼に強く反対するようになったのですが。生成文法の初期の研究は、子どもの頃セム語の文法について得た知識からも同じくらい大きな影響を受けています。私の父はセム語の学者でした。私は子どもの頃からセム語の歴史についてある程度知っており、生成文法の研究を始めたとき、歴史的、伝統的な文法の非常に重要な一つの原則、すなわち、歴史的に連続する事象を層状に重ねることから言語のある特定の段階を説明しようとする作業を引き継ぎました。つまり、聖書のヘブライ語についてあることを知っているとき、その語が連続するいくつかの具体的な変化を経たと仮定することによって、現在の状態になった理由を説明するのです。そのようなモデルは容易に言語の段階を説明する理論に移すことができます。私はこのモデルから、他の何にも劣らないほど大きな影響を受けたと思います。

◆マクレランド教授は、心理学者の多くは非常に厳格な宗教的しつけを受けて育ったことへの反発として心理学の世界に入ったのだと考えています。これはあなたの場合に当てはまりますか。

いいえ。それどころかまったく反対です。私は急進的な政治に深く関与していました。関与というのはおかしなことばですね。私は一度も組織的な運動に参加したことはないんですから。私はその点で、徹底して一匹狼でした。一三歳かそこらになったときには、急進主義が私の人生の主な関心になっていました。私は、組織的な運動、すなわち共産党、トロツキー主義などはみな、基本的にとても反動的だと考えていました。一四歳くらいになると、マルクス主義左派、またはマルクス主義的無政府主義の立場を取っていました。権威主義的な傾向をすべて批判し、それは基本的に社会主義の専門用語を採用した反動主義だとみなしていました。ハリスに出会ったとき、私はこのような信念をもちながら、これといってどこかに属していたわけでもない状況でした。彼に出会ったわけですが……ハリスは非常に鋭い社会批評家でした。社会批評の著書はありませんが、多くの人が彼から政治的に影響を受けています。驚くほどの人が人生の初期のどこかで彼の影響を経験しました。私もその一人でした。私は、大学を退学しようかと考えていたときに彼に出会いました。大学はばかばかしい時間の無駄と思えたのです。大学でやっている何にも興味をもてませんでした。そのとき——一九四七年です——中東に行って、アラブ人とユダヤ人の労働者階級の運動に身を投じてみたいと思っていました。そのようなものが存在するかどうかわかりませんでしたが。キブツ［訳注　イスラエルの共同体］に暮らそうと思ったのです。ちなみに、後になってキブツでの生活を経験しましたけどね。大学に入るときには大きな期待を抱いていたのですが、二年が過ぎる頃にはすっかり情熱を失っていました。私がとったどの授業もまったく退屈で、私には向かないと思いました。ハリスに出会うまで、知的な刺激をまったく見出せませんでした。もっとも私と彼との接触はもともと急進的な政治を通してでしたが。これが私の現実の背景です。もっと微妙なことはあるでしょうが……

◆もっと無意識的なことは？　今おっしゃったのは意識的な背景ですよね。どうして心理学に興味をもつようになったのですか。

というよりも、言語学に興味をもつようになって、それから私が言語学で行っていることは、この分野のいかなる合理的な定義からも心理学であると感じるようになったというほうが正確だと思います。奇妙な方法、そして基本的に非科学的だと私には思える方法で、心理学を定義する傾向がありますね。心理学とは行動や情報の処理のみを扱わねばならない、あるいは一定の低いレベルでの環境との相互作用とか何かのみを扱うものだ、私が能力（competence）と呼ぶものの研究は心理学から除外しなくちゃいけないというふうに。私に言わせれば、そのせいで心理学は合理的根拠のない学問になってしまっているのだと思います。つまり、心理学が包括的なものであろうとするならば、そして研究対象の深い探究をしようとするならば、生物体——この場合は人間ですが——がどのような種類の認知構造を獲得し、それを利用するようになるのかという探究をも根本的な形で考慮しなければならないのです。言語はその一つです。ですから、私は、言語学者であることによって自動的に心理学者なのです。

◆言語学の研究をしているどの時点で、あなたが行っていることは心理学でもあると感じたのですか。

ほとんど最初からです。思い出せる限りで大学院生の頃にさかのぼります。私は一九五〇年に大学院生としてハーバードに来ました。それはスキナーのウィリアム・ジェームズ講演が行われたすぐあとでした。その原稿がキャンパスで回し読みされており、まだ本にはなっていませんでした。私の友達の中にスキナーの学生がいましたし、当時はスキナーの影響が空気全体の中にありました。ですから、私はハーバードに移ってすぐ、不思議な神秘主義があるんだなと感じましたよ。それは科学の精神とはまったく相容れないものでしたし、よく見るとずいぶん空虚なものでした。私はどうしてみんながそんなに関心をもつのか、どうして科学の標準的なアプローチを使わずに心理学に異様な拘束衣を着せたがるのか、理解できませんでした。私にとっては、認知構造を――それが生物体によって獲得されたものであるかどうかにかかわりなく――探究すること、そして言語を探究することは心理学でなければならないというのが常に明らかでした。心理学がその対象を適切に研究できる望みをもつには、この中心的な問題を扱わなければならないのです。

◆あなたの初期の研究はどのように発展しましたか。

どの程度詳細に説明したらいいのでしょうか。

◆必要なだけ。

最初、ペンシルバニア大学でハリスの学生として学びました。実のところ、言語学に最初に触れたのは大学二年のときです。私は共通の政治的な知り合いを通してハリスに出会ったのですが、彼の研究に関心をもち、彼のことがとても好きになりました。まだ原稿の段階だった彼の『構造言語学』を読みました。これが私にとってこの分野への入門書になりました。それからいくつか彼の授業を取り、ハリスは私に自分が知っている言語について研究してみてはどうかと勧めてくれました。そこで私は、よく知っていた現代ヘブライ語を選びました。しばらくの間ヘブライ語に言語学の方法を適用しようとしましたが、それは何も明らかにできず、どこへも行き着かないことが明白でしたから、やがてこの努力を放棄し、「この問題にアプローチする合理的な方法は何か」と考えました。その結果、唯一の合理的な方法は、生成文法を試し、構築することだと思うようになりました。生成文法とは、言語の意味の構造がもつ無限の集合を特徴化し、それを解釈する基礎を与えてくれる規則のシステムです。そこで、他のすべてを放棄して生成文法に取り組みました。私はそれを言語学とは考えず、ただ自分の個人的な趣味と考えていました。実際、一九五三年ごろまで何年もの間二つの研究を進めていましたから、分裂した存在でした。一方で、行動主義心理学などと同じく帰納的アプローチである構造言語学の方法を研ぎ澄まし、明確化しようとしていました。言語を特徴づける観察の集合に達することができるはずだと主張されていて、私はそれは可能であるに違いないと完全に信じていましたから、懸命にそれに取り組んでいました。それが明らかに失敗している理由は、方法に明確な形式が欠如している、あるいはそこに欠陥があることに関係があると考えました。同時に、私は、最初はヘブライ語で、後には英語で、生成文法の問題に取り組んでいました。私はこの二つのまったく異なる研究を両方とも進めていたのです。構造言語学の方法を精密化する努力は事実上ハリスの研究の線に沿っていたのであり、生成文法は自分の私的な興味でした。でも、なかなか思わしい結果が得られず、また何人かの友人から指摘されたこともあって、ある時点で、構造言語学の方法を精密化する努力がうまくいっていないのにはそれ相応の理由がある、つまりそれは本質的に誤ったアプローチなのだと考えるようになりました。いかに磨き上げられ精密であっても、帰納的な段階的手順が、言語のある文法、あるいは啓蒙的な文法、あるいは真の文法——すなわちその言語を習得した人が獲得しているものを生み出すと期待する根拠はありませんでした。それが生物によってなされているかたちだというアプリオリの仮定を受け入れる根拠はないからです。一方、私が取り組んでいるもう一つのアプローチがかなり興味深い結果を出し、複雑な現象を説明していると考える根拠がありました。つまり、それは、このシステムが成立し利用される方法を反映していたのです。

◆これを並行して進めていたのですか。つまり、生成文法の規則を記述してゆくことを始め、同時に、これが言語が実際に学ばれる方法を反映していることに気づいたのですか。あなたに対して頻繁になされる批判の一つは、あなたはすばらしい言語学者だけれども、またその規則はとても豊かだけれども、それが実際に心理学的または生理学的に、そのようにコード化されていると仮定する理由はないというものです。

問題は、私が文法のシステムの現実的な解釈を取ったかどうか、それが生物の構造を反映していると仮定したかどうかです。その答えはというと、最初は違いました。私は、行動主義心理学の精神に近い構造言語学のアプローチを当然のことと考えていました。システムが本当に機能するのは、人がこうした帰納的手順を適用するからであり、経験するデータにそれを適用することによって、人は分類のシステム、つまり文法に到達するということを当然と考えていたのです。しかし、こうした帰納的アプローチを成立させるのには根本的な問題があることが、徐々に明らかになってきました。一方、別のアプローチ、すなわちこうした原則がどのように発展したのかを問題とせず、単純にその結果を探究するアプローチは、かなり劇的な成功だと私が考えるものにつながっていることも明らかになってきました。徐々に、行動主義に伴うアプリオリの仮定に関して現実的なアプローチを取りながら、うまくいっていてかなり満足のいく説明理論を生み出していると思われるシステムに関しての現実的な仮定を拒否するのは、まったく科学的ではないと考えるようになりました。いったんこれを理解すると、データ処理や帰納的手順へのアプリオリの関与を、形而上学として窓から投げ捨てるのは基本的で正しいステップでした。それを受け入れるのは不合理に思われたのです。ある原理的システムが洞察、説明、予測などを生み出していると考えられるならば、それは合理的なアプローチであり、生物の構造を反映していると仮定するのが妥当です。

さて、この場合、そのような構造がどの程度神経学的に正しいのかはわかりません。でも、それはここでの論点ではありません。科学者が自分の調べている機械を分解して中を見ることができないとき、自分が仮定した組織原則が実際に洞察や説明などを与える条件を満たしているならば、当面その機械の構造がその原則に従っていると仮定するのにまったく躊躇はないでしょう。もう少し明確に説明しましょう。大人の生物を調べるとき、わかるのは安定した状態、言語のそれ以上の習得がわずかかゼロである時点で達成されている最終的な状態のみです。これは軽いたとえとして言ってるわけじゃありません。言語習得の場合、人生のある時期に劇的な変化があり、それからかなり安定した状態に達します。新しい単語を学ぶこともありますが、根本的な変化はありません。大人の発話を研究するとき、私たちは、安定した状態について何かを見出そうとしているのです。それ自体は、どのようにしてその安定した状態が達成されたかについては何も語ってくれません。私たちが大人の行動しか知らなければ、大人は英語をしゃべるよう生まれてきたというのが帰無仮説でしょう。火星人の科学者がここにやってきたら、それが最初の仮説のはずです。システムは進化したのであり、あるいは時間とともに変化していくと仮定するのが、合理的でしょう。もちろん、私たちはその仮説が正しくないことを知っています。人間は生まれながらにして英語をしゃべるわけではないからです。ですから、幅広く証拠を調べること、同じ言語の話者たちが達する最終的な状態の類似性を見ること、異なる言語の話者たちが達する最終的な状態の類似性を見ること、異なる言語を調べることによって、こうした特定のシステムの獲得を可能にする最初の状態とはどういうものでなければならないのかについて、ある程度妥当と思われる説明を始めることができます。たとえば、英語の文法の場合、非常に抽象的な原理が作動していることが発見されるでしょう。こうした状況が十分に確認されたならば――それは多くのことを明らかにします――このような原則の知識が生じてくる条件は何かという問題に向き合わなければなりません。どのような証拠に基づいて、人はこうした原則が作動しているると判断するのか。実際、多くの場合、言語の学習者にとって、これらが作動原則だという証拠はないか、あるいはせいぜい周辺的なものにすぎません。それにもかかわらず、それは速やかに、しかも一様に適用されるのです。そのような観察結果を考えると、それは生物がこうしたシステムを獲得するときに行使する独自の図式の一部であると仮定するのが最も合理的だといえます。これがアプローチの仕方です。関わっているのが人間ではなく、何か別の生き物であれば、それは疑問の余地なく用いられるアプローチでしょう。誰も鳥が連合を通して飛ぶことを学ぶと証明しようなどとはしないはずです。ある種の複雑な構造がその生き物の生来の性質の中にあり、それは学習ではなく、進化を通して発展したのだと仮定するでしょう。人間の場合、その独自の特徴はあるタイプの知的な構造だと思います。この点で、人間の場合にも、機械の場合にも、他の生物と異なる研究アプローチを用いる理由はないのです。

◆あなたのおっしゃる図式化も、誘発されるはずのものです。あなたは環境の役割をどのようなものとお考えですか。それは単に消極的なもので、もしある事が起こらなかったら、あなたのおっしゃる生得的な能力、図式は表れずに消えてしまうということなのでしょうか。

その質問にお答えする十分な証拠があるとは思いません。今おっしゃったような可能性は確かにあります。実際、そのように作用する内在的な構造があると思います。感覚遮断実験は、高度に組織化された知覚構造の一部が、一定の早い時期に作動開始されなければ消えてしまうことを示しているように思われます。言語システムの性質、あるいは思考や表象や記号化のシステム等々の性質を決定する特別な構造にも同じことが当てはまるというのは、ありうることです。しかし、言うまでもなく、こうしたことについて確かな証拠はありません。当然ながら人間に対して感覚遮断実験はしませんから。きわめて重大な感覚遮断を受けた子どもが発見された事例はいくつかあります。その一部が研究されていますが、明確な証拠は提示されていません。それは確かにありえることです。人が学ぶ言語に対して環境や経験の影響があるのは疑いの余地がありません。それは間違いなく真実です。けれども、その影響がどのくらいかとなると、まだわかっていません。子どもが言語を習得するのにどれだけの証拠が必要なのか――それは驚くほどわずかです。非常に複雑な構造が、非常に基礎的な証拠に基づいて、非常に限定的で高度に明確な形で動き出します。しかも、それがすべての子どもによって一律に行われるのです。このことは、知識の獲得の前提となる、高度に特殊化し発達したスキーマがあるということを示唆しています。それだけではありません。それはこうした原理がどんなものかを、私たちに教えてくれるのです。

◆子どもに毎日三〇分本を読んで聞かせると、子どもの語彙や言語能力が高まるという研究をどうお考えになりますか。あなたのいう図式は、スキナー学派の多くの原理が依って立つ基本要素なのですか。

うーん、特にスキナー学派の原理に何か役割があると仮定する理由があるのでしょうか。学習があるのは疑いのないことですが、それがスキナー学派の原理に基づいていると仮定する理由はありません。子どもに十分注意を注いでやれば、その子の語彙や言語能力を大いに高めることができるのは確かですよ。しかし、これも火星人の科学者ならば、つまり外部から見るならば、著しく異なる訓練や扱いを受けた人々の間の類似性がいかに大きく、差異がいかに小さいかに驚くと思います。誰にもあまりかまってもらえず、路上でことばを覚えた子どもでも、広範で複雑で込み入ったシステムを獲得します。勉強で詰め込まれた子どもと同じ語彙は用いないかも知れませんが、重大な障害をもつ場合を除いて、きわめて豊かな言語システムを獲得できない子どもはいません。どの子どももみなほとんど同じです。このことから、私は、読書といった特別な訓練は、言語の基本構造の獲得にたいして影響を及ぼさないと考えます。ちょっとした飾りを加えるくらいのものでしょう。

◆『マイ・フェア・レディ』の状況にはどう応じますか。『マイ・フェア・レディ』のイライザは、まったく新たな規則を身につけたのではありませんか。

『マイ・フェア・レディ』の状況はちょっと違います。実のところ、言語の獲得とはまったく別の話です。これは上品な気取り屋の文化システムを獲得する話です。イライザは、ヒギンズ教授の特訓を受ける前でも変身後と同じく、豊かで複雑なことばをしゃべっていました。それは変身後のことばとタイプの違うものだっただけです。イギリスの上流階級のことばではなく、彼女が自然に獲得した言語でした。でも、上流階級の気取ったことばと下町のことばの間に、豊かさや表現力に差があると仮定する根拠はないと思います。たしかにタイプは違いますよ。けれども、知られている限り、いわゆる原始的な社会のことばと、たとえば技術の進歩した社会のことばは、話している内容を別にすれば同等なのです。たとえば、オーストラリアの未開墾地の社会で使われることばには、私たちが気に留めないようなことがらを反映した文化的な豊かさがあるでしょう。逆に、私たちのことばにも独自の文化的な豊かさがあるのです。

◆しかし、それは言語習得の基本構造の洗練といえるのではありませんか。

いろいろなワインの見分け方や学会でのディナーにおける正しいマナーを訓練するとかと同じように、イギリス訛りでしゃべる訓練をすることはできますよ。しかし、そのような訓練と、食べる能力、文化のパターンを取り入れる能力、社会で育つ人が誰でも内面化して使用する、非常に複雑でしかも完全には理解できていない文化パターンのシステムを習得する能力といった基本的な人間の性質の獲得とを、混同してはならないと思います。

◆言語は私たちの高次の技能の中で、最も基本的なものなのでしょうか。

これについてはしばしばそのように考えられていますし、それは理にかなった考え方だと思います。しかし、非常に慎重でなければなりません。というのは、この疑問はしばしば心理学者や哲学者により、こうした言語能力は――ちょっと古い用語で言うと――特有の心的機能（ファカルティ）なのか、それとももっとずっと全般的な能力（キャパシティ）の反映にすぎないのかという形で提起されるからです。これに答えるには、言語以外の知的な能力についても、言語と同じように研究が進められることが必要です。人間は言語以外にもとても多くのことを学びます。たとえば、物理世界について学び、それに関する理論を作り上げます。社会的関係の理論を発展させ、性格の構造を分析する能力を発達させます。それもやはりごくわずかな証拠から導き出すのです。あらゆる種類のシステムが人間の通常の成長と成熟の中で作り上げられます。こうした他のシステムが研究され、それらの文法が構築されたら、そのとき初めて、それらが心的機能と同じ、あるいは類似した特性をもつのかという問いを発することができます。ざっくばらんに言うと、私はそれらが類似していると仮定する根拠はないと思います。もしそうだったら私には驚きですね。でも、今はまだ答えを出せない問題です。

◆あなたは哲学と心理学に再び心あるいは生得的な能力を持ち込んだといわれています。あなたが行っている研究は、合理論、たとえばライプニッツやスピノザの長い伝統と実際関連があると思いますか。

非常に近い関係があると思います。私はそう思いますし、何冊もの著書で、密接な関係があること、さらに古典的な伝統は誤解されているということを示そうとしてきました。人々は、古典的合理論の一部に注意を払い、他の部分は考慮していませんでした。たとえば、現在では、必要な知識や必然的真理の構築に貢献するものとして、生得観念についての古典的合理論の学説が大いに注目されています。それは確かに合理論の一部です。しかし、それ以外にも、はるかに興味深く思われ、私が重点を置いている部分もあります。それは、必然的真理には関係ありませんが、知覚の組織化の原理に関係する、合理論的心理学を発展させようとする試みです。それは心の本質的部分である基本的図式の枠組みに関係し、経験の前提条件を決定し、経験に基づいて獲得される知識のシステムを決定します。これはカントと自然に結びつく観点です。しかし、一七世紀の思想には興味深いことがたくさんあります。デカルト、カドワース、それほど有名ではないデカルト派の思想家たち、それからそれらの影響を受けた文法学者たち。実際、彼らが行おうとしたことと私が行おうとしていることは、とてもよく似ています。

一方で多くの違いもあります。デカルトとライプニッツは、心の中身は原則として内観できる、ゆえに一所懸命考えれば、自分の心を機能させている原理を見出すことができるということを当然と見なしていたように思われます。この仮定は、古典的な合理論や経験論には一般的でした。みんながそう仮定していたのです。でも、この仮定は非常に信じ難いものです。それが真実だと信じる理由がないからです。内観だけによって、心の働きの原理を発見できると信じる理由はありません。どうしてそれが規範でなくてはならないのでしょうか。彼らには理由がありました。彼らはただ気まぐれにそれを作り上げたのではないのです。私たちは彼らの理由を見つけ出すことができますが、その理由を受け入れる必要はありません。同様に、デカルト派は二元論を支持する根拠をもっていました。心は物理学や化学に還元できない実体だと考えていたからです。けれども、私たちはその根拠を受け入れる必要はありません。そこには欠陥があります。物質を見る他の方法があります。彼の物理学の概念は狭すぎました。今では誰もがそれを知っています。

ですから、私たちは二元論を導くデカルト派の論理に従う必要はありませんし、自然現象の必然性を支持するデカルトの議論には大きな論理的欠陥があります。それは私たちを欺くことができない神が存在するという仮定――彼はそれを証明したと考えていましたが、明らかに証明されていません――に基づいています。確かにこれはかなりまずい論拠ですよね。ですから、古典的な合理主義の枠組みをそのまま追究しようとするのはばかげています。それでもなお私は、こうした考え方には多くの特筆すべき点や興味深い点があると思います。彼らは重要な先駆者であり、私たちが何を行うべきかを示唆してくれるのです。

◆言語以外には、何が経験の不可欠の前提条件だと思いますか。

これに具体的に答えるのは困難だと思います。私たちが知る限り、人間の知性の他の領域は、言語と同じような方法で研究されていないからです。私たちの経験に照らすと、それらが相互作用するというのはわかりきった表面的な考えです。人間は一般に、非常に複雑な信念のシステムを使っています。このシステムがどんなものなのか私にはわかりません。私たちはそれがどんなものなのか突き止める努力をする必要があります。それがさっき簡単に説明した状況と質的にあまり変わらないことは明白に思われます。それぞれの人間、たとえばあなたと私は、非常に類似した信念のパターンを用いています。だからこそ私たちはコミュニケーションができるのですし、相手の行動を直観的に予測でき、物理的環境の中での行動の仕方が多かれ少なかれ固定していることを知っているのです。私たちは非常に複雑な信念の体系を獲得しますが、それは内観できないことがらです。それについて考えることによってそれがどんなものかを見出すことはできません。それにもかかわらず、私たちはそれを獲得し、しかもそれは非常に類似しているのです。そのシステムについて、あるいはそのシステムの構造について私たちはほとんど証拠をもっていないけれども、それは類似しているに違いない、というのが共有された認識です。言語についてなされてきたものに相当する類似の調査や研究を行い、こうしたシステムがどのようなものか、それがどのようにして作動するのかを明らかにしようとする以外に、どうやって先に進んでいったらいいのか私にはわかりません。そのような研究を進めていく中で、言語行動を統制していると思われる原理と非常によく似た原理を見出すことができるかもしれませんね。

◆多くの心理学者が頑固にも長い間この種の心の領域に踏み込むのを拒否している理由の一つは、まじめな理にかなった方法でそれができると思わないからだとお考えになりませんか。

心理学がそのような転回をした歴史的な理由は、いろいろあると思います。そのうちの一部は明らかに、そのときには正当なものでした。たとえば、ほとんど中身のない内観に異議を唱え、あまり正当性のない前近代的なアプローチに異議を唱えたのはもっともだったと思います。でも、実はもっと深い理由があると私は思います。イギリスの経験論が生まれてこのかた、人間の研究がどうしてこれほどまでも科学の主流とかけはなれているかを考える必要があります。連合説の心理学や経験論心理学には独善的な要素があり、それは科学の精神とまったく対立するものです。たとえばある学習様式が、実際に獲得される信念体系を説明するかどうかを調べることなく、自明のこととして仮定されます。これは驚くほど非科学的なアプローチです。これは神学の一部に見られるアプローチであって、科学のアプローチとはまったく異なっています。科学的方法との対立が顕著なアプローチを追究する現代心理学の傾向は、一つにはそこからきているのではないかと思います。

◆意外ですね。多くの心理学者が、自分たちは科学的な方法に魅せられているからこそ、あなたが興味をもっているような種類の研究を心理学から除外しなければならないと言っています。

人間の研究から離れてみましょう。私たちがある生物か機械に興味を抱いたとしますよ。ある機械が私たちの目の前に置かれているとします。その機械はあちこちで目にすることができ、何らかの理由でそれがどのように作動するかを発見することに興味をもっているとします。ここにあるのは、科学の問題、ほとんど工学の問題です。

科学者がとる自然なアプローチは……この機械が時間とともに変化し、環境と相互作用し、ある時点で最初と異なる形で作動するという証拠があると仮定しましょう。そこまでは正しいことがわかっていて、科学者はこの機械の特性は何か、それが時間の経過とともにどのように変化するのか、他の似た機械はどうかということに興味をもっているとします。科学者がこの問題に取り組む方法は、この機械の二つの基本的な状態、すなわち最初の状態と最終の状態の特徴を明らかにすることのはずです。もう一つ仮定を加えましょう。ある時点で、この機械の作動の仕方に起こる変化が、それまでに起こった変化に比べてわずかなものになるとします。だいたい安定した状態に達し、それからはわずかな変化しか起こらないとしましょう。そのような豊かな質的観察が得られていれば、科学者が試みることは、可能な限りの複雑な調査方法によってその機械の安定した状態の特徴を明らかにし、これらの機械が達成した最終状態における機械間の一様性を探ることです。また、最初の段階の特徴を明らかにすることも試みるでしょう。それから、この機械の最終状態に関する仮説を立て、どのように発達したのかを問うでしょう。科学者は、「この機械と環境の相互作用について私が知っていること、最終状態に関する仮説、その適切性、行うことができたすべての実験と観察から、私は最初の状態について何を前提としなければならないだろうか。最初の状態からこうした変化を説明できるようにするには、何を仮定しなければならないだろうか」と問うはずです。

そして、この機械の最初の状態に関する二次的仮定は、この機械の学習の理論になるでしょう。ここで、最終状態について各機械の間に大きな類似性があることを発見したならば、それが考えうる最初の状態についての証拠になります。このように進んでいくはずです。

では、同じ観察結果にアプローチする擬似科学者を考えてみましょう。そのアプローチは次のようになるでしょう。「最終的な状態などどうでもいい。そんなものは見ようとも思わない。ただ、この機械が環境と相互作用する方法はこれこれだとアプリオリに仮定する。それは連合を形成し、私が特定する一定の物理的な次元で一般化する。それは確率論的な習慣の構造を構成する。」このような擬似科学者はこうした手法をあれこれ拾い出し、それが何を語っていようとも、これがこの機械と環境の相互作用の方法だと単純に仮定するのです。そして、こうした特性を仮定することによって機械の最終的な状態を説明できるかどうかという問題をまったく放棄し、それをある種の神秘主義に委ね、ただこうしたアプリオリの手順がその装置によって利用されるしかたについて実験を行うとすれば――彼が研究対象を作り上げることができるのは間違いありません――彼が選んだ方法は実のところ、その機械が環境と相互作用する方法とまったく関係がないこともありえます。それにもかかわらず、彼は長々とテーマを発展させ、多くの学位論文を生産し、学習を起こすものと仮定した一連のアプリオリの原理について研究し続けることになりかねないのです。

心理学にはこうしたことが特徴的に見られます。心理学は、イギリスの経験論から現代の行動主義まで、仮定された学習の方法が、その機械の真実と仮定された最終状態に達するのに、実際に成功しているということを示す努力を行っていません。科学的アプローチを実行するには、信念体系、認知構造、能力、その他、その生物が実際に達成しているものを明らかにしようとする必要があります。心理学の大部分が関心の外にあるものとして伝統的に除外してきたのは、まさにこの問題です。心理学のこのような部門は、ほとんど神学的です。

◆そのような問題に立ち向かう手法がない、それは単に技術的な問題のためだという心理学者に対しては何とおっしゃいますか。心理学は可能性についての技術であり、今自分にできることはそこここで少しずつレンガを積み上げていくことだ、そうすればいつかアインシュタインのような人物が現れて、もっと全体的で洗練された心理学を実現してくれるだろうと言うとしたら?

第一に、そうした主張は正しくありません。人がもつ知識や信念体系について発見できることはたくさんあります。それに、それを調べることは、その体系について、また環境と折り合いをつける様式について、多くの洞察を与えてくれるでしょう。ただ、あなたがブロードベントのものとした立場をある心理学者が取ったとしても、それは無意味だと思いこそすれ不合理ではないと思います。しかし、それは心理学者がよく採用する立場ではありません。心理学者は、「私たちがアプリオリに仮定した方法の適切性について議論し調査するには時期尚早だ」と言ってはいません。そうじゃないのです。私が言っているのは、心理学はこうした方法の研究によって定義されているということです。心理学というのは刺激–反応結合の研究、習慣の構造の研究、刺激抽出理論などによって定義されているのです。

◆あなたの業績が非常に大きな影響をもつようになって以来、言語以外の人間の相互作用についての文法を構築しようと試みる傾向が見られます。言語のモデルは特異なものではないことが明らかになると思われますか。

うーん、それは状況によるでしょうね。私自身は――現時点ではまだ結果や知見が得られていませんから推測ですが――言語体系の文法が、特殊な心的機能を反映している可能性は高いと思います。言語体系を獲得する人間の生得的な能力と、社会的現実や物理的世界の理解を獲得する人間の生得的な能力の間に顕著な、あるいは強い類似があったら驚きです。それらが同じ原則に基づいてモデル化されるべき根拠はありませんから。ただ、抽象化の十分高いレベルでは、当然ながら、こうした体系には同様の原則があり、何らかの形で相互に関連しているでしょう。しかし、社会的な相互作用に関心をもっている人は変形文法のモデルを適用してみるべきだというつもりはありません。私が推奨するのは、同じ方法で、つまり自然科学から借りてきた問いの方法で問題にアプローチすることです。私たちが観察している行動を支配する体系、信念の体系とはどのようなものか、たとえばある社会的状況における人間の行動の根底にある能力を発見しよう、と言いたいと思います。その能力について、内部の信念と知識の体系について理解を深めて初めて、何が学習されるのかという問いを発しなければなりません。獲得された体系についてできるだけ科学的に探究しましょう。望むならばそれを文法と呼んでもいいでしょう。できる限りそれに答えたならば、そこで初めて、理に適った形で学習の問題を提起することができます。学習の問題は、仮定された体系がどのように生じるかという問題です。環境との相互作用に基づき、学習に関する疑問は、体系の獲得についてすでにある程度の図式や仮定や概念をもっている範囲以外には問うことができません。この点で、心理学のアプローチは言語学のモデル――いえ、言語学のモデルではなくて、あらゆる合理的な探究のモデル――に従うべきだと思います。心理学者がそれを一風変わっていて奇妙だと考えるという事実は、そのような心理学が合理的な探究、とりわけ科学からいかに遠いかを説明していると思います。

◆それは思考よりも行動を研究することを、アメリカ人が好むことから発していると思いますか。

あなたは、どうして行動主義の心理学が、特にアメリカで非常に人気があるかという問題を提起されたわけですね。その答えはよくわかりません。一部は、データの観察や操作と近い関係を保っておけば、なぜだか科学的だというひどく誤った考えと関わっていると思います。この信念は、科学の奇怪な戯画であり歪曲ですが、多くの人がそう信じているのは確かです。この問題を深く掘り下げたいならば、人を操るため、広告のため、支配のためにアメリカ人がいかに心理学を利用するかについて、社会学的な分析を行う必要があるでしょう。行動主義心理学の人気の大きな部分は、そのイデオロギー的な役割と関係があるにちがいありません。行動主義心理学は、私に言わせれば、知的な探究としてはかなり空虚なものです。けれども、重要なイデオロギー上の役割をもっています。たとえば、警察国家の手法で人間を扱うのは望ましいことではないと考えられています。人に何かを強制したり、人を支配したり、人に機関銃を向けたりするのは好ましいことじゃありません。しかし、支配したい大衆がいるとき、自分はそんな見苦しいことはやっていない、中立で立派で善意のものと誰もが知っている科学の方法を適用しているだけだと主張することができて、それで同じ結果が得られるならば、そのほうがずっと心地よいのです。ずっと受け入れられるのです。ですから、たとえば刑務所、学校、精神病院など、人々の集団が外的支配に服従させられるあらゆる組織で、行動主義心理学は人気があるばかりではなく、そうした組織を支えてもいるということがわかります。それは大衆を支配しなければならない人々が直観的に知っている手法を磨き上げ、洗練しさえするのです。行動主義の心理学は、こうした強制のテクニックの応用にとって快いイデオロギーを提供するのです。

◆スキナーは実際には、自分がより大きな支配力を提唱していると人々が考えているのはひどい誤解だと言っています。彼は、自分がしようとしているのは、人はどのように支配されるか、どのように支配されうるかを人々に示して、支配から身を守ることができるようにすることだと言うのです。これは公正な意見だと思われますか。それともこれは、スキナーの思考の全体的な傾向に反すると思われますか。

スキナー自身が行おうとしていることと、それとはまったく異なる別のことがら、すなわちどうしてそれがそんなに魅力をもつのかということを区別する必要があると思います。これらはまったく別のことでしょう。彼が何を行おうとしているかについては、私には論じることができません。彼が何をしようとしているのか私にはわからないのです。私は彼の研究をかなり注意深く見てきましたが、特に何かの動機を発見できたことはありませんし、何かの動機によるものだと考えようとしたこともありません。どんな動機があるのか、私にはわからないんですよ。スキナーが部分強化の研究から離れたとき——『自由と尊厳を超えて』に見られるようなことがらを行っていたとき――それは基本的に瑣末なことで、そのシステムを受け入れている人々にとって一定の役割があるという事実がなければ、誰も真剣に受け止めないようなものです。そうした人々にとっての役割は、スキナーが意図したものと大きく違っているかもしれません。私が言いたいのは、スキナーが提起するシステムの細かい分析のようなことを行うとき――私は彼の条件づけと強化の細々した研究のことを言っているのではありませんよ。それはまあ、それなりのものです。私は彼が自分の理論の延長と呼ぶもののことを言っているんです。人がどのように支配されるのか、支配のシステムとはどのようなものかを示し、社会哲学を築こうとする試みですね。この第二のスキナーは、私が見る限り、ほとんどまったく中身のないものです。論駁するに足る実質的な論文はありません。議論する価値さえありません。ですから、まじめに考える人ならば、誰も知的な内容に基づいて注意を払いはしないでしょう。それでも、人々は大いに注目し、それは大きな影響力をもっています。その理由はおそらく、内容やスキナーの意図には何の関係もないのでしょう。私にはスキナーが何を意図したか全然わかりませんが。私が言いたいのは、それが気に入られ、受け入れられるのは、他のことに関わっているに違いないということです。つまり、そのシステムは、ひどく空虚なものであるにもかかわらず、支配と強制の技法を受けやすいものにする雰囲気《オーラ》をもっているのです。そうした技法は、人が支配され、強制され、導かれなければならない状況でごく当たりまえに求められます。私はスキナーが支配を意図していると言っているわけではなく、支配に利用されていると言いたいのです。

◆あなたの能力《コンピテンス》の概念は、どのように機能するのですか。

私は、無意識の真の信念を知識と呼ぶべきかどうかについて哲学者と無用な議論をしたくなかったために、「能力（competence）」ということばを使いました。無意識の信念に「知識」ということばを使いたがらない人がたくさんいますから。それは無意味な議論だと思いますが、それに関わりたくなかったから術語を作ったのです。でも、いつものことながら、それは元のことばよりも誤解を招くということが明らかになりました。能力ということばによって、私は、人間が行動のために用いる内部の原則や構造のシステムを意味しているだけなのです。知識ということばを使っても一向にかまいません。私が能力ということばで意味しているのは言語の知識なのですが、私が知識という語を使うのをためらうのは、ここでの知識はまったく無意識だからにすぎないのです。人間はこうした原則の意識的な知識をもっていませんし、もつことができません。人間はこの原則の知識をもっていると言うのには無理があると思います。能力という語によって、私は人間が使用する知識のシステムを意味しているだけです。能力の原則というものはありません。さきほどから話しているような機械でいうならば、そうした機械に能力システムということばを使うことにためらいはありません。すなわち、この機械が行うことを効果的に説明できると仮定した組織化、原則、構造、相互作用のシステムです。お望みならばその機械の心的状態の特性と言ってもいいでしょう。こうした機械によって達成される安定した状態の特性を、私はその機械の能力と呼ぶのです。

◆人間に関するあなたの見方は、人間に多くの神秘的な要素を見るレインのような人々へのある種の共鳴を暗示するのでしょうか。科学で包含するにはあまりにも乱雑でとりとめのない人間というものに？

私はちょっと違ったふうに考えています。私は、人間は他の生物と同じく一つの生命体であるということを当然としています。人間は、非常にユニークな知的能力をもった生命体です。その能力の理解はまだ始まったばかりです。人間の知的能力はたいへん高度に構造化されていると思います。それが私たちの生物学的な特殊化です。こうした生物学的な構造によって、私たちはきわめて豊かで鋭いシステム——お望みならば科学的理論といってもかまいません——を構築することができるのです。その一部は常識です。一部は明確化され、それによって私たちは手に入れることができる証拠を超えて深く物事を理解することができます。しかし、同じ原則、理解のシステムに途方もなく大きな広がりを与えているこの原則が、その範囲を限定もします。こういう事実は非常に密接に関連しあっています。何であれ限定されたデータは、人が到達できる理論の集合を制限します。そして多分、私たちに到達できない理論の中に、心についての理論が含まれているのでしょう。そうであるなら、人間は神秘的で、理解できないものに見えるでしょう。生命体としての私たちにとって、それを説明する理論は私たちの手の届く範囲（それは明らかに有限のものです）の中にないからです。そこに矛盾はありません。私たちは生命体です。私たちは一定のシステムを構築し、一定の科学的理論を理解することができます。こうした科学的理論が、たまたま私たちの関心を引く領域の真の理論を含んでいるかどうかはわかりません。含んでいるかもしれないし、含んでいないかもしれない。もし含んでいなければ、その領域は神秘的に見えるでしょう。それを理解するのは、もっと高度な生命体、あるいは異なる能力をもった生命体だけでしょう。私に言えるのはそれだけです。

◆では、私たちの理解には限界があるとお考えなのですね？　一部に、心理学はとても限定的なものだからほとんど行き止まりに達したと言う人もいます。道の果てまで行き着くときが、もうすぐやってくるのでしょうか。

人間の知性は、細かいことを別にすれば、いつかは道の果てに行き着くでしょう。いつでも、より細く、より特殊な事実を知ることはできるでしょうが。人間がある時点で、一部の領域において知的な能力を使い尽くしてしまうということはありえると思います。でも、歴史を振り返ると、それが起こったように思われたあらゆる段階で、そうではなかったことが明らかになりました。心理学ではなく他の多くの領域で、そういう段階に達したという議論、かなり説得力のある議論を展開できると思います。二〇世紀のモダニズムの非常に驚くべき事実は、芸術、詩、音楽、一部の科学のいろいろな分野が次から次へと理解できないものへと移っていったことです。私は、西洋文明のこの短い歴史の中で、芸術家の創造的な成果が芸術家以外の人々の共通意識や理解からこれほどにも離れてしまった時期は、おそらく他にないと思います。これは、知的で創造的な成果の一部の領域で、限界に達したこと、または限界に近づきつつあることを示しているというのは、ありうることだと思います。

◆それは心理学にも当てはまりますか。

率直に言って、それはいかなる意味でも心理学に当てはまるとは思いません。心理学はまだ生まれたばかりです。将来の科学を導くことになるかもしれない問いを発し始めたばかりです。でも、いつかは限界に達するときがくるでしょう。

私は、ベトナム、米国の外交政策、市民の自由の問題に関して活動してきました。ずっと、研究と政治活動の両方に継続的に取り組もうとしてきました。そして当然ながら、両方で苦労してきました。でも、最近、こうした統治の諸条件に関する長い研究をやり遂げたところです。同じ線で別の研究にも取り組んでいます。ただ、そのおかげで今またかなり分裂的な存在になってしまっているんですよ。

第3章　アントニオ・ダマシオ

本書でインタビューを行った心理学者のほとんどは、アングロサクソン文化の背景をもつ。しかし、アイオワ大学で教えているアントニオ・ダマシオはポルトガルで生まれ、ポルトガルで学者としての人生をスタートさせた。リスボン大学を卒業し、神経外科医の資格を得ている。面会の約束を取り付けるためにアイオワに住むダマシオに電話をしたとき、最初彼は私を、診察を望む神経系の病気の患者だと思ったようだ。ダマシオは、人間の状態について思索するという長く名誉ある医者の伝統を受け継いでいる。同じく神経学者のオリヴァー・サックスと違って、ダマシオの著書はハリウッド映画やオペラになっていないし、これからも多分ならないだろう。彼の研究はもう少し理論的だからである。

ヨーロッパがダマシオを特色づけている。著書のうちの二冊では、その題名に偉大なヨーロッパの哲学者の名が用いられている。ルネ・デカルトとベネディクトス・スピノザだ。ダマシオはどちらかというとスピノザのほうを好んでいるようである。スピノザは、ユダヤ教正統派の人格神に我慢ならなかったためにアムステルダムのユダヤ人社会から追い出された。ダマシオの著書には、今なおスピノザが私たちに伝えるヒーローとメッセージを探し求めて、運河の町アムステルダムをダマシオがさまよい歩いたことが書かれている。

ベネディクトス・スピノザの時代、脳はまったく神秘的であったが、それにもかかわらず体と心がつながっていることを彼は理解していた。また、スピノザは、人間の生存と文化における情動の役割を理解していた。

ダマシオは最初、『デカルトの誤謬《ごびゅう》』〔訳注　邦訳題『生存する脳──心と脳と身体の神秘』〕という著書で有名になった。デカルトは「我思う、ゆえに我あり」という明快な命題で知られている。私は学部生の頃、チューターの一人から、デカルトは「我疑う、ゆえに我あり」と言うべきだったかどうかを論ずる課題を出されたことがある。デカルトは、人間は自分が見たり考えたりするすべてのことを疑うことができるが、人間が疑うことができない一つのことがらは「思考している」プロセスであると主張した。しかし、彼の思想のすべては懐疑であった。

ダマシオは『デカルトの誤謬』において、この古典の大きく異なるバージョンを提起した。彼は、西洋の文化と科学は思考と推論の役割を過剰に強調する傾向があるが、少なくとも同程度に情動にも目を向けなければ脳の働きを理解することはできないと主張した。これはまったく新しい考えというわけではない。たとえば一九六〇年代には、左脳と右脳の議論がよく知られるようになった。脳の左半球は（少なくとも右利きの人では）言語と論理を司り、右半球はもっと直観的、詩的であり、思考よりも感情に関わっている。

その後、ダマシオは『出来事の感情』〔訳注　邦訳題『無意識の脳　自己意識の脳──身体と情動と感情の神秘』」において、今日の科学にとって最も解明不能な謎の一つに挑んだ。脳がいかにして意識を生じさせるかである。彼はこれについて斬新な理論を提示した。情動の優先は『スピノザを探して――脳の中の喜びと悲しみ』〔訳注　邦訳題『感じる脳―情動と感情の脳科学　よみがえるスピノザ』〕のテーマでもある。

歴史感覚をもつダマシオは、一九世紀半ばが脳科学にとって重要な時代であったことを理解している。一八三〇年代に流行していたのは、骨相学に基づく考え方であった。骨相学とは頭の隆起についての学問である。知識人たちは、頭蓋骨の左耳から二インチのところに隆起かカーブがあれば、それが内部の脳のあり方と関連しており、その人がひどく感情的であることを示すと論じた。今日の私たちはそれをナンセンスとして却下する。その理由の一つとして、一八六〇年代以降、フランス人のブローカのような神経学者により、脳の特定部位の損傷と奇妙な行動が関連づけられるようになったことがあげられる。ブローカは、話す能力を失った患者の死後解剖を行い、その多くが側頭葉の一定の場所に損傷を受けていることを発見した。ダマシオが認めるように、ブローカと過去二〇年間の脳科学の著しい発展の間にはつながりがある。今日、医師や研究者は、ＭＲＩ（磁気共鳴画像法）のような新しい技術を使って生きている脳を見ることができる。一定の課題を実行するときに、脳のどの部分が活動して「光る」かを見ることができるのである。これは一九七〇年代に心理学が再び意識に関心をもった主要な理由ではないが、以来、この技術は多くの興味深い研究を導いている。しかし、ダマシオも認めるように、意識の問題を解決するにはまだ長い道のりがある。

アイゼンクはかつて、フロイトの患者の病歴は非常に魅力的な読み物であり、文学賞であるゲーテ賞を受けたのはフロイトにふさわしかったと論じた。ダマシオは、常に自分の患者の症例集を深く探究しようとしている。そこには脳損傷を負った個人の病歴が詰まっているのである。

ダマシオは、人間は三種類の自己をもっており、そのうちの二つが何らかの意識のパターンを作り上げているという。彼は、脳が刻一刻と変化していることをはっきりと認識している。彼によると、人間はまず第一に原自己（proto-self）をもつ。これは相互に接続し一時的に結びついた神経パターンの集合であり、脳の異なるレベルにおける有機体の各瞬間の状態を表す。私は刻一刻と変化するこの自己を想像するのは難しくないと思うが、通常、原自己は無意識のものである。これに本当にアクセスすることはできない。夜中にこの文章を書いているとき、私の神経細胞がうなりを立てて活動しているさまをイメージすることはできるが、自分の原自己に真にアクセスすることはできないのである。

次のレベルは意識であり、ダマシオはそれを中核自己（core self）と呼ぶ。中核自己は一生を通じてあまり変化せず、私たちはそれを意識している。ゆえに私たちは中核意識について話すことができる。私たちが朝起きたとき八時間前に眠りに落ちた自己と同じ人間だと思うのはなぜか、と考えたのはダマシオが初めてではあるまい。彼は、中核意識は一連のパルスの中で常に再生しているという興味深い考えを提起している。パルスとは言うまでもなく、脳の中の電気的および化学的な活動である。ダマシオがこれを正確に定義できないということは、私たちが脳について依然としていかにわずかしか知らないかを示している。これらのパルスが渾然一体となって、連続的な「意識の流れ」が作り出される。

歴史感覚をもつダマシオは、自分の考える中核意識の概念を過去の思想家たち、特にジョン・ロックやイマニュエル・カントなどの哲学者、そしてフロイトや意識の流れということばを最初に使ったウィリアム・ジェームズと結び付けている。

第三の自己は、自伝的自己（autobiographical self）である。これは記憶と将来への予期を基礎にする。子どもが自分の来歴感覚をどのように発達させてゆくのかについて、これまでに多くの研究がなされているが、ダマシオはこの自伝的自己が一生を通じて徐々に発達するという。中核自己をもっていなければ自伝的自己を獲得することはできないが、逆は必ずしも真ではない。脳の損傷がどのように影響するか——そして人のパーソナリティをいかに大きく変えうるか——ということから、ダマシオは、人が中核意識は保ったまま一時的または永久的に自伝的自己を失った多くの例を提示している。

過去と未来を認識しているということが人間をカンガルーと区別している——あるいはワニやアメーバとも区別している。こうした種はいずれも、自伝的自己、あるいはダマシオが拡張意識と呼ぶはるかに豊かな意識の存在を支える脳の資源をもっていないと言えるだろう。

しかし、ダマシオは情動の役割も重視する。このインタビューを理解しやすくするために、ダマシオがごく一般的なことばをどのように使っているかを説明しておいたほうがいいだろう。「情動（emotion）」ということばによって、ダマシオは心理的な状態を意味していない。彼はウィリアム・ジェームズに従い、身体の状態の内的な変化（化学作用、内臓、筋肉）を表すのに「情動」ということばを使っている。こうした変化はすべて神経系の変化を伴う。ゆえに情動は自覚されない。原自己が無意識であるのと同じである。これは、あたりまえに情動とか感情について話す私たちの一般的な捉え方とは異なる。ダマシオは情動と感情を注意深く区別する。昔の恋人が新しい彼氏とソフトクリームを食べているところを見かけたと想像してみよう。まちがいなく身体の状態に内的な変化が起こる。しかし、感情も起こる。彼女が新しい恋人といっしょにいることに嫉妬を感じるだろう。楽しかった日々を思い出して悲しみも感じるだろう。

おっと……罪の意識も……感じるかもしれない。学部のパーティーで彼女の親友とキスをして幸せを終わらせてしまったのは、結局のところ自分なのだから。そのような感情はしばしば行動の動機づけとなる。悲しみが、その場面を避けるよう導くかもしれない。たとえば、黙ってその場を立ち去り、泣くかもしれない。あるいは、最も強く感じるのは別れている空しさだと判断して、彼女に電話をしてよりを戻そうと決心するかもしれない。ある感情の状態が長く続くとそれが気分であるとダマシオは言う。

ウィリアム・ジェームズは感情が意識的なものかどうかという問題に頭を悩ませた。ダマシオは――それほど論争を呼ぶような形ではないが――それは意識的であり、また意識的ではないと言う。ときには意識的であり、ときには意識的でないように思われるのである。私たちはデカルトの誤謬に影響されがちであるように、感情は常に意識的であるに違いないと考える傾向があるが、ダマシオは、有機体は感情が起こっているということを知らないまま、感情と呼ぶ状態を「神経と精神のパターンにおいて表す」と考える。たとえば、私たちはわけもなく急に不安になったり、嬉しくなったり、気楽になったりすることがある。そのような場合、その感情を発生させた身体的状態のほうが、それより前のどこかで始まっているはずである。

第三レベルの発展、感情の意識的な認識について語らなければならないのは、私たちはしばしば自分が何らかの感情をもっていることを知っているからである。ダマシオは、これらを知っている生命体は進化上有利だと考える。方策を練ったり、集団内の葛藤を交渉によって解決したりするのが容易になるからである。カウンセリングを受けることができない種、たとえば鹿は、角を突き合わせることによって問題を解決しなければならない。しかし、人間は感情の語彙にアクセスすることができるため、もっとうまく解決することができる。

快楽と苦痛が人間の根幹であるとダマシオは言う。彼は、情動（身体の状態であり意識されない）、感情（人間では通常意識される）、および意識そのもの（感情の内省を可能にする）を連続体上に位置づける。ある意味で、これはダマシオの考えの中で最もわかりにくいものである。心理学理論のほとんどは、人間の思考と感情の間のつながりはもっとずっと小さいと示唆している。また、感じる能力と、感情を理解する能力が意識の発展の鍵であるという考え方もたいへん興味深い。

ダマシオは、動物のなかには情動を表出することができ、おそらくは感情ももっていると思われるものもあるが、そうした動物は自分たちがそれをもっていることを知らないと主張する。犬のザックは飼い主がスリッパを投げて遊んでくれれば嬉しく感じ、遊んでくれなければ悲しく感じるかもしれないが、ザックはどうして自分が悲しいのか、あるいは心地がよくないのかを説明することができない。「意識的ではない感情」に名づけることばはないが、おそらく私たちがもっと自己を認識し、自分の生活をもっと制御できるようになれば、そのようなことばができるだろうとダマシオは考えている。

ダマシオは、仕事柄、脳のさまざまな部位に局所的な損傷を受けた患者と向き合っている。患者はときとして、脳の損傷が起こる前のように幸せや悲しみを感じられなくなることがある。このことからダマシオは、それぞれの感情を制御するのは脳の異なるシステムであると考えるようになった。医師であるダマシオは、一定の感情を経験できなくなった患者も、それに対応する情動の兆候は示すことがあるのに気づいた。そこから、情動が先に生まれ、感情がそれに続くのではないかと自問している。

ダマシオにとっては、自分の考えを表現するよいことばがないことが問題である。著書の一冊では、少々申し訳なさそうに「一種の用語集」と題する解説を付けた。ダマシオは最初から認めているように、自分の考えの行く手にある昔からの問題――脳の中のさまざまなプロセスは、いかにして空の青さやピアノの音というような主観的経験を生み出すのか――を扱っていない。彼は、この問題は神経学を通してアプローチできると考えている。これは楽観的な立場である。過去二〇年間、脳科学の著しい成功が見られるのは細部についてであり、脳の全体像の理解が進んでいるとは言いがたいからである。チョムスキーが言ったように、脳は脳を理解することができないのかもしれない。しかし、ダマシオは明らかにそうは信じていない。インタビューに先立ち、彼は質問リストを送るよう私に求めた。インタビューの冒頭の会話はそれに言及している。

◆この質問リストは「スピノザを探して」ではなく、「ダマシオを探して」みたいですね。

まさしく。ここに、私を心理学のトスカニーニ〔訳注　二〇世紀前半を代表するイタリアの指揮者〕になぞらえたフランスのウェブサイトがあると書かれていますね。

◆愉快だと思います?

はい。とても。最初にそう言われたときには「トスカニーニは好みの指揮者じゃない」と言ったことを覚えていますが、それはかまいませんよ。真意はわかりますから。愉快だと思いますよ。さて、ここに「重要な影響を及ぼした先生はいますか」という質問があります。答えはイエスです。いろいろなレベルでね。ギムナジウム時代の哲学の先生のことをよく思い出しますよ……非常に明晰な哲学の先生がいました。いろいろなことがよくわからなかったあの頃、この先生から私の人生を左右する大きな影響を受けました。私は人の心にたいへん興味を抱いていて、人間の行動に関係のある問題を勉強したいと思っていました。私は自分が哲学者になりたいのかなと考えていたのですが、先生は、「いや、君が本当になりたいのは神経学者だよ」と言ってくれました。心のことを知るために、脳を研究する可能性に気づかせてくれたのです。それは大きな影響だったと思います。

◆その先生はどういう方でしたか。

名前はジョエル・セラオといって、自身が哲学者でした。当時、ポルトガルのような国の教育のすばらしかったことの一つは、大学の数が少ないために大学で教えることができない人たちがギムナジウムで教えていたということです。ですから、いろいろな分野の研究者、この場合には哲学者である優秀な教師たちがいました。それは大きな影響でしたね。若い頃、一部はポルトガルで、一部はアメリカで、数々の重要な影響を受けましたよ。アメリカで私に重要な影響を与えてくれたのは、神経学の教授だったノーマン・ゲシュウィンドです。

◆私はオックスフォード大学で心理学と哲学の学位を取りました。ゲシュウィンドとガザニガについて勉強させられましたよ。

ゲシュウィンドにはキャリアのごく初期に影響を受けました。ある意味で、より成熟した影響ですね。私はすでに医学部で勉強していて、ゲシュウィンドについて学んでいましたから。彼は当時の私の進路にとって、とても大きな決め手になりました。ゲシュウィンドの書いたものを読んだり彼に会ったりしていなければ、神経生理学に進んでいたでしょう。その方向に進みかけていたんです。ゲシュウィンドのおかげで、私は一挙に、人間に対する関心と科学に対する関心を組み合わせることができるようになりました。それは私にとって非常に重要なことでした。

◆すぐにアイオワに行かれたのですか。それともどこか別のところに？

実は、私の研究者としてのキャリアがスタートしたのはボストンです。ノーマン・ゲシュウィンドのもとで特別研究員になりました。一九六七年のことです。すっかり年齢が分かってしまいますね。でもそれが本当のところです。

◆でも、『スピノザを探して』の表紙の写真はとても若々しく見えますよ。

若く見えるようにがんばったんですよ。

◆アングロサクソン系の科学の標準からすると、あなたには明らかにヨーロッパの哲学者の影響がありますね。『デカルトの誤謬』と『スピノザを探して』を書いたわけですから。

それは私がヨーロッパ出身だということと関係があるかどうかわかりません。こんなふうに言えるでしょうか。何よりもまず、科学者、特に心の科学者として今日私たちが関心をもつ問題は、二千年のあいだ哲学の主題の一部だったというごく単純な理由から、哲学への関心はとても重要だと思います。できる限り頻繁に過去の思想家たちに戻り、自分がしていることを彼らがしようとしたことに照らし合わせて考えるのが非常に大切なことだと思うのです。それはごく一般的な関心です。なすべき規律、覚えておかなければならないことがらです。デカルトへの関心はきわめて自然に生じました。神経科学ではデカルトはいつも引き合いに出される人物だからです。実のところ、神経科学でほとんど唯一引き合いに出される哲学者だと言ってもいいかもしれません。その頃は、自分がスピノザを取り上げた本を書くことになるとは思っていませんでした。そのアイディアはあとからやってきました。私が一〇年か一二年前から、デカルトで始まりスピノザに終わるこの信じられないような作戦を立てていたと、多くの人が思っているのは面白いですけど、そんなわけではありません。スピノザへの関心は非常に有機的な関連のなかで生じてきました。スピノザは概略的にいうと、心と体の関係、情動の問題について私が考えていることに最も近い哲学者だと認識したことから生じたのです。神経科学で引き合いに出される人物ではありませんけど。

◆私は、アンソニー・クイントンという傑出した哲学者からスピノザについて教わりました。クイントンという名にあなたがピンとくるかどうかは知りませんが。

あなたはいつオックスフォードにいたのですか。

◆私は一九六八年にオックスフォード大学を離れました。私の年齢も分かってしまいますね。

私は六〇年代初期にスピノザについて本を書いたスチュワート・ハンプシャーが、スピノザについて語ったという点で非凡な人物だったことを知っています。スピノザに関心をもつ人はあまりいなかったのでね。アメリカでは確かに、スピノザは人々の関心の対象ではありませんでした。今、それが変わりつつあると聞いていますが。ヨーロッパでは違うと思います。フランス人、ドイツ人、イタリア人、それにもちろんオランダ人は、常にスピノザに大いに関心をもっています。だから、私も興味をもったんでしょうね。さて、次の質問ですね。「MRIのような脳研究の方法の技術的な進歩が脳について、感情と意識についての考え方の変化にどれだけ貢献しているか。」それは貢献してきたと思います。そうした技術を使った研究の成果がなければ、現在のような学問の進歩は不可能だったと思います。でも、技術が唯一の推進力だとも思いません。確かに、事実が神経学の視点の変化を導いていると思います。それらも重要です。新しい技術から、そのようなものがなければ得られなかった非常にすぐれた新しい事実が明らかになっています。一方で、理論的なプロセスもあります。以前の考え方を考察し、修正し、そこから何かを生み出すプロセスです。私が言いたいのは、事実だけで進歩するのではないということです。科学の進歩の動力となるのは、理論的な視点で消化され解釈された事実なのです。新しい技術が非常に重要なのは間違いありません。おそらく最も重要なのは、脳構造の画像化、次いで脳機能の画像化が可能になったということでしょう。科学の本や雑誌には最新の機能画像法から得られたすばらしい写真がたくさん載っていますから、その重要性が少々薄れる傾向があるようです。本当の飛躍は、CTスキャン、続いてMRスキャンなどによって生きている脳を画像化できるようになったことから生じました。そして、さまざまな精神機能に関連した脳システムの地図を描くのを初めて可能にしたのは、脳の病変に関して行われた研究でした。

◆構造的画像が病変をピンポイントで示すことを可能にしたのですね?

そうです。昔は……病変を利用して脳のしくみを研究するのは一九世紀に遡るのですから、面白いですね。

◆ブローカですね?

ブローカとウェルニッケです。もちろん、こういった研究は死後剖検によって行われました。現代の技術のまったく斬新な点は——これはつい最近、一九七〇年代の終わりごろになって可能になったのですから驚きですが――生きている患者の脳のどこに病変があるのかを見つけ出せるようになったということです。どこに病変があるのかを確認しながら、そうした人の実験的な研究ができるようになりました。文字通り、適切な手段を手に入れるまでに百年以上かかったのです。

◆ウィルダー・ペンフィールドの業績はどうですか。

非常に興味深い研究ですね。私はしょっちゅう参照します。私の本をお読みになっていればおわかりでしょうが、何度も引用しています。四〇年代終わりから五〇年代初期に起こったエネルギーの爆発のようです。興味深いことに、意識を理解したいという望みと一体になっているんですね。それからすべてが先細りになりました。あまりにも一人の人間のエネルギーと結びついたアプローチだったために、彼が引退するとすべてが崩壊してしまったのではないかと思います。面白いことに、最近、彼のアプローチが新しい装いで復活しつつあります。同じように病変を調べる方法が六〇年代にゲシュウィンドによって救い出され、脳の画像化の新技術によって奇跡的に生き返ったといえるでしょう。ペンフィールドはちょっとのあいだ姿を消していましたが、人間の脳の活動を記録する新しい手法が可能になった今、彼の足跡をたどる神経外科医たちが出てきました。たとえば、ここアイオワには、マシュー・ハワードというすばらしい神経外科医がいます。彼は、生きた患者について非常にすぐれた記録を作成しています。もちろん、今では患者が全面的に参加する、驚くほど洗練された方法で行われています。それでも背景は同じです。てんかんの手術のために検査を受ける患者を研究しているのです。大きな違いは技術です。刺激の側はペンフィールドの場合とそう大きく変わっていませんが、きわめて洗練された方法で、いろいろな神経核の刺激による大脳皮質の各部位の電位が記録されています。

◆フィニアス・ゲージ［訳注　歴史的に著名な脳損傷患者］に関心をもたれたのはどういうきっかけからでしょうか。

少々哲学的な背景があります。フィニアス・ゲージは社会的行動の障害と脳の特定部位の関連を見出すことができる最初の事例だったために、妻も私も関心をもつようになりました。言うまでもなく彼の傷はぞっとするほど大きなものでした。彼の変化の証拠を得るためには逸話を集めなければなりませんでしたが、鉄の棒が頭蓋骨と前頭葉を突き抜けた後、フィニアス・ゲージはすっかり別人になってしまいました。責任感の強い正直な人間から、かなりだらしのない人間に変わったのです。フィニアス・ゲージの事例を書き留めたのはジョン・マーティン・ハーローという人です。鋭い洞察力をもつハーローは正しい結論を導きました。脳と社会的行動の間に関連があるという事実に注目したのです。今日、生きて研究の対象となっているフィニアス・ゲージが、たくさんいることを指摘しなければなりません。

◆今、前頭葉はどのように捉えられていますか。

私は自分の研究を脳葉の面から考えたことはなくて、テーマで考えているんです。前頭葉に関連する重要なテーマが二、三あります。その一つは情動に関するものです……前頭葉のある部分は社会的技能の発達にとって決定的に重要です。また、前頭葉は、論理的思考、意思決定、創造性にも重要です。ですから、前頭葉の研究は、意思決定の理解や、情動と意思決定と創造性の関係に私たちを連れて行ってくれます。

◆『スピノザを探して』にロボトミー、すなわち前頭葉の切除について言及されていないのに驚きました。

それについては『デカルトの誤謬』の中で取り上げています。私見では、ロボトミーは前頭葉白質切截法と呼ばれる手術であり、すべきことではなかったと思っています。これはモニスによって開発されたものです。モニスは一九三五年にノーベル賞を受賞しましたが、彼の貢献は前頭葉白質切截だけではありませんでした。彼は脳の血管造影法も開発しました。これは八〇年間にわたって、脳の中で何が起きているかを理解する重要な診断手法でした。白質切除はある意味で天才的なひらめきで、時代にずっと先んじていましたし、適切な技術もまだありませんでした。人間の苦しみを軽減するために脳に介入できると考えたのは、天才のひらめきだと思います。でも、当時利用できる方法はあまりにも粗末なものでしたから、この方法を成功させることはできませんでした。当時、抗精神病薬がなかったことを忘れてはなりません。患者は拘束衣であばれないようにされていました。重症の精神障害者には、インシュリンショック療法など、信じられないような方法が使われていました。利用できる治療は未完成で残酷でした。そうした背景の中で、精神病や強迫神経症に苦しんでいた多くの人々にモニスが大きな救済をもたらしたことを受け入れなければならないと思います。

◆けれども、ロボトミーの話は、それほど崇高なものではないのではありませんか？

モニスもだし、ビジネスはビジネスと割り切るアメリカもね。フリーマンとワッツは前頭葉白質切截よりもっとお粗末な手術を開発しました。それはアイスピックのようなナイフを使って勘頼みで脳を突き刺すという恐ろしいものでした。その結果、大胆にして慎重な介入が盛んに行われるようになりました。それは悪評を呼びましたが、その時代の観点からいうと、一部の患者では成功だったということができます。それに、もう一つ問題となることがあります。たしかにこうした手術は脳を傷つけました。でも、今、薬によってどんな損傷が引き起こされているのかわかりません。たとえば二〇年間プロザック［訳注　抗鬱薬の商品名］を飲んで、これが脳に損傷や変化を引き起こさないと考えるのは無邪気すぎます。前頭葉白質切截は、それにロボトミーさえ、ある意味で時代に先んじていました。今後数年の間に、非常に選択的な介入が行われるのは間違いないと私は思います。よく似たことがパーキンソン病の治療において起こりつつあります。脳に小さな傷をつけて、ある種のペースメーカーのように働く電極を埋め込むのです。私の予測では、今後数年の間に、モニスが前頭葉白質切截で開拓したのと同じタイプの介入が、いっそう多くなるだろうと思います。

◆あなたはウィリアム・ジェームズに強く影響を受けていらっしゃるように思われます。情動に関する彼の理論は、脳が体の反応——たとえばアドレナリンが体中を駆けめぐっているのに気づいて、嬉しいとか悲しいとか結論するというものだったと思いますが……

説明モデルにスピノザを持ち込むまで、ウィリアム・ジェームズは私のヒーローでしたし、今でもそうです。どうしてかというと、感情というのは体で何が起こっているかに関する私たちの解釈だと彼は考えたからです。でも、ウィリアム・ジェームズは完全ではありませんでした。彼が活動していたのは百年も前のことなんですから、どうして完全でありえるでしょう。私がウィリアム・ジェームズの考えに手を加えたのは、別の経路、すなわち「あたかも」身体ループを作ることでした。これによって、望むならば身体はバイパスされ、それでも「あたかも」体が関与しているかのようにメッセージが生じることになります。単純なウィリアム・ジェームズの説明は基本的すぎます。私の貢献は、人が何かを感じるのは、脳の身体地図の中にあるものを知覚する結果だと考えたことです。喜び、悲しみ、その他の情動は、脳の内部でシミュレートされることが可能です。実際に身体を通る必要はないのです。

◆感情と情動をどのように区別しているのか、説明していただけますか。

私が感情と情動を区別するのは、細部へのこだわりではなくて、研究戦略として必要だからです。ある仮説を立てると、脳が刺激を評価するプロセスと身体地図の間の距離が必要になります。情動は、少なくとも理論上、数量化し測定できる公的な現象です。

◆身体の生理的な変化を測定できるからですか。

次の段階は、こうした変化、およびそれを引き起こした対象または刺激を脳が知覚することです。それが身体地図です。けれども、感情と情動の違いは、このようなプロセスがわかっても感情を経験することはできないということです。今後何年かのあいだに脳の活動のパターンを見ることができるようになって、このパターンは喜びだというようなことがわかるようになるかもしれませんが、それでもあなたが感じている喜びを私が経験することはできないのです。感情はあくまで私的なものであり、他の誰にもアクセスできません。

◆あなたが考えていらっしゃるソマティック・マーカーとはどんなものか、それはどのように働くのか、説明してください。

ソマティック・マーカーを最もうまく説明する例は、直観がはたらくときだと思います。次にどうしようかと考えているときや、何かを判断したり選択したりしようとしているとき、あれよりもこれを好むという信号があります。そのようなタイプの選択をするとき、推論や過去経験や正式な分析もはたらきますが、それだけではなくて、ある方向に人を導く自動化されたシステムもあるのです。それによって私たちはすばやく行動することができます。よりよくというわけではありませんよ。このシステムを使って、しばしば誤った決定をしますからね。でも、このソマティック・マーカーのメカニズムは物事を進行させていくのに役立ちます。

◆処理にも役立つわけですか？　情報の処理ということですが……

人の決定は、知識や論理的思考の結果であるばかりではなく、過去の情動の積み重ねの結果でもあります。これは意識的ではない衝動です。何かをしてはいけないと教えてくれる直感のように。

◆これはロバート・ザイアンスの「ホットな認知」に近いのでしょうか。たとえば他者に対する感情は非常にすばやく起こり、それがその人を判断するときに影響を及ぼすとザイアンスは言っています。

ザイアンスはそんなことを指摘しましたね、ええ。

◆つまり、デカルトの「我思う、ゆえに我あり」を「我感じる、ゆえに我あり」と置き換えるべきだということですか。

まさしくそうです。

◆あなたの研究は伝統的な英米の考え方と明らかに違っていますから、多くの抵抗に遭ったんじゃありませんか。

抵抗はないですよ。まったくないです。妻と私は言語と記憶について多くの研究をし、非常に好意的に受け入れられました。不満はありませんし、アメリカでと同様にヨーロッパでも受け入れられました。一九八〇年代、前頭葉と情動のつながりの研究に移りました。そうしなければならないと感じたんです。ソマティック・マーカー仮説を発展させるには、情動の問題にどっぷりつかる必要がありました。周りの人たちは、前頭葉と情動を研究するなんて正気の沙汰じゃないと考えたようです。無茶なことをしていると思ったんでしょう。でも、私が研究成果を発表すると、とても肯定的な反応が返ってきました。神経科学は長く情動を無視してきましたが、やっとそれに目を向けたのです。他の研究分野の人々も情動に関心をもっています。情動が投資にどのように影響するかという問題に非常に関心をもっている経済学者とも交流がありますよ。

◆実のところ、私も『相場を動かすブルの心理　ベアの心理』という本を書きました。株式市場の行動を説明するとき、恐怖、強欲、パニックの三つから人を遠ざけるのは困難です。

愚かなことですね。(ダマシオは笑い、その本を一冊送ってほしいと言った。)

◆抵抗の問題に戻ってもいいですか。

人は生産的になればなるほど、自分がいかにわかっていないかに気がつきます。脳に関する私たちの知識は、脳の複雑さに比べて悲しいほどに不十分です。あなたにも私にもわからないことだらけなのです。謙虚さなど不要とおかしなことを考えてはいけないのです。

第4章　ハンス・アイゼンク

イギリス心理学会のアンケートで史上最もすぐれた心理学者の第四位にランキングされた故ハンス・アイゼンクのインタビューを初めて行ったとき、私は『ペントハウス』に彼のプロフィールを書いているところだった。一九七二年当時、『ペントハウス』は言い訳をしながらポルノを扱っていた。彼らは人種、IQ、性に関する論争を呼ぶアイゼンクの見解に関心をもっていた。

その後、私は何回かアイゼンクのインタビューを行った。彼はいつも礼儀正しかった。それは私にはなじみ深いものだった。やはり中央ヨーロッパの出身だった私の母の家族にも、同じタイプの、ときにやや取り澄ました感じの礼儀正しさが見られたからである。しかし、アイゼンクは一つの点で非常に違っていた。私の中央ヨーロッパ出の親類たちはたいてい気が小さかった。それはイギリス人や、親切にも彼らを「王権に統べられたこの島」〔訳注　イギリスのこと。シェークスピアの表現〕に受け入れてくれた当局を不安にさせなかっただろう。女王の機嫌を損ねたなら、詫びるいとまもなくドラキュラの国に送り返されることになる。しかし、アイゼンクにはこの服従が見られなかった。

一九九二年にアイゼンクは引退した。私は彼のオフィスに会いに行ったが、それはロンドン大学精神医学研究所に近い灰色のフラットだった。彼は、皮肉っぽく――彼は皮肉が好きなのだ――これがイギリスの諸機関が年老いた教授たちに対して行う寛大とはいえない待遇なんだよと言っていた。

アイゼンクは常にちょっとしたイデオロギー上の争点だった。彼はとても冷たいと言われた。私は、アイゼンクは友好的ではあるが、どこかとっつきにくいところがあると感じた。彼は自分の仕事や考えや批判については語ったが、自分自身のことについてはほとんど語らなかった。研究がうまくいったときの気持ちを私が初めて尋ねたとき、そんな個人的な質問をするなんていう驚きの表情を浮かべたものだ。

晩年の二〇年のあいだにアイゼンクは変わった。彼は自伝『造反有理』（Eysenck, 1990）〔訳注　原著タイトル *Rebel with a Cause* は、ニコラス・レイ監督、ジェームス・ディーン主演でヒットした映画『理由なき反抗（*Rebel without a Cause*）』（1955）をもじったタイトル〕を出版した。いつものように好戦的なタイトルである。この自伝は、期待以上にいろいろなことを明らかにしてくれた。アイゼンクは自分の動機について誠実に説明しようとした。しかし、これを読み終えたとき、彼がどんな動機で研究を行ってきたのか、そしておそらく最も興味深いことであろうが、なぜ容赦ない論客になったのか、それもときに評判の悪い大義のために戦ったのか、明らかになっていないと私には感じられた。

ドイツから逃れてきたアイゼンクは、あらゆる種類の検閲に反感を抱くようになったと述べている。本物のファシズムを経験したため、イギリスやアメリカの保守派をファシストと呼んだ一九六〇年代、七〇年代の左翼――アジテーションとプロパガンダの左翼――を嫌悪した。アイゼンクは、活動している本物のファシストをその目で見た。ナチスはイデオロギー上の敵を抹殺した。そして、その痛みはきわめて個人的なものであった。祖母を強制収容所で亡くした彼は、収容所を扱った映像を見ることに耐えられなかった。

アイゼンクはときに、イギリスに暮らすおかしな外国人だった。一九四六年、ハンガリーのユーモア作家ジョージ・ミケッシュは、『おかめ八目英米拝見』で、イギリス人がいかにすべての外国人を頭のいかれた危険な輩と思っているかを描いた。ミケッシュは、大陸人には性生活があるが、イギリス人は湯たんぽだけだと言う。若いころのアイゼンクは本物の大陸人であった。彼にはガールフレンドがたくさんいた。アイゼンクは仲間の学生を面白半分に口説いたために、みだらな考えをもっていると非難されたことがある。イギリス人の学生だったらロンドン大学から追い出されているところだと言われた。しかし、外国人であったから、ちゃんとしたしつけを受けていない――おそらくは湯たんぽのある家庭でしつけられていない――と言われただけで、放免されたのだった。

イギリスは彼にやさしくなかった。戦争が始まると、彼は敵国人に分類された。アイゼンクが得ることができた唯一の仕事は、空襲監視員であった。六ヵ月後、彼はモーズレー病院で働いていたオーブリー・ルイス卿に呼び寄せられた。オーブリー卿は臨床心理学を発展させたいと考えており、アイゼンクを採用したのだった。

そこでも、アイゼンクは闘争的であった。権力者であったオーブリー卿と意見が合わなかった。彼は、心理学者は精神科医のために患者の検査を行うだけではだめだと主張した。これは厳しい対立を招いた。特に、アイゼンクが行動療法の考えのいくつかを発展させると、対立がいっそう顕著になった。行動療法は心理学者が患者の治療をすべきだということを意味しているからである。アイゼンクは、生意気にもオーブリー卿や精神科医たちを罵った。最終的にはアイゼンクが勝った。彼は正しかった。精神医学は、精神科医のみに任せておくには複雑すぎるのである。

アイゼンクは、論敵を眺めるとき、面白がったような、しかし少々見下したような合理性で、驚くほどクールになることがあった。それがはっきりと表れていたのは、精神分析医に対する彼の困惑だ。どうして彼らはうまくいかない手法に頑固にしがみついているのか。彼は、最初に行動療法の着想を得たのは、精神分析医のアレグザンダー・ヘルツベルクからだったと私に説明した。ヘルツベルクは分析のスピードを上げるために後に行動療法となったものによく似た手法を使っていたが、患者を治癒させたのは分析そのものではなくてこうした手法なのではないかと考えはしなかった。私が、おそらく生まれてから死ぬまでずっと分析家である人々はそうした疑問を抱かないのだろうと述べると、アイゼンクは驚いたようだった。

アイゼンクは人を傷つけるような表現を使ってしまいがちだった。だから善意の合理性がひどく腹立たしいものになってしまった。アイゼンクは自分が引き起こした反感について別様に解釈した。パーソナリティの理論家として、ほとんどの実験心理学者を怒らせたが、彼らはパーソナリティが結果に影響するかどうかなど考えることもなく、ダーツ投げは言うに及ばず、知覚、記憶、言語、学習に関する実験を行ってきた。そして、すべての人間は分子のように、みんな同じ行動をするはずだと考える。しかし、内向性の人と外向性の人では学習の仕方が違う、ダーツ投げの仕方さえ全く違うのだとアイゼンクは主張した。

アイゼンクは、あまりにも繊細でロマンチックなパーソナリティ理論家たちの感情も損ねたと考えている。パーソナリティは彼にとってデータや統計や因子分析の問題であり、データに関する複雑な計算の実行の問題である。他者のパーソナリティを理解しようという大それた考えはもっていなかった。カール・ロジャーズのような理論家からも怒りを買った。アイゼンクが彼らは洞察という妄想に悩まされており、厳密さに欠けると批判したからである。ロジャーズらは、アイゼンクは無神経だ、上っ面だけで中身がない、あるいはまったく間違っていると反撃した。

論争になると、アイゼンクは残酷なまでに相手を攻撃することがあった。彼は、みんな合理的な方法で真実を突き止めることを望んでいないのだと考えていた。人々は自分が何でも知っていると考えたり、推測したり、あるいはいつもやっていることをただ続けたりしたがる。それは科学的な態度ではない。しかし世を去るまでの一〇年間、アイゼンクは奇妙な研究結果と思われるものを擁護するために戦った。占星術、太陽の黒点、ビタミンC。しかし、その論拠はまったく同じであった。

戦争はアイゼンクの職業人生を変えた。若いときには物理学者になりたいと思っていた。しかし、故郷ドイツを後にしてロンドンに移住しなければならなくなったとき、それが不可能なことがわかった。そして、それから起こったいくつかの偶然が、彼を心理学に向かわせた。彼の主な目的の一つは、自然科学のモデルを採用しない限り心理学に未来はないと心理学者に悟らせることだった。真実は、人種、IQ、遺伝形質の場合のように心地よくないものかもしれないが、是正措置を取るには、まずその問題について知らなければならない。あまりにも多くの心理学者が真実を回避し、真実を見出すリスクを避けたがる、と彼は言うのだった。

一九七〇年代の「人種とIQ」の論争が彼を「現代の悪魔」にしたが、これは心理学者が真実を見つけ出したがらないトピックの例であるとアイゼンクは主張した。アメリカの黒人のIQが低いという研究結果をアーサー・ジェンセンが発表したとき、アイゼンクは彼を支持した。アイゼンクはジェンセンを槍玉に上げるのは間違っていると主張し続けた。ジェンセンはただデータを報告しただけなのである。しかし、アイゼンクは、ＩＱの低い人々の断種を望むウィリアム・ショックレー〔訳注　トランジスターの発明でノーベル賞を得たアメリカの物理学者〕には一度も賛成したことはないと強調する。アイゼンクは私に、ジェンセンの結果はおおっぴらに認めるのを恐れる多くの遺伝学者から非公式に支持されていると語った。

しかし、アイゼンクは一つの事実には立ち向かわなかった。評判の悪い事実の発見者——および擁護者——と自認する人々は、ときとしてそれに酔いしれるということである。アーサー・ジェンセンは、たしかに、政治的に正しい人々に迫害されるガリレオに自分をたとえる傾向があった。にもかかわらず、アイゼンクはジェンセンを全面的に擁護した。

また、アイゼンクは、一九七〇年代、シリル・バートのスキャンダルにも対応しなければならなかった。インタビューの中で、アイゼンクは、双子と知能に関するデータの一部をバートは本当に捏造したようだと明かしている。しかし、彼は、一卵性双生児は二卵性双生児よりもずっと互いのＩＱが近いというバートの仮説が今や他の多くのデータによって支持されているのだから、バートの捏造はあまり問題ではないと述べた。

一九七〇年代後半から一九八〇年代、アイゼンクは二つの怪しげな主張を擁護した。その一つはミシェル・ゴークランの研究である。フランスの心理学者・統計学者であるゴークランは、多少物議を醸したある突飛な仮説を主張した。ゴークランは人が生まれたときの惑星の位置を研究し、それといろいろな職業の有名人やそれほど有名ではない人々との相関を調べた。すると、有名なスポーツ選手は火星が地平線上にのぼったばかりのときか、最も高い位置にあるときに生まれている場合が多かった。統計的な相関は驚くほどであった。たいていの心理学の研究では、相関が偶然によって得られる可能性が一〇〇分の一であれば強力な結果といえる。火星との相関は、偶然によって得られた可能性が五〇〇万分の一であった。また、木星と土星がそれらの位置にあるときには、政治家、医学、俳優などの職業の成功との相関が見られた。

　科学者たちは、ゴークランのことをオカルトの詐欺師がまたあらわれたと怒り、彼のデータの信用を失墜させようとした。しかし、アイゼンクはそのデータを調べ、それが有効であることを発見し、この謎を追究する動きに加わった。私はゴークランをよく知っているが、彼はアイゼンクが彼と夫人を支持してくれたことを高く評価していた。それは簡単なことではなかった。超常現象調査委員会をはじめ多くの組織は、ゴークランがデータをでっち上げたことを証明しようと躍起になった。「でも、結果は再現可能だった」とアイゼンクは言う。研究の必要があったのである。

　アイゼンクは、行動療法に関して最も独創的な研究を行った。それは、学習理論の手法を使い、パーソナリティの三つの次元に関連づけるものであった。外向性－内向性、神経症的傾向、精神病的傾向である。彼が用いた次元は、二世紀のガレノス［訳注　古代ギリシアの医学者］の時代から提起されていた。しかし、アイゼンクは自分がこれらの次元を厳密にしたと主張する。彼は多数のサンプルについて調べ、洗練された分析を用いた。これらの次元は多様な行動とパーソナリティ特性を結びつけ、重要なことには、予測を可能にした。それらは心理学的な研究だけではなく、他の科学的分野の研究も促した。「たいていの心理学的問題は心理学を超越する」とアイゼンクは表現する。心理学は純粋ではないのである。

アイゼンクは次のように書いている（1970, p.406）。「神経症的傾向と外向性における個人の差異を説明しようとする我々の試みには、遺伝学、生理学、神経学、解剖学、生化学がすべてかかわっている。これが鎖の端ではないのは明白だろう。心理学、生理学、遺伝学、その他の生物学の専門領域の区分は、管理などの実際的な目的のために人工的に作られたものであって、それに対応するものが自然界にあるわけではない。」

物理学者になりたかった心理学者アイゼンクが、心理学は科学的であらねばならないと考えていたのは驚くに値しない。しかし、彼は、心理学者は無邪気で何も知らないのであり、物理学がどのように働くかについて理想化された概念をもっていると主張した。彼は海王星の発見を「立証された科学法則からの純粋な推論、偶然、誤り、幸運、茶番の組み合わせだった」と述べている。この発見は、天文学者たちが新しい惑星を探していたとき、誤った計算から予測された軌道の中に海王星があったという事実による。しかし、教科書にはたいてい、天王星の軌道に摂動があるとわかったことから導き出された論理的な科学的推論のモデルとして描かれている。現実の研究は、そんなに整然としたものではないのだ。

やはり少々驚いたことに、アイゼンクは予測マニアを嘲笑した。実験の予測が失敗したからといって、その研究が無意味なわけではないと何度も述べた。ニュートンも演繹推理に失敗し、自分の理論を救うためには神の手を求めることが必要だと時折考えた。そんなことは『実験心理学雑誌』の編集者にはあまり影響を及ぼさないだろうが、物理学を真似しようとすることはダメージになりうる。心理学は新しいすぐれたアイディアを、あまりにも容易に投げ出してしまう。

アイゼンクはいつも、自分に興味がある研究よりも役に立つ研究をするべきだと感じていた。彼にとっての行動療法は、その最たる例である。彼がその研究を行ったのは、「自分の夢を追いかけるために」時間とお金を与えてくれた社会に恩返しするためだった。「自分の夢を追いかける」というフレーズは、彼が自らはっきり認めた以上に、人間の行動に好奇心をもっていたことを示している。また、自分の予測がたまたまうまくいったときに大いに驚いたと認めたのも興味深い。しかし、彼が指摘しているように、彼は洞察力に重要性を認めず、自ら公言する洞察力に頼る人々を疑わしいと考えた。このことは、研究がうまくいったときの感じをクリームにありついた猫、あるいはブラームスのヴァイオリン協奏曲を聞いて「素敵だ」と思う気持ちのようだと、このインタビューで大いに感覚的に表現していることと、まさに彼が非難する直感のレベルで呼応しているように思われる。

一九六〇年代、一九七〇年代以降の政治的なムードの変化によって、アイゼンクは学生にとってそれほど悪魔的な人物ではなくなった。それにもかかわらず、メディアとのいざこざは続いた。一九九〇年、ノーベル賞受賞者のライナス・ポーリングとともに、子どもたちにビタミンとミネラルのサプリメントを与えてＩＱに対する食事の影響を調べる研究を行った。それはごく当たり前の研究のはずだった。三カ月間ビタミンとミネラルが与えられた子どもたちはＩＱが劇的に上昇した。しかも一年後にもその結果が継続していた。

ところが、この研究結果を追究する資金が得られないことがわかってアイゼンクは驚いた。「都市のスラム街の恵まれない子どもたち」にこうしたビタミンやミネラルを与えることに誰も関心をもたないように思われた。疑う余地がないと思われたアイディアの研究費を調達することができなかった。これもまた、多くの人たちが真実を知りたくないと思っていることの証しだった。

アイゼンクはその自伝で、洞察力がないからといってあまり失望しないようにと読者に忠告している。心理学者は他の人より自分のことをよく知っている、うまく説明できると期待するのは無理というものだ。アイゼンクが嘆いているように、警察官や売春婦のほうが、時として心理学者よりも人の心理を理解できる瞬間があるのだ。この謙虚さは興味深い。人がなぜある仕方で行動するのかを理解することに人生を費やしてきた人が、日常のいざこざや衝突に直面すると、肩をすくめて「実のところおまわりや娼婦のほうがそんなことに長けているんだよ」と言うのだから。

◆どのようにして心理学者になったのですか。

実のところ偶然だね。本当は物理学の研究者になりたいと思っていたんだよ。ドイツを去らなければならなくなって、ロンドン大学に入ろうとしたんだが、試験を受けなければならないと言われてね。僕が得意な科目はラテン語、フランス語、ドイツ語、英語、数学だった。物理学のコースに登録しようとしたら、僕が学んだ科目ではだめだって言われたんだ。ロンドン大学はひどく官僚的だったからね。僕がじゃあどうすればいいのかって聞いたら、来年もう一回適切な科目で試験を受けなさいと言われた。でも、そんなお金はなかったから、僕が受験できる理系のコースはないかって尋ねたんだ。そしたら、「ある。心理学だ」と。僕は「心理学っていったい何です？」って尋ねたよ。聞いたこともなかったからね。まあ、そうやって心理学者になったんだ。そのショックを乗り越えるのに長い時間がかかったよ。

◆あなたは多くの著作で、大方の心理学の非科学的なアプローチを批判しておられますね。物理学の確実性の方がお好みだったのでは。

いろいろな意味でそうだね。そのほうが自分の好みに合っていただろう。でも、僕の天分は物理学でよりも心理学で必要とされているとも思う。すぐれた物理学者はたくさんいるけれども、ちゃんとした科学の素養をもつ心理学者はあんまりいないからね。心理学では、政治的、社会的、哲学的、実存主義的、何やらかにやらの方法ではなく科学的な方法で問題に取り組むべきだということを人々にわかってもらうために、時間の半分を費やさなければならないんだ。これはとても時間のかかることだよ。

◆デイヴィッド・マクレランド教授は、厳しい宗教的なしつけを受けて育ったことに反発して心理学者になる人が多いと思うと言っていました。あなたもそのように育てられたのでしょうか。

いや。宗教はあまり話題にならなかったな。父はルター派だったが、その教えにかなり懐疑的だった。母はカトリックだったが、ほとんど何もしていなかった。祖母は――実質的に僕を育ててくれたのは祖母なんだが――後に非常に敬虔なカトリックになって、強制収容所で死んだ。強制収容所というのはもちろん、宗教的感情がいかに強くありうるかを示す場所だが、僕はそんなふうに育てられたわけではない。

◆心理学者になるための勉強をしていたとき、何かに大きな影響を受けましたか。

シリル・バートが僕の指導教授だったんだが、彼からとても重要な影響を受けたね。彼はおそらく僕がこれまでに会った中で最も頭のいい人だと思う。非常に博識だったたし。僕は彼の学科で学べて幸運だった。科学的アプローチに必要な数学、統計学、精神測定法を重視していた唯一の学科だったからね。僕はバートから大きな影響を受けた。よく僕は彼の弟子だったから同じようなことを行ったのだろうと言われるけれど、それは全然違う。僕の自然な反応はね、他人に対してまずは反対してみよう、相手の弱点を見出そうということなんだ。ところが、僕はバートの全般的な理論の中に弱点を見出すことができなかった――細部についてはいろいろ弱点を見出したけれども、全体としては彼が教えてくれたことを論破できなかった。だから継承したんだ。彼の学生だったからではなくて、彼の学生だったにもかかわらずだよ。

もう一人、僕が影響を受けた人物がスピアマンだ。いくつかの講演で彼に会ったよ。彼の著書『人間の能力』(Spearman, 1927) は厳密な科学の方法を心理学の対象に適用したもので、まさに僕が探していたものだと思った。それからパブロフだね。もちろん会ったことはないが、こうした問題に生物学的に取り組む方法があるのだということを示してくれた。バートもスピアマンも特に生物学を志向していたわけではなかったからね。僕はパブロフのアプローチが新鮮で面白いと思ったな。僕にとって特に重要だったのは、この二つの全般的な方向性、すなわち精神測定法と生物学だった。

◆最初はどのような研究をなさっていましたか。

最初はいろいろな線でさまざまなことに取り組んでいたよ。催眠法の効果についても調べた。僕が興味をもったのは、人は催眠状態にあるとき、普通の状態をはるかに超えたことをできると言われていて、実験的な証拠もあるように思われるということだった。知覚がよくなる、身体的な作業もよりよく、より長く行うことができると言われていた。だが、僕は、催眠法にできるのは痛みや痛みの感覚を忘れさせることだけだということを発見した。痛みの感覚や筋肉の疲労の感覚をなくしてしまうから、長く続けられるんだ。しかし、さまざまな課題全体を見ると、催眠状態にある被験者は、十分やる気があって催眠状態にない人よりもよくできるわけではなかった。

◆あなたは美学にも興味を抱いていらっしゃいましたね。

そう。特に、あるものの美しさや魅力の評価が人々の間でどのくらい一致するかに関心があった。少々統計的な調査を行った結果、より多くの人に尋ねることによってより正確な判断ができるということがわかった。一〇〇枚の絵に美しさの順位をつけるように一人の人に求めると、あまり正確じゃない。だが、百人に順位づけを求めると、その美しさの平均順位は、別の一〇〇人のグループがつけた平均順位と非常に似たものになる。審査者グループの間に一致を生み出すには何人の審査者が必要かについて、公式を作ったりもした。それから、ユーモアの感覚にも興味をもっていた。どんな国の人も——フランス人、イギリス人、ドイツ人、アメリカ人——自分たちのユーモアの感覚は特別だと自慢するのを知ってるだろう？　でも、これは根拠のない非常に愛国的な見方だということがわかったよ。

◆こうした初期の研究は、後に行われたパーソナリティやＩＱの研究と関連がありますか。それとも、同様の手法を使っただけなのですか。

興味のあったことを調べただけだよ。後の研究には関係ない。それも偶然によって生まれたんだからね。

◆美学、催眠法、ユーモアの研究から、どうやって臨床心理学の分野へ入っていったのですか。

僕はここイギリスでは敵国人だったのでね、誰も僕に仕事をくれようとはせず、軍隊にも入れてくれなかった。一生懸命働きかけたんだがね。やがて、ミル・ヒル救急病院の研究担当心理学者になることができた。それはまったくの偶然だった。友人のフィリップ・ヴァーノンが僕を推薦してくれて、受け入れられたんだ。僕は精神異常やパーソナリティには特に関心がなかった。実のところ、そんな雲をつかむような分野よりも、精神測定法や学習理論、いろいろな物事の実験的な研究に興味があった。けれども……生きていかなきゃならないからね。僕は精神医学に入っていくことによって生計を立てたってわけだ。

◆心理療法、特に精神分析の有効性がないと論じた一九五二年の論文は、あなたにとって物議をかもした最初の論文でしたか。

そうだね。それまでの論文はかなり好意的に受け入れられていたと思うよ。でも、それは議論を呼ぶようなものではなかったから、人々を本当に興奮させるものは含まれていなかった。ところが、この精神異常の分野に入ると、たくさんのことが間違っているとわかった。すでに述べたように、診断の信頼性が欠けていた。治療を見ると、それが有効という証拠もなかった。戦時中、僕は戦争神経症の人々を扱う精神科の病院で働いていたんだが、僕たちの仕事の一つは、患者がどの診断カテゴリーに入るかを見分けるための検査を準備することだった。だから、精神科医によって評価される診断カテゴリーがどれほど信頼できるかを知ることが重要だった。そこで、僕は医長のところに行って、それぞれの医者がこれまでに治療した患者にどのような診断がなされているか調べてほしいと頼んだ。そいつを比較してみたかったんだ。だが、医長は家長のような態度で僕を脇によんで、他にもっと重要なことはないのか、他にやりたいことはないのかと聞いてきた。僕を思いとどまらせるためにいろいろされたものだよ。妨害も受けた。治療について調べると、ここでも治療の効果があるという証拠がなかった。個人的に聞いたことやら、人々が信じていることやら、教えられたことが受け入れられているだけで、証拠がなかった。ロールシャッハ検査とか投影法検査とか、精神病患者の心の状態を評価するために使われていた検査を見ても、やっぱりそのような検査で何かができるという証拠がなかった。僕は五〇人の重い神経症の患者と、年齢、性別、社会階層などが似ている五〇人の健常な人を対象にして実験をしてみた。一人の専門家の下で全員にロールシャッハ検査を受けてもらってから、それを別の専門家に送って、正常な人の回答と神経症患者の回答を分けてもらったんだ。この専門家は偶然以上にはうまく分類できなかったんだよ。別のロールシャッハの専門家で試しても同じだった。重い神経症なのか正常なのかを見分けることさえできないのだったら、そんな検査をして何になる？　これは当時、ずいぶん論争を呼んだが、今では広く認識されている。

そのころ、モーズレー病院の精神科の主任教授だったオーブリー・ルイスがこの国で臨床心理学という専門職をスタートさせようとしていて、僕にそれをしてほしいと言ってきた。それで僕はアメリカの実態を調べるために合衆国に視察に行き、すっかり迷いから覚めた。なすべきことを決定しなければならなかったが、僕には、精神分析ではなく、適切な診断のシステム、適切な心理評価のシステム、適切な治療のシステムを与えてくれる、実験心理学を基礎にした、正しい臨床心理学を導入することが必要だと思われた。最初の段階は、一九五二年の論文のような一連の批判的な論文を書くことだった。同時に、僕はもっと前向きな仕事にも取り組んだ。つまり、精神病のパーソナリティ評価に用いることができる検査を考案して、僕が行動療法と呼んだ治療の方法を作り上げたんだ。

◆ご存知のとおり、自然寛解はあなたがでっちあげた神話だとか、あなたが主張の基礎にした統計は生命保険会社から入手したものだとか、一九五二年の論文に多くの批判が出されていますね。あなたは結論を修正すべきだと感じたことはありますか。

批判を見てもらえれば、何十ものほとんどの批判が僕の言ったことを批判しているのではなくて、僕が言ったことにしたいことを批判しているだけだということがわかるはずだよ。僕がこの論文の中で言ったのは、いかなる心理療法にしても自然寛解より大きな効果を生み出している証拠はないということだった。彼らが批判したのは、僕が一度も言わなかったこと、すなわち精神分析と心理療法は効果がないということに対してだった。僕は決してそんなことは言ってないんだよ。何かがないということを証明することはできないからね。一度も無効だなんて言ってないんだ。けれども、有効であるという証拠に乏しく、統計は貧弱で、記述は不十分だ。ふつうは誰もそんな証拠は扱わないが、それしかなかったし、それは何も証明していなかった。批判の多くは、僕が収集したデータをかなり意地悪く攻撃するものだった。僕は、不十分さは承知しているけれども他にはないのだと言ったよ。だから、たとえこうした批判を受け入れるとしても、証拠が不十分だから心理療法の効果を示す証拠はないという僕の全体としての結論は、依然として有効なんだよ。

◆自然寛解についてはどうですか。それは神話ですか。

自然寛解についていえば、僕が真実性のない神話を作ったと信じたのは一人か二人だ。今では一九五二年よりもずっとたくさんその証拠がある。S・ラックマンがその著書の中で心理療法の効果について再検討を行っているが、彼は非常に注意深く証拠を検討した結果、心理療法の効果についても自然寛解の存在についても、僕の最初の結論は修正できないという結論に達しているよ。後の証拠が僕の主張を支持しているわけだ。だから、現在でもそれは真実だし、以前よりもしっかりと立証されていると言えるだろう。

◆どうして心理学はその全般的なアプローチにおいて非科学的なのでしょうか。

理由はいっぱいある。第一に、人は常に心理学的問題に関心をもっている。動機づけの問題、態度の問題、人々の行動を変えさせる問題。そして、こうしたことのまわりに多くの学問領域が育ってきている。刑罰学者、教育学者、精神科医、その他科学の素養をもたないさまざまな人々が、自ら専門知識と考えるものを蓄積している。こうした人々は自分たちは答えを知っていると思っているが、実のところ何も知らないんだ。彼らは、科学的な基礎に立ってそのテーマを研究しようとする人に激しく反対する。僕が若い未熟な実験心理学者として診断の一貫性を調べようとしたときのことを考えてみてごらん。そのときも、一九五二年の論文を発表したときも、人々はひどく腹を立て、僕は事実上精神科医や臨床家の社会から閉め出され、追い出されてしまった。でも、今では僕のメッセージが理解されているから、多くの人が僕の批判を純粋な事実の記述として受け入れてくれるだろう。そうした問題を解決するために何とかしたいと考える人さえたくさんいる。行動療法は自然寛解や心理療法よりもすぐれているということを示す実験も行われている。だから、変化はあったんだよ。

でも、たとえば教育界ではあまり状況が変わっていないね。現在もやっぱり、今行っていることが以前に行ったことよりも改善されているという実証もなしに、あっちにふらふら、こっちにふらふら、何かに熱心に取り組んではまた別のことに熱心に取り組むという具合だ。自分たちがしていることを文書に記録しようとさえしないから、後になってそれが有効だったかどうかを判断できないこともしょっちゅうだ。人々は自分の考えを検証するのを恐れているように見える。そして、もちろん、自分の考えを検証するということこそ、科学者が望むことなんだ。

◆問題に科学者として取り組むとき、あなたは直観を使いますか、それとも、一定のごく決まった方法で一歩一歩進んでいくのですか。

それは答えにくい質問だなあ。直観ということばで君が何を意味しているのか、それを人がどう考えるのかわからないからね。僕のことばで表現するなら、科学研究をするのに役立ってきた僕の特性の一つは、重要な問題を認識する能力だと思う。多くの人々が重要ではない、あるいは無関係なものとして見逃すことがらに僕は目を向けるんだ。

◆問題を切り出す能力は非常に重要なものだと思われますか。特に、こんなにも多くの情報や実験が生み出されている現代にあって?

そう思うよ。ここには博士課程の学生が二〇〇人以上いる。彼らを見ていて思うんだが、特に優秀な学生でも、得意なのは学んだ方法を応用することだね。学生たちの多くは僕よりも統計について詳しく、機器の操作が上手だし、コンピュータのプログラムもうまく書ける。だけど、彼らに足りないのは問うべき適切な問いを見つけ出すことだ。流行していて面白いと思われているけれども本当はまったく重要性のない問題を追いかけている。同じことが、学術誌で読める論文のほとんどにもあてはまるよ。そんな論文は一〇年もしないうちにすっかり忘れられてしまうだろうね。重要な問題に取り組んでいないんだから。

◆でも、問題を重要なものと認識させるものは何なのでしょうか。明確に説明できますか。

セミナーでそれを明確にしようと努力しているよ。学生たちに例を与えたり、どのようなことを探すべきなのかを話したりね。それは予期しない奇妙なものだから、一つの枠組みで簡単に説明することはできないな。たとえば、僕はさっき話したような形で行動療法を始めた。もともとその問題にまったく関心をもっていなかった。学位を取ったばかりだったこの頃、ドイツ人の精神科医アレグザンダー・ヘルツベルクに会った。彼はアクティヴな心理療法について本を書いていた。彼はフロイト派だったよ。がちがちのフロイト派だ。だが、彼は、フロイト派の分析に時間がかかるという事実に気づいて、迅速化したいと望んでいた。フロイト派の分析が多くの人々に受け入れられるようにするにはそうするしかなかったんだね。彼は患者に課題を与えることにした。たとえば、家に引きこもって外に出るのを恐れている人に対しては、分析家としての治療を行った後、「ドアのところに行って外を見てごらんなさい。それから右に二歩、左に二歩進んで、戻ってきましょう」と言うんだ。次の時にはそれが五歩になる。そうやって続けていく。すると患者は以前よりもずっと早く回復するということに、ヘルツベルクは気がついた。彼は、ドイツから逃れてきた他の精神科医とともに症例検討の会議に僕を出席させてくれた。みんな、これは有益な方法だということに賛同した。そのときすぐに僕の頭に浮かんだのは、この方法のなかには精神分析が何らかの役割を果たしているという証拠がまったくないということだった。そうした課題そのものが、改善を生み出している可能性はないのだろうか。分析が役立っているという証拠はない。この改善は学習理論の消去という考え方で説明することができる。これが僕の行動療法の概念の始まりだった。本当は重要なのに、分析を補助するいくらか有益な方法だという以外には誰も何も見出さなかったというのが典型的な反応だよ。本当は、課題を伴う精神分析と課題を伴わない精神分析の比較という重要なものだったんだ。課題を伴うほうがずっと効果が大きく、課題を伴わない分析に何らかの有効性があるという証拠はなかった。

◆ですが、当然ながら、あなたはその重要性を見抜くことができたわけですね。精神分析に傾倒していなかったからですね。

そう。そしてそのことはもちろん非常に重要な理由だった。彼らはみんな精神分析の訓練と実践に人生を費やしてきていたわけだからね。それが彼らの生活の手段だった。それは理解できるよ。

◆どのようにしてパーソナリティの問題に関心をもつようになったのですか。

僕は精神測定法の分野に足を踏み入れたときから、ずっとパーソナリティの問題に関心をもっていた。パーソナリティが中心的な分野だというのは明白に思えたし、それは多くの問題を提起していた。たとえば、正常な人と神経症の人々の違いはカテゴリーの違いなのか、両者は何か根本的な形で異なっているのか、それとも単純に程度の違いで、神経症の人々は「健常な人々」ももっている神経症的傾向が強いだけなのか。僕はこの問題の統計的な面に関心をもった。

◆それから、外向性－内向性という次元の考えも、ある問題を重要だと見抜くことから出てきたのですか。

これは古代ギリシャの医学者ガレノスやヒポクラテスにまでさかのぼる理論で、フモールの理論［訳注　体液による気質の説明理論］でもある。これまでにすごくたくさんの人たちがいろいろな形で提起してきた。僕はその多くに感銘を受けたが、どれにもそれを証明する方法が使われていなかった。だから、多くの人が似たようなことを提唱しているのに、その中から選ぶことができなかった。証拠がないものだから。誰もが、ただそう言っているだけなんだ。ユングも一緒さ。すぐれた観察からそう言っているのは間違いないんだが、それではあまり役に立たない。非常にすぐれた観察に基づいていたけれども、自分が言っていることの意味がわかっていなかった。たとえば、彼は、ヒステリーの一方の端には精神病の傾向があり、極端な内向性の人も精神病者になる傾向があると言った。それが直ちに意味することは、両極端がある意味で同一となる第二の次元、神経症とは異なる次元があるということだ。それはクレッチマーが提起した循環気質や分裂気質と同種のものだ。二つの極端に「精神病のグループ」があるならば、それは両グループが同じ端にあらわれる別の次元がなくてはならないという意味になる。いわば、グラフを回してみる必要があるわけだね。それで、僕はこの次元の研究を始めたんだよ。

◆あなたが仮定したパーソナリティの次元だけで十分だと思いますか。

もっと多くの次元があるのには疑いの余地がないよ。これはごく初歩的な手始めにすぎない。僕たちは今、僕が一九五二年に提案した第三の次元、精神病的傾向について研究している。こういう次元は、まったく斬新なものではないにしても、少なくともこれまでに提起された他の次元とは異なっていると思う。

なぜなら生理学的なシステムと密接に関連しているからだ。神経症的傾向は網様体と関連し、精神病的傾向はアンドロゲン／エストロゲンのバランス、内分泌のバランスと関係している。けれども、パーソナリティの全体を包含するのにこうした三つの次元で十分ではないのは間違いないよ。僕はそれで十分だなどと言ったことは一度もないし、一瞬でもそう考えたことはない。

◆このような観点からパーソナリティを探るのは難しくありませんか。あなたは以前、生物の内部で何が起こっているかを無視するS－R（刺激－反応）心理学者と、底の見えない深みにいる精神分析学者の真ん中に置き去りにされているとおっしゃったことがあります。今もそうお感じですか。

本当にそう思うよ。一方に、自分たちが機能的と考える方法で課題に取り組む実験心理学者がいる。彼らは伝統的に、現実の生物に注意を払うことなく、生物の中に入っていくもの――刺激と、出てくるもの――反応を見ている。他方に、すべての注意をパーソナリティに向けるけれども、まったく非科学的な方法でそれを行ういわゆる「深層」精神分析家がいる。たとえば、アルコールが作業成績にどのように影響を与えるかを考えてみよう。

アルコールによって作業成績に違いが生じる人と生じない人がいる。全体を平均して考えるとき、この実験をパーソナリティに結びつける仮説が必要になる。どんな実験においても生物の特性を念頭においておくのは不可欠だ。そうしなければ全体が無意味になってしまう。マウスの実験も一つの例だということができるだろう。マウスもパーソナリティをもっているからね。「マウスの活動性はアルコール蒸気によって影響を受けるか」という問題に取り組むとしよう。これは合理的な問いのように思われるけれども、どのようなマウスかを特定しなければ意味がない。この実験は六つの血統のマウスで行われてきた。そのうちの二つではまったく違いが見られなかった。二つでは活動性が高まった。残りの二つではずいぶん非活動的になった。この結果をどうやって平均するんだい？　無意味になってしまうだけだ。

◆それは心理学全体に非常に難しい問題を提起しますね。あるのは大きな個人差だけだとしたら、どのようにして一般法則に達することができるのでしょうか。個別のケースに関する法則しか残らないのではありませんか。

物理学でも同じことが指摘できると思うよ。現在、九二以上の元素がある。それらの一般法則もあるけれども、いろいろなタイプがあることを認識しなければならないということだ。問題は解決不能ではないが、認識しておく必要がある。実験心理学では、これまでそれを認識してこなかった。でも、最近、そういう認識が生まれ始めている。ケネス・スペンスはこの線で研究をしている数少ない心理学者の一人だよ。ただ、この学部以外では、誰もあまりこのような研究をしていないね。僕も実験心理学者だが、僕は他の多くの人とかなり異なる形で物事を見ているように思う。一般的な構図の中に生物そのものを取り入れるべきだと僕は主張しているんだ。他方僕は、実存主義者のようなよく見かけるパーソナリティの理論家にはまるっきり賛同しない。彼らは科学的な証拠に基づかないパーソナリティ心理学を作り出そうとしているからだ。これは間違っている。僕たちがしなければならないのは、実験心理学の概念を見直して、個人の違いを研究するパラメータ（媒介変数）としてこうした概念を用いることだ。たとえば、ハル学派の主要な概念である反応抑制を使ってこれを行うことができる。僕が試みているのは、パーソナリティと実験心理学を結びつけることだ。それは、二つの椅子の間にすわっているようなもので、両方の側から厳しく批判される。だがね、状況は良い方向に進みつつあるよ。このような問題へのアプローチの必要性が認識され始めているんだ。

◆あなたはＩＱを大いに広めた学者のお一人ですね。今もＩＱは一般的な知能を測定する唯一の信頼できる基準だと思っていますか。

僕の基本的な考えは、一九一〇年にバートによって提唱された理論は正しいということだ。バートは、人は一般知能を頂上とする階層的なシステムを使っていて、一般知能がすべての知的活動に関連すると主張した。その下にはいくつかの特殊因子、すなわち数、言語、視覚などがあり、一般知能と特殊能力に関わっている。この見方は、スピアマンを越え、サーストンの後期の考え方へとつながっている。僕の知る限り、これと矛盾する証拠はない。

◆あなたがＩＱの位置づけに満足しているならば、あなたは今も人種とＩＱに関してジェンセンとあなたによって提起された議論を支持していらっしゃると考えていいのですね。この議論は、ＩＱがよい尺度ではないという理由で批判はできないわけですね。

その種の批判はひどく的外れだと思うね。それは誤解に基づいている。証拠はそのような批判を支持しているとは限らないよ。

◆と言われると、一部の批判には根拠があるように聞こえますが。

そうだね。僕自身批判する点はあるよ。現在は、ジェンセンの研究を改良する試みを行っている。今僕たちがしようとしていることは、彼の分析を改善することだよ。それは非常に根本的なものだ。たとえば一〇〇項目ほどの検査の得点に相関があるとしよう。五〇点の人が二人いたとしても、答案用紙を見ると答え方は大きく違っているだろう。つまり、ふつうは正答数だけを数えるが、人はそれぞれ一問にかける時間が違う。問題を途中で投げ出さない人もいれば、どんどん次の問題に進むのをよしとする人もいる。行動がまったく違っているのだから、正答数が同じだから同じ得点とみなすのは間違っている。ことに、誤りのタイプとパーソナリティに相関があると示すことが可能だろうからね。それぞれの項目を分析の対象と捉えるのが非常に重要だと僕は考えている。他にも、答えを出すまでにどれだけの時間がかかるかといった点がある。IQ検査の得点は三つの独立した要素に分解できることがわかった。精神機能のスピード、誤りのチェック機構、保続力だ。この三つの要素――このうちの一つや二つだけかもしれないし三つすべてかもしれない――のどれに人種的差や階級差があるのか、こうした違いが成績とどのように関連しているのかを明らかにするのが非常に重要だと思う。僕はジェンセンのモデルは批判を免れないとは思うが、それは厳密な専門的レベルの話だよ。人々が一般的な雑誌に書くようなレベルではないんだ。そういう人たちはしばしば不正確で、自分が何について語っているか知らないということを明らかにしているだけだ。

◆あなたの意見では、ジェンセンの研究の全体像は支持できるということですか。

僕が言っているのはパターンがあるということだ。原子はかつてそれ以上分割できないものでなければならないと考えられたのに、後に分割された。IQもそれと同じだ。スピアマンやバートは知能の一般因子は分けられないものと考えたが、僕たちはIQはこうした三つの要素に分けられることを示した。今後、おそらくもっと多くに分けられるだろう。

◆IQがそれほど有効であるならば、高IQと低IQの人の間に何らかの生理学的な違いが見出されるだろうと思いませんか。

そうなんだ。僕たちはEEG（脳波）の誘発電位に少し基礎があることを見出している。誘発電位の反応潜時に明らかな違いがあるんだ。基本的に、反応が速いほどIQが高くなる。また、誘発電位の振幅が大きいほどIQが高くなる。IQと誘発電位の相関は非常に高くて、相関係数はおよそ〇・六だ。僕たちは双子でも誘発電位について調べたんだが、その結果、一卵性双生児の場合、誘発電位のパターンがほぼ同じだということが明らかになった。つまり、これには高度な遺伝性があるといえるんだね。こうした研究はすべて、IQは今なお反証されていない非常に有益な概念だということを示している。

◆人種とIQに関していうと、ジェンセンの研究やあなたの研究は政治的な目的で使われるのではないか、その結論はもっと注意深く提示されるべきだったのではないかと思われませんか。

第一に、科学的な観点から、ジェンセンの研究結果を否定することはできないと思う。僕は彼をよく知っている。彼はここ［訳注　ロンドン大学］で二年間を過ごし、ここで知能に関する議論に関心をもった。とても博識で学究的な人物だよ。君も彼の事実の説明の中に批判すべき点を見出せないと思うよ。どういうことか知りたいだろう？　ジェンセンは、アメリカの黒人のIQが劣っていると主張しているわけではない。彼はそのように思われる証拠をまとめただけだ。証拠を記述しただけで、確定的に立証したわけではない。そして、僕はそれを支持するよ。IQの高い黒人と白人の少年がいたとしよう。たとえば一二〇とするよ。それからそれぞれのきょうだいのIQを調べる。すると、きょうだいのIQ値は平均に回帰するだろう。興味深いのは、白人のきょうだいは白人の平均に、黒人のきょうだいは黒人の平均に回帰するということだ。IQの違いを環境によって説明することはできないだろう？　IQの高い黒人の少年はそのきょうだいと同じ環境にあり、IQの高い白人の少年はそのきょうだいと同じ環境にあるんだから。すると、平均への回帰の違いは、両者の人種的な違いによるものと考えざるを得ない。遺伝は両親の遺伝子を分離して再び組み合わせるから、きょうだいの間で大きな変異が期待されるし、実際にそうなる。ジェンセンの研究結果は、遺伝の原理にうまく一致しているが、環境の原理には一致していないんだ。

◆人種に関する論争に巻き込まれたのは遺憾ではありませんか。

ある意味ではすごく遺憾に思っているよ。悪魔のように描かれるのが好きな人なんていないからね。それに、このことによって学生に何も語ることができなくなってしまった。でも一方で、僕はそれをある種の義務だと感じている。社会は大学や科学者や研究所に多額の資金を費やしている。社会には、科学者から何かが得られること、そしてそれが真実であることを期待する権利がある。そのために科学者が存在しているんだ。「私は真実を知っているけれども、それは私にとって不利になるかもしれないから公表しないでおこう」と言ったならば、国民全体との契約に違反することになる。科学者にそんなことをする権利はないと僕は思う。ある興味深いテーマについて――IQというテーマは興味深いし、重要だ――たまたま自分が他の人よりも多くを知っているならば、結果がどうなろうとそれを語らなければならないんだ。

◆あなたは公平に扱われていると思いますか。

そうじゃないことはわかっているよ。(彼は微笑んだ。)いろんなことがあったけれど、明らかにパターンをなしているね。批判を書いたり文句をつけたりする人のほとんどは、残念ながらこのテーマについて何も知らない人だ。僕は一つでもきちんと誤りを指摘した生物学者、遺伝学者、心理学者の専門家を知らないよ。誤りを見つけたふりをしている人々は――こんな表現を許してもらえるなら――ジャーナリストか畑違いの人だ。本当に困ったことだよ。一部のいわゆる科学誌でさえ、敵対と抑圧の政策を採用している。たとえば、『ニュー・サイエンティスト』はスティーブン・ローズによるジェンセンの本の書評を載せているが、見当違いで不正確な書評だ。僕はそれを指摘する短い文章を投稿した。ローズや他の人々がそれに応答したが、すべて敵意に満ちたものだった。平均の法則から言って、一部の投稿は僕に味方するものだったはずだと思う。しばらくして、この分野の老政治家であるエリオット・スレーターから手紙をもらったが、それには僕を擁護する意見を『ニュー・サイエンティスト』に投書したけれども、掲載されなかったと言った。実のところ、僕の知っているすべての遺伝学者は僕に賛同しているよ。多くは非難を恐れて公言していないけどね。

◆それでは、心理学者は社会に役立つ研究をする義務があるとお考えなのでしょうか。

いや、そんなことはない。誰も他人が何をすべきか何をすべきでないかを指示してはいけないと思うよ。多くの心理学者は純粋科学に興味をもっていると思うし、僕はその成功を心から願っている。興味のあることを追究するのは重要なことだ。僕は心理学者たちがそうしているのを喜ばしく思っているよ。僕は、ある種の……何と言っていいのかよくわからないが……自由な時間を与えてくれたことに対して、自分の夢を追いかけるチャンスを与えてくれたことに対して、ある程度社会に恩返しをする義務があると感じているんだ。だから、少なくとも僕の研究の一部は有益であるべきだと思う。そうすれば、少しは社会に恩返しすることになるだろうから。それが僕が行動療法に取り組んだ理由なんだ。僕にとってものすごく興味のあることだったというわけではないが、人の役に立つものだった。でも、他の人がすべてそのように考えるべきだと思っているわけではない。それは僕の個人的な感情だ。

◆あなたは心理学への科学的アプローチを強く主張していらっしゃるように思われますが、ラインのＥＳＰ（超感覚的知覚）に関する研究やゴークランの占星術に関する研究などに心を動かされたのなら、それは科学者が伝統的に認めてきた以上のものが人類にあることを示しているのではないでしょうか。

僕はゴークランが行った研究を検討してみて、そこに何らかの関係が疑いの余地なく示されていることに強く引かれたんだ。この研究はベルギーの科学アカデミーのチェックを受けている。アカデミーはそれにかなり反感をもっていたんだが、同じ結論に達した。土星の影響を受けた気質は科学者の兆候であるという研究結果は、心理学者が長いあいだ言ってきたことと一致している。これに言いがかりをつけるのは難しいと思うよ。反対に、それを頭から否定してしまうのは非科学的だ。この分野で研究を行っているほとんどの人々は、科学者は内向的だということに気づいている。だから、内向的な人は似た種類の天宮図を示すのかもしれない。ＥＳＰにはもっと心を動かされているよ。特に、放射性物質の崩壊を使って、正しい選択と誤った選択をコンピュータで記録するシュミットの最近の研究に関心をもっている。間違いの可能性はないんだ。動物に関する研究も感銘を受けたね。

僕自身は、何年か前に理論的根拠に基づいて提案したんだが、外向性のほうが内向性よりもＥＳＰが強いのではないかということに関心をもっている。実際にその通りのことが起こっている。外向性の人はＥＳＰを示し、内向性の人にはＥＳＰが見られない。しかし、ここでもこうしたことがらを当てはめることができる理論的枠組みがない。この問題を研究する人々はこうしたことがあることを証明しなければという思いにとらわれていて、通常の科学者や通常の心理学者が行うような種類の調査に注意を払っていないのではないかと僕は感じる。簡単な例をあげよう。彼らはESP得点の信頼性を示していない。それは通常の心理検査を行うときにまず最初にすることなのに。正常な人々におけるESPの分布は、これまで誰も考えたことがないんだ。それは誤りだと僕は思う。このような形で研究を続けていくなら、つまりESPのようなものがあるのだと示す試みだけに終わるのなら、それを信じたくない人々に信じさせることは決してできず、それ以上前に進めないだろうね。

◆最終的には信頼できる知識として受け入れられ、たとえば四〇年後、昔はそれが正当な知識と認められていなかったなんておかしなことだと思われるようになると考えますか。ラインはこれまで四〇年間この研究をしてきて、まだ何か際物のように扱われていますが。

やがてそうなると考えるべきだろうね。ある意味でメンデルの場合のようだね。彼の業績は、理論的枠組みに適合しなかったために受け入れられなかった。生物学者や植物学者は興味をもたなかった。これも同じようなものかもしれないね。結局のところ、四〇年というのはそんなに長い時間ではないよ。ニュートンがフランスの物理学者に受け入れられるまでに四〇年かかった。科学の範囲の中では、現在の科学的思考のあり方から見て、それがいかにありそうもないものかを考えれば、そんなに長い時間じゃないといえるだろう。シュミットが正しく、人々がこの放射性物質の崩壊を予測できるならば、それは直ちにハイゼンベルクの不確定性原理や、物理学者が重視してきたあらゆる種類の考えを退けることになる。だから、当然ながら彼らは信じたがらないんだよ。

◆取り組んできた研究がうまくいったとき、どのようにお感じになりますか。

クリームにありついた猫のようだね。表現するのは難しいよ。喜びがあたりに満ちた感じ、あらゆるものへの幸福感とでもいえるかな。少なくとも僕は、予測したことがそのとおりに起こるといつも少々驚きを感じる。とてもありそうもないことだったから祝うに値すると感じる。自分自身に喜びを感じ、自然に喜びを感じ、世界に喜びを感じる。それはおそらく、ブラームスのヴァイオリン協奏曲を聴いたときのような感覚だろうね。本当に素敵で、人生は生きる価値があるなどと感じられるんだ。

◆バートが一部のデータを改ざんしていたらしいと示唆する新たな証拠について、どうお考えになりますか。

僕はイギリス心理学会に小規模な調査委員会を設けるべきだと進言したが、それは実現されなかった。バートはデータの一部を作り出したのか。司法的に言えば、証拠不十分というべきだろう。ただ、個人的には捏造しただろうと思う。彼は実験家ではなかった。僕は彼の統計はすばらしいがデータはお粗末だと言ったために、彼の反感を買ったことがある。バートはそのような批判には注意を払わなかった。でも、評決は証拠不十分だ。彼のせいで心理学が受けた扱いのほうがずっと不当だよ。知能における遺伝の役割を示すデータはたくさんあるんだ。

◆スタンバーグの実践的知能の理論についてはどう思いますか。ＩＱは知能を定義する非常に限定的な方法だということを示唆していますが。

知能を定義する三つの方法がある。スタンバーグは実践的知能にスポットを当てた。人間が日常生活の中でどのように行動するかを見るならば、それは知能、パーソナリティ、過去の歴史で決定される。ＭＥＮＳＡ［訳注　ＩＱが上位二パーセントの人だけに入会が認められる団体］の会員を見てみると、その多くは非常に頭が切れるが、そんなに成功しているわけではないことがわかる。知能と世間的な成功を同一視するのはばかげていると思うよ。知能を定義する第二の方法は精神測定的、第三の定義は生物学だ。ヘンドリクソン家に関する研究が有名になりつつある。

◆ここではどのような進歩が起こると思いますか。

僕たちは、ＰＥＴスキャンを使って、知能の高い人ではグルコースの摂取が少ないことを示したいと考えている。僕たちは、頭がよければ同じ問題を解決するのに少ないエネルギーしか必要としないという仮説を立てているんだ。

◆パーソナリティの研究はどのように発展しているのでしょうか。

第一に、状況論だ。ミッシェルの理論だよ。覚えているかな。今では誰も注意を払わないようだがね。特性というものが受け入れられている。特性と心理生理的変数の関係に関して非常に多くの研究がなされている。僕の提起した因子——外向性にとって基礎的な覚醒と、精神病傾向の底流にあるいろいろな生物学的特性——に関して、多分二〇〇くらいの研究があるんじゃないかな。当時の研究と現在の研究では洗練の程度が大きく異なる。たとえば、現在ではどこに電極を差したらいいかよくわかっているから、無関係な脳の活動に惑わされないですむんだ。

◆栄養に関する研究にも関わってこられましたね。

僕たちは、完璧に平均的で健常な子どもたちの検査をしたんだ。栄養学者のジョン・ユドキンとノーベル賞受賞者のライナス・ポーリングといっしょにね。子どもたちの栄養状態に問題はなかった。だが、半分の子どもたちにビタミンおよびミネラルのサプリメントを与えると、三ヵ月後、IQが一一ポイント上がった。一年後にも上がったままだ。都市の子どもたちのIQを高めることができるならば、これは重要だ。僕は本当にびっくり仰天したよ。ビタミンCの強力な支持者であるライナス・ポーリングは、最も効果が大きかったのがビタミンCではなく、ビタミンとミネラルのサプリメントの混合だったことにがっかりしていたがね。最貧窮の人々のIQを上げることができれば、それは間違いなくいいことだろう。

◆『精神分析に別れを告げよう—フロイト帝国の衰退と没落』（Eysenck, 1986）において、あなたは精神分析への批判を続けましたね。

当時、ほとんどの精神科の専門家はフロイト擁護派だった。行動療法があったのに。だが、精神分析は今でもまだ世間で注目されている。もっとも専門家の間では明らかに信用が低下しているんだが。それに興味深いことに、ほとんどの精神分析家は、自分たちの現在の考え方がフロイトの元の概念とほとんど関係がないということを認めている。心理学者はたいてい理系ではなく文系の勉強をしてきているから、理論を厳密に検証するという考え方に未だにあんまり馴染めなくて、しばしば各種の理論が実際の価値よりずっと高く持ち上げられたり、否定的な結果が無視されたりするんだ。誰もそれに注意を払っていないんだよ。

◆ポール・クラインの考え方はどう思いますか。何といってもクラインは著名な精神測定学者ですが、最近の著書『暴かれた心理学』において、フロイト派の考え方には多くの利点があると主張していますが。

クラインは好意的すぎると思うね。たとえば、抑圧に関する研究は精神分析をそれほど支持していない。『暴かれた心理学』に示された考えの一部は、クラインの頭がどうかしてたから出てきたんだろう。別の問題もある。心理学は歴史に無関心だ。思い出してごらん。この理論が発見される五〇年も前に、クレペリンが同じことを提唱しているんだよ。誰もそれに気づいていないいが。

◆ゴークランのデータを今どう思いますか。

ゲッティンゲンのアートル教授の業績について触れておこう。彼はミシェル・ゴークランが分析したデータを分析し直したんだ。ゴークランがやらなかった方法で分析した結果、卓越したスポーツ選手と火星の関係に関するデータが再確認された。最も説得力があるのは性別の違いだった。本当の火星の影響は、女性にいっそう強く見られたんだ。

◆アートルはさらに研究を進めていますね。

アートルは太陽の黒点に目を向けた。彼は二〇冊の教科書を使って芸術と科学における偉業を調べ、時代の創造性と呼ばれるものを規定した。それは非常に徹底したプロセスだった。その結果、ゴークランの考えにも通ずる興味深い結論が導かれた。アートルは黒点がたくさんあるときに革命が起きるという命題を提示したんだ。彼はルネッサンスに目を向けた。これは創造性が高まった時代ということができるが、このとき太陽の黒点はごくわずかだった。他の時代についても同じことがいえる。さらに、彼は文化を超えた影響も発見した。ヨーロッパで創造性が高まった時代、中国やアラビアでも創造性が高まっていた。特定の文化を超越する効果のように思われるんだね。この現象を研究するには、天文学者、物理学者、心理学者の協力が必要だよ。

私が最後にアイゼンクの許を辞した時、彼が年齢のわりにエネルギッシュであることに驚嘆していた。彼はこれからも論争に関わり続けていくだろう、そしてそれが人々を立腹させるという事実に少々驚き続けるだろうと私は確信した。彼は一九九七年に世を去った。イギリス心理学会の調査で二〇世紀の最も重要な心理学者の第四位にランクされているということは、今もアイゼンクの評価が揺らいでいないことを示している。

第5章　ジョン・フレイヴル

心理学の基本的な問題の一つは常に、子どもがどのように成長するかを跡づけ、「どうやって我々はあそこからここに至ったのか」という疑問を追いかけることだと読者は思われるかもしれない。しかし、奇妙なことに二〇世紀の大部分のあいだ、児童心理学はあまり人気がなかった。たとえば、有名なヒューマニスティック派のセラピスト、カール・ロジャーズは、一九二九年にニューヨーク州北部の貧しい子どもたちに関する興味深い研究に着手したが、一〇年後に臨床心理学に移った。

二五年ほど後、ジョン・フレイヴルは反対のコースをたどった。私が彼とのインタビューを強く望んだのは、少なくとも二つの理由がある。第一に、発達心理学は過去二〇年間の最も重要な分野の一つとなり、幼児にできることを以前の心理学者が過小評価していたか、あるいは文化が変化するのに伴って子どもたちが変化したかのどちらかだということが明らかになるとともに、刺激的な分野になったからである。そして、フレイヴルはこの研究動向の中心にいる。第二に、些細なことだが、私が学生時代に試験を切り抜けられたのは、彼のよく知られた著書のおかげだからである。フレイヴル著『ピアジェ心理学入門』は、発達心理学の開拓者にして今なおこの分野に聳《そび》え立つこのスイスの心理学者の考えについて、最良かつ重量級の解説書という地位を保っている。

ジャン・ピアジェ（一八九六―一九八〇）の業績の多くは、自分自身の子どもの観察が基礎になっている。もっとも、子どもたちが何をしたか記録し、観察したことをメモしたのは妻のヴァランティーヌ・シャトネーだったことが多いのだが。ピアジェの子どもたち、ジャクリーヌ（一九二五年生まれ）、リュシエンヌ（一九二七年生まれ）、ローラン（一九三一年生まれ）は、この世に生を受けた瞬間から心理学の被験者だった。子どもの認知発達という近代的学問は、驚いたことに、ずっと昔に大きく異なる文化の中で育ったこの三人のスイスの子どもたちを土台としているのである。

私は、ピアジェ生誕百年を記念して一九九六年にリスボンで開かれた会議で、ピアジェの三人の子どもたちに会った。そのうちの二人はまだ、子ども時代を過ごした古い家で暮らしていた。私が子どもたちのことに言及するのは、それが方法論的な問題を浮かび上がらせるからにすぎない。心理学者のなかには、ピアジェの子どもたちがどれほど平均的でふつうだったかと問いかける人もいる。一つの科学が、これほどまでに彼ら三人を根拠としてもよいのだろうか。

ピアジェはすべての子どもの心の発達には四つの主な段階があると主張した。まず、およそ二歳までの感覚－運動期である。この時期には協応動作を学ぶことが何より重要である。続く前操作期は、ごく基本的な論理的課題や操作もほとんどできないためにこう呼ばれ、その次の具体的操作期は、推論の対象を物理的に知覚できる限りにおいて論理的思考ができるためにこう呼ばれる。具体性に対置されるのは抽象性であり、最後の形式的操作期で抽象的な思考ができるようになる。理論的には、ティーンエージャーになると論理的な世界のマスターになるのである。操作という語によってピアジェが意味するのは、常に論理的な操作である。最後の段階で子どもたちは演繹法と演繹法の理論、さらにはさまざまな論理や主張が複雑に入り組んだ演繹法をマスターすることができる。ただし、多くの研究によると、数学の専門家を除いて、ほとんどの大人がこの最後の段階を本当にはマスターできないことが示されている。もっとも、フレイヴルが冗談めかして言うように、ピアジェは確かに自分がそこに達していると信じていた。そしてアインシュタインも。

ピアジェは、自分の考えがヨーロッパの古い文化に根ざしていると思っていた。彼は子どもを後押して急かせたがるアメリカ流の「熱意」に賛成しなかった。子どもの心の発達には、複雑だが大部分は自然なパターンがあると考えていたからである。彼は、子どもがそれぞれの段階に入る「正常な」年齢はないと何度も主張した。とはいえ、心理学者たちはどうしても、各段階に典型的な年齢を割り振ってしまいがちだ。

フレイヴルはインタビューの中で、自分が特にピアジェに近いわけではないと説明している。子どもの心理に関する独自の本を書くつもりだったが、やがて、この非常に重要な理論家、自分の考えをわかりやすくしようという気のなかったこの学者の考えを英語で紹介する書物がないことに気づいたのだった。

フレイヴルは、ピアジェの解説書を書くことに決めたとき、すでに一〇年近くにわたって心理学を教えていた。自身の最初の著書でもなかった。最初の著書はロールプレイングと子どもの視点取得の問題に関する本であった。そして、その問題はピアジェ理論の重要な論点であった。ピアジェは、子どもは七歳ごろまで他者の視点をとることができない、と主張する。それまで子どもは自己中心的であるように運命づけられている。自己中心性という語によってピアジェが意味したのは、自分のことしか関心がないということではなく、文字通り、他者の視点から物事を見ることができないということなのである。

私は、サンフランシスコ郊外のスタンフォード大学にフレイヴルに会いに行った。クロイスター〔訳注 修道院風の回廊〕が連なるキャンパスは、とても魅力的だ。前庭の芝生では青銅で作られたロダンの「カレーの市民」――自分たちの市を救うために身を捧げた普通の市民たちの群像――が力強い存在感を見せている。しかし、スタンフォード大学は決して普通の場所ではない。なかでも心理学部は、アルバート・バンデュラ、エレノア・マコビー、ロバート・ザイアンス、フィリップ・ジンバルドなど錚々《そうそう》たるメンバーを擁する花形学部だ。フレイヴルは、ここの心理学者たちはすぐれた仕事をしているばかりではなく、みんなかなり仲良くやっていると述べた。私が「はじめに」で述べたように、心理学者がしばしば権力を好むということを考えると、これは賛辞に値するといえるだろう。

フレイヴルは七五歳で退職したばかりだが、まだ学内に研究室をもっている。部屋の一つの壁面にはピアジェの写真が何枚も貼ってある。パリのルネ・デカルト大学での学位証書などたくさんの証書額が掲げられた壁面もある。写真のピアジェは、パイプを吸っているときを除けば、どれも少々厳粛な顔をしている。それに対して、白いひげを蓄え茶目っ気のあるフレイヴルは、私にウォンブルズ〔訳注 エリザベス・ベレスフォードの童話『ザ・ウォンブルズ』(一九六八)に基づくイギリスの子ども向け絵本・アニメ番組〕のブルガリアおじさんを思い起こさせる。彼が幼い子どもたちを相手に仕事をするのがいかに楽しかったかを話すのを聞いても、私は驚かなかった。

フレイヴルへのインタビューは、私がこれまでに行った数々のインタビューの中で最も身体的にエネルギッシュなものだった。彼はしばしば机からさっと立ち上がった。あるときは、ファイル・キャビネットのところまで行って自分の履歴書を引っ張り出してきた。七〇代にしては驚くべきことである。あるときは、話の中で話題になったベルを取り出してきた。またあるときは、彼の大好きな二匹のカバが登場する絵本を持ってきてくれた。そのうちの一匹がしゃっくりで困っているのだ。この本の科学的な価値は、すべてのページにたった一語、HICCUP（ひっく）としか書かれていないことだ。

フレイヴルの業績の重要性は、彼が幼い子どもにできることとできないことを明らかにする原動力となってきたことにある。スタンフォード大学のキャンパス内には幼稚園があり、そこの子どもたちがしばしばフレイヴルの実験の被験者になっている。もちろん、彼らはものすごく頭のいい親たちから生まれた、ものすごく頭のいい子どもたちかもしれないと思うべきだが。

ピアジェへの批判の一つは、子どもたちが発達の各段階で達成できることをピアジェが過小評価する傾向があったことである。一九七〇年代以降、フレイヴルに刺激されたことも一因となって、心理学者たちは考え方を修正してきた。特に、ヘンリー・ウェルマンやピーター・ブライアントらの研究とともに、フレイヴルが行った研究から、私たちは幼い子どもが自己中心的で心の概念をもたないという考え方を改めざるを得なくなった。フレイヴルは、彼の表現を借りればデータが「整然としていない」ことは認めるが、子どもは三歳か四歳から非常に興味深い能力を示すのである。

子どもが自己中心的ならば、理論的には子どもは他の人が自分とは別の考えをもっているということを理解できないはずである。私たちがどうやって他者の心を知るのかという問題は、哲学の中心的な問題の一つである。たしかに「人は島ではない」かもしれないが［訳注　イギリスの詩人ジョン・ダン（一五七二－

一六三一）の有名な詩の一節“No man is an Island, entire of itself; every man is a piece of the Continent, a part of the main...”を念頭に置いている〕、群島の中の他の島々で何が起こっているのかを、どうして知ることができるのだろうか。どうして他者が存在することを知り、他者はほぼ間違いなく独自の考えをもっているということを認識できるようになるのだろうか。他の人々も考えたり感じたりすること、そしてそうした思考や感情が自分のものと違うということを理解しない限り、私たちは社会的動物ではありえない。

インタビューの中でフレイヴルは、この分野で人類がいかに前進してきたかを説明する。彼はまた、どうして子どもがこのような心理学的技能を早くから発達させていると思われるかについて考えを述べ、フリンのＩＱ研究と結びつけている〔訳注　ニュージーランドのオタゴ大学の心理学者ジェイムズ・Ｒ・フリンは世界中の子どもたちの知能指数が年々向上していることを報告し、そのことはフリン効果と呼ばれるようになった〕。フリンはＩＱの平均値が二〇世紀の間におよそ一〇ポイント上がったことを発見した。その結果、心理学者たちは子どもがそれぞれの課題を達成できるようになる年齢を引き下げ続けている。

このインタビューを理解していただくために、専門的な細かい点を一つ説明しておく必要があるだろう。フレイヴルは「誤信念課題」に関する研究に言及している。これは、子どもたちに箱を見せてから箱の中に人形を隠す、一連の実験である。その後で主人公が部屋の中に入ってくる。主人公は人形が箱の中に隠されるのを見ていない。しかし四歳までの子どもの多くは、その主人公は箱の中に人形があると思っていると答える。主人公は人形が隠されるのを見ておらず、そう考える理由がないにもかかわらずそのように答えるため、誤信念課題と呼ばれる。これは、子どもたちがまだ他者の視点を取ることができないという事実を示している。しかし五歳になると、一般に子どもたちはこの課題を正しく行うことができる。

◆あなたのバックグラウンドを教えてください。

父は土木技師でした。わが家はボストンの郊外に住んでいて、私はノースイースタン大学に行きました。家から通いましたよ。化学を専攻するつもりだったんですが、入学してみると化学に進むにはそれまでに自分の受けた教育がひどかったとわかりました。だからこそ、私は自分で化学が得意だと思い込んでいたんでしょうね。医学部進学課程に入ろうかとも思いましたけれども、心理学のコースを選びました。そして、それがとても気に入りました。

◆学士号を取った後どうされましたか。

私はボストンに住んでいて臨床心理学者になるつもりでしたから、クラーク大学に入り、共通臨床コースで学びました。臨床心理学者として最初の仕事を始めましたが、その頃には関心が発達に移っていました。多大な恩恵を与えてくれたのはクラーク大学の重鎮ヘンリー・ワーナーと彼のグループです。当時、発達心理学はあまり知られていませんでしたし、さほど面白いものではありませんでしたから。私たちは少々ピアジェの研究もしました。当時ピアジェを研究する人はほとんどいませんでしたよ。そうやって気がついてみると、仕事の方向が変わっていたのです。

◆それからどこへ？

私が最初の仕事を得たのはロチェスター大学でした。臨床心理学者として採用され、臨床心理学を教えていましたが、大学では発達心理学を教える人も必要としていました。その知識をもっているのは私しかいませんでしたので……私の研究は全部、発達に関わるものでした。でも、私はベテランズ・アドミニストレーション・ホスピタル（復員軍人病院）でも働きましたよ。

◆それはどうでしたか。

ひどいものでしたね。西カンザスとコロラドの間の辺鄙なところでね。一九三〇年代によく起こったような砂嵐が吹きましたよ。私はたくさんの心理検査を行い、統合失調症患者のセラピーさえしました。

◆でもセラピストになろうとは思わなかったんですね。

ええ。

◆当時、発達心理学はどんな状況でしたか。

私の歴史の認識が完全に正確かどうかわかりませんけど、ピアジェに関する私の本が出たころです……ハントがピアジェに関する本を書いたばかりでしたから、認知と認知発達が話題になり始めていたように思います。認知革命が最前線になりつつあったからでしょう。ブルーナーとナイサーが独自の考えを展開していました。でも、当時の発達心理学は主に児童心理学で、子どもの言語の研究、特に子どもが使う単語や文をリストする退屈な研究が主流でした。最初は単文、次いで重文、それから複文や語彙といった具合です［訳注　単文は文の中に主語と述語が一組だけのもの、重文は複数の主語と述語が対等に並置されているもの、複文は主節の一部に従属節が含まれているもの］。当時の児童心理学の教科書を見るとひどいものですよ。名の知れた執筆者は誰もいません。ロバート・シアーズの研究がありましたが、それはパーソナリティに関するものでしたしね。ピアジェ以外には誰もいませんでした。そして、そのピアジェも当時はあまりよく知られていませんでした。

◆ピアジェに関するあなたの著書はたいへん明快ですね。そんなふうに書くのは簡単ではなかったでしょう？ピアジェの書物はわかりやすいといえませんし、時にはピアジェが何を言いたいのかはっきりしないこともありますから。

まったくそのとおりです。私の孫娘が高校生なんですが、ピアジェの『知能の心理学』についてレポートを書く課題が出たんです。それで私もその本を読み直してみました。そして、「いやいや、手を出さないほうがいいぞ……あまりにも曖昧だよ」って言いましたよ。だから自分がピアジェを正しく理解しているかどうかよくわからないんですね。（笑う。フレイヴルはインタビューの中で何度も笑った。）

◆ピアジェはあなたの著書にどのように反応しましたか。

「まえがき」を書いてくれましたが、それは肯定と否定の入り混じったものでした。でも、完全に否定的だったわけではないと思います。彼の著作に関する私の見方に全面的に納得していたわけではないのは確かですよ。それでもピアジェは、自分の本がアメリカで広く知られるようになることを歓迎していましたから、完全に否定的ではありませんでした。

◆あなたが行った批判を根拠のあるものとして受け入れたかどうかということを、お聞きしたかったんですが。

たしかに私は一番最後のところでピアジェの批判をしました。彼がそれに同意しなかったのは間違いないでしょう。それは意外ではありません。真相をいうなら、私は哲学に卓越しているわけじゃなく発達心理学者であって、物事をアメリカ流の発達主義者の視点で見ているということです。ピアジェの自分の研究に対する見方はまったく違います。彼は認識論者で、まったく異なる文化的、知的な伝統を背景にしています。彼には自分の理論に自分が望むとおりの意味をもたせる権利があると思いますよ。私がしようとしたことは、有益なことを取り入れる……というよりも、発達心理学者にとって有益になるように言い換え、彼の理論にスピンをかけることでした。ピアジェにしてみれば、そういう方向にスピンをかけてほしいとは望んでいなかったのだと思います。

◆あなたの著書が出てから、ピアジェの考えを検証しようとする多くの実験が行われました。

それはたしかにね。私の本にその功績はあったと言っていいでしょうね。あの本はピアジェを——彼の思想や研究への窓を開きました。時期が熟してたんですね。認知革命がその地盤を準備していました。まさにいい時にいい事を行ったわけです。

◆ピアジェにお会いになって、どんな人だと思われましたか。

ことばの問題がありましたからね。私はフランス語を話しますけど、すごく上手というわけではありません。彼は英語を話しません。英語はほとんど一度も話すことはなかったでしょう。私はピアジェと長時間にわたって話をしたことはないんですよ。一度、ミネソタ大学での講演で彼のために通訳をしたことがあります。名誉なことに、トイレで隣に立ったこともありますよ。でも、個人的にはよく知りません。彼の下で勉強したこともないし。一九六七年に彼の夏期講座に参加しましたけど、大勢の中の一人でしたからね。彼を知っているとは言えないんですよ。

◆ピアジェは——批判すべき点はあるにしても——フロイトやスキナーと同じく、私たちの物の見方を変えたように思われます。

本当にそうです。彼は変化をもたらしました。

◆あなたのキャリアはその後どうなりましたか。

私はミネソタ大学の児童発達研究所の教授になりました。心理学以外の部門も含む研究所です。そこでとても幸せな一一年間を過ごしました。

◆進めたい研究のビジョンをもっておられましたか。

ピアジェについての本を完成させたいと思っていました。それから、コミュニケーションと視点取得に関する研究も始めました。子どもは、聞き手がすでに知っていることに話をどの程度適応させるか。つまりコミュニケーションにおける視点取得の問題です。

◆内観と子どもについては、どのような結論に達しましたか。

一九六三年に、私は家族とともにソルボンヌで一年を過ごしました。そこで私は『ピアジェ心理学入門』を書きました。その本やその他の研究に基づいてミネソタ大学に招かれ、子どもの記憶と記憶方略について研究を始めました。また、メタ記憶や、視点取得における視覚材料についての研究も始めました。

◆ピアジェの三つの山問題のようなものですか。

そうですね……もっと多くの例がありますけれど、私がミネソタでやっていたのは記憶と視点取得です。それから、一九七六年にここスタンフォードに来て、以後二七年間ここですばらしい時間を過ごしています。スタンフォードでの研究の初期に、心の理論の発達に取り組み始めました。私が主に貢献してきたのは、見かけと現実、つまり見かけと現実の区別に関する子どもの理解についての研究です。

◆あなたの見かけと現実に関する研究は、ロールプレイに関するあなたの初期の研究と関連しているのですか。

ある意味で関連しています。大学院生のときでさえ、私は子どもが他者の視点について何を知っているのだろう、コミュニケーションにおいてどのようにそれを使うのだろうと考えていました。（これは私が行った心理学者へのインタビューの中で特に身体的に活発なものだった。フレイヴルはここで机の横から何枚かの紙を取り出し、私に向かって差し出した。）私からはこれが正しい向きに見えるけれど、あなたからは上下逆に見えるでしょう。私の目にはこう見えるけれど、他の人の目には違う見え方をする。つまり私は研究者人生のほとんどを、視点取得と呼ばれるものに費やしてきたと言えるのでしょうね。心の理論、内観、他の人が考えているらしいこと、私はそれらすべてを視点取得において考えているのです。

◆私は、こうした問題について、ヘンリー・ウェルマンと話したんですが……

私の一番有名な弟子ですよ！

◆彼は、最近の子どもたちはテレビなど、昔より複雑な刺激にさらされているから早く成長すると言っていました。あなたもそう思われますか。

それは意外じゃありませんね、全然。それに私たちが成長していた時代よりも、心理主義的傾向の強い文化があると言えるかもしれません。親は心について子どもたちに多くを語りますし、テレビでもそのような番組がたくさんあります。登場人物の思考や感情を説明するナレーションが入ったりすることもあります。昔より物語の本を読むことも多くなってるでしょう。子ども向けの物語は心の理論でいっぱいですからね。ウェルマンはそのことを一貫して示してきました。それはIQがどんどん上がっているというフリン効果と同じようなものなのでしょうね。文化的なインプットの影響かもしれません。本当のところは私にはわかりませんが、子どもたちは昔より多く教育を受けるようになっています。私が学校と言えるものに行き始めたのは六歳になってからでしたが、今では多くの子どもたちが二歳、三歳、四歳から学校へ通学しています。全然違う世界ですよ。

◆内観と子どもについてはどのように結論しますか。

私たち自身の実験によると、子どもはこれがとても苦手です。すぐわかる例をあげましょう。あなたを五歳の被験者だとしますよ。ここにベルがあります……（ここでもまたフレイヴルは身体的な活発さを示し、机の引き出しから旧式の学校のベルを取り出した。彼は私のほうに身を乗り出し、私をじっと見つめた。）さあ、私はこれをテーブルの下におきますよ。何秒か待ってください……（彼はベルを取り出し、私に見せ、それを鳴らしたいという誘惑に勝てないというように音を鳴らしてから、再び机の下に隠した。私は子どもの被験者であり、ベルを見ることはできない。）また数秒待ちます。私は机の下に入れましたよ。あなたは今何か考えていますか。

◆あなたがまたベルを鳴らすのかなと思っています。

そうです。そこに座っている子どもたちにその質問をすると、五歳では正しく答えられるのはわずか三五パーセントくらいです。だいたいそんなようなことを言うのは三五パーセントにすぎません。私たちは彼らの心や思考をその方向に向かせたのですが、それでも子どもたちがそう答えないのならば、彼らはあなたと同じような思考をもっていないと言えるでしょう。それにはいくつも理由があるでしょうが、私たちはこういう研究を行っていて、その結果、子どもは自分や他者の精神状態にうまく同調できるわけではないと考えられます。

◆子どもは他の人が感じていることを本当には理解できないということを示唆しているのでしょうか。

いいえ。そうではないと思います。第一に、子どもは思考や信念よりも感情や望みについてよく知っています。「ジョーに何か悪いことが起こったとき、ジョーはどう感じますか」と尋ねると、二歳か三歳でもちゃんと答えます。それを認識していないということではないんです。……ただ、今ここで進行中の精神状態をモニターするようにいうと、あんまりうまくできないんです。

◆それが何歳で変わりますか。

四歳から六歳の間で大きく変わるように思われます。小学校の初期までにはずっとうまくできるようになり、八歳か九歳になると、思考は大人とほとんど同じになります。

◆つまり、あなたは内観という語に、感情に関する報告という意味をもたせていないのですね。用語は何らかの形で制限しなくてはなりませんから。

◆それはIQと関係がありますか。それともピアジェが好んだ語でいう、発達段階の問題なのでしょうか。

発達段階の問題だと思います。もっとも、それ以外のことがらが関係していても驚きはしませんが……課題の一部は、特に言語的知能に関連しています。そのことはいくつもの研究で示されています。ただ、私たちは相関をみる研究はあまり行っていません。実際に何が発達するのか、いつ発達するかを見ているのであって、相関を見出そうとはしていないのです。

◆内観や他者の心の理解に特に長けている幼い子どもがいるのではと考えたことはありませんか。つまり、ベビー・フロイトとかベビー・セラピストと呼べる子どもがいるかもしれないと考えたことは?

それはとても面白いですね。私は……延長された発達とでも呼びましょうか、そういうものについて論文を書いています。三歳や四歳の発達だけではなく、その後についても考えるべきだと提案しているんです。内観のすぐれた能力や他者の心の中で起こっていることを推測する能力をもっている心の理論の大家を調べて、すぐれたセラピストにするものは何かを考えるのは興味深いことだと思います。幼い子どもがもつささやかな潜在的直観から心の理論の専門家までは長い道のりです。

◆それであなたは子どもが内言(inner speech)を理解できるかどうかを調べたのですね。

論理的に言って、子どもはことばとはたいてい表に出るもの、それは声に出され、人と人の間で行われるものであることを知っていると思うでしょう。私たちは、ことばのそれほど知られておらず一般的ではない面、すなわちことばは内的でありうること、哲学で言う非外在的、非社会的なものでありうることを子どもが知っているのだろうかと考えました。それで検査してみることにしました。私たちが行った方法の一つは、あなたは被験児でここに座っていますよ、そして別の実験者がちょっとした演技を見せます。私の仕事はあなたの絵を描くことです。（ここでもフレイヴルは、楽しそうにその役割を演じて見せた。彼は一枚の紙を取り上げて絵を描くふりをした。描きながらしゃべったが、私に直接語りかけはしなかった。）

「目はここ、髪はこう……。」このとき、もう一人の実験者が子どもに「今ジョンはしゃべっています」と言います。子どもは「うん」と答えます。それから「ジョンは誰かに向けてしゃべっていますか」と聞きます。そして、「ジョンはあなたにしゃべりかけていますか、私にしゃべりかけていますか」というように、質問を重ねます。すると、驚いたことに、三歳か四歳の子どものほとんどが、正しく答えるんです。彼らはことばが自分に向けられたものではないと理解しているように思われます。三歳から四歳で、それがちゃんとわかるんです。

◆私の質問は内言についてでしたが。

内言を理解している子もそうでない子もいます。正しい答えはまだ得られていないんですよ……おそらく他の人々の研究でもそうでしょう。まだはっきりしていないんです。問題の半分は、ことばが声に出されているけれども意思伝達のためのものではないこともありうるということを、子どもが知っているかどうかです。しかし、問題のもう半分は、ことばが内的であること、語りが表に現れないことがあることを知っているかどうかです。これだけは言えるのは、子どもたちはそれをよく理解しているとは言えないにしても、三歳か四歳になると、少しわかるようになるということです。

◆どうやってそれを発見したのですか。

数を数える実験を行いました。別の実験者が、「今ジョンが数えています。いくつのコインがありますか。一つ、二つ、三つ。コインを数えてごらん……」（フレイヴルは再びいそいそとこの状況を実演し、テーブルの上にコインを並べた。）それからこの実験者が、「ジョン、唇を動かさないでもう一度数えてくれますか」と言います。

◆あなたがそれを行っているとき、実験者はそばにいるのですね。

そうです。実験者は言いながらそばにいます。それから「ジョンは一人言を言っていますか」と質問します。すると、六〇パーセントの子は、私が一人言を言っていると正しく答えることができます。

◆実験を行うとき、よくご自身でこういうように何かの役割を演じるのですか。

いえいえ（笑う）。私が実際にこんなことをしたのは、予備調査を除いたらこの二五年間ではじめてですよ。子どもたちが二三歳の学生の実験者といっしょに教室に入ってきたとき、そこに私がいたらどうですか。ショックを受けてしまうでしょう？　私は子どもたちとの実験が大好きですよ。こうした質問をするのはとても楽しいものです。なかには私たちが何をしようとしているのかよくわかっている子どももいます。反対に、声を出さないのに数えているとは信じられないらしい子どももいます。でも、人間にはそういう何らかの能力があるように思われます。

◆でも、そのことは矛盾だとあなたはおっしゃいましたね。

『チャイルド・ディベロップメント』誌に発表した初期の研究で、子どもたちはこのことがうまくできないことを見出しました。これら二つの課題の何が違うのか、正確なところはまだ謎です。これに関してはお話ししようがありません。

◆ご自分のなさっていることをあなたが面白いと感じる理由の一つは、そこに謎があるからなのでしょうか。

そう思います。私は子どもたちを相手にして、何ができて、何ができないかを示す研究が好きです。私はこのことになるととても単細胞の人間なんです。深い理論的立場を検証しようとしているのではありません。複雑な理論はもっていないのです。岩の下を掘ってみて、発達可能なものが何かを発見するのが好きなんです。私たちは、大人になると以前にはもっていなかった、そしてこれまで誰も気づかなかったどんな能力を身につけるのだろう。どのような発達の経路をたどってその能力を身につけるのだろうかと。もう一つの発見――私が気に入っている発見――は、この文化の中に見られる強力な直観の一つなんですが、大人ならば起きている限り常に心がフル回転しているということです。ウィリアム・ジェームズの言った「意識の流れ」です。それは低水準であったり、あまり明確でなかったりすることはありますが、それでも心はフル回転しているんです。私たちは、幼い子どもたちがあまりそれに気づいていないことを見出しました。ある実験で、私の妻のフランキーと共同研究者のエリーが教室にいました。子どもたちの前でフランキーがエリーに「あっちで待っててくれない？　バスや地下鉄を待つみたいに」と言います。「今すぐ？」「そう、すぐよ、お願い。」それからフランキーはこんなふうに横に座り、子どもたちに、「エリーは今待っています。彼女は何かを思ったり考えたりしているでしょうか。それとも彼女の心は空っぽでしょうか」と聞きます。

私たちは、前もって人の思考を示す「吹き出し」のついた物語を見せ、思考というものについて説明して子どもたちに準備させました。何度も練習もしました。その結果、大人は二〇人のうち一九人は心の中で何かが進行していると答えました。七歳から八歳の子どもたちでは八〇パーセントでした。ところが、四歳から五歳ではわずか三五パーセント、三歳では一五パーセントに下がりました。吹き出しの中にいろいろ書かれたものと空白のものを示して選択するようにした場合でも、空白のほうを選びます。私たちはいろいろな方法でこれを試みました。しかし、幼い子どもたちは他者が何らかの心的状態をもっているということにあまり気づいていない、少なくともいつでも気づいているわけではないという結果が得られました。ロダンの「考える人」のようなものを見せたら、彼らは「この人は考えているように見えないよ。内言なんて知らないし、この人が今何かを考えているはずだという理論ももっていない」と言うでしょうね。けれども、他方、年長児は内観に気づきます。心がこのようにいつも動いていることを経験しているのです。過去一〇年間の私の発見の中で一番気に入ったものを挙げるとしたら、間違いなくこれですよ。ですから、そこには何かしら知的興奮があり、どうしても言わないではいられないんですが、誰も今まで見たことがない、多分発達する何かがあるのです。

◆ご自分が発見したことに驚いておられるのですね。

えーと、そうですね。それには二つの方向があります。幼い子どもたちがそんなによくわかっていることに驚くと同時に、内言に関してはそんなにもわからないということに驚きました。最初は本当に驚きでしたよ。今では慣れましたけれど。子どもたちはいろいろうまくできるんだけれども、心の中で起こっていることに対してうまく調整できるわけではないように思われます。だからベルの課題があまりうまくできないんです。

◆私自身の博士論文で、ごく幼い子どもでさえ、笑いの原因は文献でしばしば示されるよりも複雑なもので、子どもたちはいたずらを叱られないようにするために笑いを使うことを見出しました。

三歳の幼児でも、あざむきを試みます。それは、ある程度それに気づいていることを示しています。論点の一つは、大人が理解している意味で子どもの能力をどのように特徴づけるかです。検査によって、子どもたちにその能力があることが示されたり、示されなかったりします。これはこの分野で長年問題になっていることの一つです。一歳、二歳、三歳の子どもたちに暗黙の信念の理解と思われるものを見出すことはできるでしょうが、その年齢の子どもたちは誤信念課題がうまくできないのです。逆から言うと、八歳か九歳の子ども、あるいは大人でさえうまくできない誤信念状況を見つけ出すことができるでしょう。ですから、子どもたちの能力をどう特徴づけるべきかは難しい問題です。

◆まあ、ピアジェを除いて、誰も形式的操作段階に完全には達していないのですからね。

そのとおりですよ。しかも、ピアジェは故人ですから。それは私たちがいつも頭を悩ませている評価と診断の問題です。

◆あなたは子どもたちがどのように行動するかを、ただ見るという観察研究をたくさん行っているのですか。

いいえ、そういうことはありません。私たちは幼稚園などに行って、自然な保育環境で子どもたちをただ観察するというような研究は行ったことがありません。仲間も私もそういうことはしないんです。私たちが行うのは、たとえばこの内言を取り上げるとすると、過去の文献を読み、このような方法で試してみようと話し合い、予備調査を行い、それがうまくいくかどうかを見て修正します。この修正の段階に長い時間がかかることもあります。何かうまくいきそうだと思ったのに、まったくうまくいかないこともあります。

◆実験手続きの修正の仕方の例をあげてもらえますか。

私たちはこれまでに内言について二つの研究を行いました。私はあるページを声に出して読みます。「ジョン、このページを声に出して読んでもらえますか」。それから、「ジョンはお話を読んでいますか」と子どもたちに尋ねます。この質問に正しく答えられない三歳か四歳の子どもは、「読む」という意味がわからないのかもしれないし、「お話」の意味がわからないのかもしれません……誤解しているかもしれないし、活字というものが理解できないのかもしれません。ここに私のお気に入りの本があります。『しゃっくり』って言うんですけどね。二匹のカバの絵がすばらしいんですよ。この本に書かれているのは「ひっく」という語だけです。私は毎回「ひっく、ひっく」と言います。この語を指差しながら繰り返すんです。それから、別の実験者が、「ジョン、声に出さないでこのページを読んでもらえますか」と言います。すると、子どもたちはずっとうまく答えられるようになります。質問がずっと明確になったからです。

◆子どもの発達について、今でもヨーロッパの心理学と英米の心理学の間に大きな違いがあると思われますか。

いいえ、あまりないと思います。今ではかなり万国共通のものと思います。

◆水晶の玉をのぞいて見たならば、二〇二五年には児童心理学のどの分野が重要になっているのが見えるでしょうか。

現状を敷衍《ふえん》して推測するならば、私たちは他者の心に関する研究を続けているでしょうね。もう一つ、変化の原動力、つまりこうした発達がどのように起こるのかということを追究するようになるだろうと思います。そのような研究が多くなるでしょう。それから、神経心理学の進歩が大きなインパクトをもつようになると思います。三歳の子どもにMRI（磁気共鳴画像法。ある特定の時に脳のどの部分が活動しているかを画像で示す）を利用する方法が発見されるでしょう。今はできませんけど。現時点では少なくとも八歳か九歳にならないとできないんですが、変わると思います。その方法が発見されたら、子どもたちがいろいろなことをしているときに神経的には何が起こっているかを見ることができるようになります。大人の心理学がそういった研究によって進歩してきたように、子どもについても同じことが起こるでしょう。

それから、文化間および文化内での違いに目を向けた文化心理学の研究が増えると思います。学習障害といった特別な問題をかかえる子どもたちの研究も進むでしょうね。どれも特に驚くことではありません。

発達心理学の今最も熱いトピックは乳児期です。乳児の心を探り、感情の理解や意図の初期のサインを見出す非常に巧妙な方法を発展させつつあります。

◆大人の顔の表情をまねする新生児の驚くべき能力などですか。

驚きですよね。それに不思議ですよ。子どもはごく早いうちからことばの規則性を見出します。私は関わっていませんが、新しい研究があります。それは子どもたちがしゃべるようになるよりもずっと前に、規則性を見出していることを示しています。胎児がことばや音楽に注意を向けるという研究もあります。

◆最後に、あなたの研究の中で、学校教育に対して何か重要性の高いものはありますか。

記憶に関する研究は教育で取り上げられています。一年ほど前、外国語の教員組合から賞をもらったときはとても驚きましたが、私の研究を有益だと考えてくれたのですね。心の理論研究は有益なはずなんですが、今のところ教育ではあまり取り上げられていません。

第6章　ヴィクトール・フランクル

信号待ちをしている間にフロイトから論文の執筆を依頼された人にインタビューするというのは、めったにない経験だ。フロイトとのそんな逸話をもつヴィクトール・フランクルは、今もウィーンの医学地区の中心に暮らしている。道は狭く、静かで、薄暗い。フランクルの住むアパート街の重い大きな扉を押し開けると、そこには長くてみすぼらしい廊下がある。私の足音が石の床に響く。私は『夜と霧』や『医者と魂』といったフランクルの著書のタイトルから、今回のインタビューがいつになく陰気なものになるだろうと考えていた。

ところが、フランクルはまったく陰気な人ではなかった。快活によくしゃべるし、ユーモア精神をもっている。彼は私の来訪を喜び、大きな明るいオフィスに案内してくれた。私がテープレコーダーのスイッチを入れると、フランクルはにこりとし、自分のテープレコーダーにもスイッチを入れた。私が彼のことばを誤って引用するかもしれないと心配していたためではない。インタビューを受けるときには自分用の記録を取っておきたいというだけだ。そして、いささかもきまり悪そうな様子を見せることなく、アメリカの二つの大学からすべてのインタビューを録音するように求められているのだと付け加えた――後世に残す記録として。

フランクルは夫妻でロッククライミングをしている写真を私に見せ、「七十歳でまだこんなことをしてるなんて悪くないでしょう」と言って笑った。また、自分がマスコミに追いかけられる有名人であることを隠そうとしなかった。インタビューの途中で電話が鳴った。スイスのテレビ局が番組への出演を依頼してきたのだ。フランクルは、テレビ局は人をおだててその気にさせるのがうまいと感心していた。彼は、人生を全うするとは充実した人生を送ることだという格言を体現しているかのようだった。

フランクルは、精神病患者をねじのゆるんだ高等な柔らかい機械ではなく、責任ある人間として扱った最初の精神科医の一人だった。フロイトは、いつか科学によって、あらゆる行動の一つひとつを引き起こす生化学的原因を突き止められるだろうと期待した。そうなれば科学の進歩は自由意志の終焉を意味しただろう。しかし、人間はそんなに単純ではなかった。最初からフランクルの患者は、故障の原因を見つけて修理してもらう以上のことを望んでいた。フランクルが気づいたように、強迫観念を取り除くと、突然人生が意味をなすようになるわけではない。

第一次世界大戦からもたらされた心理学的な「発見」は、兵士たちが砲弾ショックに苦しむということだった。第二次世界大戦とホロコーストの恐怖からは、そのような「発見」は何ももたらされなかった。しかし、フランクルは、患者を治療するだけでは十分ではないことを学んだ。患者は「精神的必要《スピリチュアル・ニーズ》」と呼べるようなものをもっている。そしてフランクルはそれから逃げようとしない。インタビューの中でフランクルは、自分が行ったことはヒューマニスティック・セラピーの創始者であるエイブラハム・マズロー、すべての人は自己実現し「至高体験」を持とうと懸命に努力すると強調したマズローに似ていると述べている。

どうして我々はここにいるのかという大命題に対するフランクルの答えは、ロゴセラピーである。これは人生の意味という人間の基本的要求を認識するアプローチである。二一世紀の今、これは成功したセラピーの一つになっており、フランクルの著書は書かれて五〇年にもなるものがあるにもかかわらず、今なおきわめて多くの人々に読まれている。

しかし、今も形而上学的理論をうさんくさいもの、論理的に考えることができないフランスやドイツの知識人の趣味とみなす文化もある。人生の意味などということばを不用意に使えば、まともなイギリス紳士からは、もったいぶっている、あるいは深刻ぶっていると思われるだろう。私は、フランクルがよく笑い、自分についておかしな冗談さえ言うのを知って驚いた。自分を笑い種《ぐさ》にするわけではないが、それに近いものだった。

フランクルは世界中の人々が意味を切望していることを知っており、それを子どもっぽいもの、あるいはもっと分別ができれば乗り越えられる一つの段階として片づけてしまいはしない。しかし、このように意味を強調することが敵を作ってもいる。彼らはフランクルの形而上学的な理論を攻撃するだけではなく、フランクルという人間にも攻撃の矛先を向ける。たとえば、フランクルは少々うぬぼれが強いと批判する。私はフランクルと会ったあと、何人かのフロイト派の人々と食事をしたことがある。そのとき、「敵」にインタビューしたといって私をなじった人もいた。悪意に満ちた逸話も聞かされた。心理学者の権力争いについて書物を著している私にはおなじみのこととはいえ、フランクルへの非難がひどく個人的なものであることには驚かされた。

どうして一部のフロイト派の人々がそれほどフランクルに反感をもっているのか、よくわからない。彼は正式なフロイト派の分析家だったことはなく、医者である。医者になることは父親の望みを果たすことでもあった。彼の父は医者になりたかったのだが、大学で学ぶゆとりのある家庭ではなかったため、社会福祉省の公務員になった。「父は医者になれって僕をずいぶん励ましたものだよ。私に自分の夢を実現してほしかったんだね」とフランクルは私に語っている。

フランクルの両親は進歩的なユダヤ人だった。誰も彼にシナゴーグ［訳注　ユダヤ教の会堂］に行くよう強制しなかった。しかし、彼の中には精神的《スピリチュアル》な感情が育っていった。彼はそれは宗教的な感情とは異なると主張する。シナゴーグや教会で行われる儀式を信じなくても、究極の意味の存在を信じることができるというのである。この未来の医者は、十五歳のとき精神分析に出会った。今日、十代でセラピストになる人はいないが、不思議なくらいに何でもありの世界だった第一次世界大戦後のウィーンでは、非常に早熟な分析家たちが活躍していた。精神分析界のモーツアルトともいうべきこうした分析家の一人に、ヴィルヘルム・ライヒ［訳注　フロイトの弟子で、マルクス主義と精神分析の総合を構想したが、その独特の考えと活動のために精神分析協会からも共産党からも排除され、アメリカに渡り、最後は獄死した］がいる。フロイトは、まだ二十代のはじめだったライヒに、そして少し後にはフランクルに、自分の患者を回した。どちらも二十代の前半で人々の分析治療をしていたのである。

しかし、フランクルは、重要なインスピレーションの一つを得たのはもっと若いときだったという。あるビジョンが彼の心に宿ったのはわずか一四歳のときだ。それは涅槃《ねはん》のビジョンだった。そのおかげで彼はフロイトの有名な『快楽原則の彼岸』をすんなり受け入れることができた。フロイトは、生きているものはすべて緊張からの解放と快楽を求めると主張したが、緊張からの解放は死とともにしか得られない。人は蛆虫のえじきになってはじめて、やっかいな問題から逃れられるのである。私たちがみな無機状態の静穏に向かうというのは驚きだろうか？

　フランクルは、フロイトの興味を引くかもしれないと思う論文をこの巨匠に送り始めた。実際それはフロイトの興味を引いた。二人は手紙のやりとりを始めた。このインタビューで明らかになるように、フロイトは細かなところまで行き届いた人だった。フランクルに対するフロイトの礼儀正しさ——ウィーンという小さな町に暮らすフロイトはフランクルが学生にすぎないことを知っていた——に心を打たれたとフランクルは言う。あるときフランクルは、うなずいたり首を横に振ったりするような身振りの起源について、ちょっとした考えを小論にして同封した。フロイトはそれを出版するように勧めた。おかげでフランクルはわずか一八歳で『国際精神分析学雑誌』にデビューしたのだった。

　その後、フロイトはフランクルに、当時精神分析学会の書記だったポール・フェダーンを訪ねて、いつから精神分析の訓練を始めるべきか話し合うように勧めた。しかしフェダーンは、このティーンエージャーにまず医学の学位を取るべきだと言った。フランクルはその助言に従った。それは、フランクルが一度も教育分析を受けず、正式にフロイト派になったことはないことを意味する。彼は、それゆえ迷いからさめたとき「容易にフロイトへの忠誠心を捨てる」ことができたのだろうと私に語った。迷いからさめた理由は簡単だった。フロイトは性を重視しすぎ、人間性の豊かで精神的《スピリチュアル》な側面を否定していると感じた。性が何でもかんでも引き起こせるわけではないのだ。

しかし、興味深いことに、フランクルがフロイトに会ったのは一度だけである。それも後になって、偶然会ったにすぎない。今回のインタビューで、フランクルはこの出会いのことを愛情を込めて話してくれた。一方、彼があまり親愛の情を抱いていない相手は、かつてフロイトの弟子であり新たな精神分析学派を打ち立てたアルフレッド・アドラーである。フロイトが性なら、アドラーは権力だった。権力によってすべてを説明するのは独断的すぎるとフランクルは私に言った。彼は最終的にアドラーのグループから「破門」された。フロイトのライバルであったアドラーはフランクルと同じカフェでコーヒーを飲むことさえ拒んだ。こうして、フランクルは二二歳にして、特定の心理学の学派に固執する必要を感じなくなっていたのだった。

医学を学ぶかたわら、フランクルは、オーストリア、ドイツ、チェコスロバキア、ハンガリーの各地に若者のカウンセリングセンターを設立するのを手助けした。その主な目的は、自殺願望のある若者たちを助け、文字通り彼らと話し合って生きるように説得することであった。これがフランクルにとって最初の実践的なセラピーとなった。

そこにホロコーストが襲ってきた。これはフランクルに自分の考えを洗練する動機を与えた。フランクルは二〇代のころからロゴセラピーの考えを深めていたが、アウシュビッツに送られたとき、強制収容所の中で生き延びることができたら自分の考えを世界に伝えねばならないと決心した。彼はこの心理療法の手法が自分の命さえ救ったのかもしれないと考えている。一九三八年にドイツがウィーンを占領したあとの出来事を、フランクルは次のように説明する。「僕はゲシュタポの事務所に呼び出され、将校に尋問された。しかしすぐに、すべてがカムフラージュらしいと気がついた。彼が本当に僕から聞き出したかったのは、ウィーンにまだ精神分析家やセラピストがいるのか、いるならどこにいるのかということだった。この将校は、そうした人々がどのように広場恐怖症を治療するのかと僕に聞いた。彼は広場恐怖症に苦しんでいる友達がいるのだと言ったが、もちろん僕には、広場恐怖で治療を求めているのはこの将校自身だと見抜いた。彼と僕の間には心の触れ合いがなかったから、それは純粋な治療手法の問題だった。結局僕は、もしウィーンで仕事をしている心理療法家がいて、将校の友達がそうしたセラピストの許を訪れたならば、セラピストは次のような方法を取るだろうと教えた。」そして、逆説志向（paradoxical intention）でどうやってその「友達」を治療できるかを、ゲシュタポの将校に説明した。この純粋に技術的な治療は成功したのかもしれない。そして、それがフランクルとその家族が一九四二年まで強制収容所に送られなかった理由なのかもしれない。フランクルと最初の妻、それに彼の両親はチェコスロバキアのテレジン強制収容所に送られた。父親はそこで亡くなった。

一九四四年、フランクルはアウシュビッツに移送され、さらにダッハウに移された。「アウシュビッツに入れられたとき、僕はコートの裏地の中に原稿を隠していた。それが僕の最初の著書『医者と魂』になった」と語る。アウシュビッツは新しいセラピーの着想をもたらしはしなかったが、フランクルはそこから大事なものを学んだ。本当に恐ろしい極限状態の中でも、人は意味を見出すことができるということである。「生き延びる理由や目標をもっている人は、生き延びる確率が最も高かった。」そうした人々は、あきらめて死んでしまいはしなかった。フランクルといっしょに収容されていたある男性は、戦争は一九四五年三月三〇日に終わって解放されるという夢を見た。最初、彼は楽観的だった。しかし、三月が一日一日過ぎていくと絶望的になり始めた。戦争が終わる兆しは見えなかった。三月二九日、彼の意識は混濁し始めた。三月三〇日、意識を失った。そして、三月三一日、帰らぬ人となった。北朝鮮や日本の捕虜収容所でも同じことが見られたとフランクルは言う。「未来に実現される意味に気持ちを向けている人は、生き残る可能性が高かったんだよ。」

戦後、フランクルは治療活動を再開し、セラピストとして大いに成功した。ときどき、行動療法といった他の種類のセラピーとの共同作業も試した。

また、フランクルはそのキャリアの初期に、多くの患者がいろいろな恐怖症や切迫感とうまくつきあいながら生きていく術《すべ》を学んでいることに気づいた。「何度も何度も、最近の行動主義の用語で対処のメカニズムと呼ばれるもの、すなわち患者が不安や強迫観念に対処することを可能にするメカニズムがあることに気づかされた。」この時期にフランクルは、彼の最初の独創的な治療手法である逆説志向を思いつき、発展させた。

「逆説志向の本質は、患者に自分が恐れているまさにそのことをしてもらう、または起こるように願ってもらうことだ。」フランクルは、先輩医師が手術室に入ってくるたびに震える若い外科医の事例に関心をもった。フランクルはこの外科医に、次に先輩が入ってきたとき、自分がいかに上手に震えることができるかを見せるために、できるだけ激しく震えてみるよう指導した。この方法は人々の恐怖症をかなりうまく拭い去ったとフランクルは微笑みながら語る。フランクルは、研究ではなく直観と苛立ちからこの手法を見つけたことを認める。それはまた、精神分析と「内面生活への過剰な注目」と彼が呼ぶものに対する反応でもあった。「僕は、問題を拡大させているこうした内部の混乱、内省、回顧を打ち破るのを手助けしたいという衝動を感じた。そして、逆説志向がその方法の一つだと思われたんだ。」要はコンプレックスをあまり押し曲げようとしないことだ。フランクルは、インタビューの中でこれについてもっと詳しく説明し、自分を切り離す能力、笑う能力、とりわけ自分を笑う人間の能力との関連について夢中になって語った。

すぐれたセラピストは自分が出会った印象的な症例に事欠かない。フランクルも例外ではなかった。しかし、たいていのヒューマニスティック派のセラピストと同じく、自分のシステムがうまくいくという科学的証拠はあまりもっていない。ロゴセラピーの唯一の実験的な研究としては、一九七二年にモントリオール大学のW・ソライエムらによって行われたものがあるだけである。彼らは、一四年から二五年にわたって強迫神経症を抱えてきた患者に逆説志向の手法を施したところ、対照群に比べ実験群では強迫観念が五〇パーセント減少したと報告している。強迫観念の治療の難しさがよく知られていることを考えると、これは心強い数値だといえる。しかし、昔から続いてきた科学者とセラピストの間の疑心のために、それ以来ほとんど研究が行われていない。

フランクルの考えでは、このように客観的で皮肉な見方で自分を見るという人間の能力は、人間の他のユニークな能力、すなわち自己超越の能力と軌を一にしている。そしてこれはエイブラハム・マズローとその考えにつながっている。人は自己超越することができるゆえに意味を見出すことができるのである。「自己超越とは、人の存在が何か他のものや他の人に向けられていることを意味する。人間であるということは、実現すべき意味を得ようとすることだ。たとえば、誰かを愛したり大義のために身を尽くしたりするとき、人はことばの最良の意味で本来の自分になる。意味を見出す動機づけがあると僕は言い続けているんだよ。」人間性は意味への意志を伴うのである。

私がインタビューを行った他のすべての心理学者と異なり、フランクルは苦しみの価値を強調する。苦しみは創造の源となりうる。あるとき、妻の死後ひどく落ち込んだ老齢の医師が彼の許を訪れた。この医師と夫人はとても仲のよい夫婦だった。フランクルはその医師と次のような会話をした。「あなたが先に亡くなって奥さんが生き残ったらどうなったと思いますか。」「悲惨なことになったでしょうね。妻はつらい思いをしたはずです。」「ほら。奥さんはその苦しみを経験しないですんだのですよ。奥さんをその苦しみから救ってあげたのはあなたなんです。もちろん、代わりに、生き残ったあなたが悲しみを背負わなければならないんですけどね。」

この医師はこのような新しい視点を得たからといって幸せ一杯になりはしなかったが、自分の苦しみには意味があると感じられるようになった。その結果、以前よりもずっとうまく苦しみに対応できるようになった。

フランクルは、人は意味を見出す能力を発展させる必要があると考えている。彼の人気が高い理由の一つは、私たちが自分の人生を合点のいくものにするために意味を切望するという事実に注意を向けるからである。彼はフロイトや他の行動主義者のように、それを人の弱みや未熟さとはみなさない。この宗教的切望が彼を反科学主義者にしないのがいかにもフランクルの立場のパラドックスである。「率直にいって、ロゴセラピーは純粋に僕の直観に基づいて発展したと認めなくてはならない。それは個人的にいえば強みだろうが、科学的には弱点だ」と認める。しかし、彼は実験心理学者や精神分析家が彼の考えを実験的に考察していることを嬉しく思っている。モントリオール大学での研究のほかに、ジェームズ・C・クランバウとレナード・T・マホリックが「人生の目的」(Purpose in Life ; PIL) 検査を考案している。一一五一人の被験者にこれを使用したクランバウらは、人生の意味の欠如によって神経症が引き起こされる証拠があると結論した。

フランクルは次のように主張する。「ロゴセラピーは、人間とは単に衝動や本能や欲求の満足を求める装置なのではないということにいったん気がつけば、いろいろな資源を利用することができるという人間の次元を開くことによって、人々に貢献してきた。人間の下位要素で説明できることを超えて、すぐれて人間的な動機というものがある。人は大義のためにわざわざ苦しむこともできる。アプリオリに存在するバイアスに基づいて研究をたとえば動物に限るならば、それを捉えることができない。だからといって人間が生化学的存在であることをやめるわけではないが、人間はそれだけではないんだ。純粋思惟論の（本質的に人間的な）次元は、精神と身体を包含しているんだ。」

フロイトやパブロフやワトソンを退けているわけではないが、ロゴセラピーはもっと包括的であり、そしておそらくはもっと今日的意義があるとフランクルは述べる。「現代の集団神経症は、人々が空虚で意味のない生活に苦しんでいるように感じることだと思われるからだ。ロゴセラピーに何らかの普遍的な真実があるという意味ではなくて、人々が無意味さに苦しんでいるという意味で、現代人の苦境に訴えるところがある。」こう語るときのフランクルは自信に満ちている。

インタビューの終わりに、フランクルは自分の個人的な記録保管所にしているアパートの部屋を見せてくれた。彼は無邪気なまでにこの部屋に満足感をもっているようだ。自分が書いた文章、行った講演、録音したテープのほとんどすべてがそろっている。フランクルはたしかに、人間のスピリチュアルな側面とユーモラスな側面の両方に探究する価値を見出した最初の精神科医のひとりとして、明確な立場を作り上げた。この相反するものの両立はフランクルにふさわしい。彼は、精神《スピリット》も科学も重視し、意味も測定も大切にする――そしてジョークを楽しむのだ。

◆どのようにして精神科医になられたのですか。

三歳のときから僕は医者になりたいと思っていた。でも、精神科医になるべきだと思ったのは三五歳くらいのときのことだ。僕の関心は常に医学――特に精神医学――と哲学の間で分裂していた。だんだん、精神医学はその両方の関心を（そしてできれば僕の才能も）組み合わせることができる分野だと考えるようになった。僕の精神医学の問題へのアプローチは、それを示しているかもしれない。

◆どこで勉強されましたか。

小中学校はウィーンで学んだ。そして一五歳くらいのとき、精神分析というものがあることを知った。フロイトの第一世代の弟子のひとり、ヒッチマンが行った大学の公開講座に参加した。大学病院で毎週土曜日に二時間行われたポール・シルダーの講義にも参加した。精神科の長はワーグナー・ヤウレックだった。このことから彼が精神分析を抑圧したというのは神話にすぎないことがわかるだろう？　シルダーは当時彼の第一助手で、まったく自由に精神分析を伝道することができた。僕は何年かの間、毎週土曜日の夜を病院で過ごした。精神病患者に最初に精神分析を施したのがシルダーだ。彼はまた、精神医学の体系も発展させた。

◆当時、特に影響を受けた書物はありますか。

フロイトをたくさん読んだな。最も深い感銘を受けたのは『快楽原則の彼岸』だった。そこには形而上学的なもの、自然科学や心理学を超えたものがあったから。一方で僕は、基本的な宇宙の性向と思われるものについて考えを育んでいた。我ながら誇らしく思っていたよ。一四歳のとき、ドナウ川に浮かぶ蒸気船のデッキで星を見ているうちに、涅槃とは内側から見たエントロピーだという考えに達したんだ。エントロピーにおいては、エネルギーは消散する。さまざまな物のあいだに違いがない。違いが現れるからこそ絶対的な統一や平等があるのだけれども、涅槃には何もない。世界の終わりには完全に緊張がなくなる。僕は、この緊張のない状態を内部から見たのが涅槃だと思った。『快楽原則の彼岸』の中に、生命の基本的な性向は死という形の無機状態の静穏を追究することだと書かれていた。それで、僕はフロイトに手紙を出し始めたんだ。知ってたかね？

◆文通の相手としてフロイトはどんな人でしたか。

フロイトは、すべての手紙に葉書でよければ八時間以内に返事をくれたよ。あるとき僕は、首を縦や横に振るといった模倣的な身振りの起源に関して、自分の考えを小論にまとめて同封した。フロイトは、それを手元に置いているという返事をくれた。そして、僕が許可するならばそれを『国際精神分析学雑誌』の編集者に送りたいと言ってくれた。それは一九二四年に出版されたよ。

◆フロイトにお会いになったことはありますか。

一度だけ。それもずっと後になってからだ。あるとき僕は、銀の柄のついた黒いステッキをつき、何かつぶやきながら舗道を歩いている一人の老人を見かけた。独り言を言っていたわけではないだろうが、あごの痛みがそんな印象を与えたのかもしれないね。擦り切れたコートと擦り切れた帽子を身につけていたが、写真で顔を知っていたから、フロイトだとわかった。僕は後についていってベルクガッセ（フロイトが住んでいた通りの名）に入っていくかどうか見てみることにした。すると、本当に彼はベルクガッセに入る角を曲がった。だから、僕は自己紹介することにした。あたりはほとんど人通りがなくて、フロイトは道の真ん中を歩いていた。僕がフロイト教授でしょうかと尋ねると、「そうです。フロイトです」と答えた。「ヴィクトール・フランクルといいます」と僕が名乗ると、フロイトの口からすぐに僕の住所が出てきた。「ツェルニンガッセ六番地、アパート25だね？」と。まさしくその通りだったんだよ！

◆それでは、手紙のやりとりをしていたときには、フロイトと一度もお会いにならなかったのですね。

そう。でも、彼は僕がまだ子どもだということを知っていた。それでも毎回僕が手紙を出すたびに返事を書く価値があると思ってくれてたんだ。文通の終わりごろ、彼は僕に、フェダーンのところに行っていつ教育分析を受けるべきか相談するようにと勧めてくれた。そこで僕はフェダーンに会いに行った。ところがフェダーンは、教育分析は医学の勉強の妨げになりかねないから、まず医学の勉強を終えるべきだと言った。教育分析は医者になってから始めてもよいと。

◆では誰に教育分析を受けたのですか。

誰にも受けなかったんだよ。これは一九二四年から二五年ごろの話だ。そのすぐあと、僕はアドラー派の人々とつきあうようになった。ちなみに、フロイトとの往復書簡は私が一九四二年に強制収容所に送られたとき、ゲシュタポに押収されてしまった。

◆どうしてフロイト派の人々との親交をやめたのですか。

戦争の時代だったからね。僕たちはライプニッツの予定調和が何を意味するのか知らなかった。そのときから、アドラーは僕にまったく口をきいてくれなくなった。カフェ・シラーで——フロイト派は別のカフェに出入りしていた——アドラー派の人たちが座っているテーブルに僕が近づくと、アドラーは席を立った。僕の手紙にも決して返事をくれなかった。僕はとても傷ついたよ。僕は彼を好きだったし、尊敬していたから。彼の弱点もわかっていたけれど、それでも彼が好きだった。やがて彼は僕に、アドラー協会を退会すべきだと通知してきた。僕は理由がないと言ったんだが、その後何カ月かの間、何度も退会を求められた。そしてとうとう、彼は僕を除名したと宣言した。破門されたんだ。僕は当惑したが、考えようによっては僕にとってよかったんだと思う。忠誠の問題について頭を悩ます必要がなくなったんだから。

◆それからどうされましたか。

医学の勉強をしたよ。自殺の防止を目的とした若者のためのカウンセリングセンターの創設にも関わった。それから、大学病院の精神科で心理療法家として独立して患者の治療をすることを認められた。そこで、偉大な師であるアドラーとフロイトから学んだことを忘れることを学んだ。患者のことばを聞くことを学んだんだ。何度も何度も、最近の行動主義の用語で対処のメカニズムと呼ばれるもの、すなわち患者が不安や強迫観念に対処することを可能にするメカニズムがあることに気づかされた。僕が逆説志向の手法を見出したのはこの時期だよ。

◆逆説志向はどのように働くのでしょうか。

あるとき患者に、どうやって不安がなくなったのかと聞いてみたことがある。彼は「先生のおっしゃったことに従っただけですよ」と言ったよ。僕は自分が何を言ったのか尋ねた。僕は患者が言ったことを覚えていることは身につけていたけど、自分が言ったことは忘れがちだったからね。彼はこう言った。「先生はね、自分の中に不安が高まったとき、心臓発作に襲われて道路で倒れるんじゃないかって怖くなったときには、外出しなさい、そしてできるだけ何度も倒れてみようって自分に言ってみなさいっておっしゃったんです。きのうは倒れて死んだから、今日は五回死んでみようって考えてごらんなさいってね。」

不安感がとても強かった若い女性の例を話そう。過去の経験から、リラックスしなさいといっても緊張を高めるだけだということを僕は知っていた。だから僕は反対に「リンダ、できるだけ神経質に行動してごらん」と言ってみた。彼女は「いいですよ。神経質になるのは私にとって簡単です」と言って、こぶしを握りしめたり、震えているように両手を振動させたりしはじめた。僕は「いい調子ですよ。でももっと神経質になってごらんなさい」と言った。すると、彼女はその状況の滑稽さに気づいて、「本当に神経質になっていたんですけど、もうなれません。変ですけど、緊張しようとすればするほど、緊張できなくなります」と言ったんだ。逆説志向の本質は、「患者に自分が恐れているまさにそのことをしてもらう、または起こるように願ってもらう」ということだ。これが逆説志向の定義だよ。

◆こういう逆説的な助言を始めたとき、それがどういうことなのか認識しておられたのですか。

いや、いや。

◆それでは、どうやってこれを発見されたのでしょうか。

　僕も何度も自問しているよ。ある意味で、終わりのない恐怖感、すなわち持続的で反復的な不安を抱えているよりも、恐怖をおしまいにしてしまったほうがましだと思ったんだ。考えを変えて、それを崩壊させてしまえと。それに、以前に精神分析を受けて自分の内面生活や過去や病理に注意を向けるよう誘導されてきた患者に接することもあった。そんなとき、僕は、こうした内部の混乱、問題や絶望的な状況をさらに増加させているこういう過剰な内観や内省から一気に抜け出したいという衝動を感じた。そして、逆説志向がその方法の一つだと思われたんだ。

◆逆説志向が面白いのは、ユーモアや皮肉を使う数少ない手法だと思われることだと私は考えています。あなたがおっしゃっているのは、結局のところ、人は誰でも自分をかなり切り離して見ることができるということのように思いますが。

　核心をついてるね。行動療法の場合と同じく、本質的にいって、恐怖症の根底にあるのは恐怖を引き起こす状況の回避ということだ。それに対してできるだけ直接的にアプローチしなければならないんだ。僕は一九二九年ごろに直観的にそのことに気づいた。この手法が人間独自のものであるユーモアと皮肉の感覚を使うという事実は、現在では行動療法のセラピストによって認識されている。たとえば、モーズレー病院のアイザック・マークスは、同僚たちに広場恐怖症の一団をトラファルガー広場に連れて行ってもらった。精神科医たちはリーダーとしてではなく、観察者として同行した。そのとき、精神科医たちはあるパターンが生まれてくるのを目にした。広場恐怖症の人たちは、互いにからかいあったり、恐怖を誇張したり、自分たちを笑いとばしたりすることによって恐怖に対処し始めたんだ。患者たちは逆説志向の基礎にある対処のメカニズムを自然に作り出したといえるだろう。モントリオールで行われた研究もあるよ。その研究グループは僕に連絡を取ってきたことはないんだが、連絡してくればこの研究をいっそう強固なものにするんだけどね。ひとつの研究では、彼らは同程度の強さの症状をもつ患者を二つの集団に分け、一方には自分で逆説志向の手法を使ってもらった。それは非常に成功した。

◆あなたはユーモアのある方ですよね。この手法を思いついたのは、あなたのパーソナリティのおかげだと思いますか。

それは間違いないね。僕はいつも、心理療法は二つの要素で決まると言っている。扱う症例とセラピスト独自の特徴だ。言い換えると、どんな手法もすべてのケースに同じだけの成功率で、あるいは同じだけの成功の望みをもって使えるわけではないということだ。すべてのセラピストがすべての手法を使えるわけでもない。セラピストのなかには僕よりずっと逆説志向を成功させている人がいることも知っている。また、僕の著書を読んだ人々、特にアメリカの読者の中にも、この手法を試している人がたくさんいる。『夜と霧』に逆説志向とそれを自分で使用している人について二ページから五ページを割いて説明していなければ、ときに彼らは信じられないほど成功している。そうした人々から感謝の手紙をもらっていなければ、僕だって信じられなかっただろうね。

◆この手法はどうしてうまくいくのだと思いますか。ユーモアや皮肉の感覚を使うことは、人間に特有の何かを反映しているのでしょうか。

僕は、ロゴセラピーは純粋思惟論の次元に入っていくと述べた。それは明確に人間的現象の次元だ。それが明白になる形は二つある。自己超越と自己客観化だ。自己超越とは、人の存在が何か他のものや他の人に向けられていることを意味する。人間であるということは、実現すべき意味、愛する誰かをもつことによって達成されるであろう意味を得ようとすることだ。大義のために身を尽くしたり誰かを愛したりするとき、人は本来の自分になる。人間の可能性を最大限に実現する。意味を見出す動機づけがあると僕は言い続けているんだ。あるいは、いつも言っているように、人は「意味への意志」をもたなければならない。それに、人間には自己を切り離して見る能力もある。これはユーモアの中に結集する。自己を切り離すことは英雄的であったり皮肉であったりする。ゲシュタポによって拷問され、協力者の名前を言えばすむように思われるのに口を閉ざし続けることもある。これは人間の精神がなしうる反抗だ。人間の中の純粋な思惟は心理身体的な状況から自分を切り離すことができるんだ。だが、皮肉な形でこの切り離しを行うこともできる。それができるのは人間だけだよ。動物は笑うことができない。ましてや自分自身を笑うなどということはできない。自己超越にしても、動物には「私の人生の意味は何か」と問うことができないんだ。

自己切り離しと自己超越は治療の目的で使えるはずだ。ただし、君が還元主義者だったらそれは無理だ。人間の意味を求めることは反動形成や防衛機制のひとつにすぎないと考えるならば、こうした能力を利用することはできない。症状代理形成を導くだけだというなら利用できないし、そうではないという証拠がある。フロイトはかつてオーギュスト・フォレルの催眠術に関するレビューの中で、偉大な才能の前で感じる畏敬の念も悪くないが、事実の前で感じる畏敬の念はもっと大きいと述べている。だからこそ僕たちは、人間の現象を認識する開かれた心をもっていなければならない。人間とは何かという先入観のために、治療の財産を手放すべきではないんだ。

◆意味についてのあなたのお考えを、もう少し詳しく説明していただけますか。

意味は固有の人生の状況の中に見出されなければならない。僕は、たとえばがんで余命いくばくもないという事実にどのように直面するかというような普遍的な意味や究極の意味について語っているんじゃないんだ。僕は一六歳のとき、意味は創造的なあり方、つまり真・善・美の何かを経験する中に、または自分を愛してくれる唯一無二の誰かの中に見出されるということを理解した。さらに第三の形がある。状況が変えられないものならば、それをどう生き抜くか、人間独自の可能性——悲劇を人間の偉業に変える可能性——をどう実現させるかによって、意味を見出すことができるんだ。つまり意味の源は尽きることがない。しかし、それぞれの人生の状況の中に隠れて眠っている意味をかぎ出す直観力を発達させることが必要だ。これは現代においてとても重要だ。教育は、意味の可能性に敏感であるように人間を育てることを重要な仕事のひとつとすべきだね。これはゲシュタルト知覚に大きく関わっている。人は厳しい状況にも見事に立ち向かうことができる。僕は人間に絶望するすれすれまでいった人間として、多くの人のこの静かな偉大さに深く心を動かされているんだ。

◆実存的な神経症、意味の欠如に苦しむ人々、あるいはあなたが「ヌージェニック」神経症〔訳注　実存的葛藤から生ずる状態〕と呼ぶ人々の例について教えてもらえますか。

たとえば、サンディエゴで、ある学生がひどい不安に苦しんでいると訴えてきた。この学生は二人の心理学者の下で心理学者として働いていた。最終的に二人の心理学者はこの学生に別の人の分析を受けるよう勧めた。そこで彼はそうしたんだが、状態はいっそう悪くなった。彼は僕の最初の授業を受けた後、突如として自分がヌージェニック神経症であることに気づいたという手紙をくれたよ。彼は精神分析に関して抱いていたすべての批判をさらに強めた。以前は決してしゃべったり思い切って意見を述べたりしなかったんだが、数週間後、自分の神経症を理解し、はっきり意見を述べた。すぐに症状が改善した。想像してみてほしい。精神分析家は何が問題かもわからなかったんだ。僕が遭遇したもう一つの事例として、自分の人生に疑いを抱いている医者がいた。彼は自分の人生は無意味だと思っていた。彼が訪れた行動療法のセラピストは、彼が自分の存在論的な問題に直面するのを手助けする代わりに、「思考停止」を助言した。存在論的な疑いを感じるたびにそれについて考えるのをやめ、別のことに注意を向けなさいというんだ。意図的にそれを忘れて、別のことを考えるように勧められた。どちらの事例も、その治療は状況を悪化させた。ヌージェニック神経症を治療するのではなく、それを煽ったからだ。一般に、神経症のおよそ二〇パーセントはヌージェニックと考えることができる。セラピストは、患者が直面している実存的問題を理解し、人生の目的と意味へと患者を導くことによって問題の克服を手助けしなければならない。そしてこれは、神経症の残りの八〇パーセントを克服するのにも役立つんだよ。

◆あなたがアウシュビッツに収容されたとき、すでにそのような見解に達していたのですか。それとも、収容所で意味の重要性が明らかになったのですか。

僕がまったく新たな心理療法を身につけてアウシュビッツから出てきたと考える出版社が多いようだね。ある出版社が僕の本に『死の収容所から実存主義へ』〔訳注　邦訳名『夜と霧』〕という愚かな題名をつけたことがそれを示しているよ。でも、そうじゃないんだ。僕はアウシュビッツに連れて行かれたとき、コートの裏地の中に原稿を隠していた。これが後に僕の最初の本になった。英語では『*The Doctor and the Soul*（医者と魂）』というばかげた題名になっている。（ドイツ語の題名に含まれる「Seelsorge」というのは、魂や精神を気遣うということも意味する多義的な語だ。）それはともかく、収容されたときに原稿をもっていて、それはすでにロゴセラピーを体系的に提示するものだったんだ。

◆それでは、強制収容所で過ごした時間は、あなたの仕事にどのような影響を及ぼしたのでしょうか。

僕の教えの有効性を検証する場になった。そのような極限状況で生存の可能性に影響を及ぼす何より重要なことは、自分の将来に対してどんな姿勢をもっているかということだ。目標があるか、未来にその人を待っている意味、その人にしか実現できない意味があるかということだ。これは後に、日本や北朝鮮、北ベトナムの戦争捕虜収容所を経験した精神科医らによって検証され確認された。サンディエゴで僕は、北朝鮮の捕虜収容所に長く収容されていた三人の将校とパネルディスカッションを行った。彼らの収容期間は七年にも及んでいた。彼らは自分たちが経験した基本的なことがら、すなわち生き残る可能性が最も高かったのは意味への意志を最も強く持っていた人だったということを証言したよ。

◆でも、ユダヤ人の歴史という観点から見ると、あきらめの雰囲気、ある意味でこの大虐殺は神がもたらしたのだという声もあったのではないでしょうか。多くの被収容者があきらめて運命に身を任せたのではありませんか。

そうした人たちは最も勇敢な人たちだったたんだよ。僕はアメリカで、ナチス親衛隊員を攻撃しなかったといってユダヤ人を非難したハンナ・アーレントやその他の人々と話し合ったことがある。でも親衛隊員に刃向かう可能性なんてほとんどなかった。第一に、一度に千人もの人々がガス室に行進させられる状況だったたんだ。カポ［訳注　ナチスの強制収容所で、他の収容者の監視役を務めた収容者］は本当にガス室送りになるんだから親衛隊員を攻撃しようと煽っていた。それを笑っていた人もいた。第二に、彼らは無力だった。攻撃は非現実的で無責任だった。アムステルダムで一人か二人のドイツ人兵士がユダヤ人によって撃たれたとき、その千倍ものユダヤ人がガス室に送り込まれたことを知っているだろう。攻撃をしたなら復讐は千倍もひどいものになったろう。払わなければならない犠牲はあまりにも悲惨なものだったから、それを説いて回るのは非現実的で、それ以上に道義に反することだったんだ。イスラエルにおいてさえ、若い世代はこの見方を受け入れていると思うよ。

◆あきらめた人々が最も勇敢だったとおっしゃるのですね。それはあなたの心理学からいうと、そうした人々が状況を理解し、ゆえにそれを超越することができたからですか。

彼らは状況を理解していた。僕はいつも意味には三つの形があると主張している。創造的なもの、経験的なもの、そして心の姿勢だ。作品を作ったり何かを行ったりすることで意味を実現することができる。また、何かすぐれているものや真実のもの、自然や文化の中で有益なものを経験することによって、あるいは自己の中で誰かを経験すること、つまり愛を経験することによって、意味を実現することができる。そして第三に、自分の心の姿勢によって意味を実現することができる。希望のない状況に捕らわれた無力な犠牲者であるときでさえ、それに立ち向かう心の姿勢によって、状況を超越し、悲劇を人間のレベルでの勝利に変えることができるんだ。もちろん、自分を苦しめている状況を変えるチャンスがある限り、それを変えるよう積極的に努力しなくちゃならないよ。変えることができないときのみ、それを甘受し、勇気によって内側からそれを克服しようとすべきだ。不治の病、手術のできないがんになったときには、どうやって立派にその重荷を背負うか考えるだろう？　でも、がんを取り除くことができるならば、もちろん手術を受けるべきだ。アメリカの新聞に載っていたある広告がこれを明確に示しているよ。「大声で騒ぐことなく静かに立ち向かえ／あなたに与えられた運命に／しかしトコジラミに対してはあきらめるな／ローゼンスタインに助けを求めよ」ってね。トコジラミによる苦しみは高尚ではありえない。それは不必要な苦しみなんだから。

これら千人の人々は——ちなみにその中に僕の母も含まれていた——ガス室に閉じ込められ、裸の自分たちにチクロンBの缶が投げ込まれたとき、何の手立てもないことを悟った。そのとき彼らは「シェマ・イスラエル」〔訳注 ユダヤ教の聖句〕を唱え、神が与えたものに身を任せた。コミュニストはラ・マルセイエーズを歌い、キリスト教徒は「主の祈り」を捧げ、ユダヤ人はカディッシュの祈りを唱え合ったんだ。

◆あなたにとって、それはできる限り意味を実現すること——悲劇を勝利に変えることだったんですね。

幸いなことに、僕はこれを見ずにすんだ。僕は隣人たちが収容所に送られ、祈りと献身と服従とともに行進していくのを見た。ガス室に送られた母親たちは、残された最後の数秒の間に天を見上げ、「私は死にます。私の死が犠牲となって息子が生き延びられますように」と願ったにちがいない。そのような状況で、素朴なつつましい母親にそれ以上何を期待できるだろう。けれども、最後にこうした思いを心に抱くことによって、彼女は最も深い人間性を示したんだ。それが彼女に残されたすべてだった。それはある意味で、兵士や詩人や科学者の英雄的な行いと同じくらいに偉大なものだ。彼女たちが偉大さの基準とは何かを教えてくれるからだ。路上で普通の人の心に一秒間起こることでも、「最も偉大な行為」に匹敵することがありうるんだ。

◆あなたの著作の中に、こうした極限状態において聖人のように行動した人と豚のように行動した人がいると書かれています。……人間らしく行動できなかった人々、豚のように行動した人々に対してどう感じますか。

個人的には彼らを許すよ。実際に僕は見てきたそういう人々を、許している。キリスト教の教義にミステリアム・イネクイタティス(mysterium inequitatis 悪の神秘)というのがある。これはある人のすべてを説明できるならば、その人から人間性を奪うことになるというものだったと思う。少なくともある場合に、人にはこのように行動するか、あのように行動するかを決定する可能性がなければならない。だから、僕自身としてはそうした人々を許し、理解するが、心理学者がそのような理解の結果としてすべてのことを説明してしまうのは認められないと思っている。決定をする、たとえば豚のように行動するか聖人のように行動するかを決定する可能性を残しておくべきだ。人にはそうした可能性があることを認めてはじめて、他者を尊敬することができる。他者の人間性に感銘を受けることができる。すべてがただ条件づけの結果、あるいは行動の生得的なパターンにすぎないのだったら、賞賛すべきものも非難すべきものもなくなってしまう。僕は感銘を受ける権利を維持したいと思っている。

◆でも、人が一定のパターンに束縛されているのはたしかですよね。自分自身の歴史――自分が行ったことと自分に起こったこと――が人を決定せざるをえないでしょう。おそらく全面的にではないでしょうが。

精神科医として、僕は人間がいろいろな形で決定されるということを知っている。心理学的に、社会学的に、生物学的に。でも、最終的には、自分の状況に対してどのような立場を取るかはその人の自由だ。僕は人間の自由の余地がごくわずかしか残されていない強制収容所の極限状態でさえ、人にはいろいろな形で行動する可能性があるということを示すために『夜と霧』を書いた。そんな場にあってさえ、人は状況にどう立ち向かうかを決定することができるんだ。

◆それでは形を変えてストア派の教えを論じているだけになりはしませんか。人生があなたに何を与えようと、尊厳をもってそれを受け入れなければならないという?

ある意味でそれは正しいだろうね。でも、それにとどまらないんだ。ストア派は自分の静穏を保ちなさいと言うだけだ。僕はさらに鎮静剤を処方することができる。鎮静剤にちっとも異論はないよ――僕はヨーロッパ大陸でその使用を最初に進めた医者だった。でも、ストア派の哲学は人々を鎮静させるだけだ。静かに、リラックスして、肩の力を抜いて、冷静になれと。僕は自分の緊張を無視するべきではなくて、それに向き合うべきだと言っているんだ。苦しみを通してこそ、苦しみを深く掘り下げることを通してこそ、最善を尽くすことができる。それを超越することによって自己を実現できるようになるためには、苦しみを十全に経験する必要がある。だから僕は強制収容所で目を閉じてしまいはしなかったんだ。僕は自分が見たものに立ち向かった。極度の嫌悪や共感を経験し、他者とともに苦しんだ。それを見据え、気を逸らさないで乗り越えなければだめだと自分に言い聞かせたんだよ。

◆あなたはロゴセラピーの中で何度も宗教に言及されていますね。両者はどのような関係にあるのでしょうか。

いくつかの著書で僕は、一人の人間として宗教の問題を語っている。でも僕はロゴセラピーへの責任もあるから、それを無神論者も含むすべての患者に利用できるものにする必要がある。ロゴセラピーは一つの手法、現世の科学的アプローチの応用だ。僕たちは、考慮しなければならない人間の現象を宗教の中に見る。これほど多くの人々が信仰心をもつようになる、あるいは信仰心を保っているという事実を考えなければならない。ロゴセラピーの中では最も普遍的な意味で宗教を扱うんだ。つまり、僕たちの理解力を超えた最終的な意味、または超越した意味を信じるということだ。ある人が意味への強い意志をもっているというとき、それはそれぞれの人生の状況で意味を見つけ、それを実現する動機づけをもっているということだ。だが、全体的な意味もある。個々の人生の状況ではなく人生全般の意味だね。この究極的な意味も動機づけの対象となることがある。だから、究極的な意味への意志について語ることができるのであり、それはことばの最も広い定義で宗教的であることを意味する。これは僕の主張ではなく、アインシュタインやその他の著述家の主張だよ。ロゴセラピーは特に宗教に関心があるが、それは宗教が意味への意志の一つの形態であり、その他の点では満足しても究極的な意味の面でそうではない人々がいるからだ。

◆究極的な意味とは何かを理解する必要があるのですか。

人には究極的な意味を理解することはできない。その存在を信じること、そしてそれと対を成す究極的な存在――人が神と呼ぶもの――の存在を信じることができるだけだ。象徴を通してこの最終的な意味を見出す人や、儀式の形でそれへの献身を実行する人もいる。

◆心理学的な観点からいうと、そのような究極的な意味が完全な妄想であったら問題でしょうか。

それに判断を下すことは僕にはできないな。だけど、僕はごく最近、一四歳のときに考えた観念に戻ってきた。この中で僕は神を人間の最も親しい独白の相手と定義した。このうえない孤独と誠実さの中で人が自分に語りかけるとき、それはある意味で祈りだ。正直に自分に語りかけているならば、自分に語っているのか神に語っているのかはその人が決めることだ。それは誠実な独り言かもしれない。誠実さは僕たちに神の操作的定義を与えてくれるから、この最も親しい独白の相手を神と言ってもいいだろうし、究極的な存在、超自我、本物の自己、真の自己と言ってもいいと思う。それを何と呼ぶかは問題ではないんだ。この独白の相手は操作的に言えば神と呼ぶことができるんだ。

◆豊かな西洋の人々は、ときとして自分が苦しむべきだと考えているためにまがいものの苦しみを感じているのではないでしょうか。わかりやすい例は、精神分析家の長椅子に横たわる金持ちのアメリカ人ですが……

そういう人たちは、一日五〇分、週五日も費やす価値のない、表面的な苦しみに関心を集中させているんだね。彼らはそれによって本物の苦しみに直面することから逃げようとしている。人間の状況は悲劇的なものなのに、些細なことだけに目を向けている。そのような人は苦しんですらいなくて、コンプレックスをもっているだけだ。このことばは、それが本物の深い苦しみではないことを示している。苦しむというのは病的なことじゃあない。それどころか、苦しむことができないとすれば、そのほうが病気の徴候なんだ。

◆あなたの業績はしばしばマズローと比較されます。どこがマズローと違うところなのでしょうか。

僕に言わせてもらえれば、自己実現では十分ではないと思う。マズローは僕が提示できなかったことを提示し、僕はマズローが触れなかったことを提示している。彼は常に僕の説をヒューマニスティック心理学だと主張した。僕はそれに異議はなかった。けれども僕は、自己実現は人間にとって第一義的な目的でも最終的な到達点でもないと思っている。それは懸命に努力する目標になりえないんだ。目標にすれば幻想になってしまうだろう。同様に快楽を目的とすることもできない。快楽を目的とすればするほど、それを得られないことに不満を感じるようになる。僕の考えでは、性的な病理の九五パーセントはその事実に発している。自己実現は自己超越の副産物だ。マズローは最新作で僕の批判に賛成し、『ヒューマニスティック心理学雑誌』で論評して、僕に論文を書くよう勧めてくれたよ。意味への意志は人の主要な原動力であると言明さえした。僕は彼の人柄をすごく敬愛していた。いつでもとても心の広い人だったよ。

◆ですけど、あなたはヒューマニスティック・セラピーのある側面に対して批判的ですね。

そうだね。僕はエンカウンターグループ、マラソン・エンカウンターグループ、ヌード・エンカウンターグループを批判しているよ。

◆マラソン・ヌード・エンカウンターグループは言うまでもなく？

僕が批判しているのは、エンカウンターグループは自己表現に浸って自己超越を無視するということだ。話し手と聞き手がいるとき、そこには第三のことがらがある。何について話しているのかということだ。それがこうしたグループには欠けているんだ。人々はただ自己を表現しているだけで、対話の中で自己を表現するというよりも、自分の怒りや感情の発散自体を目的としている。それでは互いに独り言を言い合っているだけだ。必要なのは、発散を奨励されるだけではなく、自分や他者が人生に固有の意味を見出すのを手助けするよう奨励されるグループだ。すべての感情を解放するのはむしろ病的だ。どんな神経科医もそれを勧めはしないだろう。脳は抑制の解除だけではなく、抑制にもかかわっているんだから。

◆けれども私たちには意味が必要なのですね。

意味は尽きることがないんだ。僕たちはそれぞれの人生の状況の中に隠れて眠っている意味をかぎ出す直観力を発達させることが必要だ。これは今日において非常に重要だと思う。僕は究極的な意味のことを言っているわけじゃない。僕は一六歳のときに、自分はいつか創造的な方法、つまり創作においてか、あるいは経験的な形で何かを行う中で意味を見出すだろうと悟った。善なるもの、真なるもの、美なるもの——そのような物や人を経験する中で意味が見出されるんだ。さらに第三の方法もある。状況が変えられないなら、たとえば治療できない病気に苦しんでいるなら、それをどのように生き抜くかということによって意味を見出すことができるんだ。

第7章　ダニエル・カーネマン

二〇〇二年夏の終わりのニュージャージー。午前九時一五分。プリンストン大学の心理学教授ダニエル・カーネマンの家の電話が鳴った。

「歴然たるスウェーデンなまりの人が電話をしてきて、受賞の理由書を読んでくれました。私はやっぱり少々興奮していましてね。よく聞いていなかったようです。それから……その人は委員会の委員長の名前を言いましょうと言いました。それがたまたま私の知っている人だったので、それは本物で、不愉快ないたずら電話ではないということがわかりました。」

こうして、まだとりわけ高齢とはいえない六八歳のダニエル・カーネマンは、自分がノーベル経済学賞を受賞したことを知った。ノーベル「心理学賞」はないため、経済学賞は彼が選ばれる可能性のある唯一のノーベル賞だった。カーネマンの業績を概説した『ザ・サイコロジスト』は、心理学者としてノーベル賞を受賞したのはパブロフ、ロジャー・スペリー（分離脳の研究）、ヒューベルとウィーゼル（大脳皮質視覚野の研究）、ハーバート・サイモンに続いてまだ五人目だと論じている。このリストには、動物の――そしてある程度人間の――行動を研究したノーベル賞受賞者としてティンバーゲンとローレンツを加えるべきだろう。一九七九年にハーバート・サイモンが経済学賞を受賞するまでは、すべて生理学・医学賞であった。

スウェーデン王立科学アカデミーは、「不確実性の下での人間の判断と意思決定など、心理学の研究から得られた成果を経済学に統合した」ことをカーネマンの受賞理由にあげている。少なくとも心理学に言及するたしなみをもっていたのだ。ノーベル賞の受賞理由書には、カーネマンの業績は「人間の判断がいかに確率の基本原則から体系的に逸脱した近道を取るかを発見することによって、新しい研究分野の基礎を築いた」と述べられている。

カーネマンの最も重要な研究の多くは、エイモス・トヴァスキーと共同で行われた。誠実なカーネマンは、長年ともに歩んできた共同研究者を忘れることなく、スウェーデンのマスコミに次のように語っている。「私が光栄にも賞をいただいた業績は、親友であり著名な心理学者であったエイモス・トヴァスキーとの共同作業の結果です。彼は一九九六年に他界しました。生きていたら二人での共同受賞となっていたはずです。今、私の胸を去来する思いの一つがこのことです。喜びの中にも、彼といっしょに今日の日を祝えない悲しみを感じています」と述べた。このインタビューを準備する中で、私は、トヴァスキーの病気が重くなったときにカーネマンがインターネットに掲示したメモを見つけた。カーネマンは友人たちに、彼の様子を知りたいときにはトヴァスキー家には電話しないで、手紙にしてほしいと頼んでいた。善意の電話が鳴り続けることは、家族の負担を増すだけだったからだ。

カーネマンはこの共同研究について率直に公言している。ノーベル賞受賞後に書いた自伝に、「エイモスと私は、金の卵を産むガチョウ——それぞれの頭脳よりうまく機能する共同頭脳——を二人で共有するという驚異を分かち合った」と書いている。統計データは、二人の共同研究がそれぞれ個別に行った研究よりもすぐれていた、あるいは少なくとも影響力が大きかったことを確証している（Laibson & Zeckhauser, 2000）。エイモス・トヴァスキーとカーネマンは、「私たちの絶頂期」と彼が呼ぶ時期に八本の共著論文を学術誌に発表した。そのうちの五本は二〇〇二年末までに一〇〇〇回以上引用されている。他方、二人がそれぞれ単独で書いた論文は二〇〇本に及ぶが、そのうち、共同研究の引用回数を上回るものは、類似性に関するトヴァスキーの理論（Tversky, 1977）と、注意に関するカーネマンの著書（Kahneman, 1973）〔訳注『注意と努力』〕だけである。

初期の査読者は「二人の共同研究の特殊なスタイル」に気づいた。『サイコロジカル・レビュー』は、それゆえに二人の共著による最初の理論的な論文（代表性に関するもの）を不採択にした。著名なその査読者は、トヴァスキーとカーネマンがそれぞれ追究していた研究について熟知しており、どちらも非常にすぐれたものであると指摘した。しかし、「この研究では互いの最も悪いところが引き出されたようである。二人は間違いなく共同研究をすべきではない」という異例のコメントを加えた。大いなる皮肉だとカーネマンは笑った。

心理学について三〇年間報告してきた私はときどき、芸術や科学のパイオニアは自分の手がけた分野が専門化したさまをどう捉えるだろうかと考える。カーネマンはイスラエルで研究者人生を歩み始めたとき、非常に実践的な心理学者であることを求められ、どの兵士が戦場ですぐれたリーダーになるかを予測しなければならなかった。明らかに彼は、この時代のことを感情をこめて思い起こしている。一九五八年に渡米したが、そのときにはまだ自分が一人前の心理学者だとは感じていなかった。わずか二四歳だった。研究者として一人前と思えるまでには、さらに七年の歳月と視覚に関する多くの研究、特に瞳孔の大きさと記憶の関係、瞳孔の大きさと知的課題の複雑性の関係に関する研究が必要だった。

それから四〇年、カーネマンは人類の幸福にもっと直接的に関連する問題に取り組んでいる。もっともそのうちの一つは確かにウッディ・アレン的な側面をもっているが。カーネマンが研究してきたトピックの一つは、浴槽につかっているカリフォルニア州民は本当にニューヨーク市民よりも幸せかということである。カーネマンの発見によると、浴槽につかっているカリフォルニア州民は、ニューヨークのマンハッタンで浴槽につかっている人より実際に幸せというわけではないが、マンハッタンの人々はカリフォルニア州民は幸福指数が高いと考えている。

しかし、もちろん、カーネマンが東海岸と西海岸の「風呂のジレンマ」ばかりを考えていたならば、ノーベル賞はもらえなかっただろう。

カーネマンは一九三四年、イギリスがパレスチナを統治していた時代のテル・アビブに生まれた。その後、父親がフランスで仕事に就き、カーネマンは五年間、ナチスが占領したフランスでユダヤ人として生き延びた。彼はインタビューの中でそのときの状況とそれが自分に及ぼした影響について説明している。戦後、彼はヘブライ大学で研究者としてのキャリアをスタートした。そして、ほどなくイスラエル軍に所属する心理学者になり、兵士とその技能の評価を専門とすることになった。しかし、すぐに問題が起きた。

軍が用いていた前提に異議を唱えたからである。

カーネマンは現在、プリンストン大学ウッドロー・ウィルソン公共政策・国際関係大学院の心理学教授である。これは、彼の業績が現実の社会や金融や政治の決定に大きな意味をもつようになったことを反映している。

カーネマンの業績を本当に理解するためには、古典的経済学説についてある程度知らなければならない。ポール・オーメロッドの『バタフライ・エコノミクス』によると、経済学者は二五〇年以上、合理的な人間の理論に固執してきた。これは、金銭とリスクについて合理的なのが当たり前であり、平均的な人間は頭の中に小さな計数装置をもった計算機で、投資だけではなくすべての経済状況のリスクと報酬を完璧に分析できると仮定する。しかし、古典的経済学説の問題は、安楽椅子から立ち上がって人間が実際にどのように行動するかを観察した経済学者がほとんどいなかったということである。ジョン・ケネス・ガルブレイスは、ウォールストリートの株価暴落に関する本を書き、人々がいかに市場バブルに飲み込まれてしまうかを説明したが、投機バブルの狂気を除けば、人間はリスクに関して合理的に行動すると考えられていた。

一九六〇年代終わりごろまでにカーネマンは、経済学のいわゆる合理的モデルは心理学的な現実に対応していないと考えるようになった。個人がリスクを分析する方法は、リスクを負う人それぞれの心理に加え、彼が認知的錯覚と呼ぶものによってゆがめられる。私たちは確率の合理的な解釈があまり得意ではない。ピアジェのことばを借りるなら、私たちの大部分は「形式的操作」の段階に達していないのだ。カーネマンは、形式的操作の段階に達しているのは人間の一パーセントにすぎないという研究のことを私が話したとき驚いていた。今回のインタビューの中で彼が驚いたのはこのときだけである。「形式的操作ができなくても、人間はうまくやっていけますよ」と彼は述べた。

合理性からの体系的な逸脱を追跡することは、カーネマンの不変の研究テーマの一つである。たとえば、ある状況では人はどんなことでも危険を冒したがらなくなる。達成できるかもしれない獲得の喜びより喪失への恐怖が大きくなるからである。ところが別の状況では、人々は成功の可能性を著しく過大評価する。

リスクは、社会科学の人気のトピックになっている。それは医学や、言うまでもなくテロ攻撃のリスクを含め、生活の多くの面に影響を及ぼすからである。保険会社は洪水や盗難のリスクを評価し、医者は患者が手術のリスクを評価することを手助けしなければならず、投資家は金融リスクを評価しようとする。「スイート香水」社の株は上がるのか下がるのか。カーネマンは、リスクの知覚の仕方に何が影響を及ぼすのかを研究している。

リスクが大好きな人もいる――外向性の人はリスクを好む傾向があることを示す研究がある。多方、リスクを避けるために何でもするという人もいる。これは単にパーソナリティの問題ではない。リスクの高い新しい株に賭ける人が、ごくわずかな身体的なリスクも拒むことがある。私は若い頃、『スーパーマン』で有名な映画プロデューサー、アレクサンダー・サルキンドの下で働いたことがある。彼は映画のためなら莫大な金額の賭けに打って出ることもいとわなかったが、飛行機は危険だといって絶対に乗らなかった。統計的に見れば、飛行機の墜落よりも映画の失敗のほうがずっと確率が高いと指摘されると、自分の乗る飛行機は高頻度で墜落すると答えたものだ。

カーネマンとトヴァスキーはリスクを理解するために、その隅から隅まで研究した。損失への嫌悪、後知恵によるゆがみ、統計的認識の欠如、選択のフレーミング、過去の記憶、将来への懸念などを調べた。人がどのように問題をフレーミングするかは、世論調査会社が熟知していることである。このインタビューにおいて、彼はそれについて詳しく論じている。

彼の真の業績のひとつは、リスクに対処するときの意識の複雑さと認知的錯覚からの影響の受けやすさを扱うことのできる枠組みを示したことである。たとえば読者諸氏がアルファ投資銀行のトレーダーであるとしよう。まもなく今期の運用実績が出て、自分の実績が目標に達していないことがわかる。取引で一五パーセントの利益を上げるべきであったが、実績は一三・八パーセントにとどまっている。さて今、A社の株が今週二〇パーセント上がるという情報が耳に入った。同社は原油探査技術をアゼルバイジャンに売却する巨大な契約について交渉しているからである。あなたは嬉しさで舞い上がってしまい、この投資のリスクを十分に考慮しない。否定的な要因は見落とし、好ましいうわさが出回った後で結局は無価値なことが判明することもしばしばあるという事実など忘れてしまう。批判的な証拠ではなく、うわさを確認する証拠を探す。そしてあなたはその取引を行い、大金を失い、職を失う。あなたは前の晩、彼女があなたと別れて他の男とつきあうつもりだと言ったためにいつもより深酒したという事実も無視してしまった。問題は、そこに関わる多くの変数をどう測るかということである。人間の行動のなかには変数がさらに複雑になる領域もある。カーネマンは、金融やゲーム理論にとどまらず、さまざまな分野にリスク分析を拡大した。消費者行動や医学的リスクへの対応の仕方も考察したし、紛争解決の問題にも目を向けている。それはアメリカとイスラエルの両方の市民権をもつ者として意外なテーマではない。このインタビューの中で、彼は最近イスラエルに行き、紛争の双方がいかに不合理なタカ派であるかを知らされて打ちのめされたと述懐している。彼は、教育への望みをほとんど見出すことができなかった。

人は特に目盛りの一番上と一番下で確率を理解できない、とカーネマンはいう。たとえば、私たちは確率一パーセントと五パーセントの違い、九〇パーセントと九五パーセントの違いを正しく意味づけて評価することができない。また、たいていは低い確率を重視しすぎ、高い確率を軽んじすぎる。さらに、選択に可能性の数値を取り入れることなく「あれかこれか」（たとえばワクチン接種は「安全」か「危険」か）という形に類別する傾向がある。

研究の社会的な意義が高まってくるにつれ、カーネマンが医学的なリスクに関心を向けるようになったのも驚くことではない。患者がどのようなリスクを受け入れるかを調べる研究は、伝統的に、確率を割り振るよう患者に要求するものであり、まだ受けていない治療の結果にどのような利益があると思うか、事実上賭けをしてもらうことになるのである。患者は、仮定の治療の結果について価値を判断するのは難しいと感じるが、なじみのあることについては理解する。

カーネマンとトヴァスキーは、結果ではなく、変化の測定に焦点を置くことにした。すなわち、各人が経験する利益と損失である。それは個人的なものであり、数量化するためにはそれぞれの人の現実を引き出す新しい尺度を考案しなければならない。

ひとつの結論は、患者はギャンブラーのようになりうるということである。生か死かという状況では生き残ることが他のすべての要因に勝るが、問題がそれほど重大ではない場合には、ときとして人は得られることに関心をもつよりも失うことを恐れる。だから患者は、成功の利益が大きいときには成功の可能性が小さいハイリスク（たとえばがんの治療のために頭と首の手術をすること）を受け入れるが、ちょっとした病気の治療のために入院しなければならないとなると、言い逃れをしたがる。

しかし、その多くは選択肢が示される表現に依存する。カーネマンとトヴァスキーは、質問がどのように「フレーミングされる」かが患者の答え——および患者が実際にどう感じているかの推定——に影響することをはじめて示した。ある医学的処置について、死亡する確率が三〇パーセント、治癒して人生がよりよくなる可能性が四〇パーセント、良くも悪くもならないが、相当な痛みや不快を経験するだろう確率が三〇パーセントだと説明される場合を考えていただきたい。

手術Xの「救命率」という表現をされていれば、患者はそのリスクを受け入れることが多い。しかし、同じ死亡または治癒の確率に関して「死亡率」などと表現されれば、患者はリスクを回避することが多くなる。知識も予防薬とはならない。事実をよく知っているはずの医師も、患者と同じように、質問のフレーミングによってリスクの受け止め方が左右される。

カーネマンがノーベル賞を受賞したとき、その業績を概括したオーストラリアの医学誌『ジャーナル・オブ・メディスン』は次のように認めた。

「患者との話し合いのとき、私たちは『しばしば』『ありうる』『よくある』『めったにない』『可能性がある』などの曖昧な量的表現を使うことが多い。こうした近似表現は、部分的な知識に基づいて決定がなされるという現実の世界を忠実に反映している。それぞれの患者の治療の決定を構成する予測確率を臨床医が用いない、または知らないならば、重要な数値的変数を比較考量して決定に達しようという試みは、にせの正確性にすぎないだろう。

私たちは関連するすべてのヒューマンファクターと医学的要因を比較検討できる『個人の科学』と、選ばれた結果を最適化する可能性が最も高い決定に当事者を導く、臨床的判断の計算法を発展させる必要がある。」

現実世界のこうした複雑性をあつかうことのできる、堅実で実際的な道を切り開いた臨床研究者には、ノーベル賞が待っていることだろう！　一九九六年、カーネマンは、トヴァスキーにわずか数ヶ月しか時間が残されていないことを知り、かつての共同研究の魔法をよみがえらせようとした。「私たちは、二〇年以上前に二人が意思決定の共同研究を始めて以来達成してきた成果について、共編著を編集することにしました。二人で共同して野心的な序文を書こうと計画しました。でも、それを完成させるには十分な時間がないことを初めから二人とも知っていたと思います。私一人で書いたこの序文は、私の生涯の執筆の中で最もつらい経験になりました。」

◆あなたのバックグラウンドについて教えてください。

両親はリトアニア出身のユダヤ人で、一九二〇年代初期にフランスに移民し、かなり成功していました。父は大きな化学工場の研究主任でした。両親はフランスを愛し、フランス人の友人もいましたが、フランスにすっかり根づいているというわけではなく、完全な安らぎは得られませんでした。そして言うまでもなく、わずかに感じていた安らぎも、ドイツが一九四〇年にフランスに侵攻したときに吹き飛ばされてしまいました。一九四一年に私は時間の関数として家族の幸福を示すグラフを描いたんですが――多分私が描いた最初のグラフでしょうね――これによると一九四〇年ごろに曲線が負の領域に落ちてしまっています。

私が心理学者という職業を選んだのが幼い頃に面白いゴシップに接した結果なのか、それともゴシップに対して関心をもったということが心理学者になる兆しを示すものだったのかはわかりません。ユダヤ人の多くがそうですが、私は人とことばだけで成り立っている世界で育ちました。そしてほとんどのことばは人についてでした。自然はほとんど存在せず、花の名前を覚えることも、動物を愛でることもありませんでした。でも、母が父と話したい話題の人物は母の友達のことであり、私は話題にのぼる人たちの複雑さをすごく面白いと思っていました。いろいろな人がいましたが、最もすぐれた人でも完全というには程遠く、単なる悪人というのは一人もいませんでした。母の話のほとんどは皮肉で彩られており、何事にも二つ以上の側面がありました。

鮮明に覚えている経験があります。一九四一年の終わりごろか一九四二年の初めごろだったはずです。当時、ユダヤ人はダビデの星を身につけなければならず、午後六時以降の夜間外出禁止令が出されていました。私はキリスト教徒の友人と遊びに行っていて、帰りが少し遅くなってしまいました。私は茶色のセーターを裏返しに着て、家までの数ブロックを歩きました。ひと気のない道を歩いているとき、向こうからドイツ人の兵士がやってくるのが見えました。その兵士は何より恐ろしいといわれていた黒い制服を着ていました。黒い制服は誰でもが入隊できるわけでないナチス親衛隊員のものだったのです。兵士に近づき、速足で通り過ぎようとしたとき、彼が私を見つめているのに気がつきました。彼は私を手招きし、私を抱え上げ、抱きしめたのです。私は彼がセーターの内側についているダビデの星に気づくのではないかと思って生きた心地がしませんでした。でも、彼は感情を込めてドイツ語で私に話しかけました。そして、私を降ろすと、自分の財布を開け、男の子の写真を見せてから、私にいくらかのお金をくれました。私はいつも以上に母が正しいと思いながら家に帰りました。つまり、人間というのはどこまでも複雑で興味深いということです。

父は最初の大規模なユダヤ人狩りでつかまり、ドランシー収容所〔訳注　パリ郊外〕に六週間拘留されました。絶滅収容所に移送する中継点として作られたところです。父は会社の介入によって解放されました。それは（数年前にある記事を読んで初めて知ったのですが）、一九三〇年代フランスのファシスト反ユダヤ運動の資金提供者の指示によるもので、父の解放の話には、ある美しい女性と彼女を愛したドイツ人の将軍が関わっていました。私にはいまだによく理解できていないのですが。父が戻ってすぐあと、私たちはヴィシー政府のもとに逃れ、リヴィエラで比較的安全に過ごしました。でも、そこにもドイツ人がやってきたため、再びフランス中央部に逃れました。父は糖尿病の治療を十分に受けられなかったことが原因で一九四四年に他界しました。それは父が心から待ち望んでいたDデー〔訳注　一九四四年六月六日の連合軍によるノルマンディ上陸作戦開始日〕のわずか六週間前でした。すぐに母と姉と私は自由になり、パレスチナにいる残りの家族と合流する許可が得られるだろうと希望をいだき始めました。

◆学校の成績はよかったのですか。

私は、知能面は早熟で、身体面は不器用でした。運動音痴は相当ひどいものだったようです。一九四六年、フランスのリセ［訳注　国立高等中学校］での最後の学期に、八年生の体育の教師が私をタブロー・ド・ヌール（成績優秀者名簿）に入れるのを拒みました。寛大さにも限度があるというわけです。また、私はとても尊大な子どもだったに違いありません。エッセイを書いたノートを持っていたんですが、その表題には今でも赤面してしまいます。『我が思索の書』というんです。一一歳になる前に私が書いた最初のエッセイは、信仰に関するものでした。それはパスカルの「信仰とは心で知覚できるようにされた神である」（「何と正しいのだろう！」）ということばを引用し、それからこの真正の霊的経験はおそらくめったになく、頼みにできないものであり、もっと頼みになる代用品を生み出すために大聖堂やオルガン音楽が作られたと指摘しています。

◆それからパレスチナに移住されたのですね。

一七歳のとき、兵役をどうするか決めなければなりませんでした。私は、学士号を取るまで任務につくのを遅らせることができる部隊に志願しました。それには夏を将校訓練学校で過ごす必要がありました。また軍務の一部を専門知識を使って行うことになりました。その頃までに、いろいろ問題がありながらも心理学者になろうと決めていました。十代の私の関心を引いた問題は哲学的なものでした。人生の意味、神の存在、不行跡を働いてはいけない理由などです。けれども、だんだんに、神が存在するかどうかよりも、何が人に神を信じさせるのかに自分の関心があることがわかってきました。倫理よりも、正邪に関する人々の妙な確信がどこから出てくるのかということに興味を抱きました。職業ガイダンスを受けたところ、一番に推奨を受けた分野は心理学でした。経済学も有望な二番手でした。私は経験を積みたかったので、実務的な分野でスタートしました。それを私はシェフになる前のお手軽料理シェフの時期と呼んでいるんですが。

◆それからどのような教育を受けられましたか。

二年のうちにエルサレムのヘブライ大学で、心理学専攻、数学副専攻で最初の学位を得ました。数学の成績は平凡でした。特に、いっしょに学んでいた友人たちに比べるとね。そのうちの何人かは世界的な数学者になりましたよ。でも、心理学は最高でした。一年生のときに社会心理学者のクルト・レヴィンの著書に出会い、彼の生活空間論に深く影響を受けました。それによると、動機づけは外部から個人に作用し、いろいろな方向に押したり引いたりする力の場として表現されます。それから五〇年たった今でも、私はプリンストン大学ウッドロー・ウィルソン公共政策・国際関係大学院で院生たちに入門的な講義をするとき、行動の変化の誘発に関するレヴィンの分析を使います。また、私は神経心理学にも心を惹かれました。敬愛するイェシャヤフ・レイボウィッツ先生の講義が毎週ありました。一度など、四一度の高熱をおして先生の講義に出かけたくらいです。どうしても聞き逃したくなかったんです。それから、ドイツの神経外科医クルト・ゴールドスタインがヘブライ大学を訪れました。ゴールドスタインは、脳に大きな損傷を負うと抽象化の能力がなくなり、具体的な思考しかできなくなると主張しました。最も興奮したのは、抽象と具体を区別する境界は哲学者がいうようなものではないというゴールドスタインの説明です。現在ではゴールドスタインの主張にはっきりした根拠がないことがわかっていますが、当時、概念的な区別の根拠を神経学的な観察におくという考え方は本当に刺激的でした。私は、医学部に移って神経学を学ぼうかと本気で考えたくらいです。隣人だったハダサ病院の神経外科部長が、医学の研究は臨床医以外の目標達成の手段としてはあまりにも負担が大きい、という的確な指摘してくれたおかげでやめましたけれど。

◆兵役も果たさなければならなかったのでしょう?

一九五四年に少尉として招集され、小隊長として波乱の一年を過ごした後、イスラエル国防軍の心理部門に異動になりました。そこで私が不定期に行っていた仕事のひとつは、将校訓練の候補者の検査に参加することでした。私たちは第二次世界大戦時にイギリス陸軍が開発した技法を使っていました。リーダーのいない集団の行動をみる検査もありました。階級章が外されて番号だけで呼ばれる八人の候補者に対し、地面に置かれた電柱を持ち上げて高さ二・五メートルの壁などの障害物のところまで運び、電柱を地面にも壁にも触れさせず、自分たちも壁に触れずに壁の向こう側に移すといった課題が出されました。電柱や自分たちがどこかに触れてしまったら、それを宣言してもう一度はじめからやり直さなければなりません。三〇分以上もかかるこうした教練を二人の心理学者が観察しました。私たちは候補者のどんな性格が表れるかを見ていました。いろんな人がいましたよ。本物のリーダー、忠実な部下、空威張りをする人、すぐあきらめる人。あらゆる性格がそこには見て取れました。私たちは、このようなストレス下で兵士たちの本性が自ずと明らかになり、すぐれたリーダーになる人とならない人を判別できると思っていました。しかし、実際にはそれはできませんでした。月に一度くらい「統計発表日」があり、候補者の潜在能力に関する私たちの評定がどの程度正しかったか、将校訓練学校からフィードバックを受けたんですが、内容はいつも同じ――将校訓練学校での成績を予測する私たちの能力はほとんどゼロに等しいということでした。この統計的な情報と、そうであるに違いないと思える洞察の体験の間にまったく関連性がないということを痛感させられ、私はそれを表現するために「妥当性の錯覚」ということばを作りました。二〇年近く後になって、この語は専門的な論文に用いられました（Kahneman & Tversky, 1973）。それは、私が発見した最初の認知的錯覚でした。妥当性の錯覚に密接に関連しているのが、私たちが観察している候補者に関する議論のもう一つの特徴でした。私たちは、わずかな行動のサンプルをもとにして将来の成績について極端な予測をしたがるということです。いえ、「予測したがる」というのは適切なことばではありませんね。私たちは予測と観察とを区別していませんでしたから。グループが困難に陥ったときに責任を引き受けてチームに壁を越えさせる兵士がそのときのリーダーであり、彼が将校訓練学校や戦場でどう行動するかを考えるとき、きっと今と同じようにすぐれたリーダーになるだろうと単純に予測していました。それ以外の予測は証拠と一致しないように思われました。後に統計を教えるようになってから初めてはっきりと理解したのですが、予測はその基礎になる情報よりも極端でないものでなければならないという考えは、たいへん直観に反したものです。

直観的な予測というテーマは、その部隊で大きな任務を与えられたときに再び浮上しました。それはすべての戦闘部隊の新兵の面接を行う方法を開発するという仕事でした。不適当な人をふるい落とし、それぞれの任務に配置するのに役立つ面接方法が必要だったのです。そのときすでに用いられている面接のシステムがあって、少数の面接官が行っていました。面接官の多くは若い女性でした。彼女たちは自身が良い高校を出たばかりであり、心理測定検査での優秀な成績と心理学への関心によって選抜されていました。面接官はそれぞれの新兵について全般的な印象をまとめ、その人が戦闘部隊でどのような働きをすると期待されるか、全体的な評価をすることが求められていました。けれども、ここでもその統計的妥当性は悲惨なものでした。面接官の評定は、私たちが関心をもつどの基準についても、実質的に意味のある正確さをもつ予測になってはいませんでした。

私の任務には二つの課題がありました。一つは特定の戦闘業務において特に重要になるパーソナリティの次元があるかどうかを突き止めること、もう一つはこうした次元を特定する面接の指針を作成することです。私は歩兵隊、砲兵隊、装甲部隊などを訪れ、それぞれの部隊における兵士の実績の全体的な評価と、いくつかのパーソナリティの次元に関する評定を収集しました。これはうまくいく見込みのない仕事でしたが、そのときにはそのことを理解していませんでした。回しにくいハンドルのついたモンローの手動計算機を使って、何ヶ月も複雑な分析に取り組みました。私は複数の属性をもつデータを分析する統計的な手法を編み出し、いろいろな部隊の心理的な要件について込み入った記述をするのに使いました。私はチャンスに乗じていたわけですが、この手法は大学院の先生の一人で人事研究で有名な心理学者のエドウィン・ギゼリの目に留まり、論文を書くよう勧められました。これが私にとって初めて公刊された論文になりました。そしてこれが予測と記述の統計に対する私の生涯にわたる関心の始まりでした。

さて、こうして基準尺度となるパーソナリティ・プロフィールができたので、予測のための面接を提案することが必要になりました。それはポール・ミールの古典的な著書『臨床的予測と統計的予測』(Meehl, 1954) が出たばかりの一九五五年のことです。彼は、臨床的な予測は常に保険数理的な予測に劣ることを示していました。誰かがその本を私にくれたのでしょうね。そして確かに私はその本から大きな影響を受けました。私は市民生活のいろいろな側面に関する質問を取り入れて構造化された面接質問表を作りました。そしてパーソナリティの六つの側面(「男性的誇り」や「義務感」といったものが含まれていたことを覚えています)について評価を行うために、面接官たちにこの質問表を使うよう求めました。すぐに暴動寸前になりました。臨床的な技能の実践に誇りをもっていた面接官たちは、自分たちが自ら思考しないロボットに貶められると感じたのです。私は、「皆さんの面接が信頼できるものであることを示してください。そして妥当性については私に任せてください」と自信たっぷりに言ったのですが、面接官たちは満足しませんでした。それで私は譲歩しました。「私の」六つの評定を行った後、どんな方法でも自由に新兵の可能性を全体的に評価する臨床的な判断を行ってよいと言いました。数ヶ月後、新兵の成績評定を基準とする最初の妥当性のデータがあがってきました。妥当性は以前よりもずっと高くなっていました。たしか、以前の方法で〇・一〇くらいだった相関係数が〇・三〇近くになっていたと思います。最も有益な発見は、構造化面接の最後に行われた面接官の全体的な評価がすべての評価の中で飛び抜けて予測性が高いということでした。信頼できる面接にしようとしたことで、妥当性が高まったのです。私が当時取り組んだ謎は、ずっと後になってエイモス・トヴァスキーと私が発表した直観的予測の心理学に関する論文の萌芽となりました。

◆フロイトはあなたの研究に影響を及ぼしましたか。

いいえ。

◆けれども、ある著名な精神分析の思想家に影響を受けたのですね？

一九五八年の夏、妻と私は車でアメリカを横断し、マサチューセッツ州ストックブリッジにあるオースティン・リッグス・クリニックに行き、そこの著名な精神分析の理論家デイヴィッド・ラパポートの下で数カ月間勉強しました。ラパポートとは、その数年前に彼がエルサレムを訪れたときに親しくなっていました。ラパポートは、精神分析は記憶と思考に関して有効な理論の要素を含んでいると考えていました。その理論の中心的な考えは、フロイトの『夢判断』の第七章、精神的エネルギーのモデルが描かれた部分に提示されているとラパポートは主張しました。私は、ラパポートを囲む他の若い研究者たちとともに、タルムード［訳注　ユダヤ教の教訓集］の文章のようなその章を勉強し、そこから短期記憶に関する実験的な予測を引き出そうと試みました。これはすばらしい経験でした。その年の終わりにラパポートが急死しなければ、私はその後も訪れていたことでしょう。私は彼の強烈な精神を心から尊敬していました。一五年後、私は限定的な資源としての注意の理論を含む『注意と努力』という本を出したんですが、この本の謝辞を書くときになって初めて、私はラパポートが最初に私を連れて行ってくれた領域を再訪しているのだということに気がつきました。

◆でも、まだ十分に訓練ができていないと感じながら、アメリカを後にしたのですね。

バークレーで多くのことを学びましたが、まだ研究を行うのに十分な訓練はできていないと感じました。そこで、きちんとした研究室を持ち正規の科学を行って、基本的な技能を身につける必要があると考えました。シェフを目指す前に堅実に普通の料理ができる必要があると思ったのです。それで、視覚の実験室を作り、数年間、視力におけるエネルギー統合に関する研究を精力的に行いました。同時に、「単一質問の心理学」と私が呼んでいたアプローチを使って、子どもの親和動機づけを調べる研究プログラムを作ろうとしました。このような心理学研究のモデルとなったのは、ウォルター・ミッシェルがカリブ海諸島の子どもたちに二つの質問をした研究（Mischel, 1961a, 1961b）です。ミッシェルは、「この（小さな）棒つきキャンデーを今日食べてもいいし、この（大きな）棒つきキャンデーを明日食べてもいいとしたらどうしますか」という質問と、「魔法を使える人がいるとします……何でもあなたがなりたいものにあなたを変えてくれる魔法です。そうしたら、あなたは何になりたいですか」という質問をしました。後者の質問は、職業や達成に関連した特性が述べられていれば1点、そうでなければ0点と得点化します。このような楽しい質問への答えは、子どものさまざまな特性や出身背景とかなり相関をしていることが明らかになりました。これは示唆的で面白いと思いました。ミッシェルは重要な心理学的概念と、それを測定する単純な操作をつなぐことに成功したのです。このようなものは、心理学にはほとんどありませんでした（今もほとんどありません）。心理学の概念はふつう、長いリストや入り組んだ文章でしか記述できない手続きを伴うものですから。

私のキャリアの中で最も満足のできるユーレカ（わかった）経験をしたのは、飛行機操縦の指導員に対して、技能の学習を促進するには罰するよりもほめるほうが効果的だと教えようとしたときです。私が熱く語り終えたとき、聴衆の中で最も年季の入った指導員の一人が手を上げて、短い演説をしました。彼は「これ正の強化は鳥にはいいかもしれないが、飛行機操縦の訓練生には最適ではないと言いました。彼は「これまで何度も訓練生の曲芸操縦がうまくできたときにほめたことがありますが、たいてい、もう一度やろうとすると前より下手になります。反対に、うまくできなかったときに大声で怒鳴ることがしょっちゅうありますが、そうするとたいてい、次には前よりうまくできるようになります。ですから、強化がうまくいって罰がうまくいかないなんて言わないでください。その逆が現実の姿なんですから」と言いました。これは私にとって、世の中の重要な真実を理解した嬉しい瞬間でした。私たちは他者が何かをうまくできたときにほめて、うまくできなかったときに罰を与えますよね。そして物事は平均に回帰します。ですから、他者をほめると統計的にいって次はうまくできなくなる確率が高まり、罰すると次はうまくできる確率が高くなるというのが、人間の置かれている状況の一部なんです。私はすぐにそれを示すデモンストレーションを考えました。参加者に自分の後ろにある的に向かってコインを二回投げてもらい、当たったかどうかのフィードバックはせずに、的からの距離を測ります。すると、一回目に最も的に近かった人はたいてい二回目には前回よりも的から遠くなり、一回目に最も的から遠かった人はたいてい二回目には前回よりも的から近くなりました。ただし、このデモンストレーションによって、一生にわたって誤った随伴性に曝されることの効果が消えるわけではないことはわかっていました。

◆あなたの研究の結果はもちろんとして、エイモス・トヴァスキーとの共同研究の仕方も興味深いですね。

一九六八年から一九六九年、私は心理学を現実世界の問題に応用することについての大学院生のゼミを受け持ちました。私の人生を変える出来事となったのは、私より若い同僚のエイモス・トヴァスキーに、判断と意思決定の分野での動向について学生たちに話すように頼んだことでした。エイモスは、かつての彼の師であったウォード・エドワーズの業績について話してくれました。エドワーズの研究室は、被験者にポーカーのチップがたくさん入った二つのバッグを見せる実験パラダイムを使っていました。まず、被験者に二つのバッグの中身はチップの構成が違うことを説明します（たとえば白と赤の比率が七〇対三〇と三〇対七〇など）。そのうちの片方がランダムに選ばれ、被験者はその中から連続してサンプルを取り出す機会が与えられます。そして、取り出すたびに、それが赤のチップがたくさん入っているほうのバッグである確率を示すよう求められます。エドワーズはその結果から、人は「保守的なベイズの定理の信奉者」であると結論しました。ほとんどいつも自分の信頼区間を正しい方向に調整するのですが、それが十分であることはめったにないのです。エイモスの話を巡って活発な議論が展開されました。最近知ったのですが、その日エイモスの友人の一人が彼に会ったところ、私たちのゼミでの討論によってネオ・ベイジアンの確信が大きく揺すぶられたと語ったそうです。私も、確率が「現実に」判断される方法についての私たちの直観について話し合うために、いっしょに昼食を取ることにしたのを覚えています。そこで私たちは、この領域で頻発する判断の誤りについて個人的な意見を交わしあい、専門家の統計的な直観について調べてみようと決めました。

一九六九年の夏、私はイギリスのケンブリッジ大学応用心理学研究ユニットで研究を行っていました。エイモスはアメリカに戻る途中に数日ケンブリッジに寄ってくれました。私は、主に誤った研究計画と追試の失敗という個人的な経験に基づいて、サンプリングの変動性と統計力に関する直観についての質問票を作っていました。エイモスはアメリカに帰り、数理心理学会の会合で参加者にこの質問票に答えてもらいました。数週間後、私たちはエルサレムで会い、その結果を見て、論文を書きました。

その経験はまるで魔法のようでした。私は以前にも共同研究をしたことがあって、それを楽しいと感じていましたが、これはどこか違っていました。エイモスは、彼を知る人たちからしばしば、自分の知っている中で一番頭のいい人だと言われていました。彼はまた非常にユーモラスで、どんな状況のニュアンスにもぴったりのジョークを次々に飛ばすんです。彼といっしょにいると私もユーモラスになりました。おかげで私たちは、陽気な気分を保ちながら何時間も硬い研究に取り組むことができました。私たちは意図的にユーモラスな論文を書きました。大数の法則［訳注　ある事象が起こる確率は、各試行が独立であれば、試行数を大きくするにつれて理論的確率に近づくという法則］が小数にも拡張される「小数の法則」が、広く信じられていることを説明したのです。他にはユーモラスな論文は書きませんでしたけれど、いつも仕事の中に楽しさを見出しました。私はおそらく人生で経験した笑いの半分以上を、エイモスと共有したと思います。

◆この共同研究は、あなたにどのような影響を及ぼしましたか。

エイモスの研究はいつも自信と歯切れのよい的確さが特徴でした。私のアイディアにもこうした特徴が出てきたのは嬉しいことでした。最初の共同論文を書いていたとき、私は自分一人で書いたならばもっとためらいがちな論文になっていただろうけど、このほうがずっとすぐれているということに気がつきました。エイモスが私たちの共同作業のどんな点を評価していたのか、正確にはわかりません。私たちには互いに褒めことばを言い合うような習慣はありませんでしたから。でも、明らかに彼も楽しんでいました。私たちはチームでした。そしてそれは一〇年をはるかに越えて続きました。ノーベル賞は、私たちの共同研究が最も盛んだったときに生まれた研究に対して授与されました。

共同研究を始めてまもなく、私たちは一つのリズムを作り上げ、それをその後もずっと維持しました。エイモスは夜型、私は朝型の人間でしたから、昼食のときに会い、長い午後をいっしょに過ごし、それでもなおそれぞれのことをする時間ももてるというのが自然にできたパターンでした。毎日、何時間も話していましたよ。当時一歳三ヵ月だったエイモスの長男オーレンは、お父さんは仕事中だと言われると、「アバはダニーとしゃべる（Aba talk Danny)」と言ったものです（アバはヘブライ語でお父さんの意、ダニーはカーネマンのこと)。もちろん私たちは仕事ばかりしていたわけではありません。この世のあらゆることについて話しました。それぞれの心の中をほとんど自分のことのように理解していました。私たちは相手が言い始めた文を引き継いで終えることができました（実際しばしばそうしました）し、相手が言いたいジョークに落ちをつけることもできました。それでも、どうしてだか、お互いを驚かせ続けもしました。

私たちは、質問紙を作ったり論文の草稿を書いたりする作業も含めて、共同プロジェクトのほとんどすべての仕事を、物理的にいっしょにいる間に行いました。また、明確な作業の分担も避けました。私たちの原則は、すべての意見の相違について両者が納得するまで話し合うということでした。最終決着のつけ方について規則を決めていたのは二つの点だけです。文献リストにある文献を入れるかどうかということ（エイモスに決定権）と、英語の文法の問題（私の支配圏）です。はじめは主著者という概念もありませんでした。最初の論文では著者としてどちらの名を先に出すかを決めるためにコイン投げをし、その後は一九八〇年代に共同作業のパターンが変わるまで、二人の名前が交互に先にくるようにしました。

このような仕事の仕方から生じた結果の一つは、すべてのアイディアが二人の共有物として生まれたということです。相互の影響があまりにも頻繁であまりにも強いものだったために、どちらがあるアイディアを思いつき、どちらがそれを声に出し、どちらがそれを練り上げたかを判別するのは意味がありませんでした。たくさんの研究者が、重要性を本当に理解するよりもずっと前にアイディアを表明した（ときには出版さえした）という経験をもっていると思います。新しい考えの真価を理解し、それを発展させるのには時間がかかります。私たちの共同作業の最大の喜び――そしておそらくは成功の大きな力――の源となったのは、相手の考えの中から生まれ出ようとしているアイディアを洗練していく能力だったと思います。私が半分しかまとまっていないアイディアを示しても、エイモスがそれを理解してくれる、それもおそらくは私よりももっと明確に理解してくれる、そしてそこに何か価値があるならば、彼がそれを認めてくれることがわかっていました。たいていの人と同じく、私は暫定的な考えを他人にさらけ出すのには少々慎重になります。それがばかげたものでないことを確認してからでないと口に出せません。でも、私たちの共同研究が最高にうまくいっていた時期、そんな用心はまったく不要でした。二人とも――特にエイモスは私以上に——辛辣な批判者だということで知られていましたから、あれほど互いに信頼しあい、まったく保身のために身構えることなく素直でいられたのは、本当に驚くべきことでした。私たちの魔法は、二人だけのときにしかうまく働きませんでした。私たちはすぐに、第三者との共同研究は避けるべきだと学びました。三人の中で競争意識が出てきてしまうからです。

◆それから、人生で最も生産的だったとおっしゃる年がやってきたのですね。

一九七一年から一九七二年にかけて、エイモスと私はオレゴン州ユージーンのオレゴン研究所（ORI）にいました。それが私の人生でずば抜けて生産的な一年でした。私たちは、利用可能性のヒューリスティクス、予測の心理学、アンカーリングと自信過剰の現象などについて、精力的に研究し、論文を書きました。同僚たちから与えられた「ダイナミックな二人」の異名にふさわしい働きぶりだったと思います。毎日昼も夜も仕事をした上に、『注意と努力』の全面的な改稿も行いました。この年出版されたこの著作は、今なお私個人の心理学への貢献の中で最も重要なものとなっています。

ユージーンから戻ってしばらくした頃、エイモスと私は判断の三つのヒューリスティクス（代表性、利用可能性、アンカーリング）についてわかったことと、こうしたヒューリスティクスに伴うさまざまなバイアスのリストについてのレビューにとりかかりました。このプロセスはとても楽しかったため、どこまでも根気強くこの仕事に取り組むことができました。私たちには一語一語の正確な選択が、すごく重大な瞬間のように感じられました。

私たちはその論文を『サイエンス』に発表しました。直観的な評価と予測に広く見られる体系的なバイアスは、心理学以外の研究者の関心も引くだろうと思ったからです。でも、みんなが関心をもってくれて当たり前だと考えることはできませんでした。エルサレムで開かれたあるパーティーでアメリカの有名な哲学者と会ったときに、必ずしもそうではないということを学びました。共通の友人から、私たちが行っている研究についてこの哲学者に話すように促されたので話してみたんですが、話し始めるとすぐに彼はそっぽを向いて、「愚かしさの心理学には興味ありませんな」と言ったんです。

『サイエンス』に発表したこの論文は、一部の哲学者と数人の経済学者が真剣にとらえた実験心理学の論文という珍しいものになりました。異例の注目を浴びたのは、少なくともメッセージの内容と同程度にはメディア(一流科学誌)に原因があったと思います。エイモスと私は単一質問の心理学の実践を続けており、『サイエンス』の論文には質問項目が逐語的に引用されていましたから、こうした質問が読者を個人的に引きつけ、一般大衆の愚かさの話ではなくもっと面白い問題、つまり自分たち自身のように知性と教養と洞察力を身につけた知識人が、いかに誤った直観に左右されやすいかということを論じているのだとわかってもらえたんだと思います。理由はどうあれ、この論文はすぐに、合理的行為者モデルを批判するときの標準的な文献になり、認知科学、哲学、心理学の多くの論文を生み出しました。私たちはそんな結果を予期していませんでした。

読者が導いた結論は、しばしば強すぎました。それは主に——よくあることですが——伝達の中で存在数量詞[訳注 many, some, three など]が消えるからです。私たちは不確実な事象に関する一部の判断にヒューリスティクスが介在すると論じたのであって、すべての判断がそうだと言ったわけではありません。また、それがときとして予測可能なバイアスを生み出すと論じたのであって、必ずそれを生み出すと論じたわけではありません。ところが、しばしば、人間とは、まともに考えることができないものだと主張したと考えられてしまいました。

◆私は、心理学とは攻撃と反撃に満ち溢れた学問だと主張してきました。お二人の説も批判を受けましたか。

私たちの研究が合理的行為者モデルへの批判ではなく、人間の合理性への全般的な攻撃だと解釈されたことによって、多くの反対意見が出されました。なかにはかなり手厳しいものや、尊大に切り捨ててしまうようなものもありました。その後何年も、認知的錯覚を「消すことができた」ことを示す実験や、ヒューリスティクスは「存在しないバイアス」を説明するために作り出されたことを示す実験が数多く行われました。八〇年代初期に誌上での小競り合いをいくつか経験した後、エイモスと私は、私たちの研究への批判を批判しない方針を取ることにしました。もっとも最終的には、カーネマンとトヴァスキー(Kahneman & Tversky, 1996)では例外とせざるを得ないと思うに至りましたけれど。

フレデリックと私は最近、実験的な研究のレビューを行い、認知的錯覚の現実に関する実証的な論争は二重プロセスモデルの視点で見ると消失すると結論しました。このモデルの要点は、判断を行うには二つの形(およびそのいろいろな混合)があるということです。すばやく、連想的で、自動的で、努力のいらない直観的なプロセス(システム1と呼ばれることがあります)と、よりゆっくりで、規則に支配され、慎重で、努力を要するプロセス(システム2)です。システム2は、直観的な推論が慎重な判断を妨害しやすいということを「知って」おり、ときには誤った直観的判断を修正または置換するために介入します。ですから、直観の誤りは二つの条件が満たされたとき、すなわちシステム1がエラーを起こし、システム2がそれを修正するのに失敗したときに起こります。このように考えると、認知的錯覚を「消すことができた」という実験結果は、システム2の修正作用を促進することによって得られたということができます。それは、抑制された直観的判断に関しては、ほとんど何も明らかにしていないのです。

思うに、一九七四年の論文の影響力が大きかったために、その後それが読まれる背景が変化したのでしょう。誤解されたというのは真剣に読んでもらえたということです。その直接的な結果だったのです。こんなことはどのくらい起こっているのでしょうね。

◆あなたは人間の合理性をあまり信じていないんだと思われがちです。

エイモスと私は、人間のバイアスに目を向けたことが人間の精神に対する悲観的な見方を反映しているという批判には取り合わないことにしていました。このような批判は、バイアス研究の手段と合理性に関するメッセージとを混同していると、私たちは主張しました。実際、この混同はよく見られました。ただ、私たちの方法やアプローチに対する命名の仕方がヒューリスティクスとバイアスの強い関連を作り出し、それがヒューリスティクスに汚名を着せる一因になってしまったということは否定できません。それは私たちが意図したことではなかったのですが。

◆ヒューリスティクスとバイアスをめぐる論争から、どのようなことを学びましたか。

たいていの論争の主役と同じく、反対者の圧力を受けて自分の考えを変えたという記憶はほとんどありません。でも、自分でわかっている以上に多くを学んだことは確かです。たとえば、今では私は、私たちの研究が人間の非合理性を証明するものと説明されればすぐに拒否します。チャンスがあれば、ヒューリスティクスとバイアスの研究は、合理性という非現実的な概念の誤りを証明しただけだと慎重に説明します。でも、私はいつもそんなに慎重だったでしょうか。おそらくそうではなかったでしょう。また、今になってみれば、判断のバイアスを調べるには直観的思考と反省的思考の相互作用に注意を払うことが必要だと思います。反省的思考はときにバイアスのかかった判断を許し、ときにそれを覆したり修正したりします。このことを私はいつも今のように明確にとらえていたか。おそらくそうではなかったと思います。もう一つ言えば、今では先ほど述べた観察結果、すなわち最も高度に熟練した認知的な作業は直観的であり、多くの複雑な判断が日常の知覚の速度、信頼性、正確性を共有しているということに強く心を動かされています。この観察結果は私にとって目新しいものではありませんが、いつも今みたいに私の視野の中で大きなものと感じられていたかというと、まずまちがいなく「ノー」です。

この問題で苦労してきてわかったのですが、私は、意見が変わらないことが明白な論争は大嫌いです。点数を稼ごうとして客観性を失ってしまうと、自分が惨めに思われます。怒ってしまうと、まったく恥ずかしくなってしまいます。実際、専門家としての怒りに対する恐怖症のために、長年、そのような感情を引き起こすかもしれない論文の査読の仕事を断るという贅沢を自分に許してきました。論調が悪意に満ちたものであったり、事実のレビューがふつうよりも偏っていたりすると、コメントをつけずにその論文を編集者に返します。これまで専門的な内容をめぐる不快な争いをあまり経験せずにすんで幸運だと思いますし、時に鋭い論争の戦線を越えて偏見のない心に出会えたことを嬉しく思っています。

◆あなたのこれまでの研究は、経済学に影響を及ぼしたとお考えですか。

行動経済学は一五年前に考えられたよりもずっと急速に前進しており、経済学の中で重視されるようになっていますが、それでもまだこれは少数派のアプローチで、経済学のほとんどの分野への影響力は取るに足りないものです。多くの経済学者はこれを一時的な流行と考えていますし、つかの間の流行で消え去ることを望んでいる人もいます。将来、その人たちの正しいことが明らかになるかもしれません。しかし、多くの優秀な若い経済学者が、現在の傾向が続くという期待に将来の職を賭けています。そして、そのような期待の自己成就の道はあるのです。

◆今はどのような研究テーマに取り組んでいらっしゃいますか。

過去一五年間、私の研究の主な関心は効用（utility）がどのように経験されるかということです。これには、将来の様子を予測したり、過去の経験の質を思い出したり評価したりするときの人間の誤りが含まれます。私たちの実験では、人はいろいろな経験の中で誤った選択をするということが示されています。

人の「感情的予測」に、あるいは感情的記憶にさえも、体系的な誤りがあるからです。

私が関心をもっている効用の概念は、ベンサムとエッジワースが考えていたようなものです。けれども、経験される効用という概念は、二〇世紀の経済学の議論からほとんど消えていました。私が決定効用と呼ぶもの、すなわち選択から推測され、選択を説明するために使われる効用が注目されていたからです。完全に合理的な行為者ならば両者の区別はほとんど意味がありません。決定効用と同じく経験される効用も最大化するはずですから。けれども、人間が合理的に行動すると仮定できないならば、どのような結果が得られるかは測定する価値のあるものになり、経験される効用の最大化は検証可能な命題になります。実際、私たちのグループは、この命題を反証する実験を行っています。こうした実験は、記憶されている効用を、恐ろしい映画や楽しい映画を見たことや結腸内視鏡の検査を受けたことなど、快い経験または不快な経験に受動的に曝された過去の出来事に帰属させるときの単純な規則を利用します。その結果、記憶された効用は主に、その出来事の間の快または不快の最高強度、およびその出来事が終わった時点での快または不快の強度によって決定されることがわかりました。その出来事の持続時間は、記憶された効用にほとんど影響しません。たとえば、片手をとても冷たい水の中に六〇秒間つけるという出来事は、同じく六〇秒間冷たい水につけた後に温度を少し上げた水に三〇秒つけるという出来事よりも嫌なものとして記憶されます。追加の三〇秒も決して気持ちのよい経験ではないのですが、少しましな状態で終わります。実験の参加者にこの両者を経験してもらい、もう一度行うならどちらがよいかと問うと、ほとんどの人が長いほう、すなわち六〇秒プラス三〇秒のほうを選びます。こうした実験結果は、経験される効用と決定効用を区別しない、標準的な合理モデルに反するのです。

◆意見の異なる人々といっしょに仕事をする、新しい方法を作り上げようとしていらっしゃるそうですね。

これから大きな影響力をもつようになってほしいと願っている一つの方向は、敵対的共同作業（adversarial collaboration）の方法の開発です。現在、社会科学では批判－応答－再反論の形で議論が行われていますが、私はそれに代わるものとして、敵対的共同作業という方法を提唱しています。私は現在の議論のあり方が愚かなほど敵対的であることにあきれているんです。ほとんど誰も自分の誤りを認めたり、他者から何かを学んだと認めたりしません。敵対的共同作業は、共同研究を行うことによって真摯に議論しようというものです。場合によっては、そうしたプロジェクトを指揮し、データを集めるために、合意によって決められた調停者が必要になると思います。敵対的共同作業からはたいてい、一風変わった共同論文が生まれます。共著論文の一部として、不一致点が提示されるのです。私はこれまでに三回、敵対的共同作業を行いました。別のケースでは敵対的共同作業を行うよう二人の同僚を説得することができませんでしたが、三人で協力して、応答－再反論の形式よりも建設的な別の方法を生み出すことができました。二人は私の研究の一つについて批判を書いたのですが、それに対していつものように不愉快な論評の応酬をするのではなく、共同で論文を書くことにしたのです。最初に、私たちの意見の一致している点を明らかにし、それから、一致しない各種の問題点について一連の短い議論を行いました。私が後世に残すものの中に、論争を行う効率的な方法も含むことができたら嬉しいと思っています。

◆あなたの研究成果は、人々がより良識ある形で交渉を行う上で何らかの役に立つでしょうか。

そうですね、原則的にはそう思います……でも、私は最近イスラエルに行って、紛争における交渉に心理学がどのような意味をもつのかについて講演を行いました。私の結論は、いろいろなバイアスが人々を非合理的にしているということでした。けれどもやはり、そうした見解が交渉者の意識に浸透するとは期待できませんから。

◆あなたが研究されているような蓋然性《がいぜんせい》に人間が正しく対処できないのは、ひとつにはそれが人間の生存に必要な技能ではないからなのでしょうか。

蓋然性に正しく対処できないといってしまうのは大胆すぎるでしょう。私たちはいろいろな形で、蓋然的な世界に対処する能力をもっていますよ。つまり、私たちは頻度、出来事の相対的な頻度に対応しています。私たちの期待は世界で遭遇する物事の頻度に調和しています。人々が不得手なのは——それほど得意ではないのは、ことばの問題……もっと抽象的な問題です。実際私たちはそれに対応する能力をもっていませんでしたし、現代の理論で合理的な行為者に期待されるような論理的な形でそうした問題に対処する進化の圧力は、あまりなかったと思います。

◆私はピアジェを学んだとき、人間のわずか一パーセント——それもほとんどは数学者——しかピアジェのいう発達の第四段階、すなわち形式的操作の段階に達していないという研究に驚きましたよ。

そんな統計データがあることは知りませんでした。でも、形式的操作の能力がなくても、人はうまくやっていくことができますよ。形式的操作が特に得意でなくても、人生を歩んでいくことができます。人生の大部分は直観的な判断で進んでいきますし、直観でうまくいきます。ただ、修正されない体系的な誤りがあります。それはフィードバックがすぐに行われないので、修正できないのです。つまり、何が最適な方法かを学ぶ十分な機会がある状況では人はそれを学びますが、フィードバックのループがすばやく閉じられず、学ぶ機会が得られないときに誤りが見られるのです。

◆あなたの研究は、教育にとってどのような意味があるでしょうか。

自分の心理と体系的なバイアス、それから論争の方法などについて高校で教えられるべきだと思います。ただ、そうしたことを学ぶのはとても有益だと確信していますが、それで問題が解決できるとは思いません。それは論争の質と人が働く状況の質を高めるはずです。でも、それによって、人間の本性が大きく変わるわけではないでしょうね。

第8章　R・D・レイン

ロニー・レインは文化の教祖的存在になった精神科医である。彼は、精神科医という職業が強圧的だと考え、自分がそう呼ばれるのを拒むようになった。彼の後半生を考えると、「精神科医《シュリンク》」として仕事を始めた当初、患者の手術に積極的だったというのは皮肉である。息子の一人エイドリアンによるレインの伝記は悲しく、そして勇敢である。一九六〇年代と一九七〇年代のレインの大きな影響力とその後の失墜をそこにたどることができる。

レインは一九二七年にグラスゴーで生まれた。グラマースクール〔訳注　古典語・現代語・自然科学などを中心とした教育を行う大学進学準備の公立学校〕で学んだ後、グラスゴー大学に進み、一九五一年に医師の資格を得た。一九五三年までイギリス陸軍で精神科医として働き、その後グラスゴー王立精神病院とグラスゴー大学心理医学部に所属した。一九五七年にロンドンに移った後、一九五七年から一九六一年までタヴィストック・クリニックで働く間に急進的な考えを発展させ始めた。そして一九六二年にランガム・クリニックの所長になった。

レインは、当時の保健大臣エノック・パウエルがビクトリア朝時代の精神病者収容施設を閉鎖する潮時だと主張したころから、有名になり始めた。そのころパウエルは、ちょっとした進歩的な思想家であった――「テヴェレ川が血で泡立っているのが見える」と嘆いた移民反対演説をする九年前である。彼は、多くの精神病患者は地域社会で暮らすべきだと主張した。

一九六五年以降、レインは徐々に科学的な医学研究者としての役割を放棄した。彼は政治的な切れ味のある詩人であることを好んだ。彼が取り組んだ企ての中で最も詩的だった――そしてある意味で、最も物議を醸した――のは、ロンドンのイーストエンドにあるキングズレイ・ホールであった。そこでは奇妙なふるまいが横行していると噂になった。患者が好き勝手に行動している、彼らを治療する医者たちもやりたい放題にやっている、壁に大便が塗られたと。近隣の住民が不平を言い、共同生活の場は閉鎖された。

一九六八年にはレインはスーパースター、賢者、あるいは魔術師と呼ばれるようになっていたが、なかなか人前に姿を現さない民衆のヒーローでもあった。私は『タイムズ・エデュケーショナル・サプリメント』から、彼のインタビューができないか当たってみてほしいと頼まれた。彼らはインタビューは難しいだろうと考えていた。私も同じことをグラナダテレビ［訳注　イギリスの民放局］に言っていたが、彼らはキングズレイ・ホールに関する番組に出演するよう六ヶ月も前からレインを説得していると聞かされていた。しかし、『タイムズ・エデュケーショナル・サプリメント』の文芸編集者がジールという人物を知っていた。この素敵な名前［訳注　zeal とは情熱の意］の持ち主は、偉大なるレインの弟子であった。彼なら、レインの電話番号だって知っているかもしれないと思われた。

私はジールに電話をかけた。レインとインタビューできるように助力してもらえませんか。ジールは躊躇した。センセーショナルなマスコミの論評を好まないレインが、インタビューを承諾するかどうかわからないというのだった。しかしジールは、『タイムズ・エデュケーショナル・サプリメント』は軽薄な新聞ではないと考え、できるだけのことをしてみようと約束してくれた。数日後ジールが私に電話をかけてきて、ある電話番号を教えてくれた。彼はレインがインタビューを認めるかどうかわからないが、私がそこに電話をすれば、話を聞いてもらえるだろうと言った。

私は電話をした。てきぱきとした秘書が出て、ウィンポール・ストリートの指定の場所に来てもらえればインタビューできるだろうと言った。時間も決めた。私がその住所のメモをなくしさえしなければ、事はとても簡単だったはずだ。どうしてそんなに大事なものをなくしてしまったのだろう。賢者とも魔術師とも言われる人物に会うのが怖かったのか。バッキンガム宮殿に迎え入れられる前に体の具合が悪くなった人がどれくらい多いことか。

私はまったく途方にくれてしまった。もう一度ジールに電話をする勇気はなかった。そこで仕方なく、電話帳をめくってみた。私たちは誰も、カリスマ指導者の電話番号が電話帳に載っているとは思いもしなかった。ところが、それはそこにあった。R・D・レインという文字が私を見つめていた。回りくどい手続きなど必要なかったのだ。物事の神秘化を鋭く批判したレイン自身があまりにも神秘化されていたため、私は紆余曲折の果てにしか彼に会うことはできないと思い込んでいた。そんなに簡単に「師《マスター》」に会えるとは思わないではないか。

このことは、レインが世間からいかに持ち上げられ崇められていたかを示している。後に、それはいっそう度を増した。心理学畑では、レインにもう会わないと言われて「狂わんばかりに」なった患者のうわさで持ちきりになったりした。師自身が魂の暗い領域に向けて旅に出たという人もいた。そして誰も、彼が旅から戻ってくるのかどうか知らなかった。

今、私たちは、レインの業績や研究や理論を、作り上げられた彼のイメージから切り離さなければならない。現代の心理学者のなかには、レインが得たような熱心な支持者をもつ人は一人もいない。彼が一九七二年にフィラデルフィア協会の会合で演説したとき、フレンズハウスの大ホールには聴衆が詰めかけ、中に入れなかった人たちは列を成して外で待ったものだ。

インタビューの中でレインは、自分の考えが誤って伝えられていることを認識していた。特に、極左勢力の指導者である、あるいは彼の心理学的な洞察が革命を支持した、と言われることに憤慨していた。

私が初めてレインのインタビューを行ったとき、彼はウィンポール・ストリートの病院で正式に医師として働いていた。私に向き合って座ったレインは、ゴロワーズ［訳注　フランスのタバコ］をひっきりなしに吸っていた。これは彼がこのインタビューを講義とみなしているサインだと私は思った。彼は自分の考えを手際よくまとめて説明した。そして、約束していた時間が過ぎると、私は部屋から送り出され、代わりに患者が入ってきた。

二度目にインタビューを行ったとき（一九七四年）、彼はベルサイズ・パークの暗緑色の部屋で仕事をしていた。部屋には本がずらりと並び、テーブルの上にはA・J・エイヤー［訳注　イギリスの哲学者］の著作がインドの神秘主義者たちの本といっしょに乗っていた。彼は、思索したり人と会ったりしながら多くの時間をここで過ごすのだと言った。レインは家族に囲まれて仕事をすることを好み、自分を反家族主義者の仲間と考えるのはまちがいだと強調した。『家族の死』(Cooper, 1972) を書いたのはデイヴィッド・クーパーであり、かつてレインがクーパーとの共著でサルトルに関する本を書いたからといって、レインがクーパーの意見すべてに賛成していることにはならない。しかし、マスコミは彼やクーパー、それに多少ともアメリカの反精神医学者のトーマス・サズを現代精神医学の批判者とみなし、彼らの見解をいっしょくたにしてしまったのだった。

レインが注意深くデイヴィッド・クーパーの見解の一部と距離を置いたのと同じように、サスは常にレインに批判的であった。サスはいつも、英米の精神科医は人々を抑圧し患者の法的な権利を否定するのに慣れてしまっていると主張した。また、当局が精神科医をスパイとして利用した証拠や、家族が親類を精神病院に入れてその資産を奪うために精神科医を利用した証拠を集めた。一九九〇年代、アメリカで子どもに薬物療法を受けさせせるのが大流行したことは、いかにサスが正しかったか――そして今も正しいか――を証明している。そして、サスは一九六〇年代に、レインはこうしたことすべてが精神科医に起因すると十分に熱意《ジール》――またこの語だ――をもって主張していないと批判した。「反精神医学」派内の違いは、二一世紀の今となっては学問上のことにすぎないと感じられるかもしれない。現在の主な問題はコミュニティ・ケアの危機と、暴力をふるうかもしれない人々を入院させるべきかどうかということだからである。しかし、一九六〇年代や七〇年代、こうした違いは非常に重要だと思われた。そして、それは今もレインの見解を評価する上での鍵となっている。

レインの仕事は何冊かの著作の中で論理的に発展していった。クーパーとの最初の共著である『理性と暴力』(Laing & Cooper, 1964) は、サルトルの哲学の一部を概説するものであった。『ひき裂かれた自己』(Laing, 1960) では、統合失調症と診断された人々の心の中で何が起こっているかを読者に理解させようとした。この時点でレインは、後に彼のものだと言われた見解、すなわち狂った人はいないという考えをもってはいなかった。この著書で彼が示したかったのは、狂った人の行動はそれほど理解できないものではない、想像力に富んだ共感があれば、狂気の背後にある筋道を知ることができるということであった。

『ひき裂かれた自己』において、レインは以下のように説明している(p.29)。彼はまず、クレペリンを引用する。

「患者は目をつぶったまますわり、周囲に全く注意を払わない。話しかけられても見上げようともせず、はじめ低い声で答え、だんだん大声を張り上げる。いまいるのはどこかと尋ねられると彼は言う。〈あなたもそれを知りたいの。だれが判定されているか、判定されるか、判定されることになっているか、わかっている。みんな知っている。お話できる。でもそうしたくない〉と。名前をきかれると彼は声を張り上げる。〈あなたの名前は何というの〉。彼は何を閉じているか。目を閉じている。何を聞いているか。彼は理解しない。理解しているのじゃない。どんなふうに? だれが? どこで? いつ? 彼は何を言おうとしているのか。私が彼に見るように言っても、彼はちゃんと見ない。ほら、ちょっと見てごらん。これは何ですか。どうしたの。よく見て。しかし彼は見ない。ねえ、いったいどうしたの。なぜちっとも答えようとしないの。また鉄面皮になろうとしているの。どうしてそんなに鉄面皮になれるんだ。」(阪本健二・志貴春彦・笠原嘉共訳、みすず書房、p.33)

この本で、レインはこの例について少し詳しく説明している。また、講義室で畏敬の念に打たれた学生たちの前で自分の考えを説明するために使った、ある少女の患者についてのクレペリンの注記も引用している。クレペリンは、動き回るのを制止しようとすると彼女は非常に強く抵抗すると学生たちに話した。クレペリンが彼女の前に立ちふさがり、柵のように腕を横に伸ばすと、彼女はその下をひょいとくぐる。手に握り締めているパンを取り上げようとすると、決して取られまいとする。体を強くつかむとたいていい体をこわばらせ、無表情の顔が変化し、クレペリンいわく「悲嘆にくれるかのように泣き」始める。

針で額をつついてもほとんど反応しない。著名な医師クレペリンの質問に対してただ、「おお、神様、おお、お母さん、おお、お母さん」としか答えない。

レインの論点は単純だ。彼女を非難することはできるのか、この最初の患者を非難することはできるのかということである。クレペリンが病院で彼らに行っていることを路上でしようとしたならば、クレペリンはすぐに刑務所に入れられてしまうだろう。患者は狂った行動をしているのではない。彼らは抵抗しているのだ。残されたわずかな抵抗の手段を使っているのだとレインは言う。『ひき裂かれた自己』において、レインは、引用した患者の会話を詳しく分析し、患者はクレペリンを滑稽に真似する自分と「挑戦的反抗的な自分」の間で対話を行っていると主張する。

クレペリンが下手にまねをして今いる場所を尋ねると、患者は「あなたもそれを知りたいの。だれが判定されているか、判定されるか、判定されることになっているか、わかっている。みんな知っている。お話しできる。でもそうしたくない」と言い返す。これを気が狂っていると見るのではなく、皮肉に支えられた反抗と見るのは理にかなっている。患者は「また鉄面皮になろうとしているの。どうしてそんなに鉄面皮になれるんだ」とまくしたてる精神科医の怒りをまねしているのだ。

患者へのこの質問が大勢の人の前で、つまり講義室の学生の前で行われたことをレインは指摘する。この患者を救うために質問がなされたのではなく、患者はクレペリンが定義したいろいろな精神病を例示するための道具として使われた。患者にとって、クレペリンが狂気と呼ぶような形で反応する以上に筋の通った方法があるだろうか。それは視点の問題だとレインは主張する。私たちの通常の視点では、そのような行動は狂気を確認するものと見える。しかし、異なる解釈もある。患者はクレペリンを、自分に対して力をもつ人、その力を使って自分を苦しめる人として経験している。レインは、「こんなふうに話し行動することによって彼は何をしようとしているのか。彼は判定されたり検査されたりすることに抗議している。彼は自分の本当に言わんとするところに耳を傾けてほしいのである」(p.31)と言う。

フリーデンバーグ(Friedenberg, 1973)は、レインに関する著書の中で、こうした言説が、おそらく、あまりにも多用されたと批判した。しかし、レインが分析した方法は、レインがなぜ精神医学の反主流派ばかりでなく、多くの専門家たちをもそれほど引きつけたかを知る貴重な手がかりを与えてくれる。レインは、わけのわからない行動、ゆえに狂っているように思われる行動をどうすれば理解できるかを示した。多くの症例データを使って、人がどのように「狂って」いくのかということと、その人を取り巻く社会や家族の状況との関係を説明した。たとえば、若い化学者のジェームズは、自分が人間になれないと感じていた。彼には自己がなかった。他の人には重要性があり実体があるが、自分は「海に浮かぶコルク栓にすぎない」と言った。ジェームズはレインが「存在論的な安定」と呼ぶものを保つために二つの方策を使った。第一に、彼は表面上、他の人々が言うことや彼に求めることに従った。それが外側の自己だった。しかし、内なる自己は自分が従っている相手を事物に変えた。彼の目の中では、人間としての他者を破壊しているのだった。彼は妻ともこの逆説的な関係を維持した。自分を寄生虫、彼女のそばにくっついている無駄なものと見る一方で、彼女のことを「それ（It）」と呼んだ。レインは、ジェームズにとって彼女は物体になったと言う。彼は「それが笑い始めた」というように話し、ほとんど臨床医のような正確さで、彼女がいかにロボットのように笑いを条件づけられているかを説明した。レインのこうした症例の使い方は非常に印象的である。

次の著書『狂気と家族』（A・エスターソンとの共著 Laing & Esterson, 1964）を書く一方、レインは、統合失調症に対して薬物療法と少なくとも同程度には家族療法が有効であることを示すために、デイヴィッド・クーパーとともに一連の実験を行った。この実験の結果は、クーパーの著書『反精神医学』（Cooper, 1967）の最後に詳しく報告されている。レインは、この非常に伝統的な科学的アプローチに対して、興味深い逆説的な態度をとった。彼が科学者ではないという批判に反論するためにこの実験を使ったが、実験の細部を精緻にしようとはしなかった。レインに確認してもらうためにこのインタビューを書き起こした文章を送ったとき、彼が修正した点の一つはこの問題だった。

『狂気と家族』も科学的な著作であった。レインとエスターソンは一一例の統合失調症者を研究した。彼らは時間をかけて患者と家族の面接を行い、その答えを分析して、患者たちは家族の関係の中で起こっていることのために統合失調症と診断されたのだと論じた。「狂気」は手に負えない状況に対処する手段であり、気が違ったのではなかった。それは戦略にすぎず、耐えがたい矛盾から抜け出す唯一の方法だったのである。

『狂気と家族』において、レインとエスターソンは人を統合失調症と判断する方法を厳しく非難した。二人は、統合失調症の診断について広く合意された客観的な基準はないと主張した。この病気には、一定の前精神病的なパーソナリティも、経過も、期間も、終結も見られず、死後解剖でも特別な所見は見出されていない。統合失調症は確定された病気のように治療や研究がなされているが、実際には病気を定義するいかなる適切な医学的基準も「統合失調症」には適用できない、つまるところ神話なのだと二人は主張したのだった。

この議論の中でレインが大いに頼りにしたのは、サスの『精神医学の神話』(Szasz, 1960) であった。サスは、精神医学とはよけいなおせっかいであり、精神科医とは搾取者だという過激な批判を行っていた。精神科医は治療者というより看守だ。精神科医はあまりにも簡単に社会的な支配の道具になってしまう。統合失調症には合意された症状も診断も治療方法もない、というのだった。しかし、サスはそれに代わる新しい治療方法を作り出さなかった。彼はかなり正統派のフロイト主義者のままだった。彼は現代の精神医学の混乱を示して、その力に歯止めをかけようとした。彼のすぐれた著作の多くは、厳密に医学的というよりは法学的なものであった。アメリカは精神科医に大きな力を与えている。サスは一九六〇年以来雄弁な批判者であったが、レインのように教祖的な存在と崇められはしなかった。

しかし、レインにはもっと前向きな側面もあった。彼は、私たちはみなあまりにも疎外されているために、誰も自分の本当の可能性を実現できないと警告した。正気は確実に狂気である。同様に、「狂気」の一部が正気である可能性もある。『経験の政治学』(Laing, 1967) の冒頭にレインは、「われわれはすべてが殺人者であり売笑婦なのである。いかなる文化、階層、社会、国家に属するにせよ、またいかに自分を正常で倫理的で成熟した者と考えようとも」と書いている（笠原嘉・塚本嘉壽訳、みすず書房、p.4）。そして、数段落のちに次のように嘆く。「われわれは幻惑され狂わせられた被造物なのである。われわれの真の自己に対しても、お互いどうしに対しても、霊的な世界や物質界に対しても、われわれは異邦人なのである。われわれが垣間見ることはできてもわがものとすることのできない理想的な見地からすれば、われわれは狂ってさえいる。」（同上、p.5）

科学者は、嘆いたり非難したりはしない。科学者は観察し、分析し、事実が確実だとわかれば結論する。レインが行ったような価値判断をするものではない。

科学者というより預言者、あるいは詩人としてのレインの評判を高めたのは、『対人知覚』（Laing, Phillipson, & Lee, 1966）と『結ぼれ』（Laing, 1972）という二冊の著書である。『結ぼれ』は一連の詩として書かれている。そこに表されているのはレインが普遍的な人間の状況として私たちに認識してもらいたいことである。それは私たちが巻き込まれてしまっているもつれであり、私たちを絡め取る典型的な網である。このような「結ぼれ」をここに少し引用しておこう。

「彼らはゲームをして遊んでいる
彼らはゲームをしないふりをして遊んでいる
彼らが遊んでいるところを私が見物しているのを、彼らに見せつけようものなら、私はルール違反をすることになり、そして彼らは私を罰するだろう私がゲームを見物しているのを見ないでいるのが彼らのゲームなのであって、私は彼らの仲間に入って遊ばなければならない」(『結ぼれ』村上光彦訳、みすず書房、p.5)

「彼には何か問題があるのに違いない
なぜなら、もし問題があるのでなければ
あんなふうに振る舞ったりはしないはずだからだ
それゆえ、彼があんなふうに振る舞っているのは
彼には何か問題があるからなのだ
彼には何か問題があるなどとは、彼は考えもしない
なぜなら彼にはいろいろ問題があって
そのひとつは
彼には何か問題があるなどとは
彼が考えもしないということだからだ」(同上)

これはもちろん詩だ。しかし同時に、観察のきわめて正式な記述でもある。これは人間の行動についての格言である。読者にその内容を十分に理解していただくには、人々をそのような「結ぼれ」に追いやる状況について少々説明が必要だ。しかし、私がここで言いたいのは、かつて科学者であったレインと詩人と言われるレインの間の差は、おそらくそれほど大きくないだろうということである。大学院生が『結ぼ

れ』を使っていろいろな仮説を立て、それをテストすることも可能だろう。言うまでもなく、レインはすでに真実のものとしてこれを提示している。彼はそれが実際に起こるのを見た。私たちは自分の経験の中にそれを認識するだろう。それは真実だ。事実として記すために統計は必要ではない。それは経験的な事実なのだ。多くの心理学者がそのような仮定に強く異議を唱える。彼らはレインの仮説を拒絶するばかりか、こうした「結ぼれ」が真実かもしれず、ゆえに検証する価値があるという可能性さえも拒絶する。

ほとんどの心理学者はレインに見切りをつけ、レインは伝統的な科学の方法に見切りをつけた。だから、どちらにとっても相手を非難するのは容易であった。しかし、このインタビューは、一九七〇年代半ばに彼が科学反対論者だったという考えをきっぱりと排除するものになるはずである。ただ、レインは、人間の行動が研究される方法を特に科学的なものとはみなさなかった。そうした方法は、私たちが人間や事物や状況を経験する方法を無視していた。感情よりも行動に焦点をおいていた。人間の最も本質的なものを除外していた。

一九七〇年代後半から一九八〇年代にかけて、レインの仕事は難解で突飛に見えるものになっていった。彼は出生について考え、自分の出生をもう一度経験しようとする試みについて書いた本を出した。伝統的な精神科医の多くはいつもレインを厳しく批判しており、なかには晩年のレインを見て溜飲を下げた人たちもいた。アントニー・クレアは衝撃的な『精神科医の椅子に座って』の中で、レインがアルコール依存症であることを本人に認めさせた。英国医学審議会はレインの医師免許を剥奪した。彼の死を伝えた記事のなかには、彼は実のところかつての名声に値する人間ではなかったと書いたものもあった。

しかし、レインが精神医学や心理学においても現代文化においても重要な人物であるのは間違いない。

彼の思想は大きな文化的影響力をもった。もっとも、彼の思想の多くは完全に独創的とは言えない。フロイトよりかなり前、一八八七年に書かれたストリンドベリの戯曲『父』は、レイン派にはなじみ深いテーマを扱っている。ビクトリア時代の粋なタッチで書かれたこの芝居では、家族が人を「狂気」に「追いやり」、彼をごまかしたりおだてたりして拘束衣を着せるのは主人公の大尉を本当に愛している年老いたかつての乳母である。家族の関係が人を狂気に導くという概念は目新しいものではない。『ハムレット』や『リア王』は、文学のこの不変のテーマ——一九世紀の精神医学がほとんど無視してきたテーマ——の最も有名な例にすぎないのである。

けれどもレインは、彼より前の多くの人々が無視してきたことに目を向けた。彼の死後、ロンドンの現代美術研究所が小説、詩、映画へのレインの影響にスポットを当てた企画展を開いたということが多くを物語っている。しかし、過去二五年間、彼の著作は間違いなく他のいかなる「精神科医」のものより多く読まれ研究されたにもかかわらず、そして彼が立ち向かった問題の多くは現代のジレンマの中心にあるにもかかわらず、王立精神科医協会は何もしなかった。

しかし、現在では統合失調症が本物の病気であるということに異議を唱える者はいないということに言及しておかなければならない。世界の診断基準に関する世界保健機関の入念な調査により、文化を超えた合意が作られている。現在、ほとんどの精神科医が第一の症状に幻聴が含まれると考えている。ただし、その幻聴が常に狂ったものなのか、それともときには緊張を解消する一つの方法という奇妙な、しかし有益なものなのかという点については、興味深い議論がなされている。

レインは患者の扱いに関する法的な枠組みにも影響を与えた。少なくともイギリスでは法を変化させた。

イギリスの一九八三年精神保健法に盛り込まれた進歩は、レインの思想に多くを負っている。彼はその改正案を起草したわけではなく、法改正を求める戦いの中でもわずかな役割を果たしただけだったが、精神病患者の圧力団体の活動は、レインの思想や人間として患者を尊重するという彼が求めた姿勢に強い影響を受けた。

コミュニティ・ケアのジレンマについても、レインとの関係を指摘しておくべきだろう。現在、かつてなく多くの患者が病院の外で暮らしているが、それは本当に患者にとってよいことなのか。レインがエノック・パウエルの跡を継いで、鍵のかかった病棟に隔離すべき患者はもっとずっと少ないはずだと主張したとき、彼らが人の家の戸口や駅や橋の下で眠るようになるとは予測しなかった。

しかし、レインの思想が精神医学に与えた長期的な影響は、文化全般への影響と同じく非常に大きい。彼が精神科医として働き始めた当初、患者は医学的に病気であるとみなされ、周囲から切り離して治療が行われた。家族とあまり話をすることなく「患者」を治療するのがふつうだった。患者は、はしかにかかった人が病気であるのと同じように病気であると考えられた。今日では家族の役割を頑なに無視する精神科医はほとんどいない。その理由の一つは実際的なものである。長期入院する患者がどんどん少なくなっており、コミュニティ・ケアがうまくいくようにするには、できる限り家族が関わることが必要なのである。

レインは、コミュニティ・ケアが失敗に帰したことが明らかになる前に世を去った。コミュニティ・ケアの問題には、少なくとも三つの要因が関わっている。第一に、適切な資源がなければ、コミュニティはいかなるケアも提供しないということ、第二に、長期にわたって精神病院の外で人生に立ち向かっていくことが、どうしてもできない患者がいるように思われるということ、第三に、コミュニティの中で適切な監督を受けなければ明白に危険な状態にある患者や、危険な状態になる可能性の高い患者がわずかながらもいるということである。こうした問題をレインに投げかけたならば、どう答えただろう。

多くの点で、レインはフロイトの助手であったウィルヘルム・ライヒを私に思い起こさせる。性の解放に関するライヒの思想は人々に深い影響を及ぼした。しかし、ライヒの晩年はかなり悲劇的だった。UFOに関する奇妙な理論を提唱したりもし、科学の外に身を置いた。それはレインに通ずるものがある。だが、一九八〇年以降のレインの仕事が風変わりなものになったとはいえ、彼の成した大きな貢献を忘れるべきではない。以下のインタビューは、本書の初版からの再掲である。

◆どうして精神科医になられたのですか。

人間の最も根本的な動機を探し出そうとするなら、答えるのが難しい質問ですね。私は人間がどう感じるのか、どのように物事を見るのか、物事の見方の違いに照らしてどのように行動するかということに対する興味から、精神医学に関心をもつようになりました。子どもの頃、それも相当早い時期に、そんな問題を意識しはじめたと思います。私は人間関係にひどく問題があると言ってもいい状況の中で育ちました。だから、人と人の関係を研究する分野に進むというのは、自分の素朴な関心の自然な延長だったんですね。だけど、精神医学の世界に足を踏み入れてみると、それは精神医学の理論と実際のごく一部でしかないことがわかりました。実際の精神医学は、どうやって人と人がうまくやっていくかを研究するのに特に有利な地点ではないようだということもわかりました。精神医学の理論の大部分はある意味で、こうした問題の重要性を度外視することですからね。

私はこうして精神医学の世界に入りましたが、科学的な経路もたどりました。医学部時代、発生学、それに今では神経科学と呼ばれているものに特に興味をもちました。医師としての私の最初の仕事は、神経内科・神経外科部門の内科医でした。神経系の既知の器質性障害に関連した意識の変化、心の変化、機能や行為の変化に非常に興味がありました。私たちの現在の知識では、精神科医によって患者と見られる人々のほとんどは、検査してみると器質的な問題が何も見つからないんです。それが、私が引き付けられた精神医学という領域の問題でした。

◆何から大きな影響を受けましたか。サルトルですか。

第二次世界大戦中のグラマースクールで、ソフォクレスやギリシャ悲劇に出会いました。こうした神話や物語は、現代的な解釈を読む前に原文で読んだんですよ。フロイトのエディプス理論を知る前にギリシア語でオイディプスの物語を読んでいました。私の最も深い部分に影響を及ぼしたものの一つがギリシャ演劇だといえるでしょう。それから一五歳か一六歳のころ、ヨーロッパの伝統として人々が何を記録として書き残したのかを見つけることに興味をもちました。地元の公立図書館の棚をアルファベット順に読んでいきましたよ。一六歳か一七歳のとき、翻訳されたニーチェ全集に出会いました。年代順だったかアルファベット順だったか忘れましたが、キルケゴールに先に出会ってからニーチェに出会いました。こういったところから大きな影響を受けましたが、マルクスとフロイトにも影響されました。

同時代人としては、カフカ、サルトル、カミュから大きな影響を受けました。それに、哲学的な立場からいうと、ハイデッガー、フッサール、メルロ＝ポンティですね。サルトルは私の知的発展にとってとりわけ大きな影響があったというわけじゃありません。サルトルの未翻訳の著作についてデイヴィッド・クーパーとの共著で『理性と暴力』を書いたから、私に一番重要な影響を及ぼした人物はサルトルだと思っている人もいるようですが。この本を書いた主な理由は、それが翻訳されていなかったということです。翻訳されていたら、それに取り組む理由がなかったでしょうね。長くて入り組んだ文章を翻訳し、私たちの理論的背景にとって重要なサルトルの思想の背景について英語圏の人々が理解できるようにするのは、知的な大工仕事のようなものでした。けれども、サルトルは私にとってひときわ傑出した人物だったわけではありません。たしかに私に大きな影響を及ぼした数人のうちの一人ですが、それ以上ではなかったんです。

◆精神科医の中ではフロイトから大きな影響を受けたのでしょうか。

そう、他のどんな精神科医よりも、精神医学の中の他のどんな人よりも、フロイトに影響を受けました。それから、ユングにも非常に大きな影響を受けましたね。ただ、ユングの影響はそれほどはっきりしていないし、度合いも小さいです。彼の論述のイデオロギーの中に人種差別的な方向が見え隠れしていましたからね。それにユングの評判は、特に私にとっての影響が形成されている当時の評判は、真実だったかどうかは別にして、最初ナチスの運動に共感していたと言われたり、反ユダヤ主義の含意があったりしたために、かなり傷つけられていました。そんなふうに言われていたし、そういう面もあるかもしれないと思われました。だから、私はいつもその点でユングに対して少々慎重でした。とはいえ、一方で、ユングが綿密に検討したことがら、未だにもっと広く拾い上げられるのを待っていることがらは、すごくたくさんあるんですけどね。

◆あなたが精神科医になったのは何らかの形で、宗教的なしつけに対する反抗だったのでしょうか。

反抗というのはどういう意味かよくわかりませんが。

◆デイヴィッド・マクレランド教授が、心理学や精神医学に関心をもつ人の多くはしばしば厳しい道徳観に反応しているように思われると述べているんです。牧師になろうかと考えることもあるようです。これはあなたに当てはまりますか。

特にそんなことはないですね。ノーです。

◆「統合失調症」の発生に関わるのは生物学的な要因よりもむしろ社会的な要因だという考えは、どのようにしてできてきたのですか。

グラスゴーにいたとき、一九五五年ごろに英国陸軍を退役した後ですが、精神病院で一八ヶ月間働いたことがあります。昼間の時間のほとんどを、最も治療が難しいといわれる女性患者の病棟で過ごしました。精神安定剤が使われるようになるより前の時代でした。完全に狂っていると言われる女性たちが六〇人も入院していましたよ。恐怖の精神病院、見るもおぞましい場所ってわけです。患者たちは服も着てなくてね。毎朝列に並んで、当番の看護師に服を着せてもらっていました。全員が六年以上病院で過ごしている長期入院患者でした。実際、ほとんどは外の世界と非常に希薄な関係しかもっていませんでした。一人も見舞い客が訪れない患者も多かったし、彼女が誰なのか誰も知らない患者もいました。

私は、そのうち最も引きこもっている患者、看護師との交流や人との接触が最も少ない一二人を選んで、ある計画を実行しました。彼女たちは私が看護師たちに対して行ったアンケートで最も絶望的とみなされた人たち、この病院で最も回復の見込みのない長期入院患者たちでした。私は抜本的な変革を試みました。最終的に、計画したほど根本的な変革はできませんでしたが、それでも、週五日、九時から五時まで、この一二人がずっと二人の看護師といっしょに過ごすように手はずを整えました。この看護師たちは別の職務から応援に来てもらった人たちでしたから、その時間に病棟内の他の仕事は一切ありませんでした。まあ、その手配をするなかでいろいろあって、病院に大きな変化が起きましたよ。病院中で激しい抗議の声も上がりました。でも、とにかく、この一二人に看護師と部屋を確保することができました。すると、どうでしょう。一年もしないうちに、その全員が退院できたんです。みんな完全に絶望的だと見放されていて、一番短い人でも六年以上病院の外に出たことがなかったのに。多くは、最長一二年も病院で暮らしていたのに。全員三五歳から五〇歳の間でした。

その年の終わりに私はこの病院からよそに移りました。一年以内に一二人全員が病院に戻ってきました。このことは私の心に強い印象を残しました。ロボトミー〔訳注　脳の前頭葉白質切截術〕が盛んになりつつありましたが、ロボトミーやショック療法を使うのは見当外れだと思われました。ところが、ちょっとした個人的な、いわば「人間関係の服用量」を増やすと、状況がすっかり変わりました。そのほかのことは無関係なんです。けれども、この女性たちは病院から出て、少々変化はしていたでしょうが、そもそも病院に入ることになったのと同じ元の環境に戻っていったんです。ですから、病院の中の人間を調べるのは完全に的外れなんです。本当に必要なのは、精神科医がやっていたように精神病院の中で患者を調べることではなくて、通常の生活状況の中で彼らを調べることです。精神科医がやっていたのは、イルカの行動を理解しようとするときに海の中じゃなくて水族館やイルカ館の中でイルカを調べるようなものです。もしイルカが人間をつかまえて海の中の檻に入れ、芸を仕込んだらどうなるでしょう。つかまえたのがたまたまアインシュタインだったら？　私たちの同胞であるイルカ、人間と同じくらい——人間以上とはいわなくても——知能があるらしいイルカがアインシュタインを人間園とか人間館とかに入れたとしたら、アインシュタインに芸をさせ、イルカ語をしゃべらせようとすることによって、彼らは人間の知能について何を知るでしょうか。

六〇人もが一つの病棟に入れられ、何年も何年も朽ち果てるまま放置された人々を調べて何かを理解しようとするなんて、ばかげているんです。その状況について本気で何かを理解したいと思うならば、そうした人々がそもそも精神病院に入ることになった生活の状況を調べるべきです。

それは医者が一度も外に出たことのない病院と同じくらいばかげています。誰かが目のまわりにあざを作ったとしましょう。医者が彼の目を調べ、血管と目のまわりに損傷があって血液がもれていることに気づき、目の血管の先天的欠陥だと言ったらどう思いますか？　誰もその施設の外に出たことがない、世界に出たことがないのだったら、目のまわりのあざは殴られた衝撃によるものだということを知ることができないでしょう。見てみなければわからないのです。これでも精神科医が実際に行っていることに比べれば、ずいぶん穏当な比喩だと思いますよ。

その精神病院を後にした私は、自然の生活環境における心の生態学と呼べるようなものについて知りたいと考えました。精神病院のような人工的な環境で研究したくはありませんでした。そういう視点に立つものとしてどのような著作や研究があるのか調べてみたところ、ほとんど何も存在しないことがわかりました。数年前にそうした研究を始めた北米のチームがほんのわずかにあっただけ、それも始まったばかりでした。それ以前にはまったく存在しなかったのです。

◆統合失調症には何らかの生物学的な素因があると思われますか。

そのような意味で統合失調症について語ることは私にはできません。レヴィ＝ストロースがトーテミズム［訳注　個人や氏族が特定の自然物と結びついているとする崇拝］について語るのを拒否したのと同じです。医学の歴史は、存在しない病気や疾患でいっぱいです。治療の歴史も同じです。振り返ってみると、百年前に用いられた方法で同僚の医師に治療してもらいたいと思う現代の医師はいないと思います。今、百年前の治療法を聞くとびっくりしますよ。今なら貧血とわかる症状に対して瀉血《しゃけつ》［訳注　患者の静脈血を除去する方法］が行われたらどう思いますか。てんかんを去勢で、あるいはマスターベーションを去勢で治療すると言われたらどうしますか。これらは一九世紀の精神医学や医学における標準的な治療方法でした。これから百年後には、今暗闇で手探りしている中から傲慢にも考え出された方法で治療されるなんて、考えるだけで恐ろしさに身がすくむにちがいありませんよ。今の精神医学は何でも試しているだけも同然です。電気ショックの代わりに頭を棍棒でぶって、「棍棒療法」と呼んだほうが簡単です。電気ショックは、脳震盪を起こさせる電気的な方法にすぎません。電気ショックを与えられたラットの脳と頭をぶたれたラットの脳を比較しても、脳の損傷は区別がつきません。電気ショックは電気的な脳震盪を発生させる方法なんです。まったく単純な考えです。誰かが何かを心配していて、すごく取り乱したり苦しんだりしていたら、頭をぶってごらんなさい。助けになりますよ。

◆『経験の政治学』において、統合失調症と診断された百人をあなたとクーパーとエスターソンが調べたところ、いわゆる「統合失調症」が生き難い状況の中で生きる戦略ではない例はなかったと述べられています。どうしてこのような発見を正式な方法——容認できる程度に科学的な方法といってもいいでしょうか——で発表しなかったのですか。

いやあ、していますよ。『狂気と家族』はいくつかの家族に関する人類学的な研究報告です。クーパーやエスターソンといっしょに医学専門誌『ランセット』や『ブリティッシュ・メディカル・ジャーナル』にも発表しています。私たちの家族療法を詳しく報告し、私たちのデータを医学研究学会の情報から得られるデータと比較しました。

◆それでは、あなたが研究を科学的に提示することに反対しているというのは、見当違いなんですね。

『経験の政治学』は、出版される前の何年間かにわたって、専門家を中心とする聴衆に対して私が行ったいくつかの講義から生まれました。フリーデンバーグは私に関する著書で、私の科学的著作や学界での講演について一言も触れませんでしたが。こうした講演で専門的な形で論じた内容を、『経験の政治学』では専門用語を使わず、ある意味でプログラム的に提示したのです。この本は、科学的な方法で提示される科学的な報告として書いたわけではありません。学術的な背景から物事を取り出し、誤解されないと思う形で提示したんです。専門的に検討する方には、参考文献をたどってもらう必要があります。文献を記しましたから。

◆さっき何かおっしゃろうとしていましたね。さえぎるつもりはありませんでした。

あなたがおっしゃったような理由で、このようなインタビューは明確化するのに影響力をもち、有効ですね。出版された私の著作に関して不透明な点がたくさんありますから。

◆どういう経緯で『ひき裂かれた自己』をお書きになったのでしょうか。

『ひき裂かれた自己』の冒頭に述べたように、多くの人がまったく理解不能だと思う振る舞いの大部分は、実はそんなに理解不能ではない、あるいは見かけほど理解不能ではないと私は考えました。この本は、理解可能性を明らかにするような形で人を見る方法を示す一つの試みです。また、「理解できない」という態度で人を見るならば、理解可能性は生まれず、理解できないことに誰も驚く必要はないと論じました。しかし何かが見つからないからといって、それが探している場所にない、あるいはそれが存在しないということにはなりません。

◆この本で、「にせの自己の体系」、多くのいわゆる統合失調症患者が世間に向けて用いる外向きの顔について説明されています。正常でまったく障害のない多くの人々も、疎外されているためにこのにせの自己の体系を利用するとお考えですか。

ええ。そのとおりだと思います。多くの人々が実際に私に話してくれることを信じるならば、そのとおりです。でも、能力という観点から言うならばこれは問題ではありません。私たちの社会に生きている人は誰でも、社会的な相互作用の多くはある種の仮面、ある種のペルソナ、ある種の見せかけ、個人的なことを表現することが意図されておらずそうデザインされてもいない行動や表現の、ある種の社会的なステレオタイプを使っていることに気づかずにはいられません。そして、人によってはそのような仮面が大きくなり、外すことのできない顔になっていることを知っています。言ってみれば、それに縛られて身動きできなくなっているのです。そういう意味では、それに気づかないまま縛られている人はずっと多いでしょうし、いったん束縛が大きくなってしまうと、そこから自分を解放できないために苦しいと感じている人もたくさんいます。

◆『ひき裂かれた自己』でも、真正な人間の科学を求めておられますね。それはどうすれば、その仮面を脱げるかを考えるものなのでしょうか。

ええ、そうです。セラピーと呼ばれるものの実践は、その仮面を捨て去る可能性に大きく関連しています。人々は何より恐怖からそれにしがみつくのです。仮面は、敵と感じられる他者の攻撃から身を守るために内側に築いた城のようなものであり、同時に、抜け出すことのできない牢獄でもあります。それが仮面の両義性です。私がこれまでに会ったかなりの人が、囚人になることなく社会で効率的かつ有能に生きていく可能性というのは、自分にとってかなり小さいと考えています。また、仮面なしで行動すると想像しただけで怯え、それを脱ぐのはぞっとするような考えだとみなす人もたくさんいます。

◆人はどうすればその恐怖を克服できるのでしょうか。

どんな恐怖にしろ、人はどうやってそれを克服するんでしょうか。自分が恐れているものが存在しないということを発見できれば、とてもすばらしいことです。暴力的な圧力や恐れるべきものがたくさんある子ども時代を過ごしたならば――そういう人は多いと思います――そして大人になったときにその恐怖を内在化して常に持ち歩いているのでなければ、外部の状況がうまくいく限り、もはや自分は牢獄にいるのではない、少なくとも以前と同じ形で牢獄にいるわけではないと気づいて安堵する可能性があります。観念的には私たちの社会全体が牢獄であるということもできますが、その中にも息をできる余地が大きいところと小さいところがあります。極端な立場として表現されるもの――人と人の間に本当に率直で自発的な行動が起こる可能性は、今やまったく失われてしまったという見方――には私は賛成しません。そういう行動はいつも至るところで起こっているし、まったくありふれた形、特に賞賛されたり明示されたりしてはいない形で行われていると思います。それは起こっているんです。でも、多くの人にとって、それは別世界なのです。

◆これに関連してあなたが取っていらっしゃるように思われている立場は、病んでいるのは社会で、正気なのは「統合失調症者」だというものです。これはあなたの見解を正しく表しているのでしょうか。

私は社会が病んでいるなんて一度も言ったことがありません。病んだ社会についてどう語ることができるのか、私にはわかりません。風邪をひいたら私は病気だって言えますよ。そりゃ、比喩的表現として、あるいは拡大された比喩的表現でも、それが比喩とか譬えとして使われているということを忘れない限りは、社会が病んでいると言うことはできるでしょう。社会をたとえば病んだ動物になぞらえることはできますよ。でもそれはなぞらえただけですし、そんな比喩はしょっちゅうされてますから陳腐になっていて、あなただってもう使わないでしょう。

統合失調症と診断された人がみな正気だとも言ったことはありません。精神病と診断されたすべての人が正気だなんていうのは、ばかげていますよ。それは他の空想的な一般化と同様に愚かなことです。私が言ったのは、精神病と診断されている人のなかにはあらゆるタイプの人がいるということです。事実、あらゆる種類の人が精神病と診断されています。そして、頭が狂っているとか精神病とか何とか診断されるとき、実際、粉々になり、ばらばらになり、困惑し、機能できず、行動できず、動けず、考えることができず、最も基本的な機能さえできないように見える状態にあることがあります。ですから、私たちにすぐにはわからない何らかの理由で、話したり、動いたり、基本的な機能を実行したりしたくない、あるいはそれらができない人、人生が停止した人がいれば、その人の社会的状況を見ずにその人だけを見て、精神が非常に乱れて調子の狂った状態にあると結論せざるを得ません。そんな状況に彼らを押しやったのが何であってもね。けれども、精神科医は、私には本質的に何も問題がないと思われる人の多くを精神病と診断することがよくあるんです。そのような場合、診断は社会的なチェス盤の上で人の位置を決めるようなものです。たとえばナイトがある場所にあるとしましょう。それは次の手で取り除かれるかもしれません。ナイトそのものには何も悪いところはないんです。そのナイトにしても、取り除かれるその他の駒にしても、それ自体が悪いわけではありません。それが取られるかどうかを決定するのは、ゲームの中でのその駒の位置です。同様に、人が社会的に無力かどうかを決めるのは、その人の位置です。そして、その人たちに何が起こるべきかを宣言するのは他の人々です。それが政治的弱者の位置です。そのような小規模な政治的状況では、弱者はすべての力を失うように私には思われます。私たちの社会では、完全に無力な地位に置かれるのは有罪判決を受けた犯罪者ではなくて、精神病院に入れられた精神病患者です。彼らはすべてを剥奪されるんですから。自分の脳の一部が取り除かれるかどうかを決める権利さえ奪われます。彼らに対しては、本人が好むかどうかにかかわりなく、ほとんどどんなことでも行われます。そして、その立場というのは、そうした状況で他者の人生を完全に支配することを社会から任された社会の代表のなすがままなのです。現在、西洋やロシアでは、そのような権力に対してまったく抑制がなされていないと思います。人を完全に破壊するためにそれを使うこともできるのです。

◆脳に何か器質的な問題がある場合はどうでしょうか。そのような人に対するコントロールについても同じようにお考えですか。あなたの議論においては、医学的な論点と政治的な論点の区別があるのでしょうか。

もし私が路上で殴られて倒れ、意識を失い、内臓破裂のために出血しているとしたら、私は、私に対する他人の行動に完全に委ねられることになります。こうした状況では、それに対して社会が決めているやり方に従ってまわりの人々が行動することにまったく異存ありません。願わくば、最良の処置を取ってもらいたいものです。

けれども、他者への手助けのために医者はどこまで踏み込めるのかについての私の考えは、おそらく少数派なんでしょう。たとえば、私ががんで死にかけているとします。一般に行われているように患者に余命があまりないことを告げないというのは、絶対にいけないことだと思います。みんなが知っているのに本人だけが知らないんですよ。もし私が死にかけているなら、まずは私に教えてほしいと思います。それに他の人々に不当に迷惑をかけない限り、自分なりの死に方をするのは個人の絶対的な権利だと思います。私は自宅で死ぬ権利があります。私にとってベストだと医者が言うことをたまたま私が望まないならば、たとえばがんになったときに手術はしたくないと思ったならば、そこにいかなる疑念も介在すべきではないと思います。私には治療を拒んだり入院を拒んだりする権利がありますし、自分のベッドでもどこでも、望むところで死ぬ権利があると思います。また、国法に関していうなら、自殺をする権利もあると思いますよ。それが人としての定めに反するかどうかは別の問題ですが。けれども、健康であれ病気であれ、私の体の中で起こっていることに干渉する権利は国にはないと思います。私の体の中でどのような化学作用が起こっていようとも、それは私の問題であって他の誰の問題でもないでしょう。そしてそれは、すべての人にあてはまると思っています。

◆法理論的には、人はこうしたすべての権利をもっています。実際にはそれが否定されていると思いますか。

そりゃもう、そうです。みんながみんな、否定されているわけではありませんよ。けれども、西洋の産業－技術－医学システムにおいては、ありふれた日常のこととして、大勢の人のこうした権利が否定されています。

◆『経験の政治学』において、セラピーは自身を拡張しており、セラピストは大きな権威と即興の能力を組み合わせることができなければならないと書いておられます。

セラピーと精神医学の一般的な範囲の中であらゆることが行われています。セラピーをそうした観点で捉える精神科医もいますが、精神科医の大部分が、このような形でセラピーに関心をもっているとは言えません。

◆それでは、精神科医は何に関心をもっているのでしょう。

精神状態や行動の化学的な制御に関心をもっています。私が精神疾患《メンタル・イルネス》や精神病理学と呼ぶもののさまざまな形態がどう分類されるか、その分類の中の異なる症候群が臨床的・医学的にどう定義できるかにも関心をもっています。また、どうすれば医学的な手段でそれを治療できるのかにも関心をもっています。そうした手段を追究し発展させることに関心をもっています。私は自分の著作や医療の実践の中で、こういう捉え方は拡張された比喩であり、少なくとも私にとっては非生産的だということに気がつきました。そして、その理由のいくつかも著作の中で説明しています。

◆私の見るところでは、人々はあなたのおっしゃることに直感的に反応するようです。感情的にイエスかノーしかなく、分析はされていないという気がします。あなたもそうお思いですか。

そうですね。そう思います。

◆どうしてそうなのでしょうか。

あなたはどうしてだと思いますか。

◆あなたの意見がかなり脅威だから、特に人々がそれに従ったならば仕事を失い、専門家でなくなってしまう従来の精神科医にとって脅威だからだと思います。そう思いませんか。

ある意味ではそうですが、ある意味では違うと思います。たとえば、私はアメリカのテレビ番組『ディック・カヴェット・ショー』に出たんですが、そのときロロ・メイや、大規模な薬剤研究プログラムの主任であるネイサン・クラインも出演しました。『原初からの叫び』の話が出たので、ある意味で私は愚直だったのかもしれませんけど、どうしてそんなに騒ぐのかわからないと言いました。アーサー・ヤノフが非常にアメリカ的なスタイルで成し遂げたのは、叫びを尊敬すべきことにしたことです。認められることというだけではなく、尊敬できることにしたんです。お金があればですが。三〇〇〇ドル持っている人ならば誰でも、怒鳴り、叫び、うめき、身悶えし、泣き、もがくことができます。特別な指導がなくても、三週間たったときには、そのおかげで気分がよくなるに違いないと思います。それのどこがいけないんです？　そういう機会があれば気分がよくなるだろうというのは、常識をもっている人にならば誰にでも明白じゃありませんか。けれども、健康そのものに見えるネイサン・クラインは、「あなたの患者があなたの許を訪れるのは、私の患者だったらそうしたくない、止めてほしいと思うようなことをさせてもらうためなんですね」と言いました。精神安定剤は効き目がすばやいし、安いし、効果的です。私たちの現在の文明においては、私が行っているようなことに関係したくないと思う人がいつでもたくさんいると思います。多くの人はそんなことをまったく望まないのです。ですから、精神科医はそれを脅威に感じる必要はないと思います。つまり、私や私と意見を同じくする人々を生きながらえさせてくれるなら、私たちは彼らが行っていることを止めようとしないと言いたいんです、特別に行き過ぎた場合でない限り。ええ、私には、あることがらが倫理的に間違っている、まったくばかげている、誤った科学である、誤った医学であると述べる権利がありますよ。

◆私がうつ状態になり、医師のところに行って精神安定剤をもらい、それで気分がよくなり、そのようにして気分がよくなることに満足ならば、それに何か問題があるでしょうか。

それがあなたの求めることであるならば問題はありませんよ。私はアルカ・セルツァー剤、アスピリン、コーヒー、あるいは時によってはアミタール、ベンゼドリン、アンフェタミンに感謝しています。黙想や洞察にもかかわらず何か気分が落ち込むようなことがあって、一杯のコーヒーで気分がよくなるなら、それでいいのです。精神安定剤でも同じです。

◆でも、それを人からのどに流し込まれるのはいやだというわけですね。

そうです。それを望んだり要求したりしていないならば、のどに流し込まれても、血液や心の中に流し込まれてもいやです。それから、自分に与えられるものについて、ある程度の誠実さを求めます。こうした薬物は商品であり、製造されたものです。その研究に多額のお金が使われています。製薬業界の内部では、こうした薬品は非常に不正確で切れ味の悪い道具だということが認識されています。重大な副作用があることも彼らは知っています。けれども、ひとつには、それをもっと切れ味のいい質の高いものにする技術に酔っており――私はそれにある意味で共感しますよ。いいものが得られるなら、すばやく手に入れたいですからね――またもうひとつにはこうした分野、つまり最新の分子化学の研究を行うために多くの資金が必要なために、彼らはこうした薬を売りたいのです。精神科医は化学者ではありませんし、薬理学者でもありません。こうした薬を処方する人の多くは家庭医で、多かれ少なかれ、送られてきたものを処方しているだけです。論文も、主要な医学誌に載ればときに反響を呼ぶことがありますが、発表される論文の大部分は、その研究分野を特に細かく追っている人以外には誰にも、何が起こっているか理解するのはほとんど不可能です。たとえば、誰かがある薬を売り込もうとしているとしましょう。まやかしは、しじゅう行われています。ですから、科学界で本物の信用を築く方法は、個人的な接触しかありません。この人は本当に正直で、本当に真実を発見したがっていて、自分の会社を発展させるためだけに科学の最も複雑な問題を利用したりはしないという信用はね。

◆多分あなたの発言の結果なのだと思いますが、あなたは政治的に極左の革命的立場を取っていると言われています。これは正しいですか。

決してそんなことはありません。政治的にそんな意見はもっていませんし、一度もそんなことを表明したことはありません。一九六七年のラウンドハウス講演から生まれた論文集があるんですが、私の講演は「明らかなること」という題名の論文になりました。その最後の二つの段落で、私の立場を非常に明確にしています。それは問題のあらゆる側面に対する著しい懐疑主義です。同時に、私は、社会的な異常性や不当性について意見を述べたいと思うときには、口をつぐむつもりはないと述べました。

当時、私をはじめ一部の人々は、アメリカがベトナムとカンボジアで大規模な空爆を始めているのに気がついていました。一年前、当時のアメリカ国防長官がそれを知らなかったと言いました。私は誰を信じたらいいのか、何を信じたらいいのかわかりません。とても難しいことです。私はそのような状況の中で話していたのであり、今もそうです。今日起こっていることは、いっそう……ばかげています。

◆『狂気と家族』に提示されたような方向で、家族療法を続けてこられたのですか。

はい。あの本の研究と執筆を行ってから、もうすぐ十年になります。私は患者家族を対象にした治療を続け、いろいろな家族体系や社会体系と関わってきました。少々旅をするチャンスがあって、インド、スリランカ、ニュージーランドなど、世界のあちこちの家族について見てきました。

◆家族の関係は西洋社会で特に問題があるのでしょうか。それとも、インドでも同じようなことが起こっているのでしょうか。

うーん、これは私がぜひ訂正したいことのひとつですよ。デイヴィッド・クーパーと家族に対する彼の態度、特に『家族の死』に表明されたことを私の意見と混同している人もいるようですが、私は家族を糾弾してなどいません。クーパーの立場は、家族に関する私の立場とは異なります。あなたは今、私が家族といっしょに暮らすこの家の中でこのインタビューを行っているでしょう。私は家族といっしょに暮らせて嬉しいと思っています。家族というのは、自然のものとして今なお生物学的に存在するものの中で最高のものだと思っています。家族が国家の支配によって破壊されたり干渉されたりするのを私は望みません。六〇年代の心理―政治的な反精神医学・反家族左翼のスローガンを掲げ、支配権を握るためにそれを利用するならば、いとも簡単にそんな事態が起こってしまうでしょう。親は子をもつために免許をとらなければならなくなるでしょう。私のところには、うつ状態で情緒障害に陥っているために精神科を回った人がやってくることがあります。精神科医たちが最初にすることは検査です。患者の女性を検査し、彼女の情緒障害が重いことを見出し、彼女の心を乱していることの一つが子どもを宿している可能性だとわかったとします。彼女が妊娠・出産に適した状態にあるかどうかです。そうすると彼らは「だめだめ、絶対に子どもを生んではいけません」と言います。それがあと一歩進めば、彼女が子どもをもつためには特別な許可が必要だということになります。心理学的な適性検査に合格しない限り、子どもをもつことが許されなくなるでしょう。家族というのは潜在的にすばらしいものです。大人が子どもといっしょに遊んだり過ごしたりできる場所、子どもが後に出会うたいていの人々よりも、もう少し人間的な人々といっしょに過ごせる場所だと思います。家族を構成している子どもと大人が仲良く暮らせれば、それは本当にすばらしいことです。

家族について私が非難しているのは、多くの子どもたちがひどい形の暴力を受けたり、権利を侵害されたりしていること、自分の行為を理解していない大人や自分の無知についてあまりにも傲慢であるために物事を理解できない大人によって、子どもが屈辱を感じさせられることです。でも、あらゆる世代が新しい世代です。基本的に、情緒不安定な大人の下で育つ情緒不安定な子どもたちが、自身の子どもたちと良い関係を築いて、こうした連鎖から抜け出ることができないと考える理由はありません。

◆人は自分の子どもといっしょにいるときにはそうでないときと大きく違って、もっと人間的になるとお考えなのでしょうか。

そうですね。

◆もう一つ、あなたの立場だと思われているのは、人はより全体的で完全な人間になるためには何らかの宗教的な経験、大文字のＧｏｄではない何かを経験する必要があるというものです。あなたは統合失調症といわれたある人の旅を狂気の発現としてではなく、精神的《スピリチュアル》なものとして描いていらっしゃいます。宗教は必要だというご意見でしょうか。

一部の人々の人生には自然に起こるように思われます。少なくとも、そうした人々が何らかの内的な精神状態に没入しているとき、それは自然発生的に思われます。そうした状態にあるとき、社会的にまったく無能になり、生活を続けていくことができなくなります。私は、精神医学の慣行において統合失調症のエピソード、統合失調症的な形のエピソード、統合失調症の影響を受けた反応状態、あるいは進行性統合失調症の破瓜《はか》型《がた》悪化における急性エピソードなどと呼ばれたもの、そして今もそう呼ばれているものをたくさん見てきました。そして、そうした臨床経験から、そのような状態になっているときに外から干渉されなければ、多くの人がそこから戻ってくると信じるようになりました。ときには、ジェシー・ワトキンスがそうだったように十日くらいのこともあるし、もっと長くかかることもあります。現在、キングズレイ・ホールに代わるものとして私たちがロンドンで運営している家庭的な施設では、こうしたことがよく起こります。このような環境の中で隔週に起こるある種の濃縮された経験のようです。それを経験する人はしばしば、それをスピリチュアルなものと表現します。スピリチュアルというのが何を意味するにしろね。たびたび経験されるのが深遠の感覚、以前には悟っていなかったさまざまなことを悟ったという感覚です。目がくらむほど多数のことがわかったと感じられて、すべてを解読するのが不可能になることもあります。そのような人から見ればそういうまっただ中にいるんですが、他者からは支離滅裂で方向を見失っているように見えるかもしれません。彼らはたしかにある意味、支離滅裂で方向を見失っています。

これはいったい何なのでしょう。それは不寛容、組織化、人間の機械化の問題、時計が示す時間以外の時間感覚をもたないという問題だと思います。何が起こっているにしても、この明らかな狂気の中に何らかの筋道があるとは認められていません。そこにはどんな意味もないし、そんなことをしなければそれは通り過ぎて行ってしまう、自分はそれを知りたくないのだからと彼らが言うとき、私のような少数の人間のことばには聞く耳をもたないんです。

こうした経験は、ある意味で、閃光のようなもの、ばか騒ぎのようなものです。それは麻薬と比較されます。そして、イデオロギー的な立場になります。「それは異なる精神状態のきらめきなのか」という問題になります。ここで話しているのはそうした経験の最良のもののことであって、最悪のものはまさしく地獄です。誰もそんな精神状態の中で生きたいとは思わないでしょう。しかし、私が言いたいのは、十分正常と思われる人に対して精神科医が行うことを見るならば、人が正気ではないときの行動に関する彼らの記述が無力になるということです。行われていることが、行われなければならないことにまったく反していますし、西洋の伝統における臨床的・医学的な聡明さが指示するところにまったく反しています。まるで裏返しの状況です。

◆ですけど、よりよく、より気高い人間になるためには、そのようなスピリチュアルな経験をする必要があるのですね。

いいえ。

◆あなたはそう考えていると言われていますが。

そんなことは一度も言ったことがありません。

◆キングズレイ・ホールはどうなりましたか。自然に終了したのですか、それとも終了を余儀なくされたのですか。

私たちがフィラデルフィア協会と呼んでいる団体は一九六四年に設立されました。この団体は、少々メンバーは入れ替わったものの、今も存在しています。私は今も会長です。私たちはロンドンで活動を続けました。私たちの団体の目標は、自分たちの考えに従って精神病への対応を発展させることでした。重要な仕事のひとつは、このようなことを実現できる家庭的な場を確保することでした。キングズレイ・ホールはそのような場所の中で最大のものでした。私たちは一九六五年から一九七〇年まで五年間、それを運営しました。一九六五年にミュリエル・レスターと管財人から五年契約でその建物を借りたので、五年間そこで活動したのです。現在では、ロンドンのベイズウォーターとアーチウェイにいくつかのビルを持っています。活動は今も続いています。

◆あなたご自身もそこでずいぶん治療を行われるのですか。

私も顔を出しますが、たいていの時間はこの部屋で過ごしています。ここに留まっていて、ここで患者を診ます。協会の運営する家にも行きますよ。今夜も行くつもりです。でも、特別な用事があるときを別にすれば、ふつうは週に一度です。

◆私が理解しようとしていることのひとつは、各々の心理学者や精神科医が人間をどのように見ているかということです。「人間とは何か」というのが大きすぎる問いでないとすればですが。私たちは身体－化学的構成に制約されていると思いますか。

人間の全体的な化学的構成ということばによって何を意味しているか、「制約されている」ということばによって何を意味しているかによります。私たちは測定できる視覚、味覚、匂い、身体の知覚の対象に制約されているか否か。化学はその領域に属します。自分たち自身、あるいは自分たち自身のように思われるものを科学的な方法で調べるとき、その主な対象と考えるものについて話しているのならば、物事についての確実な姿を捉えることになります。この本の重さを測りたいならば、非常に正確に測ることができます。しかし、あなたが私にこの本を重いと感じますかと聞くなら、あるいは私にその本を渡して「どのくらい重いと感じますか」と聞くなら、部屋の温度とか私の体調とかによって違うでしょう。重いと感じるかもしれないし軽いと感じるかもしれません。でも、このとき、その重さの感覚を測ることはできません。本の重さを測ることはできるけれども、その本の重さをどう感じるかは測ることができないのです。すべてのことがそうです。この部屋の中で私やあなたが見るものを詳細に描写することができますが、今のところ、見ていることに到達する科学的な方法はありません。今私が話しているのは、完璧で純粋な自然科学の方法、科学者どうしがすぐにそのように理解しあえる天文学や物理学や化学のようなものの方法です。私の脳波とか、ポンプとしての心臓とか、比較や対照のための測定器具などからわかることではなく、私がどう感じるかについて話しているならば、そこにはそのような科学的方法がないのです。たとえ私が何かを感じているときを捉えることができ、私が夢を見ているときを捉えることができ、私の脳に電極を差し込んで私の大脳皮質や側頭葉にいろいろな色のパターンを作らせるマイクロコンピュータによって私に夢を見させることができたとしても、それはやはり、私の感情や私の夢ではありません。分子レベルでの酵素のごくわずかな違いが影響することが知られています。しかし、それでも、あなたが私の脳や神経を見れば、私が見ているこの世界全体がそこからどのように出てきているかを推測できるというわけではありません。あなたが私の脳を探測できるとしましょう。目はカメラの感光板とは違って、取り出して調べることはできません。世界全体が感光板です。化学作用はたしかにそこにあり、世界もそこにある。ウィリアム・ジェームズが明らかにしたように、ほんのわずかな亜酸化窒素、笑気ガスがあれば、麻薬や幻覚剤を使ったときのように遠い世界に行ける。中心点、完全な無を通って幻覚の世界を旅し、数秒のうちに戻ってくることができる。全部は化学作用の問題のように思われますが、同時にそこには、化学作用ではないこともあるのです。

現在のところ、それは私にはまったく神秘的に思えます。すべてはこの中のもの（レインは自分の頭を指差した）のせいだというのはばかげています。けれども、神秘的な形で、この中のごくわずかな変化が、外界の見方に影響を与えるのです。私たちが夢を見なければ、神経科学者は睡眠の各段階で脳波を測定してそれと夢の状態との関連をみることはできないでしょう。けれども、私たちが夢を見ているとき、誰かが顕微鏡でそれを見ることはできません。もっとも、誰かが顕微鏡で覗いている夢を見ることはあるかもしれませんけどね。私たちは自分の分子を夢見るといえるのかもしれません。すべては脳による脳の自動的な知覚なのかもしれません。でも、それでは脳とはいったい何なのでしょう。脳自体が知覚の客体です。ですから、それ自体が見るものはすべての客体と分類してもよいでしょう。私たちが見るものはすべて、脳の中で起こっていることから推測されたものです。脳自体が知覚の客体であるならば、それは脳が推測したすべての事象の後に起こっているのです。脳はまだ存在しないわけですから、脳がそれを推測しているとはいえません。脳に従うならば、脳は、遠刺激が目に入り、網膜上での電気インパルスの変換と視交叉が行われ、二セットのシナプスを通って大脳視覚野に到達するまで、それを見ることができないんです。刺激がそこまで到達したとき、体のほかの部分、その化学作用、そのホルモンに問題がなければ、視覚的な世界を見ることになります。その場合、視覚的な世界はこうしたことをすべて経た後に生じているわけです。つまり私たちは、後で起こっていることから推測していることになります。視覚的な脳は視覚的な客体の一部なのでしょうか。それならば、視覚的な客体の一部である視覚的な脳を、どうやって利用できるのでしょうか。それは説明を必要とする客体の一部なのに。ですから、こうした形で説明することはできないように思えます。

他にも知的なパラドクスがあります。科学には足がかりもつかめていないことがたくさんあるのです。海面に網を投げて海をつかまえようとするのに似ています。

◆いつかは、科学によってこうした神秘をかなり完全に説明できるようになるとお思いでしょうか。

いいえ。科学は一つの方向しか覗くことができません。科学には顕微鏡で見ることができるものしか見えないのです。

◆でも、科学は顕微鏡で見えるものを再統合することはできないのでは？

できますよ——それも科学者であることをやめずに。でも、人が全人的な人間として統合される上位の中心的位置に科学を置くことはできません。科学とは人間の精神の営みのひとつであり、科学はその営みの中に包含されているのだということを受け入れなければならないでしょう。

◆あなたがこれまでにおっしゃったことからすると、あなたは古典的な科学の伝統を受け入れていらっしゃるようですね。よく言われるように、それに反対されているわけではないように思われますが。

誤解を招くことなく、短いことばでそれに答えるのは不可能です。古典的な科学とは何かを論じなければなりませんから。古典的な生物学について考えてみましょう。それは生物系の正確な知識の問題です。生物系を研究する方法は、残念ながらかどうかわかりませんけど、研究を始める前に科学以前の生物系に対して科学者の心にどのような姿勢があったかということの結果です。科学者は、生物系を研究するまで、生物科学者ではありません。そして、生物系を研究する方法は、科学的に決定されていません。それはできないのです。まだ科学者になっていないのですから。彼は賭けをしなければなりません。最も高い評価を得ている生物学的発見の一部、たとえばガルバーニ、ボルタ、チャールズ・シェリントンの発見は、記念碑的過ちだと思いますよ。それはともかく、私の主な批判点は、それを体系化しようとするなら、科学的根拠だけではなく、倫理的根拠にも基づいてしなければならないということです。

◆この科学以前の態度は、科学者にバイアスをもたらすのでしょうか。

それはすべての人にとってそうです。それが私の立脚点です。科学を導く科学以前の見地が私の立脚点であり、私の研究の主題《サブジェクト》なのです。研究の目的《オブジェクト》とは言えませんが。

インタビューを振り返るとき、そのときなぜだか聞きそびれてしまったことが心から離れず、もう一度その場に戻って質問できないことを残念に思うことがある。私はレインに、自分が道を見失ったように感じたか、それを悲しんでいるか尋ねてみたかった。私たちの知る限り、彼は自分の道を見失うことを楽しんでいたのかもしれないと思う。もっとも、精神医学には、そんな取るに足りない意見を論じる方法はないが。

レインが世を去って五年後、息子のエイドリアンがこのカリスマ的学者の最初の伝記を出版した。エイドリアン・レインは、欠点の多い父、うつ状態にあるとわかっていても助けを求めることができずに酒に溺れ、攻撃的になっていった父の姿を描いた（Laing, 1994）。エイドリアン・レインは、手厳しくも、自分と父親との関係は「彼の死後大いに改善された」と述べている。これは赤裸々ですぐれた著作だが、レインの業績に値する決定的な伝記とは言えないだろう。特に、薬物療法に関する懸念が増大している今——新しい精神薬が一部の患者の殺人や自殺を促しているように思われ、アメリカの子どもの七人に一人が何らかの形の精神安定剤を服用しているという驚くべき数値が明らかになっている今——レインの業績はもっと顧みられてもよいのではないだろうか。

第9章　ハーバート・サイモン

ノーベル賞を受賞した心理学者は、これまでごくわずかしかいない。しかも、心理学において重要な仕事をしている最近の四人の受賞者、コンラート・ローレンツ、ニコ・ティンバーゲン、ダニエル・カーネマン、ハーバート・サイモンは、本来的に心理学者というわけではない。実際、サイモンは経済学の業績でノーベル賞を受賞した。彼は、多くの人がその受賞をまぐれだと考えているが、自分は一九四五年－七八年に最も多く引用された経済学者の第五位だったと反論している。

しかし、私がサイモンに会いに行ったのは、彼の心理学における仕事のためである。サイモンは人工知能のパイオニアの一人だ。彼を心理学者の中で一躍有名にしたのは、一九五七年にアレン・ニューウェルとともに設計したチェスプログラムであった。このプログラムはグランドマスターと互角に戦うことができた。サイモンは常々、コンピュータがチェスの世界チャンピオンをやすやすと破る日が来るに違いないと信じていた。その後、私たちはガルリ・カスパロフがＩＢＭのチェスコンピュータに負け越すのを見た。新しいプログラムがハンガリーのチェスの天才少女、弱冠一七歳のジュディット・ポルガーを破ったという記事に驚かされたこともあった。コンピュータが一枚上手なのだ！

サイモンにとって、チェスゲームは常に目的のための手段であった。彼は一九五〇年代初めから、コンピュータは人間の思考方法の解明に役立つと信じていた。彼の考えは認知心理学の復興の道を開く上で、非常に大きな影響力をもった。

私はピッツバーグの伝統ある大学、カーネギー・メロン大学にサイモンに会いに行った。そのとき七七歳になっていた彼は体こそ衰えが見られたものの、とても生き生きとしていてよく笑った。彼は、大学院生たちが彼を引っかけようとした統計のいんちきに引っかからなかったと、楽しそうに話した。経済学者であるサイモンは、統計となると一番頭のいい学生にも負けないのだ。彼の部屋は勢いよく活動が進行していることを示していた。すべての机やテーブルの上に書類が溢れていた。

サイモンは自伝を出版していた。スキナーの『我が人生の顛末』と同じく、この自伝はところどころ驚くほど個人的である。特に、子ども時代と結婚をめぐる細部の描写は感動的なほどだ。若い女性と駆け落ちしかけて、思いとどまったこともあったらしい。

サイモンは一九一六年、ウィスコンシン州ミルウォーキーに生まれた。父方の家族はユダヤ人であった。ユダヤ人の職業を制限するドイツの法律に従ってぶどうの栽培とワインの生産を行っていたが、サイモンの父は技師としての訓練を受け、一九〇三年にアメリカに渡った。サイモンの母親もドイツ人であり、半分ユダヤ人、半分ルター派であった。サイモンは十代になるまで母親っ子だったが、やがて父親と心を通わすようになった。若いサイモンは学校の成績がよかった。だから、最終試験であまりよい結果が得られなかったときにはひどく失望した。しかし、最終的に奨学金を受けてシカゴ大学に入学することができた。

サイモンは世間の荒波を知らずに育った。大恐慌のときに父が三〇年間働いた会社から解雇されかかったことを知らず、必要ないからと奨学金を辞退しようとしたくらいである。後にそれがなくては大学で学べなかったことを知って、ショックを受けた。彼の自伝には、父親にいかに恩義を感じているかが書かれている。「私の価値観は、私が子どものとき父が示した価値観、父が生きてきた価値観と区別しがたい。」父親の技師としての技能は、直接的ではないものの若いサイモンに影響を与えた。シカゴ大学でサイモンが主に関心をもっていたのは経済学と政治学であった。大学院を修了した後、国際自治体管理者協会で働いた。この協会は地方政府に科学的原則を導入しようとしていた——価値のある、しかし実現しそうもない理想である。サイモンはこの協会で働く一方、わずか二二歳で『市政の技術』という本の主要部分を書いた。

サイモンが心理学への彼の貢献を決定づけることになる技術——コンピュータについて耳にし始めたのはこの頃である。一九三八年、コンピュータはまだほとんど存在しているといえなかったが、あらゆる種類の計算を行うことによって仕事を大幅に削減する装置をＩＢＭが開発しているらしいという噂が流れていた。

サイモンは二五歳で結婚した。翌年、バークレーに職を得た。公共サービスの評価を行い、それが金額に見合う価値を生み出しているかどうかを判断する専門家として、経済学界で名が知られるようになっていた。行政学研究所の所長となる一方で、カリフォルニアにいたこの時期に、シカゴ大学の博士号を取得した。サイモンがＩＢＭのロサンゼルス支社との共同研究を行ったのも、このカリフォルニア時代である。同時に、急進的な知識人たちとつきあうようになった。後に情報公開法に基づいて情報開示を求めたサイモンは、当時自分がいかに執拗にＦＢＩ（連邦捜査局）から監視されていたかを知って驚いている。

言うまでもなく、戦争はコンピュータ技術を大きく前進させた。一九四五年、サイモンはコンピュータ科学のパイオニアの一人であるジョン・フォン・ノイマンに出会った。ノイマンを通して最新のデジタルコンピュータを知り、その可能性に気づいた。この新しい機械を高く評価したエドモンド・バークレーの『人工頭脳』も読んだ。サイモンは、当時コンピュータの最も重要な利用方法は、数字の処理だと誰もが考えていたと強調する。それが人間の知能を記号的に表すモデルになるなど、誰も思いもしなかったのだ。

一九五二年、サイモンは、コンピュータは人間の知能に似たプログラムを提供できると考えるようになった。彼はチェスをするコンピュータプログラムの簡単な概要を発表した。一九四六年にオランダの心理学者アドリアーン・デ・フロートが、チェスプレーヤーの思考に関する本を出版していた。一九五二年から一九五八年は、明らかにこのアイディアの発展にとって非常に重要な時期であった。サイモンは、アレン・ニューウェルと協力してチェスプログラムの開発に取り組んだ。このとき人工知能の考えが生まれた。ただし、人工知能という表現が使われるようになったのは、もっと後のことである。サイモンが自伝に述べているように、ＡＩが誕生する過程は強い自我、激しい衝突、感動的な和解の連続であった。

サイモンは機械的なユートピアを信じていなかった。彼は、人工知能は心理学から、心理学は人工知能から学ばなければならないと確信していた。両者の関係は、ソフトＡＩと呼ばれるものの支持者とハードＡＩと呼ばれるものの支持者の間で、今も活発な議論のテーマとなっている。ハードＡＩの立場は、まもなく人間を真似し人間を凌駕するコンピュータやプログラムを設計できるようになるというものである。自分で考え、創造性をもち、さらには個性さえもつ機械――『新スタートレック』のデータ少佐のような、みんなに愛されるアンドロイドができると考える。それに対して、ソフトAIの立場は、知能のコンピュータ・モデリングは有益であり、脳の組織についての知識を与えてくれるが、人間の営みに取って代わることはないと考える。

キューブリックの『二〇〇一年宇宙の旅』のようなSF叙事詩を別にすれば、コンピュータは意思をもたない。このインタビューを読むと、サイモンが両者の間で揺れ動いていたことがわかる。人間の行動を観察すること――歩き、しゃべり、生活する被験者から本物のデータを引き出すことが学生にとって決定的に重要だと考えていたのは明らかである。しかし、いかに記憶が格納され、何がエングラム（格納の基本的な単位と考えられたもの）なのか、決定的なことをまだ何もつかめない神経心理学者に少々苛立ってもいた。また、サイモンは私に、たとえば動くものを見たり追いかけたりするなど、単純なことを実行できる機械を作るのがいかに難しいか、誰も予測していなかったと述べた。人間なら特に知能が高くなくても自然にこなせることが、機械には難しいのである。しかし、彼は、自分で物を見て操作することができるロボット、人間の助けなしで高速道路を運転できるロボットの製作に関わったことを誇りに思っていた。残念ながら、人間以外のドライバーにかける保険がないため、実際にそのロボットが単独で運転することはできなかったが。それでも、これは批判者を黙らせるには十分な成果である。

サイモンとニューウェルは、チェスプログラムを作り上げたとき、バートランド・ラッセルに原稿の写しを送った。ラッセルは、子どもでも『プリンピキア・マテマティカ』［訳注　ニュートンの代表的著書。ラッセルにもホワイトヘッドとの共著による同名の著書がある］が書けるようになるだろうと喜び、「演繹的な論理はすべて機械のほうがよくできると信じるのにやぶさかではない」と述べた。後にサイモンとニューウェルがさらに情報を伝えたところ、この急進的な伯爵（ラッセル卿）は「この事実は子どもには知らせるべきではないというあなたがたの理由を評価します」と返答した。サイモンとニューウェルは、アメリカ心理学会に提出した一九五八年の論文で、自分たちは心理学の新しい学派を作ろうとしているのではなく、連合心理学とゲシュタルト理論の両方によって推進された伝統的な思考のモデルに基づいて、それを発展させているのだと主張した。しかし、思考のほとんどのコンピュータモデルが連合心理学的であるのは確かであるものの、そのようなモデルは、個別の連合がいかになされるのかの問題に対応できないという批判もある。

一九六〇年、この新しい刺激的な仕事から大きな論争が起こった。三人の著名な心理学者、ジョージ・ミラー、ユージーン・ギャランター、カール・プリブラムが『行動のプランと構造』という本を書いたのである。プランというのはいうまでもなく、プログラムと言い換えることができる。サイモンとニューウェルは動揺した。ミラーが述べているように、「ニューウェルとサイモンは私たちが彼らのアイディアを盗み、しかも正しく理解していないと感じた」のだった。ミラーによると、サイモンが彼に向かって叫んだかと思うと、すぐにいっしょに飲んでいるというようなけんかだったらしい。ミラーは、「ハーバートに対しては引き下がってはいけない。そうしないと、彼にこっぴどくやられてしまう」と付け加えている。

ミラーはこの本の中の学術的な内容の一部を修正し、自分たちが練り上げた考えの一部は長い間心理学の中にあったものだと指摘した。私がこのけんかについて言及したのは、これが多くの理論的な争いとは異なる解決に達したからである。つまり、友達だった二人は友情をさらに強いものにしたのだ。サイモンの自伝には、読者がミラーの側の見方を知ることができるように、ミラーのことばがかなり長く引用されている。

チェスを行うプログラムは、もちろん人々の関心をそそった。一九世紀終わりにサイエンスフィクションがブームになり始めて以来、人々は、私たちが行うことを機械もできるのではないかという考えに魅了されてきた。それがサイモンを有名人にした。一九六九年、彼はアメリカ心理学会から科学功労賞を授与された。数々の名誉学位も授けられた。しかし、最高の栄誉はそのあとにやってきた。一九七八年一〇月一六日午前六時、すっかり身支度を調え緊張しながら電話を待つサイモンのもとに、半ば予期された知らせが届いた。ノーベル経済学賞受賞の決定だった。

ノーベル賞によってサイモンの生活は少々変化したが、基本的な関心は変わらなかった。コンピュータモデルに関心をもち続け、それは人間の思考への王道になりうると信じた。これが人間に脅威を与えるとは考えなかった。企業の幹部たちに最新のビジネス技術に関して講義をしていたサイモンは、一九四〇年という早い時期に、ＩＢＭの新しい機械ができても、それは人間を時代遅れのものにはしないと語っている。そして、終生これを信じ続けた。

私が会ったとき七〇代の後半だったにもかかわらず、サイモンは新しい仕事に取りかかろうとしていた。心理学の歴史について十分に認識していたが（心理学界が激しい論争に揺れた時期に育っており、彼自身、スキナーの考えについて辛辣な意見を述べたこともあった）、過去を振り返ってばかりはいなかった。これから視覚的イメージなどの問題に取り組むつもりだと話していた。二〇〇一年に彼岸に旅立つまで、きわめて現代的な心理学者であり続けたのだった。

◆人間は人工知能やコンピュータとの類比に恐れを抱いているとお考えのようですね。それがあなたの業績の受け入れられ方にどう影響したか、そしてあなたはそれにどう対応しているのかというところから、お話を始めていただけませんか。

うーん、そうですね。コンピュータは考えることができる、あるいは思考に相当する何かをできるという命題に人々が非常に低い事前確率を与えているという事実によって、私の業績の受け入れられ方が影響を受けたと思います。そんなことはあるわけないと思われているのですから、反証は非常に強固で大量でなければならない。人々の意見を変えるだけの説得力がなければならないのです。思考のコンピュータ・シミュレーションの中で起こっているプロセスは人間の思考に類似したところがあるという考え方は、今もまだとても少数派です。おそらく、コンピュータ科学の分野では心理学以上に、そうした考え方が少数派でしょう。心理学の人々は、コンピュータのメタファーについてかなり前向きに話しますからね。そしてもちろん、私が言っているのはそんなことじゃないんです。

◆といいますと？

常々思ってるんですが、機械が思考するという概念は、人間の唯一性に挑戦状を突きつけるということなんじゃないですかね。これまでにも人間の唯一性に挑戦するものは、相当に強い反応を受けてきました。思考は人間の唯一性の最後の砦といえるのかもしれません。

◆あなたが行っていらっしゃるようなコンピュータ・シミュレーションは最終的に、問題解決や意識的思考にとどまらず、無意識の思考も行うようになるとお思いでしょうか。それともそれは夢でしょうか……？

いいえ。すでに無意識の思考をたくさん行っていますよ。問題解決のモデルをはじめ、私たちが作ったモデルをごらんになれば、そうしたモデルは意識の中で行われていることと無意識に行われていることの間に、特に境界を引いているわけではないことがわかるはずです。たとえば、ＥＰＡＭと呼ばれるプログラムがあります。非常に多様な知覚と記憶のプロセスをモデル化しようとするものなんですが、ＥＰＡＭにおけるプロセスの大きな部分を占めるのは、自分が知っている物体の認識につながるステップです。それは意識にアクセスすることはできません。ですから、私たちのモデルには、モデリングしているものが特に行動の意識的側面だという含意はないんです。意識的側面だけをモデリングしているならば、当然ながらそのモデルは機能しません。問題解決モデルというのは実際に問題を解決するものであって、無意識のプロセスが問題解決に関わっているなら、「それがモデルの中になければならず、そうでなければ紛れもなく巨大な欠陥がある」ことになるわけです。

◆それは神経心理学とどう関係しているのでしょうか。そうしたモデルによって、神経の道筋を明確に識別することができるようになると期待していらっしゃいますか。

はい。最初から私たちは、複数のレベルで調べることによって複雑なシステムを理解できるという仮説に立っています。陽子と中性子はクォークでできていますが、有機化学ではクォークまで下りていきませんよね。いろいろなレベルがあるのです。こうした諸レベルに関する多数の理論があり、科学的な各領域の構造は、こうしたレベルの特性に大きく関係しています。特定のレベルを定義する学問領域もあれば、その縮小を目指す学問領域もあります。人間の思考に関しては、神経学的なレベルがあります――誰もそれに反論しません――が、それに加えて、神経学的な構造によって実現され実行される記号的なレベルもあります。残念ながら、両者をつなぐ橋は非常に不確かで、ほとんど存在していないといってもいいくらいです。たしかに最新技術を使って脳の損傷を研究することによって、ほんの少しは行動を脳の特定部位に結びつけることができるようになってきましたよ。でも残念なことに、神経学者はまだ何がエングラム（記憶痕跡）なのかつかんでいません。記憶がどんな形で保たれるのか、化学的なものなのか、電磁的なものなのか、それとももっと別のものなのかということさえ、教えてくれないのです。脳のある場所を傷つけると記憶にどのような障害が起こるかを教えてはくれますが、それでは疑問に対する答えになっていません。四〇年くらい前に、ヘッブ（カナダの著名な心理学者）がエングラムとして細胞集成体（cell assembly）と呼ばれるものを提案しました。誰かが生理学的なしっかりした証拠を出してくれるなら、そしてそれが真実だとわかったなら、私たちが取り組んでいる記号、モデル化している記号はそのようなものだと私は喜んで信じますよ。そして、喜んでその橋を架ける仕事を始めます。その橋は二層式でなければならないでしょうね。それぞれの層を十分に発展させる必要があるでしょう。ごく小さな原始的パーツを使い、それが積み上げられて、間にさまざまな層や分子が入ることなく突然複雑な構造になるシステムなんて私は知りません。しかもその下にはＤＮＡという要素があります。それが分子を作り、分子が細胞を作り、細胞が細胞小器官を作ります。いくつもの層があることの証拠です。

◆私はスキナーと話したことがあるんですが、彼は、生命体の内部で何が起こっているかには関心がないと言っていました。

ああ、そうですね。それは特殊な立場だと思いますよ。格納システムをもつある装置があるとしましょう。そのようなシステムについて考える方法は二つあります。一つには、「行動MYはX1、X2、X3、X4の関数」で、これがその装置にこれまでに起こったことのすべてだと言うことができます。あるいは、天文学のような形で考えること、すなわち「行動Yは現在行われていることと格納されている過去に起こったすべてのことの結果の関数だ」と言うこともできます。それが天文学で行うことです。私たちは宇宙システムの状態、天体の現在の位置や運動について語るわけですが、それが歴史を概括することになるからです。歴史は忘れましょう。複雑さの程度がどのようなシステムでも、あるいは歴史への依存の程度がどのようなシステムでも、それがそのシステムにとっての真実です。その行動の法則を述べるずっと節約型の方法だということになります。ですから、頭の外にとどまっていようとするのは心理学にとって自殺行為だと思います。心理学者はこうしたおそろしく複雑な理論をもっているのです。推測として、有機体の現状と今それに影響を及ぼしているものが、次に起こることを決定するという行動理論をもっています。つまり、私たちAI研究者は、人が微分方程式でいつもしていることを真似ているのです。ただ、差分方程式であるコンピュータプログラムを使っているだけです。

◆自伝の中で、コンピュータを嫌う人の最後の逃げ場所になるのは、いつも創造力だとおっしゃっていますね。

そんな悪党みたいなこと言いましたっけ？　言ったのでしょうね。愛国心に関する古いことわざを知っていますか。［訳注　「愛国心は悪党の最後の逃げ場所である」という格言がある。］

◆ええ、イギリスでは、それは法律専門家のことですよ。でも、限定合理性［訳注　合理的であろうとしても、種々の限界のため限られた合理性しかもちえないこと］について話を続けましょう。このようなモデリングで対処できないような種類の創造性があると思いますか。

そうは思いませんが、もちろん、それは経験主義的な質問です。私が生きている間に決定的な証拠が出るかもしれません。そういう創造力がないという理由はありませんし。創造力の作用の仕方がわかったという証拠はありませんが、例外はあります。

◆もう一つ印象に残ったのは……

一言付け加えさせてください。ここ十年くらい創造力に関する私たちの研究の中で歴史上の例についていろいろ検討してきた理由のひとつは、一部の研究者が陥っている落とし穴、すなわち、創造的かどうかわからないことがらを研究するのを避けたいということです。アインシュタインがどのようにその業績を達成したかという説明において前進できたら、少なくともそれが創造性の研究であるということを否定できないでしょう?

◆あなたが最初に認知の分野に入っていったとき、心理学者に認知や心理過程への関心をもたせるのはとても難しかったのではありませんか。

いいえ、ほんの一押しするだけでした。心理学には常に並行する系列がありました。行動主義者がかなりたくさんいましたが、それほど正統的ではなく、あまり理論的に固定された考え方をしない中西部の機能主義者もたくさんいました。ただ、私たちの初期の論文が心理学の学術誌に掲載されたわけでないのは確かです。一九五八年ごろ、大きな動きがありました。ジョージ・ミラーはすでにこうした考えを積極的に受け入れていました。カール・ホランドも積極的で、彼らはその方向に動いていました。私たちが心理学にアクセスするのを助けてくれたのは特にこの二人です。一九五八年の夏でしたね。私はコロラドでガイバーとウェルトハイマーが講演するある会議に出席しました。私はすでに社会心理学者としてある程度の地位がありましたから、彼らは私の出席を断れませんでした。私はもう内側にいたのです。そして、心理学者たちは、コンピュータプログラムに関する風変わりな研究にある種の関心を示してくれました。ですから、心理学界の人々の興味を引き出すのに苦労したということはありません。

◆それでは、あからさまな反感を買ったというわけではないんですね。

ひどい反感はありませんでした。反感というのは強すぎることばですね。大きな懐疑には出会いましたよ。さっき答えなかった質問に戻りましょう。懐疑を取り除くために私たちは何をしたか。基本原則にしていたのはいつも、古いアナーキストの原理――ことばではなく行動で示す、ということでした。まあ、モデルは演説しませんからね。

◆あなたは明らかに、かなり政治に関心をおもちですね。

政治的な時代ですから。ええ、政治に関心をもっています。

◆それはあなたの心理学の研究に何らかの影響を与えたと思いますか。それともそれは別のことなのですか。

両者の関連はわかりませんけれど、周りの人にはその影響が感じられるのかもしれませんね。私はそう思っていませんが。

◆心的イメージに関して現在なさっている研究について、少しお話しいただけますか。

はい。その元になったことはいろいろあるんですが、主に二つのことからこの研究が生じたと言えるでしょう。第一に、人間全体をモデル化するときに対処しなければならない次のステップの一つ、すなわちどこから表象がやってくるかということです。人はどうやって自分がもっている問題を表象化するんでしょう。ずいぶんもやもやとした状態があって、それから突然形をもちます。しかし、表象やその変化について考えるとき、人がいろいろな思考の中で実際に使っている、あるいは使っているといわれる表象のひとつの形として、視覚的なイメージや外的な図式を考えますね。ですから、それを理解しなくちゃなりません。ここ五年か十年ずっとそれに対する関心はあったんです。ずっとウォーミングアップの状態にありました。それが最近、研究行程表にのぼるようになり、私は今それに取り組んでいるというわけです。これは非常に難しい分野です。客観的かつ論証可能な形で、内的な表象の解釈可能な手がかりを与えるという課題を設計するのは容易ではないからです。心の目というのはとても個人的なものです。私たちは、人が紙に描くものを見ることができます。紙に描かれた線から人がどのような情報を得るのかを見ることができます。それはすばらしいし有益ですが、それを頭の中のイメージとして起こっていることと結びつけなければなりません。それがこの研究の焦点と言えるでしょう。現在、主に二つの作業が行われています。大学院課程を終える直前のある大学院生が、特殊相対性理論に関する一九〇五年のアインシュタインの論文を人がどのように理解するのか調べています。どうしてこの論文を選んだかというとね、これは他のものより注意を引くでしょう? この論文の最初の七ページには、ほとんど数学が出てきません。出てきても高校生にだって何てことなくわかるようなものです。アインシュタインは読者に、鏡に当たったり跳ね返ったりする光を心の中でイメージするように求めます……そして彼は単純な方程式を書きます。高校で習うような感じのものです。船が川を上って下るとき、どれだけ時間がかかるかという問題を解くときの方程式を覚えてるでしょう。最近だったら、双翼飛行機でもいいですよ。私が子どもの時には川を航行する船でしたけど、それはともかく、この方程式はたまたまそれと同じです。でも、解釈はちょっと違います。アインシュタインはその方程式を書き、あなたは光の方程式を見ていることになっています。心の中で光についての図を描いているからです。さて、問題は、人はどうやってこれを理解するのかということです。何をもって、これが光の方程式であると納得するのか。これが今私たちが行っている研究の一つです。もう一つは、二日後に試験を受けることになっている別の大学院生が進めている研究です。彼女は経済学分野の論文を書き上げました。これも人々が需要と供給をどのように考えるかがテーマです。被験者のグループにまずことばで情報を与えます。それから、あるグループにはいろいろな価格の需要と供給の数字が入った表を与えます。別のグループにはグラフを与え、別のグループにはグラフの直線を示す方程式を与えます。人はこれらにどう対応するのか。秘訣は課題、認知課題を設定すること、そして異なる形で情報を与えると異なる行動が導かれるかどうか、情報を推論する能力に違いが出ると証明できるかどうかを見ることです。それから、もっと難しい問題、すなわち視覚的なイメージとは何か、その視覚的イメージで何ができるかという問題に取り組むわけです。

◆それで何が得られるのでしょう。

まあ、二人の学生はそれで博士号を取れるでしょうね。何が得られるか一言で言うのは困難です。たとえば、私たちは心の目の中に何がイメージでき、何がイメージできないか、少しずつ証拠を蓄積しつつあります。川を渡る船や需要と供給の変化みたいに時間とともに変化する物事についても、人は一般に、何かが起こる前と後の状況をイメージしてそれを比較していることがわかりました。人は頭の中で映画を見ているわけではないんです。実際、私たちは相対論についてコンピュータのディスプレーに視覚的に表示しようとしたことがあるんですけど、被験者は視覚的なディスプレーがないときのほうが、それがあるときよりも内容をよく理解できました。これは設計が悪かったのかもしれませんけどね。でも、動きはちっとも理解の助けにならなかったのです。事前と事後の図を作ればうまくいったのかもしれません。

◆興味深いことに、あなたは人々の内観的な報告に頼らなければならないわけですから……

いいえ。内観的報告に頼らないようにするのが秘訣なんです。ちょっとやってみますよ。7足す3は何ですか。それは内観的な報告ですか。

◆いいえ。

ね。あなたは自分や他の人を欺いて、正しい答えを得ることはできないでしょう?

◆そうですね。

ですから、この点に関する私たちの戦略は、視覚的イメージを伴って推論を導くことができる限界を探ることです。正しい推論を導いたら、人はそれをイメージできたはずなんです。イメージできないならば、その推論を導くことができなかったからです。ですから、被験者に課題をやってもらうとき、自分の目で何をしていると思うかを言ってもらうんじゃなくて、課題を与えて、彼らがそれに答えることができるかどうかを見るのです。これについて週末、米国銀行協会で講演をしてきたばかりなんですよ……視覚的なイメージについて話したかったから、ＯＨＰを使わないで、聴衆の心の目だけを使いました。聴衆に課題を与えたんです。まず、「幅が高さの二倍の長方形があります。これを二等分するように上から下に線を引いてください」と言いました。「それはどんな形ですか」と尋ねると、「正方形」という答えが返ってきました。「では、この長方形の左上の角から右下の角に線を引いてください。それはあなたがさっき引いた垂直の線と交わりますか」と尋ねました。みんな交わると答えました。「どうしてわかるのですか。」「見えるから。」「それが交わると証明できますか。幾何学的な証明ができますか。」「いいえ。」次に、「私は右側の正方形の右上の角から同じ正方形の左下の角に対角線を引きますよ」と言いました。聴衆はアメリカ人ですから、メイン州のバンガーからニューオーリンズまでと説明しました。「そ

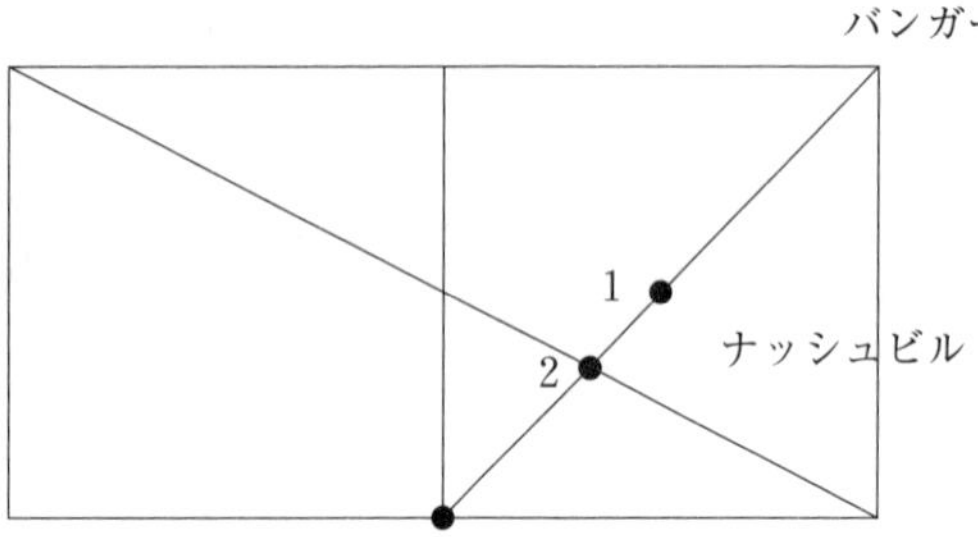

［訳注　原書にはないが、理解を助けるための図］

の正方形の対角線はさっきあなたが引いた長方形の対角線と交わりますか」と尋ねると、およそ八〇パーセントの人が交わると答えました。二〇パーセントが脱落です。「今度は短いほうの対角線の真ん中に印をつけましょう。だいたいナッシュビルあたりになるでしょうかね。交点、つまり二つの対角線が交わるのはこの中心点の下でしょうか、上でしょうか」と聞くと、聴衆の半分くらいが「下」と答えました。「では、中心点からその交点までと交点からニューオーリンズまではどっちが長いですか」と聞くと、三〇パーセントくらいがためらいがちに「ニューオーリンズまでのほう」と答えました。このときには大部分が脱落しています。最後に、「それは上の部分よりどれだけ大きいですか」と尋ねると、二対一と答えたのは四人だけでした。

◆いわば誤った答えを排除したわけですね……

そうじゃなくて、おわかりでしょう。ちなみに、私は別々の聴衆に対して一〇回以上これを試してみましたが、この比率は驚くほど一定しています。ちゃんとした実験をしなくちゃと思っています。

◆お聞きしたかったのはそうではないんです。この種の課題であなたがなさっていることは明白ですが、問題解決ということばであなたがおっしゃったことに戻ると、私たち一人ひとりのイメージは非常に個別のものだから、あなたは潜在的に豊かなデータの源を切り捨てているのではないかと考える人もいるということです。

どんなデータ源ですか?

◆たとえば、二つの方法の違いについて、さっき私がお話したこととか。誰か他の人はもっと……

第一に、私たちはそのことにとても関心をもっています。だからこそ、私たちは非常に批判的な分析を行っているのです。私たちはそうやってデータを集めています。これは経済学の学位論文であり、私たちが行っていることは、その学生が書いたコンピュータプログラムによってそれがいかにして説明できるかを詳細に見ようということです。ここに一致をまとめた表があります。何の一致かも私にはわかりませんが——後でよく考えて解釈しますよ。それはともかく、私たちはこれとコンピュータプログラムを並べて、両者がどの程度一致するのか丹念に調べていきます。本当にうんざりするほど丹念にね。ですから、私たちは一人ひとりの被験者のことを調べているのはたしかですが、大事なのは客観的かつ再現可能な形で人や物事を調べなければならないということです。別の研究室でも同じ結果が得られなければなりませんし、私たちの結果を鵜呑みにしてもらっても困ります。私たちは二〇世紀のはじめに内観が経験したような不幸な事態を、もう一度繰り返すわけにはいきません。当時、内観の中身はどの研究室にいるかによって違っていました。ですから、私たちは、共有できる客観的なデータを生み出す必要性にたいへん気を配っています。

◆思考に関するハンフリーズの研究について自伝で論じておられますね。ハンフリーズやヴュルツブルク学派

［訳注　高次の精神機能、特に思考や意思について実験的に研究し、ゲシュタルト心理学の母体となった］の研究から得るものがありましたか。

はい。ゼルツは正しい方向に向かっていましたよ。彼は、コンピュータ以前の時代に生きていたのがそもそも不運でしたし、結局はナチスに殺されてしまったのですが、今振り返ってみると、プロセッサーの非常にすぐれた概念をもっていたことがわかります。それは一般問題解決機とはまったく違うものです。

◆私がインタビューした人々の何人かは、自分にとって心理学はそれについて書いたときに生きたものになるのだと言いました。作家のE・M・フォースターが「自分が書いたことばを見るまで、自分が何を考えているかどうしてわかるのか」と言ってるんですが、それに近いかもしれません。あなたもそう思われますか。

うーん、書くときには確かにそうですね。ときによりますけど、いっぺんに一〇ページも二〇ページも書き進むこともあります。ですけど、もちろん、書いたりしゃべったりするとき、それがそこに出てくるまでどんなことばが出てくるのかわからないというのはたしかですね……でも、自分にとって心理学がどこで生きたものになるかというと、行動、特に言語プロトコルを見ているときのような気がします。言語プロトコルの中で何が起こっているのかを理解するときというのは、物事がわかったと感じられる瞬間です。私はね、最近の学生たちを見てると、もどかしくてたまらなくなるんですよ。最新の方法論に夢中になって、注意深く計画された実験を行って、すでにコンピュータの中にある数字を統計的なパッケージの中に入れて――それが彼らの実験方法ですからね――カイ二乗検定をやって、それで行動について何かを知った気になってるんです。そんな結果を私のところに持ってこられたときには、突き返して、「わかった。でも現実の行動を見てごらん。実際のデータを見てごらん。そして何がわかるか私に言いなさい。そこに何かがあると私を納得させることができたら、後で君の統計を見てみよう」と言うんです。

◆私は統計をまったく使わずに博士号を取りました。

それはよかったですね。ここだったら、さぞかし大変な思いをしたはずです。

◆あなたは明らかに、最新の、といってもいい意識への関心をおもちですね。私たちは意識のモデルを作り上げ始めることができるのでしょうか。

どうしてできないことがあるでしょうか。簡単に言うと、人が何かをするとき、人が問題を解決しているとき、さまざまなプログラムが働いています。私たちが判断しなければならないことは、こうしたプログラムの働きのどの部分が報告できて、どの部分ができないかということです。その境界を「意識の境界」と呼んでもいいと思います。たしかにずっとそれに満足するわけではないかもしれません。意識には自己モデル化に関連したものがあるからです。自己を含む世界をモデル化するとき――イギリスではないかもしれませんけど、アメリカでは家庭で広く使われている掃除用洗剤のコマーシャルがあるんですよ。

その中に、誰かが鏡の中を見ている映像が出てきます――モデルの中にそのようなことが必要かもしれません。ですけど、それを研究すべきでない理由はないでしょう。

◆あなたの科学者仲間以外の一般の人々からすると、あなたの業績の中で注目を集めたのはチェスゲームのプログラムでした。このプログラムは今どんな状況ですか。ボビー・フィッシャー以外、誰でも負かすことができるのですか。

いいえ。誰でもというわけではありません。おそらくまだ。ほとんどのグランドマスターには勝てるでしょうけど。カルポフやカスパロフはコンピュータプログラムほど多くの情報を処理できないことはよく知られていますし、証明することもできます。でも、私はそれほど関心をもっていません。チェスのプログラムは十年以内に人間に勝ってチャンピオンになるだろうという、私の一九五七年の予測の正当性を証明する以外にはね。これ以上はその予測を証明できません［訳注　一九九七年にIBMのコンピュータがカスパロフを敗って予測は証明された］。けれども、私が関心をもっていたのは、私が十年前に作ったNSSのプログラムやもっと新しいプログラムが目的としていたこと……それは人間そっくりの方法でそれをすることでした。こうしたプログラム――最高のプログラムであるハイテク（High-Tech）もディープ・ソート（Deep Thought）も、このキャンパスにあります。人間が行うような形で上手くチェスができるプログラムを作るという課題を人々に真剣に考えてもらいたいという意味では、過去三五年の歴史は期待外れだったと思います。私が知る限り、そのような試みは五つか六つしかありませんし、そのうちの二つは自分自身が作ったものですから、数に入りません。フランスのジャック・ド・トリーはかつてそれを行った唯一の人で、アメリカにはほかに一つしか、その種のプログラムがないんですよ。

◆それは、コンピュータの知能がこんなに強調されているにもかかわらず、未だ六歳の子どもに可能なことを半分もやれるコンピュータがないという批判——あなたがしょっちゅう耳にしていらっしゃるにちがいない批判につながるように思いますが。スタンフォードのある教授は私に、「興味をそそられるようなコンピュータの知能があったら見せてもらいたいもんだね。コンピュータに『コーヒー一杯持ってきてくれ』と言ってもできないんだよ。六歳の子どもでもできるのに」と言いました。

うーん、それはどんな六歳かにもよりますよ。イギリスの六歳の子どもは、アメリカと違っているのかも。

◆私はその教授のことばを引用しただけですよ。

そうですね。コンピュータに何ができるかは、コンピュータが何を知っているかによります。六歳の子どもでもそれは同じです。全体的にいって、コンピュータは感覚の面で貧弱な状態にあるんです。感覚器を通してであれ、指示を通してであれ、本物の世界、感覚の世界の豊かさにほとんどアクセスできないのです。ここではロボット工学の研究が盛んなんですが、私たちが行っている研究の一つに「ナヴ・ラブ

（Nav Lab）」プロジェクトというものがあります。自律的に走る車を開発するプロジェクトです。法的な理由から運転席に常に運転者が乗っていなければならないんですが、実際運転者は何にも体を触れなくていいんです。ナヴ・ラブは今、ブルックリンハイウェイを時速七〇キロから八〇キロで走れるところまで来ています。ですから、どうでしょうね。これはコーヒーを淹れるよりも難しいのか簡単なのか。

◆それはとても面白いですね。懐疑論者に対抗する、かなり強力な論拠になるのではないでしょうか。

いくつか非常に難しい問題があることはまったく否定しません。私は次のように捉えています。私たちがこのゲームを始めたとき、目や手はシミュレートするのが簡単だろうが、脳の深い思考の部分はシミュレートするのが難しいだろうと考えていました。ところが、実際はまったく反対だということがわかりました。でも、深い思考が過去一〇〇万年の進化の産物であるのに対して、目や手は過去四億年の進化の産物だということを考えてみれば、そんなに驚くことではないでしょう。学者のような思考を行う部分はごく新しい急ごしらえのものなんです。一方、外界の対象を把握する部分、あるいは車を運転する部分は、四億年かかって微調整されてきました。ほとんどの哺乳類も、私たちと同じようにこうしたことを行います。ある程度は違いがありますけど。ですから、このシステムがどのように環境から視覚的情報を引き出し、どのようにそれを客体化し、どのように外界に関する内部の地図を作っているのかを突き止めるのは、とても難しいのです。私たちはようやく、そこに手が届き始めたばかりです。また、骨格構造が行うのと同じような操作を、同じような強さで行うのも、おそろしく難しいことがわかりました。スチールでは重すぎます。私たちが作っているロボットのなかには、それにぶたれたら人間がほとんど死んでしまいそうになるものもあります。ですからこれは大きな課題です。でも、だからといって、そこに神秘的なものがあるとは思いません。

◆自伝の中で、科学の喜びのひとつは「新しいパターンを垣間見ること」だとおっしゃっています。それはあなたにとって最もわくわくするようなことですか。

そう思います。現象を目にして、それはどうしてこうなったんだ、ここにどんなパターンがあるんだ、何がそれを統制しているのかと問うのです。

◆私はときどき気がつくのですが、多くの心理学者が、自分の理論は自分以外のすべての人間にあてはまると考えているようです。あなたは、ご自分の頭、ご自分の脳がある種の問題解決コンピュータであるという考えを不快に思いませんか?

もちろん思いませんよ。それ以外の何でありうるんですか。本当に恐ろしいのは、自由意志のような脳をもっていることですよ。そういう人は、自由意志の説明をしなければならなくなると、量子論の不確定性原理を持ち出すんです。私は頭の中で量子論の不確定性や何かが走り回ってほしくはありません。私は、原因があってこの行動がある、というほうがいいですね。

◆それでは、あなたの脳が問題解決コンピュータだという考えは、あなたに実存的な不安を引き起こさないのですね。

もちろんですよ。人間という種に実存的不安はつきものだと思いますが、それはこの考えのせいじゃありません。

◆では、最後の質問としてお聞きします。あなたは著書の中で迷路の比喩を使っておられますね。その迷路を視覚化してもらいたいのですが。なぜなら、心理学者の視点からいうと——つまり私はT型迷路やときにもう少し複雑な迷路でいっぱいの実験室で長い時間を過ごしてきましたから、気になるんです。T型迷路のことをおっしゃってるんじゃありませんよね。

ええ、違います。視覚化するなら、それは木のように不規則に枝分かれしたものです。おそらく、チェスの研究から、百以上の枝分かれがあることを知っているからでしょうね。いいえ、もっと自由なもの——非常に様式化された木を描いたオランダ人は誰でしたっけ［訳注 ピエト・モンドリアンのことと思われる］。彼の初期の絵には、実際の木が描かれているんですが……

◆絵画には詳しくないんですよ。すみません。

私の木は実際の木のようなものです。

◆そのことに驚かれますか。本の中で少年のことを語っておられましたからお聞きするんですが、その少年が現在の人間を見たら驚くと思いますか。

わかりません。自分をその少年の立場におくのは難しいですから。彼は常に何かをしたい、何かを発見したいと思っていました。子どもたちは大人の生活がどのようなものか、どんな職業につきたいか、本当に視覚化しているのでしょうか。私はそうは思いません。彼らは大人を見ていますけれども。難しい質問ですね。

◆すべての質問が答えをもっているわけではありませんからね。本当にどうもありがとうございました。

第10章　バラス・スキナー

バラス・スキナーは一九九〇年に世を去った。彼はおそらく、本当に世界中の読者に影響を及ぼした最後の心理学者だろう。今なお本書にスキナーを含める価値があると私が考えるのも、それゆえである。彼は一九四五年から一九七〇年まで、心理学が今ほど細分化されていなかった時代に、心理学の理論において他を圧倒した。

本書では、初版のインタビューの導入部分にわずかに文章を付け加えるにとどめている。心理学者たちがバラス・スキナーの業績をどのように考えるにしても、彼は伝説的人物となった。それほど専門家向けではない『ウォールデン・ツー』(Skinner, 1948)、『科学と人間行動』(1953)、『自由と尊厳を超えて』(1972) のような著書は、一般の人々やジャーナリズムの想像力に訴えかけた。『タイム』誌の表紙を飾るというアメリカ人にとっての究極の名誉を得た心理学者は、数人しかいない。彼は「行動修正」のいくつかの手法の発展に寄与した。スキナー学派の条件づけの健全な原則に基づく「行動修正」は、アメリカでは精神分析とほとんど同じくらい一般的になっている。今でも非行少年少女、知的障害者、自閉症の子ども、その他行動に何らかの問題があると考えられる人々に対して用いられている。体重の管理にさえ利用されているのだ。『ウォールデン・ツー』の中でスキナーは、完全で調和のとれた社会を描いた。この新しいユートピアを実現するには、スキナーを有名にしたもの、すなわち条件づけと強化を使わなければならなかった。彼は常に社会改革者の面をもっていたのだった。

スキナーの福音伝道者的な口調は、多くの心理学者を憤慨させた。彼らはスキナーを実験よりも売名に関心がある人物とみなした。スキナーの『自由と尊厳を超えて』は、書店に並ぶとたちまちベストセラーになった。一九六〇年代と七〇年代、その勢いはすごいものだった。続いて、自伝『我が人生の顚末』(1976)も大いに注目を集めた。こうしてすっかり有名になったことから、スキナーには一つのイメージができあがっていた。それを意識することなく彼のインタビューを行うことは不可能だった。一九七七年、私は次のように書いている。「彼は小柄だ。体のわりに頭が少々大きいかもしれない。頭が体の上にそびえ、SF叙事詩に出てくる長老か賢者のように見える。彼はときとして相手の目をじっとのぞきこむ。」この超然とした強烈さは、私たちの人間観を変えようと模索する人物のイメージにふさわしかった。彼は『科学と人間行動』の一節に「人間機械論」という標題をつけ、「行動することとは、生き物の本質をなす特性である。行動は生命そのものとほとんど同一視されている」と書いている(河合伊六他訳、p.53)。言うまでもなく、「人間機械論」という論争的な標題は、多くの心理学者がそのような機械的な見方を否定するだろうということを示唆している。スキナーは、彼らは自由意志という神話の後ろで萎縮しているとほのめかした。しかし、スキナーについて論争になるのは、人間とは非常にすぐれた機械だという彼の考え方よりも、その機械を動かしているものに関する彼の考え方であった。

スキナーは意識、感情、動機、意図などをすべて、せいぜい副産物にすぎないとしてはねつけた。私たちは他に説明できない行動の理由を、自分の中に住む謎めいた内なる自己のせいにする。スキナーはこうしたことはみな——少なくとも理論的には——もっとずっと単純だと主張した。人の行動を決定するのは、その人の過去の歴史である。フロイトは動機が人の中心にあると主張したが、スキナーは、行為《アクション》のほかは無意味だとして退けた。行為《アクション》がなければ、いかなる行動も存在しないからである。スキナーの見方では、もちろん、アメリカはこのような心理学が生まれるのにふさわしい国である。アクション俳優シュワルツェネッガーがカリフォルニアを統治する国なのだから。

私たちの多くは自分を自分の意識の流れに根ざすものと考えているため、スキナーの見方は非人間的であるように思われる。彼は、人々が人間独自の性質と考えるものを格下げしたように見えた。自分が何を望むのか自由に選べること、感情に基づいて行動すること、意識を通して自分自身をよく知っていることは、人間にとって本質的であるように思われる。ところが、それはすべて幻想だ、それも危険な幻想だとスキナーは主張する。それは私たちの未来を脅かす。だから、人間は自分をよりよくコントロールすることを学ばなければならないとスキナーは言うのだった。スキナーが自分をコントロールするというとき、それは自分の行動をよくコントロールすることを意味している。

スキナーの偉大な発見は、彫刻家が粘土で作品を作るように行動を自由に作り上げることができるとする、新しいタイプの条件づけであった。一九三〇年代、彼は、かごの中にラットやハトを入れれば何でも訓練できることに気がついた。手順は単純だった。ただし、報酬と罰を与えるのに必要な機械を作るまで、途轍もない忍耐が必要だったにちがいない。たとえば、ハトがときどき頭を高く上げるのを見たとしよう。

スキナーは、ハトが頭を上げるたびに報酬を与える。やがて、一定の高さ以上に頭を上げたときにのみ餌を与えるようにする。スキナーはこのようにして、しばしば「自然」なレベルよりも高く頭を上げるようにハトを訓練することができた。ラットでも同様の訓練を行った。レバーと餌の出るスロットの付いたケージにラットを入れた。後にスキナーボックスと呼ばれるようになったのはこの装置である。最初、スキナーは、そのラットがレバーのほうに向かってちょっとでも動いたら報酬を与えた。次に、レバーから三〇センチ以内に近づいたら餌を与え、次いでそれを一五センチ以内に縮めた。少しずつ、少しずつ、ラットをレバーに近づけ、とうとうそのすぐそばに来たときだけ報酬を与えるようにした。

しかし、ラットがしなければならないのは、これだけではなかった。スキナーはレバーを押さなければ餌がもらえないことをラットに覚えさせたのだった。スキナーの行動の「形成」は緻密で、非常に注意深いプロセスである。最終的にその動物にさせたい行動に近づく一要素ごとに、報酬を与えていく。それはまるで、正確に計画された複雑なダンスのようだ。

この方法を使ってスキナーはハトに鍵やボールをつつくことを教え、二羽が互いにショットを打ち合う原始的な卓球をさせることに成功した。犬にドアを開けることを覚えさせ、三羽のハトにミサイルの誘導を教え込んだ。これは信じられないように聞こえるだろう。しかし、スキナーは本当に「プロジェクト・ピジョン」と呼ばれる計画を考案したのだ。アメリカ国防総省はヒットラーが開発しつつあるＶ１やＶ２に対抗することが不可欠だと考えていた。だが、当時のミサイル誘導システムは、ミサイルそのもの以上に原始的だった。そのとき、ハトを使おうとスキナーが提案した。卓球を教えられるのならば、ミサイルの誘導だって教えられる。ミサイルの鼻先にくくりつけられた地図のようなものをつつくことを教えさえすればいいのだ。ハトはミサイルが正しいコースを進んでいる限り、地図の中央にあるシンボルをつつく。コースを外れると、シンボルが左か右にずれ、ハトのつつく位置もずれる。これがサーボ機構に情報として伝えられ、ミサイルを正しいコースに戻すことができるというわけである。スキナーは、一定の強化スケジュールを使えば、ハトたちに死ぬまで（当たりまえだが、ミサイルが爆発すると死んでしまう）つつき続けるように訓練できると請け合うことができた。それまでのさまざまな検査は、これが実行可能な計画であることを示していた。最初スキナーは、国防担当者たちの無知な懐疑的態度に閉口した――お前は動物が好きじゃないのかと尋ねられたこともあった――が、最後には支持を得た。しかし、「プロジェクト・ピジョン」は、原子爆弾の開発を優先するために放棄された。マンハッタン計画が進む一方で、ハトミサイルは飛び立てないまま終わったのだった。

この話は奇想天外に聞こえるかもしれないが、スキナーがこのうえなく正確に行動をコントロールできたことを示している。彼は、すぐれた調教師が何世紀もやってきたことを、きわめて分析的な方法で行った。多くの著者たちが彼のことを書くときに少しばかり邪悪の影をにじませたのは、そのせいである。スキナーの心理学は、動物だけではなく、人間をもコントロールすることを可能にするのである。

スキナーはいつも、ひどく権力欲の強い人物というイメージを補強するために、いくつかの細部が誤って用いられることに不満を述べていた。彼と妻がスキナーボックスの中で娘を育てたといううわさも流れた。たしかに彼は自分の子どものために特別なベビーベッドを作ったが、それはスキナーボックスとは似ても似つかぬものだった。彼は目新しい道具を作るのが好きだったのだ。第二に、批判者はしばしば『時計じかけのオレンジ』［訳注　イギリスの小説家アンソニー・バージェスの原作をもとにしたスタンリー・

キューブリック監督の映画〕に用いられた説得の技法をめぐって、彼を非難した。この技法は荒々しい罰に依存している。この映画の主人公の少年は、反社会的であるために禁止されている想念や欲望や衝動が心に生じるたびに罰せられた。電極が彼の脳の中に激痛を引き起こした。キューブリックのこの映画に登場する心理学者たちは、まだ誰も行ったことのない数十年分の研究を飛び越え、禁じられた想念が少年の心に生じると、今彼がそれを考えていると指摘することができた。そして、脳の痛覚中枢に一撃を加えた。少年はすぐに、罰せられないようにしなければならないことを学んだ。罰せられないようにするには、邪悪な想念をもってはいけない。だから彼は、そうした考えをもたなくなったのだった。

スキナーは、彼がますます精密な罰を主張していると人々は考えているが、『ウォールデン・ツー』以来、罰を不要にするために科学を利用することに自分は身を投じてきたのだと語った。これは興味深い誤解である。

厳格で機械的な人物だとみなされるスキナーには、森に囲まれた美しいボストン郊外の芝生でのんびりくつろぐ姿は不似合いに思われた。バミューダパンツとテニスシューズを履いた彼は、物質的に豊かでゆったりとした生活を送る、成功したアメリカ人のモデルのように見えた。居間にはハープシコード〔訳注　古典音楽の鍵盤楽器〕がでんと据えてあった。壁には銅版画やカラフルな線描画がところ狭しと飾られていた。プールの横で彼と並んでスコッチウィスキーをすすっていると、一九七一年のアメリカの問題は遠いところの出来事に思われた。彼はせかせかせず、時間に追われていないように見えた。彼はどうしてアメリカ社会が行き詰まりつつあると思うのか、快く語ってくれた。しかし、七〇年代の後半に再びスキナーに会ったとき、私は彼がそれほどリラックスしていないことに気がついた。彼は、自分にはやるべきことが多く、残された時間はわずかしかないと感じているために、私の二度目のインタビューを断ろうと思ったのだと、丁重に説明してくれた。もはや時間を無駄にすることはできなかった。彼はインタビューの時間を、私の希望よりずっと短くするよう求めた。彼が熱心に主張しようとしていると人々が信じていることがらについて語ったのは、このときが初めてだった。自分が福音書を書いたと思ったら、人々にそれを正しく解釈してほしいはずだ。スキナーは自分が正しく理解されていないことを苦にしていた。「過去三一年間、自分の立場を明らかにしようと努力し続けてきたんだがね。それでもまだ、ワトソン派の行動主義者だと片づけられてしまうんだよ。」彼は一九七一年と同じく、一九七七年にもやはりそのことに苛立っていたのだった。

　スキナーは一九二九年にハーバード大学に入学したとき、すでにパブロフとJ・B・ワトソンを読んでいた。実験の背後にある考え方ではワトソンから影響を受けたが、より直接的な影響を受けたのはパブロフからであった。スキナーは反射について研究し始めた。インタビューの中で彼は、いかにしてそれに満足できなくなったかを説明している。オペラントの概念は反射への批判から生じた。しかし、スキナーのオペラントと反射の区別［訳注　反射は自動的反応、オペラントは自発的行動］は、容易に曖昧にされてしまう。特に、彼の研究の社会的な応用に関心をもつ人には、両者の違いは覆い隠されてしまう。主な違いは、オペラント条件づけにおいては特定の行動が生み出す結果を調べ、それを利用するということである。『科学と人間行動』においてスキナーは、以下のように説明している（pp.64-5）。

　「先行刺激を特定しなくても、あるいは特定できなくても、行動に事象を随伴させることは可能である。

われわれは、ハトが首を上に伸ばすような動きを誘発するように環境を変えてはいない。一定の単一の刺激がこの動きに先行していることを示すのは、たぶん不可能にちがいない。この種の動きが刺激による統制を受けている可能性はあるが、その関係は誘発によるのではない。それゆえ、〝反応〟という用語は必ずしも妥当とはいえないが、非常に良く使われる用語となっているので、以下の議論においても用いることとする。」

「一つの反応がすでに起こってしまった後で、それを予測したりコントロールしたりできないのは当然のことである。予測できるのは、将来それと似た反応が起こるだろうということだけである。したがって、科学の予測の単位は、一回の反応ではなく、反応のクラスである。〝オペラント〟という用語はこのクラスを記述するために用いられる。この用語は行動が環境にオペレートし（＝働きかけ）結果をもたらすという事実を強調するものである。行動の結果が、どういう反応を似たものと見なすかの特徴を規定している。」（河合伊六他訳、p.77. 一部変更）

　スキナー心理学の要点の多くは、この定義に端を発している。第一に、問題とされるのは行動とその結果である。環境に「働きかける」行動または反応がない限り、調べるに値するものはない。公共化されない、あるいは公共的に検証できない思考や感情の存在をスキナーは否定したと考える人もいるが、実際は、人間が感情や思考をもっていることを彼が否定したことは一度もない。彼はこうした感情や思考が中心的な役割をもっていることを否定しただけである。人間はかつて、地球が宇宙の中心であると考えるほど傲慢であった。人々は地球をこの中心的地位から追い出すコペルニクスの考えに激しく抵抗した。人間は内観によって知ることができる感情や意図や目的をもち、それによって物事を行っていると主張するのも、同様に人間の驕りである。『自由と尊厳を超えて』の中でスキナーはそうした驕りの愚かさを端的に示すために、ヴォルテールのことばを引用している。『カンディード』の著者ヴォルテールは次のように言う。「自分が望むことをできるとき、自分にとっての自由があるが、自分が望むことを望まないではいられない。」自分が何を望むかを制御する自由はないのだ。

これが要点である。スキナーは、行為とは内部の感情や意図から説明することができず、過去の歴史から説明すべきものだと主張した。この歴史も外的な行為のひとつである。自分が何かを望むのは、過去に自分に起こったことのせいである。自分の過去の行為の結果が今の反応のパターンを形作っている。もっとはっきり言えば、今の反応のパターンを決定している。自分に選択の余地はない。自分はかくかくしかじかと感じたから、あるいはかくかくしかじかと考えたからこれを行ったというのは、正確ではない。スキナーは、人間の行動にこうした内部の儀式が伴うこともあるのは認めているが、それは付帯現象、副産物にすぎないという。意識の流れ、きわめて人間的な観念や印象や気分の奔流は、人生の本質、すなわち行動には関係がないのだ。

『自由と尊厳を超えて』の中で、スキナーはこの考えに対する抵抗を分析しようと試みた。彼の言うところの「心理主義者」たちは、自分たちの考えがいかに循環論法に陥っているかを理解しようとしない。ある人が恐怖を感じたから逃げたと言っても、どうして逃げたのか、有益なことは何も語っていない。その人が逃げなかったならば、恐怖がその人の心の状態であることを知ることができなかったはずである。彼は怒っていたからあなたを殴ったとある人が言うとき、スキナーは彼があなたを殴ったコンテクストに目を向ける。実のところ、あなたが彼に殴られたところだったとしよう。スキナーにとっての事実は、あなたが彼を殴ったから彼があなたを殴ったのであり、あるいは一時間前、彼は上司のあなたにばかにされたから殴ったのである。内部の事象は行為の原因を与えない。頭の中の動機に答えを見出そうとするのは、答えを探す場所を間違えている。

ここからかなりラディカルな結果が生じる。『自由と尊厳を超えて』においてスキナーはそれを考察する。私に選択の余地がないなら、私は自由ではない。私がたまたま反社会的であっても非難されるに値しない。しかし、私がたまたま天才であっても私の手柄ではない。私をそうしたのは環境だ。スキナーは、自分が罰を批判しているのはこの考え方に基づくと主張した。罰には利点がなく、しばしば無効である。しかし、この本の大部分は「自由の文学」への攻撃にあてられている。古代ギリシャ以来、人は傲慢にも、自分が自由であるという夢を抱いてきた。

人間はこの自由を神秘的で人間独自のものと考えてきた。最も胸を打つのはおそらく、尊厳をもって死ぬ自由だろう。ヴィクトール・E・フランクルはナチスの強制収容所の中での生活を描いた著書の中で、多くの被収容者たちが自分の死に方によって自分の自由を主張できなかったと批判した。しかし、尊厳をもって死ぬことができた人々もたくさんいたのだった。

スキナーは「自由だと感じる」ということの意味について、人間は思い違いをしてきたのだと主張した。それは恍惚とした神秘的な内部の状態ではない。人は避けたいと思う状況から逃れたときに自由だと感じるのだと彼は言う。自由とは苦しい状況を回避することである。『自由と尊厳を超えて』において、彼は次のように書いている（p.37）。

「ほとんどすべての生物は有害な接触から逃れるように行動する。自由の一つのタイプは、反射と呼ばれるかなり単純な形の行動によって達成される。人はくしゃみをして、気道の刺激物を取り除く……もっと洗練された形の行動も同様の効果をもっている。閉じ込められると人は（「激怒して」）逃げ出そうとする。危険な状態にあるときには、その危険の源から逃げるか、それを攻撃する。この種の行動はおそらく、生存上の価値によって進化したのだろう。それは呼吸、発汗、消化などと同じく、人間の遺伝的素質と私たちが呼ぶものの一部である。また、進化の中で役割を果たさない新しい物事に関しても、条件づけを通して同様の行動が獲得されうる。言うまでもなく、それは自由になろうとする奮闘の小さな部分にすぎないが、重要なものである。それは人間が自由を愛するから行われるのではない。それらは、個人にとって、そしてそれゆえ種にとって、さまざまな脅威を縮減するのに有益であることが進化の過程で明らかになった行動形態にすぎないのである。」

間違っているのは、自由というのは所有されるものだという考え方である。「人は自由だと感じるために支配者の力から逃れたり、その力を破壊したりし、いったん自由で自分の望むことを何でも行うことができると感じると、それ以上の行為は推奨されない」とスキナーは付け加えている（p.37）。続けて、「自由の文学」に責任がある人々——もちろん何かに責任があると言えるならばだが——を非難する。この文学とは何を指すのかはあまり明確ではなく、政治的に思われる。ルソーの「人は生まれながらにして自由であるにもかかわらず、あらゆる場所で鎖につながれている」ということばを思い出していただきたい。しかし、政治的なものにとどまるわけではない。自由意志のない『ハムレット』は、王子ハムレットが登場しない『ハムレット』と同じくらいに演劇的命題として価値がない。マクベスに殺すか殺さないかの選択の余地がなければ、ばかばかしい作品になっただろう。文学はほとんどすべて自由の文学なのであり、大衆文学はなおさらそうである。トールキンの『指輪物語』の中で妖精族のホビットたちがヒーローになったのは、彼らの選択のおかげだった。スキナー自身がかつて文学を志したことがあったのを考えると、彼が文学に怒りを抱いているのは興味深い。

スキナーは改革を妨害するために自由のスローガンを使う人々に特に非難の矛先を向け、処罰を受けるべき行いの多くも、良い方向に変えることが可能だと主張した。オペラント条件づけは、教育と矯正の問題に実践的な解決策を提供した。しかし、こうした利益はいつも自由の名において抵抗される。(アイゼンクも、よりよい食生活が囚人の暴力性を軽減するという彼の研究に内務省が関心をもたないと不服を訴えたとき、やはり怒れる老人になった。)けれども、「自由の文学」を実践する人々は、幻想に身をすり寄せたがる。彼らは、スキナー派の手法が教育や刑罰学において提供できるような改善は新しい邪悪な形の支配であると主張し、それを阻止しようとしたのだった。

スキナーが言語学者のノーム・チョムスキーを非難したのはいかにも彼らしい。チョムスキーは二つの非常に異なる分野で名声を得ていた。彼は二〇世紀最大の言語学者の一人であり、同時に急進的な政治活動家でもある。また、チョムスキーはあらゆる文化圏の健常な子どもが五歳までにしゃべり方を学び、驚くほど複雑な言語の規則をマスターするという事実は、環境とその子どもの歴史では説明できないと考えている。子どもは独自の文を生み出すことができ、これまで一度も聞いたことがない文でも理解することができる。チョムスキーは、どのようにして幼児がしゃべれるようになるのかを説明するには、特別に言語の習得に向けられた脳内の組織を人間が生まれながらにしてもっていると考えるしかない、と主張する。言語の習得は、環境の中で起こることがらに依存しないのである。

しかし、スキナーは、そのような見方は受け入れがたいと主張する。後に『言語行動』（1957）で展開することになる見解に先んじて、スキナーは『科学と人間行動』でも「言語行動は常に社会的強化を含んでおり、その行動の特徴はまさにこの事実に由来する」と論じている。チョムスキーにとって、言語行動は――チョムスキーはスキナーが言語における行動という表現に固執していることに身震いするだろう――人間の生物学的な特化の一部である。これは人間に特有なものである。人がことばをしゃべるには、遺伝的に受け継がれた枠組み、合理論哲学者のいう本有観念に近い何かが必要だと思われる。個別の人の歴史がしゃべり方に多少の影響を及ぼすことはあるものの、そのような環境的影響は取るに足りないものである。スキナーが『言語行動』を出版したとき、チョムスキーは残忍なほど手厳しい書評を書いた。しかし、スキナーは、この本を自分の著作の中で最も重要なものと位置づけている。比較的単純な行動の説明と複雑な行動の説明の間の溝を埋めるものだからである。スキナーは、純粋に子どもがどの言語の中で育ち、どのような言語行動が強化されるかによって、どのように言語を学習するのかを説明しようとした。スキナーは、この本は一度も正しい評価を受けていないと感じ、それを苦々しく思っていた。実際、最新の研究によると、チョムスキーはかつて考えられたほど正しくないのかもしれない。

チョムスキーとスキナーは、社会的統制の問題についても意見を異にする。チョムスキーに言わせれば、スキナーの学説のせいで国家が個人に対して権力を行使するのが正当なことになってしまった。スキナーは、自分はそんなことを目指しているのではないと否定する。スキナーは、人は統制されるが、統制があまり顕著でないことを望むと主張する。人が子ども時代の歴史に発する焼け付くような望みをもっているとき、その人はそれをもつことを本当に選んでいるのではない。それをしないという決定権をもつ内なる自分は、心の中に住んでいない。子ども時代の歴史、子ども時代の強化が、今の自分を作っている。それを認めることは人を無力にしてしまうため、私たちは認めたがらないけれども。

スキナーは、人々がこれを認めない理由の一つは、もし社会が知的に設計されているなら、人々は自分の行為について名声を得ることも非難されることもなくなるという点だと考える。人は何にも値しないことになる。ふつう、私たちはすぐれた行いやすぐれた精神を称賛するが、スキナーから見れば、称賛すべきものは何もない。行いや精神は、強化の随伴性の帰結である。スキナーは、このような考え方は魂の宿らないものに聞こえることを気にしない。彼は、この自由で自立した人間とやらは、地球を破壊し、仲間の人間を殺戮し、建設的な平和の中で暮らせるという兆しすら見せていないではないかと、もっともな反論をするのだ。

しかし、いつものことだが、チョムスキーのような急進的思想家たちは、スキナーは現状維持を正当化する方法を見出そうとしているだけではないかと疑う。寛大さに対する厳しい警告が一気に噴き出した。スキナーはしばしば罰に反対だと言っているが、実りある社会生活に代わるものとしての脱落、セックス、麻薬に対して警告を発した。彼は『自由と尊厳を超えて』(p.117) において、次のように述べている。

「他者によって行使される統制が回避または破壊されたとき、個人的な強化因子だけが残る。人はおそらくはセックスや麻薬を通して、直接的な満足に救いを求める。食べ物や雨露をしのぐ場所や安全を探す必要がなければ、ほとんど行動は生み出されないだろう。そのとき、彼の状況は、価値観の喪失に苦しんでいると表される。」

ここで二つの仮定に留意しておく必要があるだろう。お金を稼ぐ必要がないなら――資本主義社会においてそれ以外にどうやって食べ物や雨露をしのぐ場所や安全を見つけることができるだろう――ほとんど行動は生み出されない。ここでこの行動に「社会的に受け入れられる、あるいは有益な」といった修飾語を加えうることは容易にわかる。一九六〇年代後半にアメリカの風潮全体に反抗した人々は、突然行動をやめてしまったわけではない。彼らは行儀よく振る舞うことをやめただけだ。権威主義的な「行儀よく振る舞う」ということばがここではぴったりだろう。『卒業』や『イージー・ライダー』のような映画に描かれた反抗では、若者たちは依然として考え、感じ、行動している。しかし、スキナーに言わせれば、ほとんど行動が生み出されていないということになる。それは、一九七七年の確立されたアメリカ社会が望むような行動がほとんどなされないという意味なのである。第二にスキナーは、「価値観の喪失」という表現を使い、どうして「価値」ということばが不適切なのかを説明している。しかし、明らかに彼は、一九六〇年代後半の反抗が、よりよいものを求めて既存の価値を拒否することから発しているかもしれないとは考えなかった。既存の価値の批判は問題外であるように思われる。「寛大さはしかし方針ではない。それは方針の放棄であり、その見かけの長所は幻想である」とスキナーは書く（1972, p.85）。寛大さは生ぬるいオプションなのである。

スキナーは反抗の空虚さと反抗の背後にある理由について論じた。したがって、彼の「行動修正」の手法が左翼とリベラル派の懐疑を引き起こしたのは驚くことではない。ときとして、非常に限定的な形で行動修正を利用することの有用さは、批判者たちも理解している。ニュージャージー州のあるソーシャルワーカーは私に、自分の家でしか排尿も排便もできない患者に出会うまで、スキナーが嫌いだったと私に説明してくれた。この患者は実業界で働いていたため、この性癖は彼のキャリアを脅かすものだった。アメリカのビジネスマンは常に旅をしているのだ。この患者が精神分析を受けたところ、問題の根源にたどりつくのに少なくとも一年はかかると言われた。そこで、スキナー式の条件づけを利用する「行動修正」療法を受けてみた。すると、三週間で良くなった。スキナーならば、これは「行動の技術」（彼が好んだ表現）が本当に有益である典型的な例だと言うだろう。一方、彼の批判者たちは、このような事例は単純すぎ滑稽すぎると言うだろう。この患者は自分の旅行性便秘を治したかったのだ。どのような人間であるべきかという社会の考えに、何らかの重大な形で順応するよう強制されていたわけではなかった。

私は、スキナーが自分は教育と刑罰の実践における前向きな改善を主張していると心から信じていたことに疑いを抱いたことはない。スキナーとのインタビューはオーウェルが予言した一九八四年より前だったが、スキナーは、オーウェルの作品が無気力の多くを正当化していると鋭く批判した［訳注　ジョージ・オーウェルは一九四九年に書いた近未来小説『一九八四年』で全体主義国家の恐怖を描いた］。心理学は、何かを改革するためにこの学問を使うことに対して世間に大きな抵抗があるという事実を直視しなければならない。

スキナーは、このインタビューの中で、いくつかの問題に関する自分の正確な立場を説明してくれた。私は彼が統制の問題よりも感情の問題に関して不満をもつ理由があると思うようになった。感情に関して、彼は立場を変化させていた。感情は行動の原因ではなく、調べる必要がまったくないものなのかどうか、あるいは感情を調べる必要があるならば、ワトソンが行ったように行動主義の観点からそれを行うべきなのかどうか、必ずしも明らかではなかった。スキナーの立場は、感情は存在しており、それは重要性をもつことさえあるが、行動の原因ではないということなのだろう。

スキナーは常に、権威主義的な社会は望まないと主張し続けた。しかし、このインタビューから、自分の見方がいろいろな目的で利用されることを嬉しく思っているということはあまりうかがえなかった。

◆どうして心理学者になったのですか。

話せば長くなるよ。大学生のときには作家になりたいと思っていたんだ。専攻は英語だった。心理学はまったく勉強していなかった。三年生から四年生になるときに、バーモント州の小さな大学の英語学部に移ったんだ。その学部を後援していた人たちの中に詩人のロバート・フロストがいた。彼は一日か二日そこにやってきたことがあって、僕は彼に紹介された。いっしょに昼ご飯を食べてね。彼は、僕の作品を自分のところに送ってごらんと言ってくれた。それからの秋学期に、僕は短編を三篇、彼に送った。彼は僕に自信をもたせるような手紙を書いてくれた。それは『ロバート・フロスト書簡集』に載っているんだよ。編集者はその中に出てくる「スキナー君」というのが誰だかわからなかったんだがね。これが僕の背中を押してくれた。作家になろうと決めたんだ。

一年間、家で小説を書いて暮らしたが、これは惨めな大失敗だった。ちょっとでも価値のあるものを何も生み出すことができなかった。そのとき、友達の一人が「結局のところ、科学というのは二〇世紀の芸術だよな」って言ったんだ。それを聞いて、よし、科学者になろうと思った。科学的な基礎知識としては何を身につけていたか？　生物学をやってみようかとも思ったが、心理学に決めたんだよ。ワトソンを読んでいたし、パブロフが気に入っていたからね。完全に行動主義的な学部があるだろうと期待してハーバードに入った。だが、もちろん、そんなものはなかった。

ともかくそうやってこの世界に入った。僕は小説家がもつような人間行動への関心を、科学者がもつようなタイプの関心に変えた。無念ながら文学に背を向けた。チェスタートンがサッカレーの作品のある登場人物について、「サッカレーは彼女が酒飲みだということしか知らなかった」と言ったと聞いた。つまり、サッカレーはその人物がアルコール依存症だと認識することなく、アルコール依存症の女性を描くことができたわけだ。ドストエフスキーのような作家でも同じなんだろうね。ドストエフスキーは登場人物のことを理解していたんじゃない。登場人物たちはみんなドストエフスキーの一部だった。だからこそ、すばらしい人物描写ができたんだ。僕は自分が作家としてはだめだって思い知らされた気がしたよ。同時に、作家とは何かを本当に理解する人間ではないと確信した。だから、僕は心理学に転向したんだ。

◆マクレランド教授は、あなたの世代の心理学者は宗教や原理主義の道徳に対する反発として、心理学の分野に入った場合が多いんじゃないかと述べました。これはあなたに当てはまりますか。

僕はその世代じゃないよ。それは一世代か二世代前の話だろう。一八九〇年代に心理学の世界に入った人は、牧師や牧師への道を学んだ者が多かった。それはたしかにそうだと思うよ。ワトソンにもそういう面はあったと思うし、僕にもそういう面が少しはあったかもしれない。僕は長老派の信徒として育てられたけど、大学に入るまでに宗教には見切りをつけていた。僕は、幽霊への恐怖心を克服しようとしていたジェレミー・ベンサムとは違うと思うよ。ベンサムは乳母から聞いた幽霊話のせいでお化けが怖かったらしいが。うん、やっぱり僕にはマクレランド教授の洞察は当てはまらないな。

◆研究を始めた当初、あなたは何から大きな影響を受けられたのですか。

主に偶然だね。論文でそのテーマを扱ったことがあるよ。僕はハーバードに入る前にワトソンとパブロフを読んでいた。ハーバードでは大学院生のフレッド・ケラーに出会った。彼は標準的な行動主義の議論と専門用語を知っていた。それから、初期の行動主義者の一人、ウォルター・ハンターと少々面識を得た。彼はセミナーを行うためにハーバードにきていたんだが、僕はハンターから多くを学んだとは思わない。一般的な生理学はクロウジャーから学んだ。彼からある程度の影響を受けたよ。彼は僕に自由に研究させてくれたが、生物全体に目を向けさせてくれたんだ。僕はパブロフ、シェリントン、マグナスの反射や姿勢反射への関心から出発したが、ジャック・ローブが全体としての生物という概念を展開していた。生物を全体として扱うなら、器官を個別に扱うことはできない。生物全体が何をやっているのか。生物は空間、すなわち外界の中で行動している。もはや生物の内部、たとえば腺や筋肉が何を行っているのかには関心をもたない。ローブは空間における行動を方向づけるものとして、向性しか見つけることができなかった。僕は反射に目を向けたが、脚の関節やシェリントン標本［訳注　反射研究のため、脳幹を除去された猫］から生物全体に視点をシフトさせた。僕が初めて作った装置は動物行動学にとても近いものでね、生物全体の反射行動に関するものだった。

◆ワトソンにお会いになったことがありますか。

いや。僕は会ったことがないし、彼に会ったことがあるという人も知らない。あの頃、彼はもうこの分野を離れていたからね。彼は道徳的な問題のためにジョンズ・ホプキンス大学を追い出されていた。今ではどうってことないんだろうが、彼は助手と不倫をしてね。結局妻と離婚してその女性と結婚したんだ。一年か二年、ルイジアナでゴム長靴の販売をするところまで落ちぶれていたらしい。それから広告業界に入って、すごく有力な幹部になった。僕が知っている範囲でワトソンと接触を保っていた心理学者は、ラシュレーだけだな。彼は三〇年代の半ばにハーバードにやって来た。ワトソンと相談してからハーバードに移ったと聞いている。

◆反射に関して最初に取り組んだのはどんな生物ですか。動物ですか、それとも人間ですか。

最初の動物はリスだった。三匹の赤ん坊のリスだ。ハーバード・ヤードでピーナッツをつけた糸を枝からぶら下げて実験していたよ。リスたちが糸を引っ張ってピーナッツを持ち上げるのを観察していた。ケーラーの『類人猿の知恵試験』が念頭にあった僕は、『リスの知恵試験』を行おうと思っていた。長い間このリスたちをペットとして飼っていたが、その後ラットの研究をするようになった。最初は生まればかりのラットを使った。マグナスの本にあった姿勢反射をすべて示してくれたからね。非常に精巧に作られた板の上をまっすぐ走るラットの行動を調べた。僕がカチッと音を鳴らすと、ラットはぴたっと止まった。僕はこの停止をとても巧妙に測定したんだ。単一の筋肉に反応するシェリントンのトーションワイヤ筋運動記録器みたいな工夫で。ただ、シェリントンは筋肉の反応を測定しようとしたが、僕はラット全体の反応を測定しようとした。それが僕の当時の考え方だった。そのうち、偶然に強化とオペラントの分野に入っていくことになった。

◆どんな偶然ですか。

ラットにこの通路を走らせているとき、食べ物でそれを強化しようとした。ラットたちは戻りの通路をかけのぼって、スタート地点に降りる。僕はラットがスタートする前にちょっとじっとしていることに気がついたから、そのじっとしている時間を計り始めた。それは変化していた。ラットがそのループを一回りする確率にも変化が見られた。そこで僕は、その変化を追跡する特別な装置を作った。つまり僕は、直接強化の下でラットが反応する率を見ていたわけだね。それが偶然に累積曲線になって、僕は自分がスケジューリングしていることに気がついた。でかしたぞって思ったよ。

◆ご自分の発見を取り入れるためには、パブロフの説を修正しなければならないということにお気づきになったわけですね。そのあたりの経緯を教えていただけますか。

パブロフは生命体（organism）ではなく、器官（organ）に注目する心理学者だった。それに、彼は自律神経系ならびに反射実験がうまくいく唯一の腺に取り組んでいた。彼が唾液腺に行き当たったのは驚くべき偶然だった。実験に用いることができる別の腺を見出すのは非常に難しい。たとえば、脚の屈折について筋標本を使おうとがんばっても、パブロフ反射の研究にはならないと思った。今でもそう思わない。涙を使うのは無理だ。胃液の分泌を使うことは可能かもしれない。胃液が出ているかどうかもっと簡単に見ることができればね。尿や汗を使うことができるとは思えない。唾液しかなかったんだ。実のところ、今思いついたんだが、パブロフは条件づけされた唾液分泌の専門家だったんだ。

◆あなたが研究を始められたとき、行動主義のアプローチについてまだ多くの論争があったのでしょうか。それともその戦いは、一九二〇年代に勝利を収めていたのでしょうか。

うーん、勝利していたとは言えないな。ハーバードの大学院生の仲間たちは、ケラー、それにおそらくすぐ後に心理学の研究をやめたチャールズ・トゥルーブラッドを除いて、みんなティチェナーの心理学に関心をもっていた。彼らは持ち上げたものの重さ、温度感覚、絶対判断などを研究していた。そのうちの一人は、一年間ドイツに行ってそういった現象を研究するゲシュタルト心理学を学んできた。彼らはみんな第一級の心理主義者だった。当時、行動主義が勝利していたとはとても言えない。

◆あなたはどのようにして、オペラントの概念を展開することになったのですか。

最初、反射という点から考えることに強く心を動かされていた。僕は学位論文の中で、当時浮上してきた実証主義を踏まえてそれを生理学と区別した。僕はブリッジマン〔訳注 ノーベル賞物理学者〕を読んだ。（僕はブリッジマンを引用した二人目の心理学者だった。僕に先んじていたのはハリー・M・ジョンソンだけだったよ。）マッハ、ポアンカレ、ウィーン学派を導いた人々の著作を読んだ。僕はそれに追随しはしなかった。彼らが正しい方向に向かっていると思わなかったが、概念の基礎となる観察を求めていたんだ。僕の論文では、反射は生理学的な装置ではないと主張した。シェリントンはシナプスを本当には見なかった。反射は刺激と反応の関係の記述なんだ。それが始まりだった。

僕は刺激と反応の一般的な特性に関してもう一本論文を書き、この考えをさらに発展させた。僕はオペラントの方向に進みつつあった。僕が最初にラットのレバー押しに関する論文を発表したとき、コノルスキーとミラーが『ジャーナル・オブ・ジェネラル・サイコロジー』に提出しようとしている論文の写しを僕に送ってくれた。彼らに返事を書くうちに僕は、自分が反射の形成からいかに遠ざかったか、そしていかにコノルスキーやミラーと異なっているかを悟った。彼らは普通の反射を取り上げ、結果を加えていた。足にショックを与えると脚が屈曲し、その屈曲が食べ物をもたらす。これはパブロフの公式への付加であり、僕が行った実験と似ていると彼らは思ったんだ。けれども僕は、反射、ショック－屈曲を使うことによって、全体が台無しになっていると思った。屈曲が食べ物をもたらすんだから、反射が起こるかどうかにかかわらず、結果と相関する自然の刺激を見つけ出さなくちゃならないんだ。

強化の効果を得るには、オペラントにおける刺激の統制から相対的な自由をもたなければならないということに僕は気づいた。それが彼らとの違いだった。今でもそれは変わらない。僕が初めて「オペラント」という語を使ったのは、コノルスキーとミラーに対する返事の中だった。『生命体の行動』を執筆したときには、この概念がかなり明確になっていた。ほとんどの人は、僕が自律神経系と骨格神経系を区別し、レスポンデント条件づけまたはパブロフ条件づけを自律神経に割り当てていると考えている。僕自身、オペラントとして自律的反応を条件づけようとしても成功しなかったんだ。似たようなものは得られたが、それはクラーレ毒で人を気絶させない限りほとんどいつも見られるような、媒介反応だということがわかった。そんなことはできないだろう?

◆あなたの研究の多くは動物の研究として始まりましたね。それはどの程度、確実に人間にも当てはまると思いますか。

そうだなあ。戦争が終わるころまで、一つか二つの例外を除いて、人間にはまったく適用していなかった。フレッド・ケラーが自分の子どもで試してみたと思うが。その後、僕は『ウォールデン・ツー』を書いた。この本は、それが文化の設計にどのように適用されうるかを大胆に推量したんだが、僕の研究は徐々に人間の方向に動いていた。

一九五三年には『科学と人間行動』を出版した。この中で、宗教、政府、教育、経済、心理療法などにおけるオペラントの位置づけについて論じた。そのうち、プログラム学習の運動が急速に進展して、それから行動療法が発展した。実のところ、「行動療法」という語を最初に使ったのは、オグデン・リンゼーと僕だった。僕たちは、メトロポリタン州立病院で精神病患者にオペラント条件づけを用いる最初の試みを行った。行動修正も登場してきた。一方で、人間の被験者に対して多くの実験的な研究が行われた。僕としては、どんな種でも、少なくとも脊椎動物だったらどんな種でも、これがうまくいくということに疑問をもっていなかった。

◆あなたを批判する人々の一部は、動物に関しては強化の随伴性をきわめて正確に制御できるけれども、人間ではそうはいかないと主張しています。あなたは生起させうることがらをいくつか示していらっしゃいますが、ふつうはそんなふうに起こるわけではありませんよね。そうした批判の中に正当な面があると思いますか。医学に関しても、同様の問題があると思いますが。

本当に病気の人がいたら、病院に連れていくだろう? そのほうが事態に適切に対処できるし、望むときに薬を飲むこともできるからね。病院の外の世界にいたら、本当にその人が薬を飲むかどうか確信が持てない。もちろん、実験室ではずっと正確に条件をお膳立てすることができる。でも、外の世界でも、その薬が使用されたら効き目は同じだ。これまでに達成された行動修正は、とてもドラマチックなものだよ。

◆ですけど、あなたは行動の修正だけを望んでいるわけではないんですよね。あなたの研究は、私たちがどうしてあることを行うようになるのかを説明しようとしている、あるいは私たちがどうしてある感情をもつようになるのかさえ説明しようとしていると、私は理解していますが。

そのとおりだよ。行動プロセスの理解を通して実世界で行えることが、三つあると思う。第一に、それを使って人間が一定の状況で何を行うかを予測することができる。第二に、状況をアレンジすることができれば、行動を統制できる。第三に、行動を解釈するために使うことができる。これは非常に重要で、誤解されやすい面でもある。

◆どんなふうに？

解釈は推測ではない。理論でもメタ科学でもない。それは天文学者が、外宇宙からの情報、たとえばブラックホールについて解釈するときに行うようなものだ。彼はそのブラックホールがどんなものかわかっているわけではない。しかし、自分の統制下にあるときの物質の振る舞いに関する知識から、自分の統制下にないときに起こっていることを推測することができる。僕たちは、たとえば子どもの行動に問題が見られる家族の中で何が起こっているか、ある程度推測することができる。目に見える強化の随伴性を見ることによって、理論に頼って息子と母親の関係について話し始める精神分析医より、確かな推測ができるんだ。精神分析医より問題にとって重要性をもつ事柄を指摘することができるし、効果的な変化を提案できる可能性も高い。

◆今後、ある人の強化の歴史全体をマッピングする研究ができると思われますか。

それは誰にとっても問題外だよ。精神分析医はときどき生活史を再構成しようとする。だけど、もちろん、すぐれた精神分析医はそんなことはしない。人間の行動はきわめて複雑で、研究者はできることをするだけだという事実を受け入れるべきだと思う。僕は世界の問題をなんでも解決できるなんて主張したことは一度もない。残念ながら、解決できることはほんとにわずかなんだ。

◆フロイトについて非常に相反する意見をおもちのように見えますが。明らかにフロイトに批判的な反面、他の多くの心理学者に対するよりはずっと寛大であるようにお見受けします。その理由を説明していただけますか。

フロイトは非常に重要な発見をしたと思うし、他の人々によってなされた発見に注意を向けたと思う。そのおかげで、僕たちは変化した。僕たちはもはや、気まぐれな偶然を信じない。たとえば、君が約束を忘れたとしたら、それには理由がある。彼は必ずしもいつも正しい理由をあげたわけではないと思うが、僕は彼の決定論を受け入れている。彼の大きな誤りは、心の装置と呼ぶものを作り出したことだと思う。ドイツの意志心理学から生まれたすばらしい創作だが、それは悲劇的だった。もし彼が、自我、超自我、イド［訳注　快楽原理に立つ本能的エネルギー］という三つのパーソナリティに頼らずに事実を体系化していたら、心の地形学や地理学、意識、前意識、無意識に頼らなかったら、もっとずっと前進していただろう。でも、そんなに注目もされなかっただろうね。この理論的なものに魅力があるのはまちがいない。それは深遠な感じ、深みのある感じを与えてくれる。精神分析家は深みとか深層とかいうことばが大好きだ。そしてスキナーは表面的だと言いたがる。自分たちのほうが深みがあるとね。僕は、彼の治療は精神分析家たちが考えるほど成功したとは思わない。アイゼンクの批判は少々極端かもしれないが、それほど行き過ぎているわけでもないと思うよ。

◆心の装置に関するあなたのご意見は、ヨーロッパの心理学者などによるもう一つの批判、すなわち、あなたの研究は思考よりも行動に目を向けるアメリカ心理学の傾向の極端なものだという批判につながるように思われます。このような批判は正当だと思われますか。

それはおそらく、アメリカ人がヨーロッパからここに移動してきたという特殊な環境の副産物なんだろうね。ここでは行動することができる。どこにでも行くことができる。

僕は自伝で自分の子どものころについて書いているうちに悟ったんだが、この国では何だってできるんだ。それにアメリカ人は熟慮よりも行動の人間だ。それは主に環境の違いだと思う。性格のせいじゃない

——性格というのが何を意味するにしてもね。だけど、それは重要なことだよ。認知心理学は無知への注意喚起だからね。それは、生物の内部に何らかの説明的な実体、すなわち思考や推論や直観に関係した物

事を置いている。僕はこうした内的な思考プロセスに起因する行動の環境的な表れに到達したい。そうするとき一歩前進することになる。人が何を考えているかによって行動を説明するなら、その思考を説明しなければならないからだ。そうすると、まったく新たな問題を抱えることになる。

◆もしあなたが行動の最終的な説明と言えるようなものに達したならば、次には思考に取り組むべきだと思われるのではありませんか。それとも、思考は重要ではない単なる副産物だとお考えですか。

僕は思考の問題に大いに関心をもっているよ。春には、思考の問題に取り組んだ本が出ることになっている。行動主義は思考の分析に最大の貢献ができる学説だと思う。

◆私にはそれは驚きだと言わざるを得ませんね。

なぜなら、僕たちは思考に起因する行動の、外的な表れに到達しようとしているからだ。僕は、随伴性によって形作られる行動と、そうした随伴性から引き出された規則に従うときに生まれる行動を区別している。そして、合理的な行動とは、理由を与えることに関連していて、理由とは随伴性に関する記述なんだ。僕は合理的な行動を非常にうまく扱うことができる。それは随伴性によって形作られる行動とは大きく違っている。合理的な行動も随伴性によって作られるのだが、一つの違いがある。人は規則を引き出すことを学び、それに従う理由を与えられる必要があるんだ。

◆このモデルで創造性も扱うことができますか。

それはもう一つの「催眠効果」だね。子どもは一度も聞いたことがない文を発することができるという事実をどう説明するか。どうしてか。子どもは文法の認知的な規則を所有しているからだ。じゃあ、どうやってそれを知ることができるのか。それは子どもがこれまで聞いたことがない文を発するからだ。こんな議論が今、言語学者の間で揺るぎない思想として通用してるんだよ。

◆それでは創造性というのは、人工的な概念だとお考えなのですか。

いいや。創造性とは単に、新奇で独創的な形の生産だ。進化に関してダーウィンが直面したのとまったく同じ問題に、オペラント行動でも突き当たる。自然淘汰とオペラント条件づけは非常によく似ている。どちらも、先験的な設計の概念を帰納的な事後の選択に移動させる。どちらも事前から事後に目的を移す。これは始まりを説明する。『種の起源』のキーワードは「起源」だよ。話すことを学んでいる子どもの環境が行動を選択し、それは自然淘汰における環境と同じ創造的な機能をもっている。子どもは新しい組み合わせを思いつく。それには理由があるんだが、それについては『言語行動』に説明したとおりだ。いずれにしても、その結果、子どもは新しい言語的な反応を発する。それを創造性によるものだと言ってもいい。僕はそれを創造性と呼ぶよ。

◆あなたの著書『言語行動』は実際、多くの議論を巻き起こしました。それはどうしてだとお考えですか。

僕はこれが自分の最も重要な著作だと思っている。これは動物の研究と人間の分野のミッシングリンクなんだ。だけど、その重要性と受け入れられ方は別の話だからね。言語学者はオペラント分析を理解しないから、ずっとその重要性に気づかないでいるんだよ。彼らにはオペラント分析がなじみのない居心地の悪いものに感じられるんだね。彼らはこの本に興味をもたないし、恐れを感じてしまう。でも、今、この本に魅力を感じない伝統的な言語学（ほとんど完全に心理主義的だ）から遠く離れたところで、関心が高まりつつある。（実のところ、この本は言語学の本とは言えない。）言語学者は言語行動については語らない。彼らは言語コミュニティについて語っている。僕はこの本の巻末に、言語学に関するちょっとした付録を加えた。この本は言語学に属するものだと思っているよ。今のところ言語行動の専門家はいない。僕の本を使って授業が行われているコースがいくつかあるが、言語行動を専門とする言語学者や心理言語学者はいないんだ。重要な分野なんだがね。

◆言語学者たちがこの著作を軽視しているのには、チョムスキーの有名な否定的書評がどの程度寄与していると思われますか。

言語学者はチョムスキーの書評を重く捉えている。彼らはチョムスキーをすごく重視するんだ。僕は十年間、その書評を読みもしなかった。学生が読むべきだって言うから読んだがね。『自由と尊厳を超えて』に対する彼の長い攻撃は、未だに読んだことがないよ。彼は感情的な人間で、なぜだか知らないけど僕が書くものには何でも激怒してしまう。これをどう説明したらいいかわからないよ。よく「チョムスキーはどうしてあなたに怒ってるんですか」って聞かれるけど、こっちが聞きたいくらいだ。まあ、もし彼が正しいなら僕がまちがっていて、僕が正しいなら彼がまちがってるわけだけど、僕はそれを平静に考えることができるよ。でも彼にはそれができないらしい。

◆論争になっているもう一つの分野は動物行動学ですね。あなたは、最初の著作の一部は動物行動学に沿ったもので、どうして一部の人々があなたの著作に反論するのか、どうしてあなたが遺伝的資質の重要性を否定していると主張するのかわからないとおっしゃいましたね。

彼らがどこからそんな考えを得たのか理解できないんだ。もちろん、どんな子どもでもどんなふうにでも育てられるというワトソンの有名なことばがあるよ。だけど彼は、それは誇張した表現だと自分で言ってるし、たしかにそれは誇張だ。僕は、一人の例外を除けば、遺伝的資質の大きな役割を否定する行動学者を知らない。僕もその役割について問いかけている。僕の学生の一人であるニール・ピーターセンが行った刷り込みに関する研究によると、遺伝したのは子ガモの母親についていく傾向ではなくて、自分と母親または母親代わりのものの間の距離を縮めることによって強化される傾向だ。遺伝するのは行動じゃない。「どうしてそれをしたの？」「次に何をするつもり？」と尋ねる言語コミュニティによって行動に気づかされる能力が遺伝するんだ。抑圧された深層に意識的なものを追いやることによって無意識が生み出されるんじゃなくて、意識が無意識の上に課せられるんだよ。

◆たとえば達成や親和といった二次レベルの欲求に価値があると思いますか。それらは何らかの形で動機づけとなるのでしょうか。

動機づけという語はあんまり好きじゃないな。人が何かの欲求を感じるとき、欠乏という意味での欲求がある。食物が欠乏していると食物への欲求が生じる。しかし、それは種の歴史のために、一定のことがらが強化されやすい一つの条件だ。人は「強化される必要がある」とは思わない。人は強化される。言えるのはそれだけだよ。

◆あなたは心理学者が行うべきことと生理学者が行うべきことを明確に区別していらっしゃいますね。どうしてですか。

これも生物全体を見るかどうかという問題だ。環境の中での個体の行動は、その生物の体内の道具によっては分析できない。行動が起こるのはその個体の外部だ。変化は内部で起こる。それがどんなものなのか、いつかは全知全能の生理学者が教えてくれるだろう。今のところ、生理学者はあまり多くを語ってくれないが。僕は一九三八年に、行動の解明に役立つ生理学的な事実を聞いたことがないと述べた。そしてそれは今も変わっていない。たとえばホルモンを考えてみよう。ホルモンと行動について何がわかっているだろうか。ホルモンを投与することによって、性的な接触が強まる程度を変化させることができるのは知っている。しかしそれは、通常の性的な行動を形成する剥奪についても、飽和についても、あるいは他の行動への一般化についても教えてくれない。未だに最初の疑問——性的な接触によってどの程度人が強化されるのか、そしてそれがその人にどんな影響を及ぼすのかという疑問——は解明されていないんだ。

◆そのような立場のために、あなたは空《から》の生命体の心理学者といわれることがありますね。これは正当だと思いますか。

それは僕の表現じゃないからなあ。僕はいつも、生命体の内部で起こっていることの重要性を認識しているよ。それを認識しないなんてばかばかしいことさ。ただ、僕は、それは生理学者に任せておこうといってるんだ。余計な口ははさみたくない。手助けはしたいよ。そして、行動に関する明確ですぐれた記述は、生理学者に課題を与えることになる。

◆あなたがもっと罰を与えることを主張していると考える人が多いという点でも、あなたは十分に理解されていないようですね。

僕は罰なんてすっかりなくなってほしいと思っているよ。嫌悪療法にはまったく関与していない。去年イギリスに行ったとき、『時計じかけのオレンジ』（三三七－三三八頁参照）は僕のせいだと言われているのを耳にしたがね。僕があんまり強く罰に反対するから、同僚たちが僕の精神分析をしてその理由を探ろうとしたくらいだよ。父親が僕を殴ったのかとかね（そんなことはないよ）。罰の随伴性を除くことはできないと思う。急に自由放任になったりする。僕たちは罰に代わるものを見つける必要があるんだ。

◆『自由と尊厳を超えて』のお話をうかがってもいいでしょうか。あなたは「自律的人間」と呼ぶものに注意を向けています。それは自由に行動できると考える私たちの中の、かなり危険な小人です。私たちは自分の自律性という考えに固執していると思われますか。

まちがいなくそうだね。自由を求める戦いの歴史のおかげで――それは人間を大きく前進させてきたと認めるが――人間は目にするすべてのものの主人だと信じてきた。だが、それは真実じゃない。僕たちは、過去の歴史ゆえに今の状況にあるんだ。僕たちは、自分が選択できる、行動できると信じたい。でも、過去の歴史の中にあって行動の仕方を決定するものに目をつぶらない限り、それは真実じゃない。人は、過去の業績について自分に責任があると考えている。もっとも、過去に何か間違ったことをしたときには自分のせいじゃない、間違ってるのは社会だと考えたがるんだがね。僕は、長期的に見ると、人は自由でもなく責任もないと思う。だけど、僕は人々がこれまでに感じたことのないような自由を感じる世界を望んでいる。人々が嫌悪による統制ではなく肯定的な強化を受ける世界、人々がこれまでよりも多くを成し遂げる世界を望んでいる。人々が自分に大いに価値があると感じることを望んでいる。（「尊厳（dignity）」というのは、僕の言いたいことをぴったり表せる語じゃない。多分フランス語の「digne《ディーニュ》」のほうが近いだろう。）けれど、それは人々が何かを創始するということじゃない。個人と直接的な満足に対する現在の強迫観念の恐ろしいところは、僕たちが未来に注意を払っていないということだ。それが『自由と尊厳を超えて』のテーマだ。もちろん自由と達成を手に入れるのはいいことだ。でも、それは未来を考える必要性に優先すべきではない。

◆でも、それでは矛盾しませんか。あなたは人々に自由を感じてほしいと望んでいらっしゃる。でも一方で、自由は存在しないとおっしゃる。自由の幻想を提示していることになりませんか。

僕はそれを幻想とは呼ばない。それは感覚だ。僕が君の頭に銃を突きつけて十ドルくれと言ったら、君は自由じゃないだろう。だけど僕が単に十ドルくれと言って、君が心優しいから僕にくれるとしたら、君にはその自由があると言える。君が僕に十ドルくれるのには理由がある。僕から何か見返りを期待しているのかもしれないし、千ドルものまとまった金を手に入れていて、使い道がわからないのかもしれない。君が僕に十ドルくれるとき、僕が君の頭に銃を突きつけてなくても君にはその理由があり、そしてそこに自由があると感じるわけだ。僕が君に銃を向けていれば自由だとは感じない。これが非常に重要な違いだよ。僕は、懲罰的な強制をなくしたいと誰にも負けないくらい強く望んでいる。僕はそれを幻想とは呼ばない。君は自由を感じる。君は肯定的な強化に伴う感情を得ていて、それは強制的な支配に伴う感情とは大きく違うんだ。そしてそれを自由と呼ぶ。それでいいんだ。

◆けれども、あなたのモデルでは、何がその感情、その自由の感情なのでしょうか。あなたは感情の有効性を否定していらっしゃいますから、これは非常に重大な問題のように思われますが……

僕は感情を否定していないよ。それも誤解だ。僕は、感情の分析でも行動主義が一歩リードしていると思う。『ウォールデン・ツー』を書く直前に、非常に重要だと自分で思っているある論文を書いたんだが、それは人が自分の身体内の個人的な事象を描写することをどのようにして教えられるのかということを説明している。それはウィトゲンシュタインが完全に見逃していたことだ。彼は個人的な事象をどうやって描写できるのか決して理解できなかった。彼にとって「痛い」という陳述は、痛みの叫びでしかなかった。僕はその論文で、いかにして言語的環境が人に自分の身体の状態を描写することを教えるのかを説明した。それを感情または内観と呼ぶことができる。言語的コミュニティには、それに関する情報がないという事実にもかかわらずね。僕は自分の身体を感じる、幸せに感じる、疲れを感じる、へとへとだ、愉快だというのにまったく躊躇しない。しかし、僕は自分の感情のゆえに行動するわけではない。それが重要な点だ。感情は行動の副産物だ。人々が犯している誤りは、それを原因だと考えることだ。

◆つまり感情は付帯現象なのですね。

そうも言っていない。感情は原因ではないが、だからといって付帯現象でもない。僕が君のむこうずねを蹴ったら、君は僕を叩きたくなるだろうし、怒りも感じるだろう。むこうずねへのキックは、君が僕を叩く可能性と、君が怒りと呼ぶ身体の状態を作り出すわけだ。君は怒りを感じる。このとき、何が何の付帯現象なのか。だけど、僕が君に「どうして僕を叩いたのか」と聞き、君が「あなたに腹を立てたからですよ」と答えたとしたら、それは正しくない。君は僕がむこうずねを蹴ったから僕を叩いた。腹を立てたから僕を叩いたのではない。怒りと殴打のどちらも、一つの原因の産物だ。

◆それでは、感情は結果であって原因ではないと言ってもいいのでしょうか。

まさにそのとおりだ。感情は並列する産物だ。それは行動に伴う身体の状態であり、そのうちの一部を感じることができる。最近オックスフォードで発表した論文でその点を明確にしたよ。感情は証拠としては不満足なものだし、重要な媒介メカニズムがわからないから生理学者にとってはあまり重要性をもたない。

◆感情が副産物だというのと同じように、あなたは意識も副産物だと主張していらっしゃるように見受けられます。覚知（アウェアネス）は社会によって私たちに課せられるのだとおっしゃいましたね。

すべての行動は最初は無意識だ。どうして自分がそのように行動しているか認識しなくても行動する。しかし、「どうしてそれをしたの？」「次に何をするつもり？」と尋ねる言語コミュニティによって、自分の行動に気づかされることがある。抑圧された深層に意識的なものを追いやることによって無意識が生み出されるんじゃなくて、それが無意識の上に課せられるんだ。

◆この国（アメリカ）では、あなたの業績が多くの形で実践的に利用されています。自分の望む文化を設計するならば、人々の生活が統制され、人々がそれに気がつかないことになって危険ではないでしょうか。

それはまちがいなく危険だよ。だからこそ、僕は、人がいかに統制されうるかを説明することに、こんなにも多くの時間を費やしているんだ。統制の問題に目をつぶり、口を閉ざそうとするならば、それに飛びつく「支配者」が出てきて、大張り切りで活動するにちがいないよ。僕はすべての人に自分がいかに統制されるか知ってほしいと思っている。今だって僕たちはみんな統制されている。中国から戻った友達が「君はあの国がきっと気に入るよ。人々がとてもよく統制されているから」と言った。あの国の状況を知ってるかい？　アメリカでも中国と同じくらい統制されているが、この国では統制がそんなに目立たないだけなんだ。僕たちアメリカ人も、一〇〇パーセントまちがいなく統制されているよ。

◆でも、誰が文化を設計するのですか。誰が何を強化し、何を強化しないのですか。

すごくたくさんの人々がそれを設計することになるだろう。教師はよりよく教育を行い、心理療法家はより効果的に人々を助ける。産業界は、人々がよりよく働いてしかも仕事を楽しむことができるように、より効果的なインセンティブの仕組みを考える。政府は過剰な警察官に頼らずに統治する。それが達成されるだろう変化さ。誰か一人の人間が支配者として出現するんじゃないんだ。

◆あなたは著書の中でハルとラ・メトリーを引用して、人間は機械だとおっしゃっていますね。同時に、あなたが行動主義者と呼ばれることにときどき疑問を表明していらっしゃる理由のひとつは、行動主義という呼称は人間が機械であるというだけではなく、機械的に扱われるべきだと暗に示しているように思われるということなんじゃないかと私は思うのですが。

それは機械をどんなものと考えるかによるよ。一九世紀の機械、押したり引いたりするレバーの組み合わせを考えているとしたら、それは僕の考えているものじゃない。僕は人間がそんな機械だとは考えていない。人間とは分子レベルの機構、生化学的な機械なんだ。そこに帰着するんだ。微細化はどこまで機械が降りていくか、知識を与えてくれるだろう。僕が人間は機械だというとき、僕の知る限り、すべてのことがらが秩序ある物理的なシステムだということを意味している。絶対に押したり引いたりの因果関係でできている一九世紀の機械じゃないよ。それは重要な違いだ。

数ページでスキナーの立場の包括的な批判をしようとするのは思い上がったことであろう。しかし、このインタビューから、興味深いいくつかのポイントが浮かび上がった。第一に、スキナーは自分が自律的な人間に対する孤独な戦いに挑むパイオニアだと信じているということである。彼は、人間が傲慢さと無知から、この内部の小人にしがみついていると主張した。『自由と尊厳を超えて』の中で、彼は次のように書いている。「私たちの見ている人がいかにして、なぜ、そのような行動をするのか理解できないため、私たちはその行動を見えない人のせいにする。私たちにはその小人の行動も説明できないが、その小人については疑問を提起しようとしない。」(p.19)

スキナーは、ギリシャ心理学の創作物である自律的な人間の糾弾を容赦なく続ける。「彼（自律的人間）は、物事を開始し、考え出し、作り出す。そしてそのとき彼は神であり続ける。ギリシャ人にとってそうであったように。私たちは彼が自律していると言うが、行動科学に関する限り、それは奇跡的であることを意味する。」（前出）

こうした洞察を正しい文脈の中におくことが重要であるように思われる。スキナーの自律的な人間は、ギルバート・ライルの「機械の中の幽霊」とあまり異ならない。ライルは『心の概念』(Ryle, 1949) の中で、この幽霊を鮮やかに忘却の中に押しやった。哲学者であるライルは、感情、意図、動機、目的について語るのはいかに誤解を招くかを示そうとした。それは所有する本人にしかアクセスできない個人的な状態だからである。しかし、スキナーは、おそらくは一般に認識されているよりももっと混乱を招くような一連の方向に、それをさらに推し進めている。

スキナーはすべての原因を体の外、生命体の外に移動した。ある人に今行っているような行動をさせているのは、その人にこれまでに起こったこと、過去にその人が行ったことの外的な結果である。人間とは、その人がこれまでにしてきたことと、これまでにその人に起こったことの結果なのである。インタビューの中でスキナーは、空《から》の生命体の心理学者という批判をはねつけた。彼は生理学的心理学の多くの欠陥を指摘した。しかし、こうした点を指摘しても、生命体の内部で起こっていることに対する自分の思考の中に、どんな役割があるのかが示されるわけではない。意識の流れは無関係だと言うのと、血液の流れは無関係だと言うのはまったく異なる。内部の多くの要素が行動に影響を及ぼす。どうして人はある日ある状態に直面したときには怒って、別の日には怒らないのか。アイゼンクの研究から、人は条件づけのプロセスへの感受性の違いを遺伝的に受け継ぐという証拠があがっている。こうした要素は物事について私たちが語る形に影響を及ぼさないため、ライルのような哲学者はそれを無視することができる。しかしそれは、研究を導く観念にはまちがいなく影響を及ぼす。

一九七〇年代半ばまで、スキナーは、思考と感情に関する問いは心理学の中心とはみなされないという風潮に貢献した。スキナーはくすくす笑いながら、自分が感情をもっていてそのことを認めていると知ったら、人々は驚くだろうと言った。彼は誤解されていた。彼が言いたいのは、自分にある行動をさせているのは感情――心の漂流物――ではないということであった。自分は感情をもたなくても、同じように行動するだろう。これは荒っぽい仮定のように思われる。一九七七年にスキナーは、思考の分析に取り組んでいるという意外な事実を明らかにしたが、それは人々を安心させるのにほとんど役に立たなかった。そして、『思考行動』は、とうとう日の目を見ずに終わった。

また、スキナーは、一人の人間の歴史は複雑であり、その人にそのように行動させているとてつもない強化の連鎖を追跡するのは不可能だと認めた。スキナーが主張した原則は、恋愛や友人の選択や自分の子どもとの関係といった親密な状況には当てはまるが、特定の事象に至る強化を詳細に説明するのは人知を超えている。これは満足できるものではない。スキナーは非常に構造化された人工的な状況でならば一定の物事を発生させることができると主張した。実際、彼はすべての状況における行動は同じような形で引き起こされるということを証明するためにこれを用いた。しかし、多くの状況での現実の行動について詳細に説明することはできなかった。実生活はあまりにも複雑であり、事象の連鎖はあまりにも長いからである。スキナーの実験では、行動が無理やり生み出され、ふつうでは起こらないような特殊な形で引き起こされた。これは、彼がこのインタビューでしっかりと対応しなかった批判のひとつである。

感情に関するスキナーの正確な立場を把握するのは、予測されるほど容易ではない。『自由と尊厳を超えて』(p.19)において、彼は、感情を引き起こすのは行動であり、一般に仮定されているように感情が行動を引き起こすのではないというウィリアム・ジェームズの理論に言及している。言い換えると、怖いときに私たちが感じるのは自分の行動——伝統的な見方では感情の表出であると考えられ、感情によって説明されるまさにその行動——なのである。しかし、どうして私たちが逃げるとともに怖いと感じるのかについては、説明がなされていない。

ここで興味深いのは、スキナーがあと一歩で、心理学はどうして逃げるのかだけではなく、どうして怖いと感じるのかに取り組むべきだと言いそうなところまできたということである。感情が相対的に取るに足りないものであり、行動の体系において重要なものではないと強調していなかったら、彼は、人が逃げるとともに怖いと感じるときの状況をもっと包括的に分析することを奨励したかもしれない。あるいは、どうしてときに人は怖いと感じながらも逃げないのかを考えるのも合理的だとみなしたかもしれない。人はしばしば、自分の感情や意図とぶつかるような形で行動するのだ。必ずしも自分が望んでいることを実行するわけではない。しかし、これにはおそらくいろいろな要素が関わっているのだろう。状況、状況の受け止め方、その状況から得たいこと、そこで示したい自分の姿なども関わっているにちがいない。こうしたことは漠然として捉えどころがないと言われるかもしれないが、少なくとも私は、スキナーも捉えどころがなかったと答えることができる。彼は、ある時点で人にある行動をさせる歴史をたどるのはまず不可能だと認めた。また、着目点を外に現れた行動に絞ったため、すべてのデータを考慮したわけではなかった。彼はときに「目立たない行動」について書く。これについても理解が必要である。

かなり寛大な人であっても、スキナーは行動修正の社会的な危険を認識しなかったと言わざるを得ないだろう。彼は、『ウォールデン・ツー』を書いて以来、統制に用いられる手法について人々に理解してもらおうと努力してきたと断言した。『ウォールデン・ツー』はインスピレーションの圧力――そしておそらくは情熱――に駆り立てられて短時間で書いた著作である。スキナーは自分に悪意はない、「ビッグ・ブラザー」［訳注　オーウェルの『一九八四年』に登場する全体主義国家の支配者」］になどなりたくないと主張した。私はスキナーが非常に誠実な人だったと思うし、彼が個人的に世界を設計し直したいと考えていたとは思わないが、彼はある特定の文化を望んでおり、それに伴う危険についてはどちらかといえば無自覚だったと思う。彼の計画を実行するには、親、学校、政府が協調して同じような行動の強化を行うことが必要である。そのような計画の明白な危険性は、それが権力の座にある者によって設計されるだろうということである。

行動修正に関する研究は、今も人気を保っている。それは一つの有益な手法である。たとえば、さまざまな恐怖症に有効に対処することができる。しかし、『ウォールデン・ツー』に暗示されたような大規模な社会改革を実現することは未だできていない。それに失敗したのに加え、スキナーはこのきわめて部分的な成功（人間の苦痛を軽減するという意味では大きな意義がある）が重大な理論的問題を引き起こしたことは最後まで認めなかった。一九八四年が到来し、そして去っていった。スキナーはそのとき老人になっていたが、彼の心理学は大いに影響力を保っていた。そして、認知革命が起こったにもかかわらず、今も大きな影響力を保ち続けている。

スキナーは自伝で、自分に起こったほとんどすべてと思われる出来事を列挙した。それがさまざまなことを網羅しているにかかわらず、そしてまた自分が感情をもっていることを彼が認めたという事実にもかかわらず、スキナーはこうした出来事によって自分がどう感じたかを記録することには躊躇したように思われる。お仕置きとして母親から石鹸水で口をすすがせられたときの気持ちさえ書かなかった。少なくともスキナーは、自己像において一貫していたと言えるだろう。『我が人生の顛末』にはふつうの感情や意識がほとんど描かれていない。これはリストであり、ほとんどそれ以外のものではないのである。スキナーは反省としてではなく、行動の面から自分の人生を見ていた。彼が最も大きな影響力をもったのがアメリカ——行動と行動家を称賛する国——であったのは偶然ではない。

第11章　デボラ・タネン

私が最初にロンドンのホテルでデボラ・タネンにインタビューしたのは、一九九一年、彼女の『わかりあえる理由　わかりあえない理由』（Tannen, 1990）がベストセラーになったすぐあとのことだった。タネンは、六〇年代や七〇年代の古典的なフェミニストの著作になかったこと――シモーヌ・ド・ボーヴォワールの『第二の性』にまでさかのぼっても見られなかったことを行った。すなわちしっかりとした科学的証拠と思われるものを提示したのである。私はそのとき、『ニュー・サイエンティスト』の依頼を受けて、彼女とのインタビューを行った。

一二年後、私はワシントンDCにあるジョージタウン大学のキャンパスのすぐそばでタクシーを降りた。新入生、携帯電話をかけながら歩いているかわいい女子学生、まじめな顔をした若い男子学生などが行き交うキャンパスは、ざわめいていた。アイルランド人の団体やパレスチナを支援する中東の支援団体をはじめ、ありとあらゆるグループのポスターが貼ってあった。障害者のバレエのオーディションのお知らせもあれば、「彼はうそをついた」という一言とともにさえないビル・クリントンの写真を掲げた共和党のポスターもあった。そこには若々しいエネルギーが満ち溢れていた。それはジョージタウンでの大きな変化を反映していると後にタネンが説明してくれた。この大学はカトリックの大学だったが、最近他の宗派も受け入れることにしたのである。タネンがこの大学で教え始めたとき、学部長全員がカトリック教徒だった。しかし、現在はカトリック以外の学部長が五人いる。

私はエドワード・ウォルシュセンターに入っていった。タネンは外国語と言語学を専門とする異文化センターに所属している。彼女は理由を説明せずに私と会う約束を三時から二時半に変更していた。秘書が私を何の変哲もない小さな部屋に案内してくれた。私はたいてい、それぞれの心理学者の個性を感じ取ってもらうために、彼らが働いている部屋の装飾に言及する。たとえばフレイヴルはピアジェの写真を飾り、フランクルは自分の写真を飾っていた。しかし、タネンの部屋には何かを物語るようなものが一切なく、その狭いオフィスからは何も知ることができなかった。

タネンは縮れた髪と親しみやすい笑顔をもち、目鼻立ちのきりっとした長身の女性である。彼女は一九九一年に会ったときよりもずっとリラックスしていた。今回彼女が最初に口にしたのは、インタビューの時間を変更した理由だった。ソビエトの反体制活動家ナタン・シャランスキーがユダヤ人協会で中東の危機に関する講演を行うために大学を訪れており、彼女も聞きに行きたいのだと説明してくれた。私は喜んでいっしょに行くことにした。私はソ連の精神病院に収容された反体制活動家について映画を作ったことがあったため、この問題に非常に関心があったのだ。

タネンの経歴は少々変わっている。インタビューの中で説明されているように、彼女は常に物を書くことに関心があった。英語学で二つの学位を取ったあと、「知的に手ごたえのあること」を何かやってみたいと考えて言語学のコースに進んだ。ほとんどの言語学は非常に専門的であるが、そのコースは日常生活での言語の使用や社会言語学に焦点をおいていた。

日常生活における言語の使用というフレーズは、私を学部生時代に連れ戻してくれる。哲学と心理学を学んでいた当時、日常言語の哲学が大流行していた。『言語と行為』の著者J・L・オースティンのような偉大な哲学者が言語を拾い上げ、細部を探って、意味を見出そうとしていた……本当の意味ではないというのも日常言語の心理学の核心は、本当の意味や本質や原理といったものはなく、私たちのことばの使い方に細かい差異があるだけだというところにあるからだ。哲学の目的は、形而上学的な幻影から私たちを解き放つことであった。しかし、その方法は、アリストテレス以来なじみのあるもの、すなわち座して考えることだった。彼らは外に出てバス停や居酒屋で人々が実際に使うことばに目を向けはしなかった。象牙の塔の中で沈思黙考していた。誰も指摘していないが、これが日常言語の哲学が時代遅れになった理由の一つであろう。今ではことばの一つの正しい使い方というものはないということもわかっている。一九五〇年代のラジオ番組を聞いてみれば、ことばがいかに変化しているかよくわかる。特に、英語ではそれが著しい。かつては堅苦しく真正と思われた言語が、現在では緩やかで多文化的になっている。トリニダード［訳注　西インド諸島の島］の英語とクイーンズイングリッシュは違うのだ。

タネンはもう少し客観的であり、安楽椅子から立ち上がったことで知られている。彼女は言語の心理学的ダイナミクス、男女が互いに話をするときのパターンを調べた。その初めての著作には、自分の最初の結婚生活で経験した例が多く使われている。彼女は学士号を取った後アメリカを離れ、ギリシャ人と結婚した。著作の一つでは、トイレットペーパーがホルダーから反対向きに出てきたときに彼がいかに怒ったかというユーモラスな出来事が紹介されている。

これは彼女の見方の興味深い点である。一般に心理学者は、言語とは内部の深い意味を「のぞき見る」ためのものだと考える。フロイトの『日常生活の病理』は、言い間違いが心の中で本当に起こっていることが表れたものと論じている。しかしタネンは、人間関係の中で、たとえばごみを出すといった作業を分担するというときにはことばが問題であることを否定しないが、「ことばがすべて」ではなく、重要な部分なのである。タネンのもう少し正式な表現を使うならば、言語は人間関係の本質的要素なのである。彼女は自分が心理学者ではないと断言している。

タネンは最初の著書『「愛があるから」だけでは伝わらない』(1986)への世間の反応に失望した。人々は彼女の洞察に飛びつきはしなかった。しかし、男女に関する章はすこぶる評判をよんだ。彼女が説明しているように、その経験から『わかりあえる理由　わかりあえない理由』が生み出された。この本は、ときにユーモラスに描かれた会話の細部の中で、男女が互いに話をするときの話し方がいかに異なり、いかによくすれ違うかを考察している。男性は会話を問題解決の方法と考えがちであるが、女性は親密さを作り出すため会話をする。また、男性は知らないということを嫌がる。タネンは社会的な新現象を発見した。男性は人に道を尋ねるのを嫌うのである。おそらく、人に聞くのは、他人に依存しなければならないことを示し、男性的イメージを傷つけるからなのであろう。紀元前五〇〇〇年の狩猟採集者たちは、一番近いマンモスの居場所を見つけるために左に行けばよいのか右に行けばよいのか人に尋ねることなどなかったはずだ。それが今日にも影響しているのかもしれない。これを書きながら私は、タネンの真の先達はアメリカのユーモア作家、アメリカの女性と男性が決して互いに理解できないことを小品に描いたジェームズ・サーバーなのではないかと思えてならない。

『わかりあえる理由　わかりあえない理由』はすぐにベストセラーになったが、後にフェミニストたちからかなり手厳しく批判された。こうした攻撃はタネンの研究の方向に影響を与えた。彼女は西洋文化がいかに論争を奨励するかについての研究を始めた。西洋人は論争を解決しようとはせず、ことばの攻撃やそれを受け流すことにやっきになっていると彼女はいう。イギリスの下院はプロボクサーのように二大政党が戦う格好の例である。『論戦文化』(1998)はマスコミや政治の論争に焦点をおき、立場が極端化すればするほど互いに理解できなくなるという、当然ともいえる結論を導いた。一九七〇年代、後にBBCの会長になったジョン・バートらが『理解へのバイアス』で、イギリスのテレビ文化は画面で互いに相手を攻撃しあうことを奨励しているとして、同様の指摘をした。今日のサウンドバイト〔訳注　ニュース番組などで短く繰り返し引用されてインパクトを与える政治家などの発言〕文化は、いかに〔訳注　放送に責任のある〕バートが事態の改善に失敗したかを示している。タネンの一九九八年の著書は、マスコミ、政治家、法律家、さらには教育制度までをも野心的な標的にして糾弾している。ただし、インタビューの中で彼女が述べているように、マスコミ関係者の多くが彼女の意見に賛成しているものの、そこから変化は生まれていない。

『論戦文化』は論争に対する議論をしているが、『わかりあえる理由　わかりあえない理由』に続いてタネンが発表したもう一冊の本はおそらく、これまでの彼女の著作の中で最も科学的なものであろう。タネンは、人々が職場でどのように話すかを研究するため、参与観察者と彼女が呼ぶ人々にテープレコーダーを渡して会話を記録した。

その後、どうしても人間関係の問題に戻りたくなり、『愛しているからこそ言うの』(2003)を発表した。彼女が記録した会話のなかには、ウッディ・アレンの映画のような趣が見られる。ある娘が感謝祭のごちそうを料理している。キッチンでそれを見ている母親の口から出るのは批判ばかりだ。七面鳥、中の詰め物、エプロン。ことごとく批判の的になる。母親は娘に完璧なごちそうを作ってもらいたいのであり、批判は「あなたを愛しているから」なのである。タネンの著書の他の多くの点と同じく、これは真実を突いていると私には思われる。ユダヤ人である私の母親は、同じ理由で私に姿勢をしゃんとしなさいと口うるさく言ったものだ。「別にユダヤ人の家庭について書いたわけじゃないんです」とタネンは主張するが、ユダヤ人ならば、そこにユーモアを見ずにはいられない。タネンは現在、母親と娘に関するさまざまな資料を集めている。彼女に子どもはいないが、にっこり笑いながら自分も娘ですからと言った。男女の会話について書いたとき、自分が「一方の側でしかない」ながら、問題に切り込むことができたのだ。

しかし、一つの点で、彼女はユダヤ人であるという自分の背景に強く反発した。罪だと感じたことはなく、自分が扱っているのは「善意の修辞学」だと述べた。

タネンの著作をたいへん興味深いものにしているのは、実生活のデータと演劇的感性の組み合わせである。実際に演劇の脚本も書いており、黒人女性作家の脚本といっしょに上演されている。もっとも、劇場が黒人とユダヤ人の会話によるボクシングとしてこの作品を宣伝しようとしたときには愕然としてしまったらしい。

本書の「はじめに」で私は、心理学者がいかに権力《パワー》を好むかについて論じた。サンドラ・ベムが彼女自身は彼女の仕事が全体としては支持的なものと考えたにもかかわらずフェミニストたちに批判されたように、タネンも批判の的となったというのは興味深い。男性の話し方を分析した『わかりあえる理由　わかりあえない理由』は、男性を持ち上げているとはいえず、女性は知ったかぶりをするマッチョに説教されることがいかに嫌いかを強調しているにもかかわらず、タネンは自ら言うように「こっぴどくけなされた」。そしてそれは彼女を傷つけたのだった。

◆どうして言語的行動に関心をもつようになったのですか。

私は昔からことばと言語に関心をもっていました。小説や詩を書いていたんです。文学少女で、大学時代は文芸誌の編集委員も務めました。それに六〇年代の申し子ですから、キャリアの目標をもたないまま大学を卒業しました。短い間働いてお金をため、片道航空券でヨーロッパに行きました。目指していたのはアメリカから出ることだけでした。最終的にギリシャに腰を落ち着け、そこで英語を教えました。そこで初めて、言語学の分野に関心をもちました。それからアメリカに戻って英語学で修士号を取りました。私の最初の夫はギリシャ人なんです。この結婚生活での経験をもとに、『「愛があるから」だけでは伝わらない』を書きました。特にこれといった理由もなく英語学の修士号を取ったんですが、外国語としての英語を教える経験をしていました。それから、コミュニティカレッジのレベルで文章の書き方を教える仕事につきました。二九歳になっていました。仕事がつまらなくて、何か知的に手ごたえのあることをもう一度やりたくなりました。学士号も修士号も英語学で取ったんですから、そのまま英語学の勉強を続けていこうかとも思ったんですが、それはなぜかちょっと……修士課程で勉強していたとき、言語学の講習のポスターを見て、面白そうだなと思っていました。夫はギリシャに帰ってしまい、私の生活には少し柔軟性ができたので、夏期講習に参加しました。その大学がコンテクスト言語学に力をかけていたのは幸運でした。ほとんどの言語学は規則中心の抽象的なもので、私が興味をもてるとは思えませんから。

◆コンテクスト言語学とはどういうものでしょうか。

日常生活の中の言語の様式化を行うもので、文学の作品分析によく似た考え方です。毎日の会話の中で、小説の分析をしているようなものでした。私はジェンダーと言語、コミュニケーションスタイルについて、ロバート・レイコフから学びました。そのコミュニケーションスタイルを私が後から会話スタイルに発展させたんです。私たちは講義室に黒板をたくさん持ち込んで、電話の会話を書き起こしました。そこから人々が会話を終えるときの様式を引き出すことができました。この研究は、人々が会話の終わりをどのように始めるかに関する「しめくくりの始まり」という論文になりました。私は、このようにして日常のことを分析できるということに心を引きつけられたのです。

◆チョムスキーとはちょっと違ってますね。

彼はジェンダーにはまったく関心をもっていませんからね。

◆私は男性ですから、会話をぶっきらぼうに終わらせてもいいと教わったように思います。

私の父は「お話しできてよかったです」って言いますよ。よかったことなんか何もなくてもね（笑）。

◆それはメタメッセージではありませんね。

そうですね。いえ、メタメッセージではあるんですけど、非常に単純なものです。私の両親はポーランドとロシアからの移民です。どちらもまだ健在ですよ。九二歳と九五歳。実を言うと私は、父のこと、ポーランドへの帰国、ユダヤ教との関係をテーマにして脚本を書いたことがあるんですよ。

◆あなたの言語学への興味は、どのようにして深まっていったのですか。

レイコフに学んだ最初の講座で、私はギリシャ人の夫のことについて「混交と混乱のコミュニケーション」という論文を書きました。これを使って……これが発表された私の論文として初めてのもので、そこから修士論文が生まれました。ニューヨークとカリフォルニアの会話スタイルに関する博士論文も、これがもとになりました。

◆その研究で何が明らかになりましたか。

ディナーのときの会話です。ニューヨーカーは、間《ま》を少ししか置かないか、まったく置きません。それが熱心さを示す方法なんです。興味深いのは、間は、話を始める人だけではなく、声が重なって話をストップする人によっても作られるということです。このことが後のすべての発見の元になりました。私は自分をジェンダーの専門家とは考えていませんでした。私が関心をもっていたのは、会話スタイルや言語全般だったのです。他に私は書きことばと話しことばの比較にも取り組み、それに関する本の編集をしました。

◆初期の何冊かの著書をお書きになったとき……そうした発見をしたとき、グリアのようなフェミニストたちが示していた不満に、科学的な証拠を出したところが興味深いですね。

ジェンダーという視点からこのテーマに取り組んだわけではないのですから、面白いですよね。一般読者向けのこの本で、私はそんなことを考えてはいませんでした。みんなに気づいてもらって、世の中を変えたかった。心理学に導かれたパーソナリティの問題と思われたことが、会話スタイル、単純にスタイルの問題として理解できるかもしれないと気づいてもらいたかったのです。私たちはふつう言語を通して物事を見るわけですけど、実は言語によってお互いの印象も作っているんです。ですから、その本が自分の望んだような効果を生み出さなかったとき、私は高望みをやめて、仕方ないわ、これからも本を書いて自分の仕事をしていけば、いつか誰かが気がついてくれるだろうと思うことにしました。それで、『わかりあえる理由　わかりあえない理由』があんなに反響を呼んだとき、心の準備ができていませんでした。あの本がそれほど多くの人の気持ちをつかむなんて驚きでした。私はとても……もしあの本をジェンダーの分野で書いていたら、その内容がいかに論争を呼ぶか気づいていたでしょうね。でも、私にとって、それは会話スタイルの一部分にすぎなかったのです。

◆フェミニズム論争には関与しなかった？

一度も。個人的には自分をフェミニストだと考えていますけどね。六〇年代後半から七〇年代という時代の影響は受けました。バークレーにいたとき、意識高揚グループに参加したこともあります。

◆ギリシャには、意識高揚グループはあまりなかったでしょうね。

ギリシャでは私、何も分かってなかったのです。ギリシャにいたのは六六年から六八年で、英語を教えていたんですが、まだ二〇歳でしたし、アメリカ以外の国に暮らすことにとても興奮していたんです。何も考えていませんでしたね。ギリシャから戻ってからのことです……とても個人的なことですが。私は自分の研究がフェミニストの立場を支持していると考えたことはありませんでした。私はいつも、人間を理解し、世の中をよくし、異文化間の関係をよくすることを目標としていました。

◆サンドラ・ベムは、心理学的なアンドロジニーの研究、女性の仕事を行う男性や男性の仕事が得意な女性のほうが心理的に健康だという研究に激しい非難を浴びせられて、とても傷ついていました。ベムはどうしてそんなにひどく非難されたんでしょうか。

男性性に一定の価値を見出したからでしょうね。

◆でも、女性の仕事がうまくできる男性も、心理的に健康だという結果だったんですよ。

それは関係ないんです。男性性によい面を見出したのは確かだったんですから。まったくねえ、それが私が『論戦文化』を書いた理由なんですよ。私もフェミニストの攻撃を受けましたし、フェミニストたちから嫌われ者扱いされたときには傷つきました。何よりも、私が善良な人間だってわかってもらいたかったわ。

◆腹が立ったわけですね。

人間ですもの。アカデミックな世界で育った人はときどき、「自分はなんて論争の多い分野にいるんだろう」と思うことがあるでしょうけど、言語学というのはそうじゃないんです。ですから、私は覚悟ができていませんでした。バークレーではみんなが集まっているところに行って何か言うと、それはとても面白いよ、そんなふうに考えてみることもできるねって言ってくれます。バークレーは、ブラウンやMIT

やハーバードみたいに何かを言うと攻撃されて、批判の刃から身をかわさなければならないようなところじゃないんです。私にはそんな経験がありませんでした。私が傷つき、怒りもしたのは、自分のパーソナリティ、とても違ったアカデミックな文化をもつバークレーにいたこと、それに年齢も組み合わされた結果だったと思います。私は大学院の勉強を始めたときすでに三〇歳になっていて、博士号を取ったのが三五歳、その本を出したのが四五歳でした。すでに自分というものができていて、しかもそれまで攻撃の矢面に立たされるような経験をしたことがありませんでした。

◆私はイギリスの文化の中で育ちました。オックスフォードや下院議会のある国です。イギリスでは攻撃し、防御しなければなりません。それに、反対者との衝突によって相手側の論拠を試すことができると考えられています。

ええ、ええ。それに私はユダヤ人ですから、タルムード〔訳注　ユダヤ教の教訓集〕の伝統を知っていますよ。論争は思考の方法のひとつであり、穴をつつくのは探究の方法のひとつだという見方がありますよね。でも、自分自身が批判されるというのは初めての経験でした。私はとてもとても傷つきました。立ち直るのに二年くらいかかりました。批判の嵐はすぐにはやってきませんでしたけど、それは私がジェンダーの専門家のレーダーにあまりひっかからなかったからでしょうね。『わかりあえる理由　わかりあえない理由』が注目を浴びたとき、マスコミにはとても好意的に受け入れられました。親しい友人のエレーン・ショウォルターは、彼女と違って私はマスコミにひどい扱いを受けていないから羨ましいと言いました。でも、一年か二年たってみると、私も攻撃される立場にいることに気がつきました。タネンがこう言った、彼女は言語道断だって話を始める人がたくさんいます。けれども、そういう話の仕方というのは、その人が言っていることを誤って伝えることになります。私は自分の意図が誤って伝えられていることを知って驚きましたよ。私はこのことも『ジェンダーとディスコース』（1994）の序論で取り上げました。私の研究は、それぞれのグループのスタイルや、話すときに同じスタイルを共有していないためにお互いに理解できないことについて論じた人類学者、ジョン・ゴンペルツの伝統に直接的に結びついているのです。

◆あなたは言語の使用をどのように記録するのですか。

　自分の家族の会話から拾い上げることもありますが、すべてではありません。よくユダヤ人家庭の話と思われるんですが、私は参与観察とケーススタディの組み合わせと呼んでいます。もちろん、仮説を立て、それを検証し、無作為抽出された標本を使うという科学的なアプローチとは全然違います。私はときどきエスノグラフィックな方法と呼んでいますけど、明らかに、人類学者が言うようなエスノグラフィーとも違います。人類学者は現地に出かけて行って一年くらいその文化を観察して、記録します。私のはパターンを記述しようとする点で、エスノグラフィックです。

◆テープレコーダーを使いますか。

使うときも使わないときもありますけれど、『どうして男はそんな言い方　なんで女はあんな話し方』(1994)を除いて、あまり一貫した使い方はしていません。この本のときは参加者にテープレコーダーを渡して、一週間ずっと身につけてもらいました。職場で言ったことをすべて記録して、私が書き起こしたんです。四人の女性に自分たちのことばを記録してもらいましたから、私の記録したものの中で一番意識的な会話になりました。たいていは、人々がしゃべったこと、私が観察したこと、読んだこと、経験したことをただ拾い上げています。

◆ご自分を心理学者だと考えていますか。

私が心理学者である程度ですか。一度大げんかしたことがありますよ。かなり神経質な編集者がいて、「この本はすごいわ。これはベストセラーになるわよ」って言ってくれたんですけどね、後から私に電話をしてきて、『会話スタイルがいかに関係に影響するか』っていうタイトルを、『新しい言語心理学』に変えるっていうんです。

◆そりゃひどいタイトルですね。

私はそんなのだめだっていったんです。私は心理学者じゃありません。私がこの本を書いたのは、人々にことばに注目してもらいたかったからであって、心理学に注目してもらいたかったわけじゃないんです。

彼女は「このままじゃ大失敗になるわ。何度も経験してるんだから」って言うんです。私はパニックになり、別のタイトルを考えようとしました。やがて彼女が電話をしてきて、まあいいでしょう……このままで行きましょうってことになりました。でも、この本は心理学のセクションに入れられています。私の著作はみんなそうです。言語学のセクションはないし、こうした現象に関心をもつ人々は心理学の本を読む傾向がありますから。

◆あなたがおっしゃっていることは、言語の重要性の過剰な拡大とみなされる可能性があるように思われます。

何を研究しても、まさにそれを研究しているという理由で比率をゆがませることになります。顕微鏡の下に置くということは、それを拡大して見るということです。ただ、標本を顕微鏡から外したときに、全体像の中に正しく戻せるのが望ましいですね。

◆あなたがお書きになった男女のシナリオの一部は私にもあてはまります。私はたしかに有罪ですよ。

私は罪があるとかないとかって言ったことは一度もありません。

◆言語は人間関係の決定要因だとお考えですか。

決定的というより、関係の他の側面から切り離せないものだと考えています。私はよく言うんですが、会話スタイルはケーキの上にかけた粉砂糖のような余分なものじゃなくて、ケーキを作っている材料です。言語は人間関係の本質的な要素です。他にどうやって関係を表現できるでしょう。もちろん、行動も重要です。

ごみ捨てを引き受けるどうか、朝相手にコーヒーを淹れてあげるかどうか、物理的にそこにいるかどうかといったことも、人間関係を表現します。でも会話は人間関係と切り離せません。人間関係で大事なのは、何をするか、何を考えるか、何を感じるかだとふつう思われているでしょうけど、ことばこそ人間関係の見方の基礎です。関係はすべて言語によって、しゃべることを通して作られます。典型的な会話を考えてみましょう。その日の出来事を女性がしゃべり、男性がその問題を解決する方法を提案します。彼女は、私は解決策がほしいんじゃないの、聞いてもらいたいのって言うでしょう。あるレベルで、これが関係のありようです。それはそのように会話することによって作られるからです。それが親密さをつくり、親密さを表現します。もちろん、お互いに相手を大事に思っているでしょうけど、お互いについて知ることが親密さを作り出し、相手の人生の細部について知っていること自体が親密さの構成要素なのです。

◆あなたが発見なさったことがフェミニストの議論に適合するように思われたのは、ひとつには、男性は話の聞き方が下手だとあなたがおっしゃっているように解釈されたからだと思います。あなたはその主張に賛成なさいますか。

いいえ。私は男性の何かが下手だの、だめだのなんて言ったことはありません。また自分のことばを引用するのはためらわれますが、私のは善意の修辞学なんです。だからといって、私は誰も意図をもっていないと考えるほど認識が甘いわけではありませんよ。いいえ。私はただ、エラー修正が必要だと思うだけなんです。私たちには悪意を探そうとする傾向が強いと感じられますから。私は、後から修正が必要かもしれないけれど、善意を仮定してそこから出発しましょうと言っているのです。それに、黙って座っていても下手な聞き手になることはあるし、よくしゃべる下手な聞き手もいます。反対に、黙って座っていても上手な聞き手になることはあるし、よくしゃべる上手な聞き手もいます。私が強く感じるのは、話し方をよいとか悪いとか分類することはできないということです。

◆あなたの研究は、会話を変えるひとつの方法と捉えられているのでしょうか。タネン式言語修正のコースがありますか。

あるといいんですけどね。個人的に患者に会話セラピーをしてくれるのかという手紙をよくもらいますよ。そんなことはしません。そういうセラピーをしている人がいるかどうかわかりませんけど、多くのセラピストが私の本を読んで実践するようにクライアントに勧めているのは知っています。

◆そういうセラピーをやろうと思ったことはありませんか。

それは私に向いた仕事ではないと思っています。

◆私は以前に、がちがちのイギリス人七人に男女の役割を交替してもらう映画を作ったことがあります。

それはぜひ見てみたいですね。

◆そういうことに関心がおありですか。

うーん、どうでしょうね。以前に一度、ドキュメンタリーのコンサルタントをしたことがあります。二人の人間を取り上げて、彼らがどのように変わりうるかという内容でした。私は言語面の助言を求められたんですが、あまりうまくできませんでした。

◆『論戦文化』に対してどのような反応がありましたか。

マスコミから非常に肯定的な反応を得ました。それは意外でした。彼らは……マスコミのほとんどは受け入れてくれました。私はいろいろなジャーナリストの団体によばれて講演しました。みんな、そのとおり、同感だ、自分たちにとってもずっと悩みの種だったと言ってくれました。でも彼らはそれに対して何も行動しませんでした。私は『ニューヨーク・レビュー・オブ・ブックス』で手ひどく批判されましたが、それはフェミニストの攻撃の例でした。彼らは『わかりあえる理由　わかりあえない理由』のために、私をフェミニストだと思っていたのです。

◆この本には政治的要素がたくさんありますね。

政治的要素もマスコミ的要素もたくさん含まれています。初稿の段階では教育の例を冒頭にもってきていたんですが、マスコミと政治の問題から始めるように変えました。法律と医学についても書いていました。でも、医学に関しては資料が十分ではなかったし、本が長くなりすぎました。編集者に、ほとんどの人が論争というとマスコミを考えるから、マスコミからスタートすべきだと言われました。

◆効果を生みましたか。

行動の面で効果があったとは思いませんが、考え方の面ではある程度の効果があったと思います。『論戦文化』を選定図書にしたマスコミ団体もありますし、その考えについての話も聞かれます。ただ、現実に今人々がどのように行動しているかという点です。

◆あなたはいつごろから、人々を変化させようという意志をもつようになったのですか。

人々を変えることが私の自覚的な目標だったことがあるのかどうかわかりませんけど、人々の意識を高めたいとは考えていました。ですから、学問の世界だけではなく、社会全体に対して発言したいといつから考えるようになったのかというご質問であれば、大学院時代にさかのぼるとお答えすることができます。仲間の院生にそんなことを言ったのを覚えていますし、その友達と、二人ともトークショーに出られたらいいねって話したこともあります。

私はごく早い時期に、多くの人が、私が行っているようなことに関心があるということに気がついていました。カクテルパーティーに出て、ふと気づくと、自分がニューヨークスタイルやロサンゼルスタイル、あるいはジェンダーについて話すグループの中にいることがよくありました。男性がコーヒー一杯持ってきてくれないことではなくて、何でも女性に教え諭したがることが不満だと語る女性たちのグループの中にいることもよくありました。

◆それは私にもあてはまりますよ。私は人に教え諭してばかりしていると諭されたことがあります。これまで相当やってきたんでしょうね。

あなたはあなたの人種全体への報復を受けたんですよ。ジェーン・トムキンスがフェミニストの議論はときとして西部劇の撃ち合いのようだって言ってますけど、私はこのことばが気に入ってます。フェミニストの議論では、善玉が悪玉をやっつけなければならないんです。

◆日常生活における言語のコンテクストという面で、この学科はよそと違うようですね。

研究者たちがコンテクストにおける言語に取り組んでいるという点で、ここは例外的です。ふつうの言語学の学科ではそういう研究をしている人が一人くらいしかいないんですが、ここでは四人、ときに五人がそういう研究をしています。仕事をするのにとてもすばらしい環境です。

◆今のような仕事をすることになったことに、ご自分で驚いていらっしゃるのではありませんか。

ええ、ほんとにその通りです。まわりの反応に驚きましたし、自分がジェンダーの問題に取り組むことになるなんて、これっぽっちも考えていませんでした。ジェンダーが私の専門分野だとは思っていませんでしたから。それに、こんなに大きな影響を与えることになるとは予想していませんでした。『なぜ男性は道を尋ねないのか』は『わかりあえる理由　わかりあえない理由』から生まれたんですが、文化の一部になっています。以前には誰もそんなことを言っていなかったのに、この本が出てから誰も彼もがこういうことを語りたがるようになりました。この本に取り上げた例が、人々の想像力を捉えたんですね。

◆あなたの著書には、素朴な例がたくさん用いられていますね。

私が自負するのは自分の文章力です。私は子どものときからいつも文章を書いてきました。私の本は、短編小説のような感じでいろんなエピソードを描いています。

◆自分のテーマが本当に生き生きしたものになるのは、それを文章に書いているときだと述べる心理学者がたくさんいます。

私だけじゃないんですね。

◆現在は何に取り組んでいらっしゃいますか。

次の本は母親と娘に関するものにしようと決めたところです。母親と娘の会話に焦点をおくつもりです。母娘に関しては非常に多くのものが書かれていますが、その会話に狙いを定めたいんです。私がこれまでに書いた本は、どれもその前の本から押し出されるようにして生まれました。『「愛があるから」だけでは伝わらない』では、私のことばが世の中に広く受け入れられたわけではありませんでしたが、ジェンダーの章が注目を集めました。それで、『わかりあえる理由　わかりあえない理由』を書きました。批判も始まりましたが、職場についても考えてみるべきだと周囲から言われましたから、『どうして男はそんな言い方　なんで女はあんな話し方』を書きました。『論戦文化』はジェンダーにかかわる本が批判の的となったことに対する対応でした。でも、個人的関係の問題に戻りたいと思うようになったので、『愛しているからこそ言うの』を書きました。そして、その中で母親に関する章が最も多くの注目を集めました。

この本は母親をテーマにしたものとして語られるくらいです。

それで今、母親と娘に関して書こうと計画している最中です。誰かが母親と娘に関することを口にするたび、これは使えるかなと考えています。そして使えそうならば、すぐに書き留めているんです。


ここで正式なインタビューが終わった。タネンは時計を見て、ナタン・シャランスキーの話を聞きに行く時間だと言った。タネンの業績とシャランスキーのイスラエル擁護活動のつながりは興味深い。私たちは急いでキャンパスを横切り、会場に向かった。ホールの入り口で警備員に質問されたとき、タネンが私の身元を保証してくれた。ホールには八〇人に満たないくらいの学生が座っており、シャランスキーはイスラエルの立場についてとうとうと説明した。彼のことばには、政治的信念のためにKGBに投獄された人間としての重みがあった。民主主義を信じるがゆえに独房で何年も過ごした彼は、アラブ諸国が民主国家になるまで、アラブとイスラエルの紛争に解決はないだろうと論じた。

シャランスキーは、自分の師であり旧ソビエト体制を憎むようになった物理学者アンドレイ・サハロフについて語った。二人はロシアが民主国家になるまでロシアと交渉しないよう、キッシンジャーに訴えていた。シャランスキーの洞察力はすばらしかった。KGBに捕らえられ独房の中で生き残るには、自分自身を重要だと考えることが必要だった。背が低くずんぐりした彼は、傲慢なまでに自己を鼓舞し、自分とソビエトとの意志の戦いにおけるすべての動きが、これからの世界の歴史に影響を及ぼすだろうと考えた。しかし、ときにそんな自分を笑わずにいられなくなり、自分は取るに足りない人間だと思うこともあったと語った。

私の心に特に強く残ったのは、シャランスキーの語ることばがそれほど重要性をもたなかったということだった。中東では、議論の文化が自爆テロの文化になってしまっている。だが、ジョージタウンでは、シャランスキーは改宗者に対して教えを説いているのだ。自由のために自らの命を危険に曝したリベラル派の英雄の話を、一人のアラブ人学生も聞きに来ていないのは残念だと思った。とはいえ、今、彼はひどく分裂した国、決してかつてのように「世界のかがり火」ではない国の代表である。自分の真意を伝えるためにどんなに話し方を工夫しようと、そもそもメッセージを伝えるべき聴衆がそこにいなければどうしようもない。私はタネン教授に別れを告げたが、文化間の論争があまりにも悪化し異なる集団が互いに話もしなくなったときには、ことばの研究は役に立たないということを痛感しながら一時間座っていたのは、皮肉なことであった［訳注　シャランスキーは、一九八六年にイスラエルに移住し、イスラエルの閣僚も務めた。対アラブ強硬派であり、民主主義を世界に拡大する思想を展開している］。

第12章　ニコ・ティンバーゲン

ノーベル賞を受賞した心理学者は少ない。一九七二年、ニコ・ティンバーゲン〔訳注　オランダ出身なので本来「ティンベルヘン」という発音だが、イギリスに帰化したので英語式発音で表記されることのほうが多い〕は親しい友人であるコンラート・ローレンツ、カール・フォン・フリッシュとともに、この賞を受賞した。

私は学生のとき、ティンバーゲンの講義を受けたことがあった。私はオックスフォードの彼の家は鳥や魚、カモメやイトヨ（トゲウオ）でいっぱいなのだろう、彼は日夜それらを観察しているのだろうと考えていた。もちろん鳥たちが屋内にいたわけもないだろう。ティンバーゲンは自然の生息環境の中で動物を観察する必要性を、いつも強調していたからだ。

ティンバーゲンはコンラート・ローレンツとともに、最初の動物行動学者の一人、動物の行動を研究する新しいアプローチの開拓者の一人になった。これは理論的な予想の結果ではなく、単に若い動物学者たちが死んだ動物の研究は嫌だと思った結果だったと彼は言う。「私たちは手引きになるものが何もないと感じたので心理学の教科書に戻ってみたのですが、そこには私たちが見ている物事に関係するものがほとんどありませんでした。マクドゥーガルをひもといてみても、それは動物の動きを見る科学的な方法ではないと感じられました」と語っている。

ティンバーゲンは華々しい人物ではない。ローレンツのまわりではいつもハイイロガンが羽ばたいていただろうと想像できるが、ティンバーゲンは違う。彼の家の居間には、人間の頭部をかたどった原始的な美術品と、アノラック姿で北極で撮影された写真が飾られていた。その部屋に座っている彼は、バードウォッチングに出かける準備をすっかり整えたような格好をしていた。しかし、実のところ、現実から完全に遠ざかっていたわけではない。彼の仕事はバードウォッチングのように孤独なものかもしれず、またときどき遠くを見るような捉えどころのない笑顔を見せるが、急に鋭い意見を投げかけてくることもある。オックスフォードに長く暮らしていたにもかかわらず、いつまでもずいぶんとオランダ人らしさを残している。イエスというより「アイ」と言うことのほうが多い（ドイツ人とは違うところだ）。そして、多くのオランダ人と同じように、自分が寛容さの模範と称賛されて驚いている。

彼の寛容さは彼の業績の批判者にも拡大される。一度か二度、会話の中で学問的な反対者を厳しく批判した後、彼はそれを撤回して、「いえ、それはちょっと意地悪ですね」と述べた。彼は、自分は相手をやり込めて歓声をあげるほど卑小な人間ではないと考えているように思われた。

初期の動物行動学者たちはしばしばバードウォッチャーであり、水棲動物の飼育・観察者であった。「私たちは、ダーウィンと同じように種に共通の行動パターンを調べたチャールズ・オーティス・ホイットマンやジュリアン・ハクスリーの中に、さきがけを見出しました。」ティンバーゲンは、動物行動学者は器官を見るように行動を見るべきだ、行動も一つの器官なのだというローレンツのことばを引用し、「生物学が扱うもっと具体的な主題のように動物の行動を扱い、生物学のふつうの疑問を動物の行動に関して投げかけるのです」と説明する。

私は一九七〇年代に本を書いていたとき、動物行動学のアプローチが一九三〇年代や一九四〇年代にはいかに斬新なものであったかをすぐ忘れそうになった。アメリカの心理学はラットに取り付かれており、実験動物の生命と生涯の研究だった。そして、動物は観察の対象ではなく、実験の対象だった。

動物行動学者が指摘した基本的な点のひとつは、種のライフサイクル全体を調べるべきだということであった。そのすぐれた例は淡水魚のカワスズメの研究である。そして、それはもちろん、観察が実験に先立つべきだということを意味してもいた。当時、それは斬新なことだった。また、一九三〇年代の正統的な見方は、生得的なものは何もなく、すべては学習されるということだった。当時の学習理論では、生き物は白紙状態で生まれ、どんなものでもそこに刻むことができると考えられていた。ところが、動物行動学者、特にティンバーゲンとローレンツは、多くのことが生得的であると主張した。「私たちは本能を強調する際に少々性急すぎたかもしれませんが、それが当時の心理学者に対する私たちの反応の一部だったのです」とティンバーゲンは説明する。しかし、この後天的獲得説や環境説への強い反対は、少なくとも、ヨーロッパの動物行動学者と一部のアメリカの心理学者の間で重大な対話を開始させた。

一九五六年、ローレンツはオランダに行き、オーストリアで二ヵ月ほどいっしょに過ごそうとティンバーゲンを誘った。彼はローレンツとの関係についてきわめて率直である。「私たちは互いに補い合っていました。私は検証者、実験家なんですが、彼は一目でひらめくタイプなんです」と言う。ローレンツはティンバーゲンに創造的刺激を与えたが、一方で「彼は実験を重視して」いた。ティンバーゲンの口調には、少し重視しすぎだというニュアンスがにじんでいた。しかし、戦争のためにローレンツがドイツ軍に召集され、ティンバーゲンが（最終的に）オランダの捕虜収容所に入れられるまでは、二人は共同研究を行い、たくさんの手紙を出しあった。

戦後、ティンバーゲンは、二人のうちのどちらかが英語圏に暮らさない限り、彼らの観察アプローチを英語圏に広めることはできないだろうと判断した。ちょうどオックスフォード大学のアリステア・ハーディ教授がある研究を進めており、ティンバーゲンがそれを引き受けることになった。出国に当たって彼がオランダ政府から持ち出しを認められたのは、わずか三五ギルダー――それに家族――だけだった。彼は、イギリスですでに同様の研究が行われていることを知った。「たとえばソープがすでにケンブリッジで鳥類の観察を行っていました。」しかし、ティンバーゲンが英語圏の学界にやってきたことは、この分野の発展の大きな推進力となった。

動物行動学は、刷り込み、転位行動（一匹の動物の中に二つの両立できない行動システムが誘発されたときに起こる）、生得的解発機構など、いくつかの非常に重要な概念を提起した。こうしたメカニズムは、外部の刺激によって動物の中に誘発されなければならない。このときの外部の刺激は、たとえばイトヨ（トゲウオ）の求愛ダンスで体を小刻みに揺する正確な動きといった、他個体の行動パターンであることが多い。ティンバーゲンのカモメとイトヨに関する研究は、行動パターンを一連の行動要素に分解し、そのパターンが完全に行われるにはそれらが正しい順序で起こらなければならないことを示したものとして、当時の模範的研究のひとつと位置づけられている。これは動物のコミュニケーションの仕方を示すためにバレエのパ・ド・ドゥ（対舞）を分析するようなものであった。

「でも、もはや本当のところ、動物行動学者について語ることはできません。私たちは、私たちを批判したアメリカの心理学者から多くを学びましたし、彼らも私たちが集めた証拠の価値に気づくようになりました。たとえば、今、ここ実験心理学部では二人の動物学者が教鞭をとっていますし、多くの心理学者が、ラット以外の動物にも関心をもつようになっています。両者が交わりあっているのです。」

この交わりの中で、動物行動学は、ローレンツやティンバーゲンなどが小さな「インサイダー」グループであった時代に生き残りのために必要だった、イデオロギー的先端性やパイオニアの超然性を失った。明らかに、動物行動学者によってなされた最も重要な貢献は、生命科学において観察を再発見したことであった。

「私たちは観察を非常に重視しました。観察は創造的な行為です。私たちは観察フェーズをすっぽり抜かしてしまう危険があります。観察するときには常に仮説を立てています。進化や自然淘汰という面で考えます。淘汰において失敗した行動、失敗した動物……それはもはや存在しないのです。」

最近ティンバーゲンはある人に、観察するときの規則は何か、そのときの文法はどんなものかと尋ねられた。彼は自分がその質問に答えられないことに気づいた。彼はその状況を、完璧に言語を話すことができるけれども、文法の分析はできない原始的な部族になぞらえた。彼らには、自分たちのしゃべることばから引き出しうる規則がわからない。観察も同じである。すぐれた動物行動学者は観察の仕方を知っているが、その手段や理由を意識的に分解することはできない。たとえば、観察の仕方をすべての生徒に教えることはできないのだ。自然にできる生徒はできるし、できない生徒はできないと言ってもいいだろう。観察するときにいかに容易に物事を見逃すかということも彼を驚かせる。「私は四〇年間カモメを観察しています。それなのに、去年学生といっしょに観察に出かけたとき、私が見逃していたことを学生に指摘されました。私ははたと気づいて、『君の言うとおりだよ、ジョー。カモメはいつもそうしてるよ』と言いました。でも、それまで私は全然気がついていなかったんです。」

観察は個人的な行為である。おそらく、多くの生命科学者が認める以上に個人的な行為であろう。観察についての研究がほとんどなされていないというのも皮肉である。観察を観察するというのはラッセル［訳注 イギリスの数学者・哲学者］のパラドックスのように聞こえるかもしれないが、決してパラドックスではない。いかなる行動科学の理念も、科学者が観察をするときに何が起きるかという問題に直面しなければならない。科学者が観察に何をもたらすか、観察から何を選び取るか。物理学の非個人的な（とされる）観察を再現しているだけだと仮定するのは、誤っているのである。

一九六〇年代、動物行動学から得られた知見を人間に当てはめる動きが起こった。デズモンド・モリスの『裸のサル』（Morris, 1967）、ローレンツの『攻撃』（Lorenz, 1966）、アードレイの『縄張り争い』（Ardrey, 1967）が流行を作り出した。ティンバーゲンも人間に関心をもち始めたが、それはもっとずっと具体的で限定的なものだった。彼と夫人は自閉症の子ども、特にそうした子どもたちのコミュニケーションというテーマに関心をもった。彼は私に次のように語っている。

「私は動物たちと過ごしてきた自分の人生が、少々非社会的だったかもしれないと考えるようになっていました。そのとき、オックスフォードが新しい人間科学の学部を創設し、私は人間の研究に利用できるような形で動物の行動について教えることが必要になりました。それから——もう一つの偶然なんですが——数年前から、自閉症の子どもを研究しているカップルに協力を求められていました。私に彼らを手助けすることができるとは思わなかったんですが、そのうち妻も私も、自閉症の子どもたちについて描写されていることはすべて、健常な子どもたちにも折々に見られるということに気がつきました。自閉症の子どもたちはしゃべりませんから、彼らを理解するには表情と動きを基礎にしなければなりません。そうした動きや表情は、動物にも見られます。自閉症の子どもたちの多くは、過度の不安と満たされない社会的望みの絶え間ない衝突の中に生きているのです。」

ティンバーゲン夫妻は、自閉症の環境原因を強調する新しい仮説を立てた。一九六〇年代後半、これは自閉症を完全に遺伝的または器質的なものとする正統派の見方と真っ向からぶつかった。ティンバーゲンは自説をあまり強く主張することを望まなかった。誤った希望を生じさせることを恐れたのに加え、一部の親たちが子どもの状況に対して責任を感じることを心配したからだった。

私が一九七二年にティンバーゲンにインタビューを行ったとき、彼は自閉症に関する研究に没頭していたが、私たちの話の多くは過去に関することに向けられた。彼は、科学者には自らは身を引き代理人を通して研究を行う段階、つまり学生たちに新しい分野を提案し、後はあまり干渉しないという形をとるべき段階があり、自分はそこに達したと感じている。「私は学生に、ここにすぐれた研究の題材があると言います。確信をもってそう言えるだけの知識をもっています。でも、その題材をどう発展させるかは、学生に任せなければなりません。」

彼は、大学の雑務からまったく解放された十年があったらどうしようかと夢想した。そのくせ、動物行動の研究を一般に広めることにも深い関心をもつようになっている。

「若いとき、写真家になるか生物学者になるか、ずいぶん迷ったんですよ」と説明する。だから彼がテレビ映画の撮影を楽しみ、しかも非常に成功しているのは意外ではない。ヒュー・ファルカスとともに制作した作品『生存へのシグナル』はイタリア賞を受賞した。また、BBCや世界各国のテレビネットワークで放送された一三本の動物映画の監修も行った。「人々はただかわいいだけの映像じゃなくて、物語に関心があるんです。アフリカゾウがどのように暮らしているかを知りたいし、人間にわかっている限りで、彼らがどうしてそんなふうに暮らすのかを知りたいんです。」

テレビとは苦い経験もあった。フィルムの最後の数カットが彼に相談なく放映されたため、テレビに対して少々斜に構えるようになっている。(ありのままの人間の行動を研究すると称する「ビッグ・ブラザー」のような番組［訳注　二四時間カメラの下で共同生活を送る様子を生で放送するBBCの番組］に対して彼がどう言うかは想像するしかない。)しかし彼は、テレビ局の幹部が彼の作品をどう扱おうと、映画はやはり動物の行動を人々に教える上で重要だという事実に慰めを見出した。テレビにも意義はあるのだ。

現代では科学者が一つの問題にしがみついて、隠れ家に閉じこもったままキャリアと自分の暮らしを作り上げるのは容易だ。読者は、ティンバーゲンはローレンツほど派手ではなく、一途に「動物の心を見つめて」きた動物行動学者だと考えるかもしれない。ティンバーゲンに言わせれば、ローレンツは自分が今や伝道師になっていることをきっぱり認めている。彼は多くの心理学者や精神分析家が、彼の目指すものを本当には理解していないと少々落胆しているのである。しかし、ティンバーゲンも、それほど華々しくはないものの、決して一つの分野に凝り固まっているわけではない。動物行動学が行動科学に十分に組み込まれていないことに満足せず、動物行動学の枠にとどまらない活動を行っている。今、ティンバーゲンは動物行動学を普及させることと、それを具体的な人間の領域に応用することを目指している。彼はこれからティンバーゲン版『裸のサル』を書くのだろうか（『裸の動物学者』というタイトルはどうだろう）。彼は、モリスの業績もローレンツの業績も高く評価する一方、彼らは自分が用いた方法を明らかにしていないところが弱点であると感じている。「彼らはその方法の強みも限界も明らかにしていないのです」と指摘し、それに取り組むのは価値があるだろうと考えている。これまで彼は、動物に関する知識を人間の行動に軽やかに適応させてきたのだ。

昼食の前に始まり、食べながらも食後も、いろいろな話題についてあれこれ話した後、私は何か他に言いたいことはないかと彼に尋ねた。彼はまたも微笑みながら「大げさに言えば、インタビューというのはそれをする人の創造ですからね」と言った。彼は私に何かを書かせようということもなく、恬淡としていた。けれども、夫人が、一年ほど前にカナダで起こったことを話すべきだと驚くほど強く主張した。講演旅行で各地を回っていた彼は毛沢東主義の学生たちにあとをつけられ、妨害されたというのである。学生たちはモントリオールからバンクーバーまで、三〇〇〇マイルもティンバーゲンの後をついて回った。一度は講演も中止せざるをえなかった。彼らは、ティンバーゲンが戦争の始めごろにドイツのある専門誌に論文を一つ発表したという理由で、彼をファシストだと非難するパンフレットを配った。「もちろん彼らは、ドイツがユダヤ人の教授たちを解雇したのに抗議して主人もライデン大学の他のスタッフたちといっしょに職を辞したことや、二年間ドイツの収容所で捕虜として過ごしたことには一言も触れませんでした。そりゃあ、主人が収容されていたのは強制収容所じゃありませんでしたけど、十分にひどいところだったんです」と夫人は強い口調で述べた。

一瞬の沈黙があった。穏やかで心地よいインタビューの雰囲気が一変した。夫人は自分の口調の激しさを詫びるようなことばを述べた。そして、彼もまた詫びた。私にはどうしてだかわからなかった。ドイツに協力したファシストと呼ばれること以上に不快なことはあまりないだろう。しかし、ティンバーゲンは、激情――人間としての個人的な激情を示すのは、明らかに好まないのだった。

◆どうして動物の行動の研究に興味をもつようになられたのですか。

子どもの頃から野生の動物を観察するのが大好きだったんですよ。ふるさとの海岸、というのはオランダの豊かな砂丘や海岸の湿地なんですけど、そういう海岸や、裏庭に作った小さなアクアリウムで生き物たちを観察していました。私は、死んだ動物を解剖したり、試験管につばを入れてでんぷんがどうなるかを見たりするだけでは満足できませんでした。まるでハンターのように、自然のままの動物が行うことに興味があったんです。専門的な助言を得るために心理学の教科書を開いてみたこともありますが、それはたいして役に立ちませんでしたね。私が見たことは、そこでは論じられていませんでしたから。

◆心理学の教科書をご覧になったとき、そこにどんなことを見出しましたか。そしてそれはあなたにどのような影響を及ぼしましたか。

最初、当時最新のアメリカ心理学の書物を読みました。それはあまり独断的ではないけれども、方法論にとらわれた形の行動主義でした。ワトソンとラシュレーの初期の論文を発見したのはずっと後になってからです。彼らは鳥類に関して非常に興味深いフィールドワークを行っていました。マクドゥーガルはしばらくのあいだ魅力的に思えましたが、すぐに彼が本質的に生気論の考え方に立っていることに幻滅しました。マクドゥーガルは幅広いコンテクストの中での行動を論じていたんですけどね。私たちには動物が自然環境の中でうまくやっていくときの行動を詳しく観察したいという強い衝動がありました。こうした初期の研究には、自己の直観的な投影が多分あったと思います。私たちはそれにうすうす気がついていて、動物の行動に関して「客観的」であろうと懸命に努力していました。そのためにポルティエルジェ、ボイテンディク、ビラン・ドゥ・アーンといったパイオニアたちに過剰に反応してしまったのだと思います。今では私たちは、ある程度自分を動物に重ね合わせ、動物の身になって調べ、しばしば直観に頼っているということを認めるのをそれほど恥ずかしいとは思いません。直観に頼りすぎないよう気をつけなければならないのは検証の段階です。

◆あなたは何から大きな影響を受けましたか。一九三〇年代、動物行動学者にはどのような人々がいましたか。

初期の動物行動学者――もちろんダーウィン、後にハインロート、ハクスリー、それから動物行動学の偉大なる再興者コンラート・ローレンツ――はみな、ナチュラリストでした。私は、カリバチの帰巣本能、ハヤブサの日常生活、イトヨの相互の信号伝達に関して初期の研究を発表した後、ローレンツと知り合いました。ローレンツはハインロートを師として尊敬していました。けれども、ハインロートは理論化を拒否するという奇妙な態度を取っていました。ハインロートの論文を読むと行間に多くのことが書かれているのがわかるんですが、新しい事実がたくさん詰まったすばらしい講演を行っても、最後に「さあ、教訓は皆さんが自分で引き出せるはずです」と言ったものです。理論的な枠組みを作り上げたのは、精神分析学者で動物学者で哲学者だったローレンツでした。今では彼の初期の論文がいかに大きな衝撃を与えたか、想像できないくらいですよ。彼の論文の翻訳が出たのはもっと後になってからですから、最初の頃の反響の大きさは、当時を知らない人にはわからないでしょうね。ローレンツは、自分のところでしばらくいっしょに仕事をしないかと私を誘ってくれました。アルテンベルクで彼といっしょに過ごした四ヵ月は、私にとって決定的に重要なものになりました。彼から、方法としての観察の価値を学びました。また、彼は私の実験のわざに過度なくらいに感じ入ってくれました。私がオランダに戻った後には、頻繁に手紙をやりとりしました。

◆観察はきわめて重大な役割を果たすのでしょうか。

はい。先ほど述べたように私たちは実験もずいぶん行いましたが、大部分の時間は、できるだけ干渉せずに辛抱強く動物たちの行動を見ることに費やしました。見るというのはとても興味深いことでしたよ。というのも常に解釈をしているんです。また、動物の行動をその環境で起こっていること——行動の原因と考えられるものにせよ、結果と考えられるものにせよ——と比較しているんです。たとえば、同種間の「ディスプレー」の結果とかね。メダワー、それにローレンツは、以来ずっと、こういう「創造的な観察」を、合理的な、まさしく不可欠の、科学的方法と位置づけています。私自身は、自然の実験と私が呼ぶものからも多くを学んできました。たとえば、環境の中のどのような出来事が動物の反応を誘発するのかといったことを観察します。厳密に言うとそれは相関にすぎませんが、ちょっとした仮説を立てることができる相関です。心理学は慌てて二〇世紀に足を踏み入れたときに観察の段階を飛ばしてしまったのだとよくいわれます。はっきりとそう言ったのはアメリカのフランク・ビーチです。行動科学においてもう一度「インスピレーションに導かれた観察」を尊重すべきものにしたというのが、動物行動学の建設的な功績のひとつだと私は考えています。

◆初期の動物行動学者は、特定の動物種のライフサイクル全体を記述しようとしたのですか。

そうです。少なくともそうしようと試みました。三〇年代、多くの「エソグラム」〔訳注　動物を観察し、その行動をカテゴリー化した行動目録」が発表されました。今になってみるとそれがいかに図式的だったかわかりますが、それはヒキガエルだけではなくて、森を見るのに役立ちました。

◆動物の観察に長い年月を費やしてこられた今、観察をしているときにご自分が何をしているのか明確に把握しておられるのでしょうか。

それは興味深いポイントですね。最近妻と私は動物行動学の観察と解釈の方法の一部を子どもの行動に応用する機会があったんですが、そのとき、そうしたアプローチにまったくなじみのない多くの精神分析学者と触れあうことになりました。あるとき、その一人から、「あなたが行っていることにどんな文法があるのですか」と尋ねられました。私は彼の質問にちゃんと答えることができませんでした。そして、自分たちの方法を分析することに、あまりにも注意を払ってこなかったということに気がつきました。言うまでもなく、「文法」という語を使うのはあまり助けになりません。人がしゃべるときに用いている無意識の規則じゃなくて、言語学者が言語の研究から引き出す言語の規則のように聞こえますから。現在でさえ、私たちの選択的な観察の多くが直観的であるという事実のために、このようなタイプの観察を人に教えるのは困難です。しかも私たちの教育方法はまだそんなにしっかりしたものになっていませんから、学生の天分に大きく頼らざるを得ません。生まれながらの観察者ではない学生にすぐれた観察能力を身につけさせようとするのは、非常に難しいんです。もちろん、いくつかの規則は伝えることができますよ。「見出し語を使わず、動きそのものを記述せよ」とか、「その動物にこれこれのことをさせているのは何か自問せよ」とか、「これこれのことは生存の上でどんな価値があるのか考えよ」とかね。でも、行動の特定の側面に無意識に価値を付与するのがいかに個人的なことか、大学院生といっしょに観察するたびに思い知らされます。同じ場面を観察しているのに、二人の人間が非常に異なる物事を見るんです。たしかに、私はしばしば、学生が見逃したことを指摘して学生の注意を促すことができますよ。でも、新しい共同研究者が非常に明白なことに私の注意を向けさせてくれることも、よくあるんです。一度なんか、「そうだね、君が正しいよ、僕は何度もそれを見てきたけど認識していなかった」と認めざるをえませんでした。不面目なことですが、とても有益な経験でした。

◆観察のプロセスそのものを研究する価値があるとお考えなんでしょうか。

そのとおりです。そして、初歩的な形では、私たちはいつもそれをしようとしています。でも、システム（脳）がそれ自体を調べることの難しさが付きまとっています。しかも、そのシステムは信じられないくらい複雑なんです。特に厄介なのは、人の期待、あるいは非合理的な気分さえも、感覚が伝えることがさらに強く影響するということです。それは物事に色づけをしますし、物事を歪めてしまうことさえありますす。幻影とまではいかなくてもね。だからこそ、私たちはフィルムやテープなどに記録し、複数の観察者に見てもらうことができるようにする必要があるんです。

◆観察は経験に左右されるのでしょうか。

イエスでありノーです。私はしばしば学生たちが豊富なアイディアをもっていることに気づきます。ただ、彼らはそれらの妥当性を判断できません。経験不足のために、そのうちの多くを否定する証拠を知らないからです。経験を積んだ人の役割は、この証拠を整理し、役に立たないアイディアを取り除くことです。でも、ときには飛び上がって熱狂的に「それだよ！　君はそれを追究しなくちゃいけないよ。それはこれこれに適合する。すばらしいアイディアだね！」と言うこともあります。マーティン・モイニハンが「なだめ信号」という重要な概念を「発見し」、私がその確立を手助けしたのはこのようにしてでした。

◆初期の動物行動学には、主にどのような問題がありましたか。

私たちは観察を重視したのに加えて、多くの行動の「生得性」を重視しました。正確に言うなら（最近私たちがよく使う表現をするなら）、動物行動の機序の「プログラミング」には遺伝的な寄与が大きいと考えたのです。また、初期の動物行動学は、その洞察を社会的な行動にまで広げていました。最も一般化するならば、自然淘汰の結果として行動を見ることを学んだといえるでしょう。その点で、ジュリアン・ハクスリーの先駆的な業績に負うところが大きいといえます。彼は若い頃、そうした考え方がまったく一般的ではなかった時代に、カイツブリに関する有名な論文で自分の信念を表明する勇気を示しました。

◆あなたの研究の多くは実験によるものですね。

はい。そして、今でも私は実験が一番好きです。私は本質的にハンターだとローレンツが言ったのは正しいと思っています。動物に対する私の関心は、自然の環境の中にいるのを見るときに高まります。動物園ではひどく退屈してしまうんです。敵からうまく逃げる動物、機知によって敵を出し抜かなければならない動物にどうしようもなく引き付けられます。それでも、実験に費やした時間や、カモメのように研究しやすい鳥たちとともに過ごした時間を惜しいとは思いません。そこにはもう微妙な「機知において勝る」ことの挑戦があります。それは「自分が何をしようとしているのか、それはどうしてか——自分でわかっている以上に知る」ということです。タンザニアのセレンゲティ研究所の立ち上げを手伝い、そこで弟子たちの研究に参加したのは人生のすばらしい経験のひとつでした。当時はエデンの園のような楽園であり、今では「自然、この猛々しきもの」が最も厳しく示される場ですけど、それはさておき、私を魅了するのは損なわれていない生息環境の美です。

◆一九三〇年代にあなたの理論を受け入れてもらうのには、苦労があったのではありませんか。

苦労したとも言えるし、そうでもなかったとも言えます。私たちが何を追究しようとしているかを心理学者たちに理解してもらうのは、非常に困難でした。彼らが自分たちの興味深い問題で頭がいっぱいだったということも一因でしょうし、私たちの手法が心理学者の手法に比べて、いろいろな点で非常に未発達で洗練されていなかったということも一因でしょう。私たちはまだとても直観的に研究を進めていました。それに、私たちが心理学者の仕事についてものすごく無知だったということも、受け入れられない原因だったと思います。動物学者はもっとずっと快く反応してくれました。私たちの初期の「生理学化(physiologising)」――ひどく認識の甘いものでもあり、ひどく荒っぽいものでもありました――は、たいていの神経生理学者たちの嫌悪感を誘いましたけど。全体的に言うと、それは苦戦でした。だから、初期の頃の私たちには、傲慢さとない交ぜになった攻撃性があったのだと思います。今でも、私は若い友人たちに、あまりにも伝道者のような使命感をもちすぎていると言われますよ。その後少しずつ、臨機応変に対応するわざを身につけました。謙虚さもね、多分。でも、かつて伝道者だった者は、今でもやっぱり伝道者です。

◆あなたとローレンツとの関係はどのようなものでしたか。

お互いに補足しあい、刺激しあう関係でした。彼にはかつても今も、全体を見通す力があります。それに対して、私はもっと平凡な検証者です。私たちは親しい友達でしたから、意見が分かれたときにはいつも最善を尽くしました。そのうちお互いに地域でも国内でも、また国際的にも責任が大きくなり、連絡を取り合う時間がなくなってしまいました。一年に半日ものんびりした時間が取れなくてね。

◆第二次世界大戦は、動物行動学の発展にどのような影響を及ぼしたのでしょうか。

低地諸国(オランダ・ベルギー)がドイツに侵略されるとすぐ、ドイツとオランダの科学者が手紙をやりとりするのは難しくなりました。検閲が行われていましたから、実りのある手紙を書くことはできなかったんです。最初、私たちは研究を続けたり論文を書いたりすることができました。ドイツ側でもオランダ側でも、多くの科学者たちが学問上の接触を保とうと努力しました。数年前、私はカナダの毛沢東主義者たちに、一九四二年にドイツの『動物心理学雑誌』に論文を載せたといってひどく非難されましたよ。でも、ローレンツは召集されましたし、私のいた大学はドイツの当局と衝突しました。私は最終的に捕虜収容所に入れられました。強制収容所ほどひどいところではありませんでしたが、楽な毎日でもありませんでした。私は知りませんでしたが、ローレンツは行方不明になっており、ヴィテブスクの戦闘で死んだのだろうと思われていたようです。彼が釈放されたのは一九四七年になってからでした。私たちは、ケンブリッジのビル・ソープの家で再会したときのことを一生忘れないでしょう。多くのドイツ人との友情のおかげで、ナチスの嵐を切り抜けることができました。戦争のさなか研究は中断してしまっていましたが、すぐに驚くほど多くの才能ある若者たちが、私たちの研究に加わってきました。ナチスの占領下で生きたことは、人間の行動——正常な行動、病んだ行動、勇敢な行動——について、私たちに多くのことを教えてくれました。

◆今でも動物行動学者を一つの集団ということはできますか。

　無理でしょうね。国ごとの研究動向が進展してきましたから、今ではドイツの動物行動学は英米の動物行動学とかなり違います。それに、動物行動学と神経生理学、遺伝学、生態学、動物と人間の心理学など、多くの境界領域がいわば両側から侵入してきています。私たちに最も近い同僚の一部はもともと心理学の教育を受けた人たちですし、今では多くの心理学部が教員に動物学者を含んでいます。ここオックスフォード大学では、動物学と心理学は同じ建物を共有していますよ。そして、もちろん、動物行動学者が人間の行動を真剣に考えるようになっています。ローレンツもそうですし、言うまでもなく私の非常に優秀な弟子であるデズモンド・モリスもそうです。彼がオックスフォードに戻ってここを本拠地にすると決めたときは、とても嬉しかったですよ。

◆あなたも人間の研究をしようとするローレンツに追随しようとなさいましたか。

ある程度はイエスです。そこに飛び込むのは遅かったのですが、ようやく私の社会的な良心が目覚めました。でも、私はそれを自分なりの方法でやっています。私はローレンツやモリスのような全体を見通す洞察力や華々しさをもっているとは言えません。彼らの業績を非常に高く評価していますけれども、『攻撃』や『裸のサル』のようなよく知られている著書には、欠けているところもあります。人間の研究にとって価値があると考える手法について、その限界も含めて、もっと詳しく説明する必要があると思います。そして、私が有意義な貢献をできるのはその部分だと考えています。それに、人間科学に関する新しく作られたコースのためにプリングル教授とホールジー博士の研究に参加して以来、動物行動学の可能性についていっそう考えるようになりました。

それから、偶然なんですが、妻と私は、動物行動学の手法が実りある形で利用できるかもしれない一つの分野に参加しました。何年も前、ジョン・ハットとコリーン・ハット博士夫妻から、自閉症の子どもたちの研究に助言をしてほしいと頼まれました。長い間、私は彼らの役には立てないだろうと思っていました。でも、数年前、自閉症の子どもたちの行動と一定の状況下での健常な子どもたちの行動に類似点があることを彼らが指摘したとき、子どもに関して豊富な知識をもっている妻が私に問題全体をもっとよく見るよう促してくれました。私たちは、生涯をかけてやってきた動物の社会的行動に関する研究を「利用」し、健常な子どもたちが「自閉症的」行動を示す状況を慎重に調べることによって、一つの仮説、いえ実のところ二つの仮説に達しました。多くの自閉症者は深刻な感情の衝突――恐怖が親和やその他の社会化や探索的な学習を阻む状況に苦しんでいると結論したのです。また、私たちは、一般に知られているよりもずっと多く、親を含む社会的な環境が障害の原因に関係していると結論せざるを得ませんでした。私たちは、こうした深刻な障害をもつ子どもたちの行く末を考え、満足のゆく証拠がまだ整理できていませんでしたけれども、自分たちの考えを発表し、用いた方法を説明することにしました。精神医学の研究と心理療法の世界に入ったことによって数々冷水も浴びせられましたが、驚くほどの支持も得られました。私たちがどの程度正しいのかを判断するには今はまだ時期尚早です。でも、別の見方を余儀なくされるということからだけでも、このような活動は研究とセラピーにとって有益だと思います。

◆動物行動学の考え方を人間の研究に応用するのは簡単なことでしょうか。

一部の分野では簡単です。たとえば、非言語コミュニケーションの問題や子どもの行動には応用しやすいでしょう。コリーン・ハットやロンドンのニック・ブラートン・ジョーンズ（彼は最近さまざまな研究者の仕事を集めた非常に価値のある本を編纂しました）による動物行動学の方法の応用は、大いに将来性があると思います。けれども、精神医学や医学的研究に関与する人々は、動物行動学がどんな貢献をしうるのか、まだ相当に過小評価していると思います。とはいえ、基本的に動物行動学的な方法があちこちで少しずつ応用される流れは止まらないでしょう。思考に境界はありませんから。私自身はあまりこの種の研究ができるとは思いませんが、最近オックスフォード大学の同僚になったジェローム・ブルーナー教授との緊密な共同研究の計画をとても楽しみにしています。

もちろん、ちょっとした偶発的な形ですけど、自分の子どもたちを動物行動学者の目で見てしまうのは避けられませんでした。ファミリードクターが子どもたちの診察に来たとき、娘があくびをし始めて止まらなかったことがあります。医師が「ずいぶん疲れてるようだね」と言いましたから、私はひどく怯えているだけだと説明しなければなりませんでした。それは、軽いストレスの下に置かれたときにどこかを引っかいたり爪を噛んだりするといった、ごくありふれた「転位行動」のひとつです。爪を噛むといえば、息子はまだよちよち歩きもままならない頃から、爪を噛み始めました。私はメスの鳥が卵を産んだばかりのとき硬くて白いものを何でも食べたがることと、妻はカルシウムの「体内処理」がうまくできないということを思い出し、息子がそれを受け継いでいるかもしれないと考えました。そこで、（非常に研究心のある医師が困惑しながらも同意してくれましたから）息子の食事に余分にカルシウムを入れてみました。当てずっぽうだったんですが、うまくいきました。すぐに爪を噛むことがなくなり、その後二度と起こりませんでした。多くの医者はこのようなことを聞くと今でも笑うでしょうけど、医師の教育は当然ながら研究者を養成するものとは違いますし、純粋に生物学的な思考に向けられたものではありませんからね。

◆あなたは動物の研究をおやめになったということなのでしょうか。

私の年齢になると――しかもあれやこれやさまざまなことに関わっている身だと――だんだん「代理人を通して」研究を行わざるを得なくなります。つまり、提案や批判をしたり、人を熱中させたり、機会を作ったりすることなどによって、学生や同僚と交流するということです。引退後どうするかはまだわかりませんが、自分自身の中の優先順位をじっくりと見直し、何を優先すべきか考えることが含まれているでしょうね。以前の著作の一部には手直しが必要ですし。教育的なドキュメンタリー映画の仕事も続けたいと思います。今なお非常に急速に進歩している魅力的な新しいマスコミュニケーションの方法のひとつですから。

◆どのような映画ですか。

見掛け倒しの派手さやドラマチックな「一瞥」で視聴者を引きつけるような「野生生物のスペクタクル」映画ではなく、物語を伝える映画です。テレビの爆発的普及以来、私たち大学教師にはそうした映画を作ることが可能になりました。ＢＢＣはヒュー・ファルカスと私にすばらしいチャンスを与えてくれています。けれども、イギリスでも海外でも、人々の関心の急速な進展にテレビ局がついていっていないことに私たちは気づいています。「かわいいかわいい」の映像を望む人もいますが、多くの人々が本当のことを語ってくれる映画、それも明確に伝えてくれる映画を望むようになっているのです。でも、ひどく頑固なプロデューサーや、宣伝競争で負けるのを恐れて実験をしたがらない人々がたくさんいますし、そのようなテレビプロデューサーは、本の出版者が著者に干渉する以上に、映画を作る人々に干渉します。また、私たちが作っているような映画を成功させるには、普通のドキュメンタリーよりも長い時間が必要です。カメラマン、科学者、脚本家、そしてもちろん監督が緊密に連携しあうチームも欠かせません。ですから、動物の行動に関する一連の映画が完成したのを機に（これらはまもなくテレビで放送されます）、今後はもう少し独立してやっていこうと私たちは決めました。条件付きではない外部からの支援が得られることになったので、それが可能になったんです。言うまでもなく私たちが目指しているのは、ときどきテレビで放送することではなくて、教育と娯楽の目的で私たちの映像を日常的に十分に使ってもらうことです。本も合わせて読んでもらいたいと思います。『生存へのシグナル』という作品では、テレビ番組とビデオとちょっとした本を作ることができました。私たちはそんな「マルチメディア・パブリケーション」を続けたいと望んでいます。

◆動物行動学は十分に成功しているので、いわば店じまいしてもいいとお考えなのでしょうか。

独立した学問領域としては「店じまい」するかもしれませんね。小さな商店がスーパーマーケットに飲み込まれるように。でも、行動科学に不可欠な一分野としては、真価を発揮し始めたばかりです。私は、部外者や他の領域の仲間たちがなぜだか常に動物行動学を誤解し、私たちの研究を誤用していると考えるローレンツよりも楽観的です。動物行動学が人間の研究においても今後いっそう影響力をもつようになるだろうと私が考える主な理由は、動物行動学が驚くべき「適応性」——生き物の特徴です——を注目の中心に置いていること、そして現在もこれから先も、人類を脅かすのは不適応だということです。ほとんどの人々は今も人間社会の進化を「進歩」と考えており、生存の恐ろしい不安定さに気がついていません。私たちの種は他の動物以上に不安定さに曝されています。多くの生物学者でさえ、楽観主義と自己満足と傲慢さの驚くべき組み合わせによって、人間には行動の許容性があるから社会で起こっている急速な変化に容易に対応できると考えていますが、それは非常に疑わしいのです。

◆それはどのように解決すればいいのでしょうか。

それを知っていると主張する人は嘘つきか悪人です。私たちは知的な資源を総動員して、動物の一つの種としての人間の研究を始める必要があります。人間というのは、自然の実験の中のモルモットともいえるユニークな種なんです。人間のようなタイプの進化、つまり「文化的」あるいは「心理社会的」進化は、生命の歴史の中に前例がありません。私たちは頼りにすべき例を一つももたないのです。どのように進んではいけないかを教えてくれる先例さえありません。

◆人間は生物学的な構成を阻害する危機に瀕しているのでしょうか。

そういうふうに表現することもできますが、それはかなり否定的な表現ですね。人間は自分たちを「冷静に見」、不快な発見にも腹を据えて立ち向かうべきです。私たちは、絶望に屈しないために、できる限り楽観的である必要があります。絶望した人間は、なけなしの理解をも失ってしまい、探究することができなくなるのです。

◆動物の行動について人々に教えるという役割は、あなたのキャリアにどのような影響を及ぼしてきましたか。

この分野が今ではたいへん人気があるという理由だけを取っても、専門の学生に教えることに仕事を限定するわけにはいきません。本を書かなければなりませんし、テレビや教育映画など、書物以外の方法を通して人々に伝えていかなければなりません。もちろん、すべての教師にとって、次の世代にバトンタッチするとき——頭脳明晰な新しい世代が行っていることにもはや完全にはついていけないと認めなければならないときがやってきます。そして、今、行動について学んでいる若い世代はとても優秀です。それは幸運なことです。まもなく社会は、彼らを強く求めるようになるでしょうから。

ニコ・ティンバーゲンは一九八八年に永眠した。

第13章　フィリップ・ジンバルド

私は『ウェストサイド物語』のクラプキー巡査の歌が大好きだ。この歌では、ティーンエージャーのギャングたちが、彼らは貧しいから堕落しているというリベラルなソーシャルワーカーたちを茶化す。スティーブン・ソンドハイムの歌詞は、機知に富んでいるだけではなく、フロイトに精通したティーンエージャーの姿を描いているのだ。私はフィリップ・ジンバルドのインタビューを終えた後、この歌を歌いながら帰路についた。

どんなふうにして心理学者の道を歩み始めたのかと質問されると、たいていの心理学者は大学に入ったときに関心があったことを中心に答える。これまで見てきたように、二〇代の後半かそれよりも後になって心理学に引きつけられた人もいる。だから、口からほとばしるようなジンバルドの答えを聞いたとき、私は心構えができていなくて驚いてしまった。私が知る限り、ジンバルドは六歳のときから心理学者になるように運命づけられていた唯一の人物だ。インタビューの中で、彼は『ウェストサイド物語』も色褪せて見えるようなニューヨークでの子ども時代を印象深く語ってくれた。彼はサウスブロンクスのギャング団の中で心理学者になった。ニックネームはブレイン・ジンバルドだったのかもしれない。

彼は背が高く、先のとがったあごひげを生やし、顔にはしわが寄っている。六〇歳のキリストはこんなふうだろうかと思わせる風貌だが、今もいたって健康である。幼い頃には生死の境をさまよったこともあったが、それを生き延びた後はスポーツも得意だった。

ジンバルドは自分が心理学者になるために、いかに戦わなければならなかったかを説明した。シチリア出身の彼の家族には教育の伝統がなかった。彼の経歴は、地元のドン・コルレオーネ［訳注　映画『ゴッドファーザー』の主人公のマフィアのボス］に人を見る目がなかったことを示している。頭の切れるティーンエージャーだったジンバルドを手下にしなかったのだから。ジンバルドは自力で大学に入り、心理学に出会い、イエール大学で助手の地位を得た。ブロンクス出身の頭の良い子どもがふつうにたどる道ではない。

このインタビューの中でジンバルドは、最初はラットの研究をしていたが、エネルギーが溢れていたために他のラット心理学者をみんな追い抜いてしまったと説明している。しまいには、イエールで最大のラット・コロニーを管理することになった。そして、スーパーバイザーの死後、その研究を引き継いだ。しかし、彼は常に、集団の行動やギャングの中で誰がリーダーになるのかに関心があった。まもなく社会心理学と認知的不協和理論を取り巻く議論に関わるようになった。一九五〇年代にレオン・フェスティンガーが直観に反する一つの理論、すなわち報酬が人々のやる気を引き出すという伝統的な考え方に反する理論を発展させた。フェスティンガーは、人は苦しみの対象を好きになると主張した。ジンバルドはこの理論を検証することで、博士号を取得した。

ジンバルドは、ニューヨークで意に満たない日々を送った後、スタンフォード大学に移った。彼が刑務所実験で世間の注目を浴びたのは、ここでのことである。この実験のアイディアはごく単純なものだった。ある集団を無作為に囚人と看守に分け、何が起こるかを見ようとしたのだ。しかし、実際に起こったことは恐ろしいものだった。二日目の朝、囚人たちが看守に逆らった。ゲームのはずだったもの——BBCのテレビ番組「ビッグ・ブラザー」の初期のバージョン——がまったくの本気になってしまった。看守たちは囚人に教訓を与えなければならないと感じ、暴力行為が始まった。被験者たちが身体的、感情的に傷ついたため、実験を中止しなければならなくなった。ジンバルドは、それが本物の囚人に起こっていることだと主張する。彼はインタビューの中で、この点について詳しく説明してくれた。これは、ある集団が他の集団に対して力をもつという「状況の力」を示しているのである。状況によっては、人格は問題ではなくなる。

彼は演劇的センスをもっている人物でもある。それは有名な刑務所実験の説明の仕方に現れている。彼はいかにしてパロアルトの警察に働きかけ、囚人役になる予定の学生を逮捕するよう説得したかを説明してくれた。その結果、不信の一時的停止、すなわち虚構の世界とは知りながらも一時的に本物だと信じてしまう状況が生じ、刑務所に送り込まれた中流階級の学生たちは、それが本当に自分の身に起こっていることだと感じた。ハリウッドは最近この実験の映画化権を得た。現在、『ユージュアル・サスペクツ』の脚本家が台本を執筆中である［訳注　監督オリバー・ヒルツェヴィゲル、『エス』をさすと思われる］。ジンバルドは期待に胸を躍らせている。一方、BBCが最近行った彼の実験の再現には非常に腹を立て、このインタビューの中でその理由を語っている。

運命のいたずらか、ジンバルドは、六〇年代の終わりにやはり物議をかもす実験を行ったスタンレー・ミルグラムとニューヨーク時代にいっしょだった。ミルグラムの実験は、外見的には立派なふつうの人々が算数をうまくできなかった人に対して、電気ショックと信じ込まされているものを与えることをまったく厭わないということを明らかにした。ミルグラムは、人はみな権力をもっていると思われる人に従う傾向があることを示し、ジンバルドは、権力をもっている人々は容易にそれを濫用することを示した。この二つの研究の組み合わせは人を暗澹たる気持ちにさせる。ジンバルドは、現在では訴訟になりかねないため、こんな実験はできないだろうと嘆いている。

ジンバルドは、続いて内気さ（shyness）に関する詳細な研究を行い、アメリカ心理学会の会長になった。彼は私とのインタビューに小さな控え室を使った。そこにはちょっとシュールな彼の絵が二枚と家族の写真が飾られていた。家族は彼にとって今もとても大切な存在だ。私たちがそこに座っている間、学生たちがひっきりなしに彼に会いにやってきた。私は彼の人生がいかに忙しいかを垣間見た気がした。それでも彼は学生たちにとても丁寧に応対していたし、私に対しても、インタビューの終わりまでに質問できなかったことに電子メールで答えてくれた。しかし、彼はとてもデリケートでもあった。デボラ・タネンは、彼女がスタンフォードにいるときにジンバルドがどういう人か認識していなかったと私に言ったのだが、彼はそれを聞いて表情を曇らせた。

彼は今もなお、私が話をした数々の心理学者の中で最も独創的な人物である。そして、彼ほど何かに突き動かされるように人生を駆け抜けている心理学者は、おそらく他にいないだろう。

◆どのようにして心理学者になったのですか。

僕はね、生まれながらにして心理学者だったんですよ。幼い子どものころのいくつかの経験まで遡ることができます。ひとつは五歳半のときの経験、それから青年期の頃のさまざまな経験。幼い頃の経験は、感染症にかかったときのことです。ゴホゴホいうような咳が出て、両側肺炎を起こしてしまいました。うちは貧しい無学なシチリア出身の家庭でした。一九三九年のことでしたけど、当時、感染性の病気になった子どもたちはみんな、ニューヨークのウィラード・パーカー感染症病院に入院させられていました。だから、そこにはあらゆる感染症になった子どもたちを受け入れる巨大な病棟がありました。そこでは治療が行われるわけじゃなくて、一日中ベッドに寝ているだけでした。僕は五歳半から六歳をちょっとすぎるまで、半年間入院していました。

◆その病棟はどんなふうでしたか。

マスクをした看護師たちがいましたが、何も治療はできなくて、子どもたちが死んでいきました。暗黙の申し合わせがあってね。誰もだれそれが死にかけてるなんて言わなかったけど、心のどこかではみんな、目が覚めて隣のベッドが空になっていたら、ああ死んじゃったんだなってわかっていました。ビリーはどこに行ったのって看護師に聞くと、おうちに帰ったよって言われるんです。でも、家に帰るのがみんな夜中だなんておかしいでしょう？　これが幼い頃に僕が恐怖と向き合った経験です。それは肌で感じられる恐怖でした。それにね、当時は子どもと家族の感情的なつながりを絶って、代わりに病院のスタッフとの間に感情的なつながりを作るのが病院の方針でした。そのために、面会時間を週に一日、日曜日の午後だけに制限していました。親とはたった二時間しか会えないんですよ。しかも、この病院はひどく不便なところにあってね。貧しい親たちは電話なんかもってなかったし、病棟には電話がなかったから、親が来られなくても子どもたちはそれを知ることができなくて、ただ待っているしかなかった。日曜日が過ぎていっても、誰も面会に来てくれない。どこの親もいろんな理由があったでしょうね。僕は一二月から翌年四月まで入院していましたから、冬のニューヨークでした。両親は地下鉄の駅まで五ブロック歩いて、二駅乗り、それからまた五ブロック歩かなくちゃなりませんでした。僕は五歳半だったけど、四歳の弟と赤ん坊がいたし、きょうだいの一人はポリオに罹っていました。

◆親たちはやらなければならないことがたくさんあったでしょうし、子どもたちも親に会えるほど具合が良くないこともあったのでしょうね。

親が面会にきたときに酸素テントの中に入っていることもあれば、巨大なガラスの壁で隔てられた部屋から出してもらえなくて、電話みたいなもので話をするしかないこともありました。こうして、僕は恐怖に対処することを学びました。夜ぐっすり眠れる子どもなんていませんでしたよ。昼間何もしてないから眠くないし、あちこちで泣いてる子がいるし。興味深い体験でしたね。自立するしかなかったんですよ。実際的には看護師たちとうまくやっていくことも必要でした。親には何も役割がなくてね。一度だけ、夜中に父が呼ばれて、僕に輸血をしてくれたことがありましたけど。父と並んで寝てて、二人の間にこんなループがあったのを今でも覚えていますよ。(ジンバルドは大きな身振りでループを示してくれた。) 親に連絡する唯一の方法は電報でした。看護師に取り入ることも学びましたよ。看護師たちは力を得るための鍵でしたからね。気に入られれば、ちょっとよけいに砂糖やバターやパンをもらえるから。

◆ディケンズの小説みたいですね。まだ六歳だったのでしょう?

僕は恐怖の心理学、否定の心理学を学びました。こうした子どもたちが次々に死んでいることに気づきながら、「だいじょうぶ、僕は今ここにいる。生き残るために何をしなくちゃいけないのか」と問いかけていました。他の子どもたちとの関係でいうと、彼らがいかに脅威か、いかに力をもっているか、いかに創造的かを学びました。それに、他の子どもたちに好かれたくもなりました。僕はそのために物語を作りました。今でも覚えているものもありますよ。たとえば、これはベッドじゃなくてボートだ、みんなでナイル川を下るところだって想像しました。これが、僕がリーダーになっていった出発点でしょうね。創造的なアイディアを思いつくことによってね。

僕は学校に入る前に読み書きを覚えていました。ほとんどは漫画の本からです。病院で読めるのは漫画しかありませんでしたから。みんなで回し読みして、年上の子どもたちに意味を聞いたりしました。まあいいところばっかり話しましたけれど、ちょっとだけ脇道に逸れてもいいでしょうか。

◆どうぞ。

僕は何年もの間、少なくとも一年に一度はしわの寄ったシーツの夢を見ていたんです。それを僕はしわの寄ったシーツのミステリーと呼んでいました。その夢の断片では、部屋を覗き込むとベッドが汚れてめちゃくちゃになってるんですよ。そこに誰もいない。だけど、誰かがやってきて、そこにきれいなシーツを敷く。それで汗びっしょりになって目が覚めるんです。それはちっとも意味がわかりませんでした。家族にも話しましたよ。ようやく意味がわかったのは、数年前エイズで死を目前にした学生の父親代わりのようなことをしたときです。彼の容態は一進一退を繰り返していましたが、調子が良かったとき、そのベッドが必要だから退院してほしいって病院長に言われました。まるで彼に帰る家があるかのようにね。だから僕は彼が寝泊まりできる場所を探したんですけど、見つけられなかった。それで、病院長にすみませんって言ったんです。そのとき、隣の部屋の患者がいなくなっていることに気がつきました。それはエイズ用の病室でしたから「おや、良かった。隣の患者がいないんだから、ロニーは退院しなくてもいいんじゃないですか。そこに見えてるのは空きベッドでしょう」って言いました。言った瞬間、僕は自責の念にかられました。僕はその人が死んでロニーが退院しなくてもよくなったことを喜んでいたんです。そして、すっかり謎が解けました。しわの寄ったシーツというのは子どもがそのベッドにいるということで、きれいなシーツというのは子どもが死んだということだったんです。

そして、こんなにも長い年月を隔てた両者のつながりは、罪の意識だったに違いありません。僕は誰かが死んだという恐ろしい事実に気づいていただけじゃなくて、友達か誰かに、君が次かもしれないというようなことを言ったに違いないんです。治療はなされてなくて、恐ろしい毎日だったけれども、僕じゃなくて彼でよかったという感情もあったんですね。そして、ロニーじゃなくて隣の患者でよかったと思った。五五年間もこの夢を見た後でこんなことを言ってるんですよ。でも、病院とのつながり、ちっともわからなかったつながりについて人に話さなかったら、意味をなさなかったでしょう。意味がわかってからは、その夢は見なくなりました。

◆ご自身が心理学者なのに、それがわからなかったのは奇妙だとお思いになりませんか。

本当に。僕は他の人にも話したんですよ。他の心理学者に話したことさえあります。でも彼らはわかりませんでした。僕が病院でどんなふうに過ごしてどんな経験をしたかを聞いていなければわからないでしょうね。……こうしたことすべてが僕にとって、心の世界で生きる準備になり、行動に関心をもつきっかけになりました。二つ目はサウスブロンクスのスラム街で育ったということです。そこでは、子どもたちは大人から切り離された自分たちだけの世界で生きていました。今となっては想像するのが難しいでしょう。アパートは食べて寝るだけの場所で、残りの時間は路上で過ごしていました。僕たちは、凍えそうに寒い日以外は、毎日路上で暮らしていたんです。僕たちは何時間も何時間も路上で遊んでいました。

◆退院したときの様子はどんなふうでしたか。

僕はひどく病弱でした。当時のことばで言えば肺病患者でしたね。悪い子どもたちに殴られましたよ。それに、彼らは僕をユダヤ人だと思っていました。骨と皮ばかりのようにやせていて、青い目でしたから。何週間か殴られたあと、ある日母が掃除人の息子のチャーリーに「この子を教会に連れて行ってくれる?」って言うと、チャーリーは「だめだよ、この子はユダヤ人だろ」って言いました。母が「違うわよ、カトリックよ。私たちはイタリア人なのよ」って言ったんですが、チャーリーは「僕たちはこの子がユダヤ人だから殴ってきたんだよ。だからそんなはずないよ」って答えました。

僕はどうしてみんなが僕を殴りたがるのか理解できませんでした。僕はとてもいい子でしたからね。こでも身を守る術《すべ》、サバイバルの心理学を学びました。大きい子たちが理由もなくさんざん殴りたがっているとき、やせっぽちの小さな子がどうやって路上で生き延びていけばいいのか。言いなりにならずに、危険な状況に陥らないようにしながら、どうやって力と折り合いをつければいいのか。こうしたスラム街の子どもたちの多くは、やがて逮捕されたり殺されたりしていきました。従順な子分からどうやって上っていけばいいのか。僕ははっきりと、事を取り仕切るリーダーになりたいと思っていましたからね。

◆その当時からそう思っていたのですか。

もちろん、思っていましたよ。

◆入院する前も?

いえ、入院する前は単純ないい子でした。スラム街のいいところのひとつは、さまざまな素質や力をもった人間がいるということです。病院で動けない状態にあって……今思い返してみてわかったんですけど……動けなかったから、すぐれた観察者になったんでしょうね。身体的にはベッドから出られないけれど、世界が僕のそばを通過していく。看護師と他の子どもたちの世界。退院後はアパートの窓から、外で子どもたちが遊んでいる様子を見下ろしていました。誰が優位にあるか、誰が支配しているのか、どのようなことが動機になっているのか。それからもうひとつ。みんな貧しかったから、誰もおもちゃを持っていませんでした。ビー玉遊びが流行ったこともありましたね。いろいろな遊びをしましたよ。ある遊びがつまらなくなってくると、誰かが別の遊びを考えつきました。誰かがこんなのはどうだろうって言い出すんです。……僕には、何か面白いことを思いついて退屈を打ち破るのが仲間のうちで認められる手だということが明白でした。僕はときどきそれをやりましたから、そのうちみんなが、「おい、ジン、次は何をしようか」って言うようになりました。身体的な強さではなくて、知恵でリーダーの地位に上り始めたのです。

◆そのことが後々まで影響を及ぼしたのでしょうか。

それが僕を心理学者にしたんだと感じていますね。それが僕のやっていたことでしたからね。もうひとつ、心理学者になるための訓練になったことがありました。両親の結婚生活がうまくいってなくて、僕が母の愚痴の聞き役だったんです。幼い頃から、母の感情やストレスや無力感に向き合っていました。子どもが四人もいてお金がなく、父が失業していて。少し大きくなると僕は母の心理療法家みたいになりました。きっとだいじょうぶだよ、こんな風に考えてみたらって言っていました。これが、どのようにして心理学者になったかという君の質問に対するとても長い答えです。

◆とても興味深いお答えでしたよ。十代の終わりからはどうなりましたか。家族の中で大学に進学したのはあなただけだったのでしょうか。

高校を卒業したのだって家族で初めてでしたよ。母は小学校や中学校もろくに行かなかったし、父も同じようなものでした。当時、南イタリア人にとって、教育は人生の中で意味をもっていなかったんです。北イタリア人は違いましたけど、彼らは移民しませんでしたからね。南イタリア人は貧しいから移民しましたが、教育の歴史、教育が立身出世の手段だった歴史がありませんでした。でも教育は必要ですからね。僕は闘って大学進学を勝ち取りましたし、闘って大学院進学を勝ち取りました。

◆大学に入ったとき、どんな感じでしたか。

父は、僕が家にお金を入れていないのだから家から持ち出すこともできないと言いました。僕は自分で自分の生活を支えていました。四四番街のセント・ジョセフ劇場の場内売店で働きました。帽子やコートを預かったり、チョコレートを売ったり、「こんばんは、プログラムはいかがですか」って言ったり。ブロンクスに住む僕は一日三時間かけて通学していました。大学では陸上競技チームのキャプテンで、クラスの委員長でした。毎晩、大学から家に帰る途中でセント・ジョセフに寄って七時から一一時まで働き、一一時半に家に帰り着きました。それからレポートを書いたり翌日の準備をしたり。土曜日はマチネーがありますから劇場で昼の一二時から夜中の一二時まで働きました。基本的に、いつも働いていて、いつも楽しんでいましたよ。帽子を預かったりしているだけだってショービジネス界ですからね。

◆相当に頑張らなければならなかったんですね。

僕はリーダーになり、チームのキャプテンになり、クラスの委員長になりました。生来の非言語的な才能をもっていたんです。いつも教室の一番前、テーブルの上座に座っていました。

◆それで、大学での勉強はどんなふうでしたか。

大学に入ってみたら、心理学という科目がありました。わくわくしていましたよ、その科目を取るまでは。ところが、評価がCだったんです。僕は成績優秀者として卒業したんですけどね。それはひどいコースで、ひどい教師で、すべてがひどかった。四年生になるまで心理学のほかの科目は取りませんでした。社会学と人類学の科目は全部取りました。そして、社会学は本当に大きな疑問に挑んでいるけれども、決して答えをもっていないんだということに気がつきました。一九五〇年代の心理学は退屈で取るに足りないようなことを問いかけていました。でも、答えを出す道具やメカニズムをもっていました。だから、僕は正しい問い、もっと面白い問いを発しさえすればいいんだと思いました。それで、心理学に転向したのです。また、心理学を専攻している親友の勧めで、実験心理学の科目を取りました。彼は実験のパートナーを必要としていて、僕ならそれをやれると思ったんですね。僕は実験が大好きになりましたよ。

◆そのお友達はどうなりましたか。

彼は社会学者になりました。僕は一九五九年にイエール大学に移りました。学部生のときには結局一年間しか心理学の勉強をしませんでした。一九五九年のイエールはまだ行動主義の中心地でしたよ。クラーク・ハルはちょっと前に亡くなっていましたが、まだフランク・ローガンがいたし、フランク・ビーチがいました。イエールといえばラットでしたね。ハーバードはハト。まだハルの全盛期でした。僕の指導教授はカール・ホヴランドでした。僕は人種間の関係に興味をもっていました。すでに黒人とプエルトリコ人の間の偏見のダイナミクスを研究していました。それはエスニックグループどうしの偏見に関する最初の研究のひとつでした。カフェテリアにおける自主的な人種分離のパターンにもちょっと取り組んでいましたし、ニューヨークにやってくるプエルトリコ人にとっての政党の魅力のなさについても調べていました。でも、イエールに行って得たものはといえば、ラットです。僕はラットの管理をしました。ついにはイエールで最大のラットコロニーができてしまいました。僕のところには二五〇匹もいたんですよ。

◆それを管理しておられたのですか。

そうです。信じられないくらい大変な仕事でしたけど、僕はいつだってがむしゃらに働いてきましたからね。それにイエールはニューヨークよりも単純でした。通うのに自転車を持っていました。他のことは考えなくてよかったんです。

◆もうショービジネスの仕事はやめていたんですね。

しばらく前にやめていました。イエールでの三年目に社会心理学への関心に戻りました。僕にとってはイエールが寄宿制大学のようなものでしたね。ニューヨークではブルックリン・カレッジまで通っていましたから、イエールでもう一回大学時代をやり直すみたいでした。ニューヘイヴン〔訳注　イエール大学の所在地〕は退屈でつまらない町でしたけど、僕はそこでの生活がとても気に入っていました。

◆明らかに、あなたは家族と親密な関係を保っていらっしゃいましたね。

イエールのいいところは、家から一時間半の場所だということでした。だから、月に一度は家に帰っていました。うちは絆の強いイタリア人家族で、いつでもできるだけ家族と結びついていたいっていう感覚があるんですよ。イエールはね、お菓子屋みたいなところでした。有名な学者たちがわんさといるんです。

僕はできるだけたくさんの人といっしょに仕事をしたいと思いました。それにあの大学には、研究をどんどん発表しようという気風がありました。僕はカール・ホヴランドやフランク・ビーチといっしょに研究をしたし、シーモア・サラソンともいっしょにやりました。

◆それは、「これは自分のキャリアに役立つ」という思いからだったのですか。

キャリアのことなんか考えたことがありませんでした。今だって、一年ずつ目の前のことを考えて生きてるんです。自分がこれまで歩んできたキャリアをどんなふうに描写するかって尋ねられたとき、「ブーストラップフーイカル（boostraphooical）」だって答えたことがありますよ。雄牛が野原を横切るときに通る道のことです。でも、イエールでは、すばらしい資源があり、有名な人たちがたくさんいて、「あなたといっしょに研究がしたい」って言うだけでよかったんです。彼らは「わかった」って言ってくれたものです。ですから、実のところ、僕には誰か一人の人といっしょに研究したっていう感覚はないですね。みんなといっしょに研究していたという気がします。みんながそれぞれ何かを与えてくれました。実験の設計が得意な人、複雑な考えを説明するのが得意な人、アイディアをわかりやすいことばに言い換えるのが得意な人。その中で自分はどこに向かっているのだろうという気持ちはありました。ちなみに、何かを発表し、研究会に出席しなければならないというのは、はっきりしていました。研究会では大学院生全員が発表をしました。けれども、僕は問題にぶつかっていました。それは学部で十分に心理学を勉強していなかったから、難しすぎて歯がたたなかったってことです。数学はいつだってあまり得意じゃありませんでしたし。でも、三年目、僕はあるシンポジウムを企画しました。探究的好奇心に関する話でしたから、討論者としてハリー・ハーローを招きましたよ。いっしょにラットの研究をしていたのはK・C・モンゴメリーでした。彼は僕がイエールで研究を始めてから二年目に自殺してしまいました。僕は助成金を出してくれる団体のところに行って、今これこれの研究が進行中だからこのままほっとくのは慙愧《ざんき》に耐えないと説明して、助成金を頼みました。三万八〇〇〇ドルくれましたよ。

◆当時としては相当な額だったでしょう？

そうですね。それで教授の一人が、それを監督することになりました。

◆どのようにしてラットから社会心理学へ戻ったのですか。

きっかけはボブ・コーンという人です。先生たちはみんな第二次世界大戦を乗り越え、大学院を出た人たちでした。准教授として仕事をし始めた人たちが核になっていたんです。彼らはみんな理想主義者で、心理学を現実の問題に適用しようと張り切っていました……僕はラットに関わっていましたから、苦労させられるようなことが好きなんだねって彼らに言われていました。あるとき、僕はまだ大学院生でしたけど、『サイエンス』の論文の共著者になりました。統計分析を少々やって、高揚していました。この論文は『サイエンス』に受け入れられましたよ。そこにボブ・コーンがやってきましたから、僕はラットの研究について説明し始めました。そうしたら、彼はこう言いました。「面白そうだね。ちょっとさ、窓の外を眺めて、そこで何が起こっているかを見てくれないか？」

（ジンバルドは自分のしたことを示し、ボブのことばを再現してくれた。）「あそこに何人かいるね。彼らについて描写してくれるかな。」僕は描写しました。「彼らが何を話しているかわかるかい。」彼が次々質問をするものですから、僕はちょっといらいらしてきました。最後に彼はこう言いました。「単刀直入に質問をさせてくれ。人間とラット、君はどっちが面白いと思うかい？」僕は人間のほうが明らかに複雑だと答えました。彼は「それこそ君が研究すべきことだよ。ラットじゃなくて。君はブロンクスの出身だろう。君のバックグラウンドを考えれば、それが君の研究すべきことなんだ。ラットはここにいる誰でも研究できるさ。ブロンクスからやってきた君は、ネズミを駆除したいと思いこそすれ、ネズミを利口にしたいとは思わないだろう？」と言いました。それから、次の学期に一科目教えるようにと言ってくれました。だから僕はそうしました。その頃、ブレームが学生で、レオン・フェスティンガーが認知的不協和に関する論文を学術誌に投稿しようとしているところでした。それはその年の終わりに公刊されました。印刷したてのほやほやどころか、タイプしたてのほやほやの段階で読みました。それはとても刺激的でしたよ。行動主義ではすべてのことが非常に合理的です。ラットにたくさん餌を与えると、ラットは強くバーを押します。ところが、それと反対のことを示す不協和の理論が出てきたんです。報酬を与えれば与えるほど行動しなくなり、報酬を少なくすればするほど行動するようになるというのですから！　すっかり夢中になってしまいました。僕は、不協和理論に基づく予測と、標準的なイエールの考え方を比較する学位論文を書きました。実験の結果は不協和理論の勝ちでしたよ。僕は不協和理論に魅了されました。不協和や動機の認知的コントロールに関して本を書きました。この用語が使われたのは、この論文が最初だったと思います。

◆イエールを離れたあとはどうされましたか。

ニューヨークに戻って、報酬六〇〇〇ドルで年間一〇科目教えました。ほとんどは大人数のクラスでしたね。なんとかやっていくため、夏期講座も教えました。そして、研究をしなかったらニューヨークから抜け出せないと悟りました。

◆刑務所実験はどのようにして展開したのですか。

普通の大学生による週末のシミュレーションは劇的な効果を示しました。シミュレーションはあまりにも現実になりすぎることがあるんです。それは実験じゃなくて、心理学者によって管理される刑務所になりました。非常に意味深い経験でした。実験がそんなふうに作用したのは——ほとんどの人は当然のこととしていますけれど、いちばん劇的だったのは、パロアルト警察が「受刑者」役の人々を逮捕したという部分です。今だったら、訴訟になりかねませんから、絶対にできないでしょうね。でも、それも路上で身につけた知恵のおかげだったんです。

◆やはり若い頃に身についたものですね。

僕は地元の警察署の警部と交渉をしていました。学生のストライキのとき、学生が物を壊し始めたので、大学がキャンパスに警察を呼んだことがあったんです。僕はタウンとガウン〔訳注　大学町の市民と大学側の意〕の協力の取り決めを手伝っていました。それによって学生をパトカーに乗せたり、警官が寮に入ったりすることができたのです。それで、僕は新任の警察署長のところに行って、この関係を続けたいと思っています、ちょっと実験を考えているんですが、おたくの新人警官たちに受刑者とはどんなものか経験してもらうために、受刑者の役をやらせてみませんかと持ちかけました。署長はそれはいい考えだと言いました。それで僕は、現実味を増すために、受刑者役となる人たちを本当に逮捕してもらいたいんですと言いました。彼らから人間の自由を取り除きたかったからです。それが刑務所の中で起ることなんですから。制服を着た人たちによって刑務所に入れられるのです。

◆ご存知でしょうが、イギリスの心理学者ロム・ハレは、ミルグラムの研究にとても批判的です。それはイエールで行われたので、被験者たちは本当には相手が傷つけられていないと何らかの形でわかっていたはずだ、つまり現実味がなかったと主張しました。

そうですね。ミルグラムの被験者がそのような状況におかれたのは三〇分間でした。僕の実験は本物ではありませんでしたが、被験者たちは本当に刑務所にいるように、昼夜そこで過ごしました。そうすると、すぐれたドラマのように、現実と幻想の境がわからなくなってくるんですね。自分は本当には犯罪を行っていない、重罪を犯してはいないと知っているんです。でも、手錠をかけられ、パトカーがサイレンを鳴らし、隣人たちにじろじろ見られながら本物のパロアルトの警察署に連れて行かれた。指紋をとられ、記録簿に名前を書かれた。すると、中流階級の大学生たちは罪の意識を感じるんです。これまでに何回万引きをしたことがあったか。何回マスターベーションをしたことがあったか。そんな社会的規範に違反する些細《ささい》なことが頭に浮かび、そのためにこれから罰せられるのだと思い始めます。ですから、警察官のことばや行為には関係ないのだけれども、罪は本物になってくるのです。それが本物ではないと知っているにもかかわらず、実験の始まりが劇的だったから本物に思えてきます。そして昼も夜も刑務所の中で過ごしていると、緊張が高まってきます。誰もあんなことが起きるとは予測していませんでした。受刑者役の学生たちは、独房の中に座って本を読んだりギターを弾いたりすればいいんだと思っていました。僕もそんなふうに思っていました。ところが、二日目の朝に受刑者たちが反抗したことが転換点になりました。それが力学を変えたのです。看守たちは、この受刑者たちは危険だ、自分たちに恥をかかせた、誰がボスだか教えてやらなくちゃいけないと言いました。それが全部をひっくり返したのです。本物の刑務所のように、純粋に力の問題になりました。本物の刑務所では受刑者に力はありません。そして力が促進薬になりました。看守たちはどんどんひどいことをするようになり、受刑者たちは衰弱しました。

◆それでは、最近ＢＢＣが行った再現は無意味だと思われますか。

まったく無意味ですよ。

◆BBCによるあなたの刑務所実験の再現について、もう少し詳しく意見をお聞かせください。

あの見せかけの再現は、元の実験にごく表面的に似せているにすぎません。これまでに行われたいかなる研究よりも被験者への要求が多く、役の割り振りも無作為というのはうそで、テレビ用の偽りの実験です。受刑者は、体が大きくたくましくて、刺青とか、そのほかBBCのカメラが何度も映し出した目立つ特徴をもつ人になるように仕組まれていました。本当は、刑務所内での役割は匿名化され、非人間化されることが必要なのに。しかも看守長は、実験が終わった後の自分のイメージをいつも気にかけている百万長者のビジネスマンで、受刑者におべっかを使ってばかりいました。だから、最終的に、受刑者が刑務所を取り仕切り、看守はその慰み者にされてしまったのです。イギリスではそんなふうに刑務所が運営されているのかもしれませんが、米国でも他のほとんどの国でも違いますよ。金と時間の無駄について、僕はいくらでも指摘することができます。でも、撮影が終わり、登場人物たちが試写を見たとき、受刑者は自分たちの写されかたが気に入らなくて編集のやり直しを主張したということに言及すれば十分でしょう。それで編集がやり直されました。だから視聴者が見たのは、オンラインのリアリティー番組［訳注　一般人の現実の様子やプライバシーを撮った台本のない番組］ではなく、作り直され、焼き直された非リアリティー番組でした。監修したイギリスの社会学者たちは、僕が皇太后のトイレの習慣について知ってる程度にしか刑務所について知らなかったんでしょう――つまり何も知らなかったってことです。

◆あなたは怒っていらっしゃるのですね。

二つの理由で怒っています。まず何百万ドルもの無駄な金が費やされたこと、それにもっとずっとうまく行うことも可能だったのに、あんなにひどいものになってしまったということです。これは受刑者によって管理される刑務所の実験だった。ランダムな役の割り振りが行われたとも思いません。ジャン・ジュネが刑務所について書いていますし、多くの受刑者が刑務所をうまく描き出していますよ。僕の実験で最初に記録されるべきことは、何も犯罪を行っていないのに刑務所に入れられたふつうの中流階級の大学生が被験者だったということです。それに、あれは一九七一年のことでした。大学生たちは公民権運動に関わっていたし、ベトナム戦争に抗議していました。彼らは平和運動家たちだったんです。それなのに、制服を着せると、まるでナチスのようにふるまう看守になった。被験者たちは感情的に破綻し始めました。それに、僕たちは一連の心理検査を行っていましたから、実験を始めたとき、この大学生たちはふつうの健常な若者だというだけではなくて、心理学的に正常で健全な若者だということができました。ですから、そこに起こった変化は週末の実験によってもたらされたのだということができるのです。彼らがもともと持っていた病理ではありませんでした。僕たちは、状況の病理から参加者の病理を取り除いていたのです。ミルグラムの研究と僕の研究は、状況の力を両側から実証したといえます。彼の研究は、白衣を着た支配的な個人が何かをするように命じるとき、人はどれだけの力を振るうことができるかを調べるものであり、僕の研究は、ある集団に属することが、人の行動をいかに変えるかということに関する研究だったのです。

◆内気に関する研究はどのように発展したのですか。

一九七二年、スタンフォード刑務所実験の一年後、僕はこの実験について授業で話していたとき、内気さを沈黙の自主的受刑者にたとえました。すなわち内気な人とは、受刑者の役割も看守の役割も内在化している人です。看守は受刑者の自己の基本的自由を制限し、受刑者はしばしば黙って抵抗しますが、最後には屈服し、自由も自尊心も譲り渡してしまいます。そのクラスの学生たちから内気さについてもっと知りたいという声が上ったので、僕は内気な学生たちのために内気さに関する単位外のセミナーを行い、僕たちは調査や面接や研究によってこの概念を探究し始めました。やがてこれは研究助成金を得て実施されるスタンフォードの正式な比較文化研究プロジェクトとなりました。そして一九七七年、内気さを深く調べ、研究の成果を内気な人々を手助けするための実験的なクリニックが設立されました。

◆刑務所実験の反動はありましたか。

法的なものにせよ、そのほかのものにせよ、否定的な反動はありませんでした。研究に参加した人々の多くが大きく変化したという意味で、肯定的な影響はたくさんありました。

◆あなたは状況の力についてお話になりました。それは、よりよい世界を目指す政治的な希望という面から、非常に悲観的なことだと思われませんか。

全然思いません。明らかになったのは、状況の力を回避したり、それを変化させたりするために、その特性を理解しなければならないということです。そうでなかったら、有害な人に焦点を合わせ、彼らを殺すしかなくなります。人間はこれまで、うんざりするほどその手を実行してきたんですよ。でも何も変わっていませんからね。

◆どうやって状況の力を避ければいいのでしょう。

僕たちはみな、複数の状況の中で演じている役割の産物です。ある人が今、尋問者、拷問者であっても、美しい女性と十分な現金といっしょにパームスプリングス〔訳注　カリフォルニアからのリゾート地〕に送られれば、感覚的な喜びを楽しむ快楽主義者になるでしょう。

拷問に関する僕の本をご存知ですか。僕たちは、以前にブラジルで拷問者だったり暗殺団の殺し屋だったりした、たくさんの人の面接調査を行いました。そこで引き出された僕たちの結論は、そのうちの誰も病的ではなく、きわめて強い状況的教化の結果だったというものでした。

◆カルトについても書いていらっしゃいますね。なぜカルトが人を引き付けるのでしょうか。

カルトは即席の家族、社会的な支援、個人的な認知、安定性の幻想、居場所、役割、仕事、仰々しい価値観、社会の要求からの逃避、単純な生、犯罪からの解放、社会的な安定を与えてくれます。すべてすばらしいものなんですが、そのほとんどが錯覚に基づくもので、嘘や欺瞞に満ちています。多くのカルト集団のメンバーは、自分が何をしているのかよくわからないまま、寄付集めや勧誘をやることになってしまいます。僕は、『ＡＰＡモニター』に「カルトが迫りつつある」という論文を書きました。

◆アメリカ心理学会の会長というお仕事はいかがですか。

いろんな意味ですばらしいですよ。心理学の福音を広めるためにあちこち旅することができますし、心理学の研究や実践がいかに人々の生活に本物の影響を及ぼすかを証明する、新しい活動に取り組むことができるんですから。

◆最後の質問をさせてください。私から見ると、心理学は、世界をよりよくしたいと願った人々、特に第二次世界大戦後にそうした思いを強くした人々の理想主義を実現していないように思われます。それに同意なさいますか。そして、私たちはどうすれば、その状況を変化させることができるのでしょうか。

第二次世界大戦後、心理学者たちには、何か世の中の役に立つことをしたい、国際的に仕事をしたいという熱意が満ちていました。でも、彼らは学者として階段を上って行くために、論文を発表しなければなりませんでした。そうしなければ生き残っていけなかったのですから。そのため、保守的になり、ためらいがちになり、実行しやすく発表しやすいプロジェクトに焦点を絞るようになりました。けれども、今、女性の新しい血と頭脳が流れ込んできたために、それが変化しつつあります。女性たちは心理学を意味の漲《みなぎ》るものにしたい、社会的な善のために知識を使い、世界の国々が直面する緊急の問題に対処する学問にしたいと考えています。ですから、僕は、女性心理学者によって心理学がもっと今日的重要性をもつようになれば、第二次世界大戦後に盛り上がった理想主義が甦るだろうと信じています。

第14章　未完の結論

私はオックスフォード大学を離れた直後から、現代の心理学者をめぐる旅を続けてきた。いくつかの専門誌――『ニュー・サイエンティスト』やパリに本拠をおく『プシコロジー』なども、人間の本性に関するいろいろな理論を扱うには心理学者のキャリアや考え方を知ることが重要だと考えていた。その結果、私は二五年間で、世界の「重要な」行動科学者三七人にインタビューを行った。なかには一度ならず会った人もいる。序論で述べたように、今回の最新版では、最近非常に興味深い仕事をしている人々を取り上げるのに加えて、歴史的に特に重要と思われる人々も再録した。才気溢れる研究者を何人も外さなければならなかったが、そうしなければこの本は電話帳より分厚いものになってしまっただろう。本書に含めることができなかったのは、社会心理学の旗手であった故マイケル・アーガイル、セラピストのカール・メニンジャー、人工知能の理論を発展させたパトリシア・チャーチランド、心理学者として初めて英国王立協会の会員に選ばれたドナルド・ブロードベント、精神医学の大批判者であったトーマス・サス、本物のテレパシー能力があるように思われる人々に関する研究で超心理学を学問の世界に持ち込んだＪ・Ｂ・ラインなどである。また、逆説睡眠を発見したフランスの神経学者ミシェル・ジューヴェ、『反想像力』と『事実という新宗教』という二冊の重要な本を書いたリアム・ハドソンも除外せざるを得なかった。ここにこうした人々の名前を並べたのは、彼らへのインタビューから得られたことも、この「未完の結論」を導く基礎になっているからである。

何より驚かされるのは、何が人間を動かしているのかをめぐってまさに千差万別の考え方があるということである。行動科学はさまざまなものが入り混じった多彩な学問である。歴史的に見ると、心理学はかつてきわめて野心的であった。一九五一年にイエール大学に入ったときにジンバルドが記しているように、すべての学習、すべての動機づけ、すべての人間の努力などを説明できる方程式を書けると本気で信じている行動科学者たちがいた。また、多くの心理学者が世界をよりよい方向に変化させたいと考えた。その野心は、今日いくらか弱まっているものの、完全に失われてはいない。

これまでに刊行された本書の二つの版は、専門家を主な読者とするものであった。そのため、結論の章では、どのような方法論上のアプローチがあるのか、人間の行動について実験室でどれだけ学べるのか、どうして多くの心理学者が異常行動にばかり注目するのか、心理学が科学だというのならばいったいどんな科学なのかなど、専門的な問題を扱った。学生なら誰でも知っているように、学術誌には、実験の結果が報告され、一定の相関が偶然に起こる確率が一〇〇分の一以下あるいは五〇分の一以下［訳注　「二〇分の一以下」の誤り］であるならば、それは事実と言えるという約束がある。これは今でも重要な問題である。心理学では、予測に焦点が置かれていることを意味するからである。

過去二五年の間に、こうした問題のいくつかは、解決されないまでも、少なくとも緊急性が低下した。

たとえば、今ではかつてなく多くの研究が実験室の外で行われるようになり、異常ではない行動に関心がもたれるようになっている。安価なビデオカメラが用いられるようになり、心理学者はこれまでよりずっと簡単に、日常の自然な人間の行動を長期にわたって観察・記録できるようになった。全体として、成人よりも児童と幼児がフィルムに記録されることが多いものの、心理学はもはや実験室の科学ではなくなった。たとえば、デボラ・タネンは職場での男女の話し方などを調べるにあたって、参与観察を主な研究方法として用いている。心理学の方法は以前よりもずっと折衷的なものになった――そのことは一九七七年に私が必要性を主張したものである。

しかし、心理学とはどのような科学なのかという疑問は、まだ完全には解決されていない。インタビューの中でも、レインやフランクルのような「ロマンチスト」が実験科学者に比べて今なお影響力をもっていることは明らかである。心理学はキノコのように急成長し、タコのように触手を伸ばしてきた。この二五年間に私は、この議論はいつか解決することがあるのだろうかと、懐疑的に思い始めている。自己啓発の心理学、すなわち内なる自己を見つけてよりよき恋人、テニスプレーヤー、シェフ、人の親になる方法を教える心理学が隆盛をきわめているということは、これからもロマンチスト心理学の市場はなくならないだろうということを示唆している。市場ということばを導入したくはないが、心理学は、あらゆる種類の人々が自分の商品を売りたがる知的なバザールである。この傾向はセラピーの分野ではいっそう顕著に見られる。ヴィクトール・フランクルは、ヒューマニスティック派のセラピスト、エイブラハム・マズローに対して少々相反する感情を抱いていた。マズローの至高体験に関する理論は今も影響力を保っている。マズローは、「最初の包括的なビッグ・プロブレムは、善なる人を作ることである。私たちは人類をよりよくしなければならない。そうしなければ、種として絶滅してしまうだろう。絶滅まではしないにしても、緊張と不安の中で生きる種になることだろう」と記している。それに対する解決策はもちろん、マズローの方法に従うことだ。それは人を至高体験に導き、「自己実現」は言わずもがな、「完全啓発」の状態に導いてくれる。現在、心理証券取引所ではスキナーの株価はかなり下がり、ジンバルドの株価が上がっている……

町のバザールと同じく心理学もエネルギーに満ち溢れているが、当然ながら心理学は市場であるだけではない。過去二五年間で最もエネルギッシュな心理学者に賞を与えるとしたら、私はジンバルドにするのではなかろうか。僅差の第二位はアイゼンクだろう。

偶然に心理学者になった人の減少

エネルギーと進化の明白な表れのひとつは、医療職と教育職の分野において心理学がビッグ・ビジネスになっているということである。本書の初版で、私は、インタビューをした人の多くが偶然に心理学者になったことを記した。しかし、心理学がはっきりと確立された職業になり、そうした職業を目指して何千人もの学生が心理学を学ぶようになった今、偶然に、あるいは間違って心理学の世界に入る人は少なくなっている。もっとも人生とは面白いもので、今もデボラ・タネンのような例外はあるのだが。彼女の場合は、言語学者になったのも偶然、音素ではなく行動を研究する言語学者になったのも偶然だった。

しかし、支払うべき対価もある。心理学という学問が確立されるにつれて、ばらばらに細分化されてしまった。今や心理学のなかには何百もの専門領域がある。数理心理学、道徳心理学、政治心理学、室内装飾心理学、スポーツ心理学、消費者心理学などに特化した学術誌もある。いつか『日本自転車心理学誌』が創刊されて、後ろ向きにペダルをこぐよう被験者を条件づける方法についての論文が掲載されても、私は驚かないだろう。こうした細分化の結果のひとつは、業績欄に一行加えることだけにしかならない瑣末な研究が多数行われていることである。こうした傾向はどの学問領域でも見られるが、心理学の場合に深刻なのは、すべての心理学者が共有する中核的な知識というものが、近いうちになくなってしまう現実的な危険があるということである。たとえば、経済心理学に多くの時間を費やす学部生向けの科目はほとんどない。文脈の中の言語を調べ、そこから明らかになる人間の行動について考察する研究もほとんどない。

心理学者は、共通の中核的な知識を身につけることなく、フロイト、ジョン・B・ワトソン、ハーバート・サイモン、スキナーなどが試みたような人間の本性に関する壮大な心理学理論を発表しようと腐心している。フロイトは当時の実験心理学の文献をすべて把握していた。一九六〇年代、ドナルド・ブロードベント、スキナー、アイゼンクは、セラピストや精神科医が行っていることを理解していた。しかし、社会心理学の研究はまだしも、遺伝学の最新の進歩、人工知能のハードモデル対ソフトモデルという議論、人間の反応に何がどう影響を及ぼすかについての最近の脳研究の成果などをすべて理解するには、とてつもなく博学でなければならない。ましてや社会心理学まで視野に入れるのは至難の業だ。

現代の心理学界に見られるのは、グランド・ビジョンを持つ学者ではなく、ある限られた分野で重要な理論を発展させたジョン・フレイヴルのような、スペシャル・ビジョンをもつ学者だ。この細分化のゆえに、特定の分野で仕事をする人やそれに関心をもつ人にとって、専門外の分野の核心的概念をある程度知っていることが一層重要になっているのではないだろうか。

グランド・セオリーを生み出すには哲学に明敏に

心理学には研究対象の特性ゆえの固有の問題がある。心理学の研究対象（サブジェクト）は物的対象（オブジェクト）ではない。研究対象は主体（サブジェクト）、それも自由意志をもつ主体である。実験を目的どおりに運ぶためには、ときとして研究対象者をだまさなければならない。研究対象者はしばしば何のための実験かを推測することができる。物理学ならば、たとえば物理化学的に非常に複雑な星の生成、生涯、死滅の理論などがあるだろうが、少なくとも、星は何を知っているのか、今日は星運の悪い日だから一癖あるデータを出しているのかもしれない、あるいは実験者がどんな結論を得ようとしているか十分わかっていることを傲慢な実験者に示したいと考えているのかもしれない、などと心配する必要はない。実験の意図が見抜かれたらお笑いだ。

くすくす笑う星雲……そんなものはまだ誰も見たことがない。

心理学者が自分のやっていること、それが意味することに確信をもてないのは、人間のこの複雑さのせいである。だからこそ、心理学の哲学に関する新しい研究があまり行われていないのは、残念だといわざるを得ない。

心理学に哲学的な研究が必要なのは、心理学が三つのレベルの行動と、それが相互にどう関連しあっているかを説明しなければならないからである。第一に、すべての人間に共通するレベルであり、人はなぜこのように行動するのかというレベルである。すべての人が眠り、夢を見、食べるのはなぜか。全部ではないにしろ、こうした疑問の多くは生物学的なものである。第二に、なぜ一部の人々は、他の人々がしない行動をするのかというレベルである。どうしてある男性の集団はオートバイに乗ったり麻薬を吸ったりし、他の集団はしないのか。色覚異常ではない人は皆、太陽を金色、海を青と見るのはなぜか。最後に、個人のレベルでの説明が必要である。ゾー・ジョーンズはどうして、いつも数学がよくできて、ニンニクが好きで、そばかすがあって干草の匂いのするたいして面白みもない男の子との出会いを求めているということを気に病むのか。そして、遺伝学や神経学の知見、あるいは心理学に関連するすべての科学の知見から見て、ゾー・ジョーンズの個人的特性にはどのような意味があるのか。

私はこれまでに二人の心理学者の伝記を書いた。行動主義の祖であるジョン・B・ワトソンと、ヒューマニスティック派セラピーの祖であるカール・ロジャーズである。他者に関して事実を書き並べる以上の何かをしようとするのがいかに難しいか知っているつもりだ。今もなお心理学者たちは普通の人の詳細な経歴をたどり、その人生を全体として説明しようと試みている。奇妙なことだが、それに最も近いのは、問題をかかえた人々に関する臨床報告であろう。ギルドフォード・フォー事件［訳注　ロンドン郊外のギルドフォードで起きた爆弾テロをめぐる冤罪事件］やハロルド・シップマンの連続殺人事件［訳注　マンチェスターで患者二一五人以上を殺したとされる医師の事件］といった重大な裁判では、弁護側も検察側もしばしば専門家に意見を求め、なぜ、どのようにそれを行ったのかについて根本的に異なる見方を得る。私は何度かこうした報告書を見たことがあるが、その多くは非常に徹底した詳細なものである。しかし、それらが科学研究に用いられることはほとんどない。裁判所で読み上げられるのはほんのわずかな細部だけであり、こうした報告書の大部分は極秘のままである。瑣末な研究が数多く発表されている一方で、心理学や精神医学において最も内容に富んだケーススタディになるはずの情報が学会の場においてさえも発表できないというのは、皮肉なことである。そのため、私たちは複雑な生活史を理解する方法をもっているのかどうか、確認するすべがないのである。どうすればこの状況を変えられるのか、残念ながら私にはわからない。

理論の変化

ここ二〇年間に心理学の世界で起きた最も重要な二つの変化は、行動主義が追放した「意識」の復活と、発達心理学の隆盛であろう。かつてスキナーは、思考や感情を研究する必要はないとことさら挑発的に主張したが、今ではそのような立場を取る人はいなくなった。フレイヴルは、年少の幼児でも、他人が異なる考えをもっているということを理解する点でいかに有能かを明らかにした。心理学は人生についてより成熟した見方を展開すると予見しうるが、そこに至るまでには長い道のりがあるだろう。学術誌の独特の慣行にも眠くならずに読める人は、人生にはほとんど関係がないように思われる奇妙な響きのタイトルの研究があまりに多いことに、これからも憂鬱な思いを続けるにちがいない。イギリスの心理学者ポール・クラインは、『暴かれた心理学』の中で、重大に聞こえる心理学の予測の多くは、専門用語で飾り立てられた常識にすぎないと論じている。もっとも、アイゼンクに言わせれば、クラインはその日たまたま気分が悪かっただけであり、クラインに言わせれば、アイゼンクは凝り固まった自分の考えを守ろうとしているだけだということになるのだが。

心理学者の権力

心理学者は謙虚さを手にしがたいと言わなければならない。物理学者は銀河の神秘に畏敬の念を抱き、動物学者は必死で逃げるガゼルと全力で追うチータの姿に胸を打たれるかもしれないが、人間の行動に魅了されたり驚いたりする行動科学者というのはあまり聞いたことがない。最もそれに近いのは、多分ジンバルドだろう。謙虚さの欠如は、ハーバード大学の故デイヴィッド・マクレランドが提示した説得力のある論文を補強する。彼は、どのような動機づけが人々を経済的に成功させるかに関心をもち、それをプロテスタントの勤労の倫理と結びつけた。また、多くの心理学者が宗教心の強い親の下で育っていることに着目し、それへの反発として心理学者になったと主張した。そうした心理学者たちは心理学を科学的にすることを望み、どのように行動すべきかを人に説くことは望まなかった。しかし、マクレランドは、心理学の四〇年からもっと気がかりな真実を引き出した——心理学者は権力が好きだということである。二〇世紀の大部分、心理学の異なる学派間で激しい論争が行われたのはそのためである。スキナーは自分が正しいと声高に主張し続けた。チョムスキーはスキナーが間違っていると声高に主張し続けた。この二人だけを槍玉にあげるのは公平でない。たとえば、フランクルやアイゼンクも、同じくらい強固に自説を主張した。R・D・レインは、ラジオで同業の精神分析医であるアンソニー・クレアに問い詰められ、自分がアルコール依存に陥っていることを認めたために破滅した。レインの敵対者たち——クレアは決してその一人ではなかった——がこれに飛びつき、レインは医師の資格を剥奪されたのだった。

マクレランドは、重要な心理学者はみな人間の本性に関する正しい見方は自分のものだけだと人々を説得したがると、私に語った。たとえばワトソンとフロイトのどちらか一方が正しくなければならない。どちらも正しいということは認められないのだ。賢明で分別があるはずの精神分析医たちも、論争となると容赦がない。フランクルは自分がどのようにアドラーから破門されたかをつまびらかに語った。アドラー自身、それ以前にフロイト派と袂を分かっていた。ウィーンにたくさんのカフェがあったのは、学派ごとに行きつけの店をもつ必要があったからだ（それぞれの店独自のケーキがあったと言いたいところだ）。

ウィーンの小競り合いよりもずっと深刻なのは、本物の権力を手に入れた行動学者たちが栄光に包まれるわけではないということである。ゲーリング［訳注　ナチスの実力者］のいとこの一人は心理療法家であり、若いナチス党員の意欲を高めるための組織を設立した。これまでに本当の要職についた唯一の行動科学の専門家は、ボスニアに対する戦争犯罪のために指名手配されている精神科医ラドバン・カラジッチだ［訳注　二〇〇八年七月、旧ユーゴスラビア国際戦犯法廷によりカラジッチは身柄を拘束された］。彼は情け容赦なく何万人もの死を命じた。ちなみに私が知る限り、彼は専門職業団体からは糾弾されていない。心理学者が学問の世界の外で本物の権力を振るっていないのは、むしろ幸いなのだろう。

心理学者はどうしてそんなにも権力を必要とし、権力を好むのだろうか。私はインタビューした心理学者たちにそれを率直に語らせることはできなかった。ただし、ジンバルドは、幼児の頃自分の知能を使ってリーダーになろうと奮闘したという興味深い話を聞かせてくれた。マクレランドは、彼らが権力を好む理由のひとつはエゴであるが、自分の書いていることが非常に重要に感じられるということも理由だろうと論じている。本書の目的のひとつは、心理学者の心理を多少なりとも理解することである。アン・ロウ(Roe, 1953)は、一連の研究を行った結果、心理学者は親と対立していることが多く、個人的な関係を放棄しない傾向があるということを明らかにした。多くの心理学者は二〇年たっても、ときには五〇年たっても、親への怒りを抱いている。彼らは、若い頃の無力感の補償として権力を好むのかもしれない。危険を冒す勇気のある大学院生にとって、これは格好の博士論文のテーマになるだろう。

しかし、権力へのこの愛着には肯定的な面もある。多くの心理学者が世界をよりよくするために社会に影響を及ぼしたいと考えているのは明らかである。サンドラ・ベムとデボラ・タネンはこの点についてきわめて率直だ。男性の心理学者はそれほど率直ではないことが多いが、スキナーはいかに社会政策に影響を及ぼしたいと思っていたかをインタビューの中で語り、チョムスキーは政治活動家になった。ハーバート・サイモンも社会政策に影響を及ぼしたいと望み、フランクルはホロコーストをめぐる議論の中心にいた。政治的公正（ポリティカル・コレクトネス）の考え方に立ち向かったアイゼンクは、自分はその目でナチスの活動を見たのであり、彼をファシストと呼ぶ学生たちは何を言っているのかわかっていないのだと主張した。ジンバルドも政治的に活発に行動する。彼は明らかに、刑務所実験をめぐる政治的行動が気に入っている。アイゼンクは、他界する直前、よりよい食事が刑務所内の暴力を軽減するということを示唆する栄養学の追跡研究を拒んだ英国内務省は、科学的な結果に耳を貸したがらない政治家連中の例だと批判した。

心理学者がしばしば心理学上の見解をめぐって争うのは残念なことである。心理学の世界でもっと女性が活躍するようになれば、状況が変わるだろうと考える人もいる。しかし、事実がそう示しているとは思えない。女性心理学者のベムもタネンも、タネンに言わせれば、フェミニストたちから「たたかれた」。そして、その批判者の一人を非難するタネンのことばのなかには、名誉毀損になりかねないため本書に使えないものもあった。

この二五年の心理学の研究成果が種々雑多なものの寄せ集めであることを考えると、権力をもちたい、非凡な見解で影響を与えたいという願望を叶えるのはいっそう難しい。ほとんどの心理学者は野心を小さくし、ドグマ的ではない姿勢を取らざるを得なくなっている。最近では、あれかこれか、賛成の側につくか反対の側につくかという態度は減っている。人類はどこに行こうとしているのか、それはなぜかという複雑な問題を一気に説明しようとするほど大胆な人が少なくなっているからであろう。

ある意味で、心理学者はメディアの人気者になることでその埋め合わせをしてきた。ありとあらゆる人間の行動について意見を求められ、いかに生きるべきかを人に教えている。心理学者は新たな司祭である。一九世紀の終わりにニーチェによって報告された神の死は、六時のニュースが必要とすることになんでも手短に答えられる専門家の誕生を導いたようだ。私はテレビ番組「ビッグ・ブラザー」の出場者のボディランゲージについてコメントを述べたり、運がないと思っている独身者が性生活を向上させられるようにBBCの職場環境をデザインし直したりしているのだから、他人を批判できるような立場にはない。ジンバルドはBBCによる刑務所実験の再現の仕方について辛辣な意見を述べた。今、かつてなく多くの心理学者が、現下の問題について自分の考えを説明できる機会を楽しんでいる。このようなことは人間の本性に関する新しい理論を生み出すこと――本物の発見や新たな統合――と同種の権力だとはとても言えない。

それでも、「愛する人を振り向かせることができないのならば、振り向かせることができる人を愛せ」である。多くの心理学者は、三分間の短いコメントに人々の耳目を集められることを喜んでいる。それは少々弱々しい権力だけれども。

ちなみに、私たちは今、高齢化するベビーブーマーたちが六〇代を充実して生きる方法をどのように見出すかについての研究分野の入り口に立っていると私は考えている。私が七五歳になったときには、八〇歳を超えた人々がどうすれば満足のゆく性生活をもてるかについて大著をものしたい。それは国の年金がとっくに価値を失った後も私を生き延びさせてくれるだろう。

心理学の失敗

その他の現実も、心理学者のイデオロギーの虚勢を削いでいる。第一に、心理学には多くの問題を解決するどころか理解する力がないということが明白になっている。ここにそれを示す三つの重要な例をあげよう。延々と議論されてきた児童虐待の増加、イギリスにおける軍事訓練中の事故による死者数、児童への抗うつ剤の利用の増大である。

児童虐待が以前より増加しているのか、それとも報告数が増えているだけなのかは、実のところわかっていない。今のところはっきりしているのは、身体的、性的または情緒的に虐待された児童が苦しみ、その苦しみが長く続くということである。しかし、スティーヴン・セシの調査は、カウンセリングに莫大な費用が注がれているにもかかわらず、幼児の身に起こったことについて本人に尋ねるとき、多くの心理学者や関連する専門家たちは依然として、細やかな配慮の行き届いた質問ができないことを示している。その結果、事実についての混乱が生じ、幼き者を余計に苦しめている。なかには、セラピストによって、虐待を受けていない子どもが自分は虐待されてきたというファンタジーを抱かされるのではないかという、複雑で結論の出ていない議論もある。

二番目の例として、私は意図的に大きく異なるものを選んだ――軍事心理学である。英国陸海空軍は、新兵の訓練に役立てるため、および、武器の設計（マン・マシン・インターフェース）のため、心理学者を利用している。ドナルド・ブロードベントは、英国空軍で働いているときに実験の仕方を学び、高度計やその他の計器を改良して航空機事故の数を減少させた。今日、軍による心理学者の利用範囲はいっそう広がっている。たとえば、新兵が兵器――非常に精密に作られたものもある――の操作方法を確実に学べるようにするための訓練の補佐も含まれている。しかし、戦闘の最中に兵士が正しく使える機器を設計するために心理学研究の成果を利用する長い伝統があるにもかかわらず、一九九〇年代に軍事行動中の事故で死亡したイギリスの軍人はおよそ二五〇〇人にのぼった。これは英軍兵士のおよそ一パーセントである。もちろんそのような悲劇的な事故にはさまざまな理由があるが、兵士が機器を操作する際に混乱したことが原因になっている場合も多い。訓練不足も一因である。また、新兵いじめもどうしてもなくならない。世界最大の心理学産業であるペンタゴン（アメリカ国防総省）も、異なる文化がどのように振舞うのか、それにどう適応すればいいのかをほとんど教えないまま、兵士たちをイラクに送り出している。

心理学の失敗の第三の例は、心理学者や精神分析医が抗うつ剤以外の方法で行動の問題に対処できないために、児童にそうした薬物を使う事例が著しく増加しているということである。さらに、心理学者はこのような難しい児童に対処する術《すべ》を、親に訓練したり教示したりする方法を見出すに至っていない。

心理学の全領域での主たる議論や新しい知見をマスターするのがますます困難になっているという事実、そして心理学は期待される知識を生み出せないことが多いという事実から、まじめな心理学者は心の奥底で不安を感じている。多くのことを知り、夢見たことをなし、多くを説明する理論を思いつきはしたが、私は何者なのか、と。私がインタビューを行った心理学者のなかには、それほど厳しい見方や謙虚な見方をしなかった人もいるが、宇宙論におけるビッグバン理論のような理論を心理学が生み出せないでいるということが、今も多くの行動科学者を憂慮させている。心理学はまだ若い科学だと彼らは言う。しかし私は、いつになったら成熟するのかと問うているのである。

予測に戻って

予測は、私がインタビューを行った心理学者の多くを悩ませている問題であった。アイゼンクは、心理学者が自然科学についてあまりにも無知であるため、心理学の方法がいかに異なるべきかがわからないのだと強く主張した。あれほど科学を擁護した人にしては驚くべきことだが、アイゼンクは、伝統的な実験の形式、すなわち仮説を立て、それを検証する方法を考え、筋道だった予測を行うという形式はしばしば、助けになるどころか妨げになると感じていた。もちろん理論は検証されなければならないが、心理学は予測至上主義に屈服する必要はないと言うのだった。アイゼンクは次のように不満を述べている。

「心理学においては、そして実のところ、未知なるものの前線で研究が行われるほとんどの科学においては、強い理論というより弱い理論がルールであり、うまくいかない予測よりもうまくいく予測がずっと重要である。後者は重要な追試研究に導き、必ずしも正しいというわけではないが、有望な方向に向かわせる結論を導く。他方、前者は多様な説明が可能であり、そのことは必ずしも、大前提に含まれる理論の失敗を意味しない。」

そして、アイゼンクは次のように言う。「基礎を築くという困難な仕事に取りかかったばかりの若い科学では演繹的・実験的な厳格さにこだわりすぎるのはまだ早いのだが、心理学者はときとしてそのことを主張することにより、広く応用可能な前途有望な着想を放棄してしまう危険があるように思われる。」(Eysenck, 1970)

心理学者の心理学と創造性

過去には、心理学者は自分の人生と研究を結びつけようとするのは少々奇妙だと感じたようだ。それは変わってきたように思われるが、心理学者の心理学に関する研究材料は、今でもごくわずかしかない。スキナー、サイモン、アイゼンクの三人は自伝を書き、ダマシオはデカルトとスピノザを理解しようとして旅をした個人的な経験について多くを語っている。

私にはこれは興味深く思える。何人もの心理学者が、あるテーマについて書いているときに、本当にそれが生き生きしたものになると述べているからである。特に、タネンははっきりそう述べている。彼女は自分の筆力に自信をもっており、自分にとっては執筆こそがこの仕事における最大の喜びのひとつだと明言している。スキナーは若いころ作家になりたいと思っていた。自作の詩をロバート・フロストに送って批評を求めたこともあった。本書の初版では、ニール・ミラーとデイヴィッド・マクレランドも、文章を書くのが大好きだと話してくれた。ヘンリー・タジフェルとリアム・ハドソンという二人の心理学者も、タネンと同じく、自分は文章を書いているときに最も創造的な仕事ができると主張した。タジフェルは一九七〇年代に次のように私に語っている。

「私が創造的になるのは、机の前に座ってあれこれ書いているときだけです……言うまでもなく、書くというのはリトマス試験です。書いていると、以前には気づかなかった矛盾や弱点などに気がつきますから……私にとって、書いているときが本当に考えているときでもあるのです。」

そのような自認や告白は、科学的活動としての心理学の性質について、興味深い点を暗示すると私は思う。

非常に大きな影響力のあった『科学的発見の論理』の著者である哲学者カール・ポパーは、論理は新しいアイディアを得ることと関係がなく、「新しいアイディアを見つける論理的な方法や、このプロセスの論理的な再構成などというものはない」と論じている。ポパーは、決して「いつも論理的なスポック博士」(育児書の著者ではなく『スタートレック』のスポック博士)ではなく、科学者にとっては非合理的な創造性のひらめきが重要だと考えていた。それが実験を導くのであり、そうしたひらめきこそ、すぐれた科学者が重要な問題を認識する洞察の瞬間なのである。フランスの偉大な数学者アンリ・ポアンカレは、夢の中で解法を見出すと語った。無意識が忙しく働いて方程式を解き、異なる視点から問題を眺め、アイディアを生み出すのである。それが霊感（インスピレーション）であり、データを収集するときに必要なのが発汗（パースピレーション）だ［訳注　発明王エジソンの「一パーセントの霊感と九九パーセントの発汗」を踏まえている］。しかし、無意識の心は心理学者の役に立つのだろうか。おそらくだめだろう。フロイトが無意識を貪り食ってしまったからだと言わざるをえない。

いずれにしても、ハーバート・サイモン、デボラ・タネン、リアム・ハドソンといったまったく異なる心理学者の研究の仕方は、互いにまったく違うように見える。だが彼らの創造性は、結果を得てから発揮される。もはや安楽椅子の理論家ではないが、彼らが洞察のひらめきを得るのは、キーボードに向かって座っているときなのである。調査の準備、データの収集、結果の整理といった作業は、心理学的な行為ではない。多くの心理学者にとって、心理学的な行為とは書き上げることのなかにある。しかし、証明はできないが、それは他の科学における「ユーレカ（わかった！）」という瞬間とは違うと感じる。科学としての心理学は、それを行う者の気まぐれや偏見よりも高次のものということになっているが、心理学者にとってものを書いているときが最も心理学を実践している――そして最良の実践ができる――ときであるならば、それはそのとき、彼らがついに科学者であろうとする努力から解き放たれ、リアム・ハドソンのいう「自分自身を語る」ことができるからなのかもしれない。残念なことに、いやもしかしたら幸運なことに、心理学が他の学問のような本物の科学になることができると信じなければ、この「個なるもの」への移行は「ここからは個人的」と明確に区分されず、「結論」とか「考察」とされるだろう。少なくとも私はこの章を、「未完の結論」と呼んでいる。

謎はこの「個なるもの」である。著者は自分の職業に自分を反映させる――そしてそれが当然だと考えられている。しかし、心理学者は自らが科学者であることを望み、芸術家や茫洋たる思索家であることは望まない。カルチュラル・スタディーズといっしょくたにされるのも嫌なのだ。そして、科学は非個人的なものということになっている。しかし、心理学者にとって非個人的であるのは簡単ではない。人間の本性に関して心理学者が抱く考えは、まちがいなく一人の個人としてのその人に影響を及ぼしているはずである。たとえば私ならば、性が大きな動機づけ要因かつ至高体験の一つであると主張しようとは思わない。神かけてノーだ。私は、人類救済と古切手を集めるといった、もっと高次の欲求に動かされている。私は自分の性生活が小雨にけむるマーゲイトの午後［訳注　マーゲイトはイギリス東南端の海辺のリゾート地］のようにエキサイティングかどうか悩んだりはしないだろう。私は、行動主義の祖ジョン・B・ワトソンの伝記を書いた後、ワトソンをテーマとしてBBC「ラジオ3」向けのラジオドラマの脚本を書き、人間の行動に関するワトソンの理論が、彼自身の人生の方向づけや危機への対応に役立たなかった理由を探った（言うまでもなく、私のドラマではワトソンは困惑し、謝罪し、生まれ変わったらもっとうまくやると約束した）。しかし、心理学者が主張する人間の本性と、その学者自身の人生の相互作用というのは、非常に難しいテーマである。それは、心理学は科学であるという概念を脅かすからである。私は控えめながら、心理学者はそれについて考えるべきだと示唆したい。

最後にもうひとつ示唆しておきたいことがある。私は三人のノーベル賞受賞者［訳注　カーネマン、サイモン、テインバーゲン」にインタビューするという栄誉を得た。ノーベル賞を受賞する心理学者はほとんどいない。経済学や医学の賞はあっても、行動科学の賞はないからである。心理学界以外の人々の注目を集める、世界的に認知された心理学の賞は存在しない。心理学には、発達心理学者にも社会心理学者にも与えられるような世界的な賞が必要ではないだろうか。それは心理学という学問を統合する、ひとつのシンボルになるはずである。

私がこの章を「未完の」結論と名づけているのは、議論百出の現代心理学の様相を反映させたいと思うからである。誰かがこうした論争を解決できるのかどうかはわからないが、それは重要な意味をもっている。しかもそれは心理学者だけにとって重要なのではない。私たちはみな、自分自身を理解したい、そしてこの小さな惑星を共有している他者——ときに愛すべき、ときに腹立たしい人々——を理解したいと願っている。これまでのところ心理学は、その開祖たちが望んでいたほどには、この野望の実現に貢献していない。私たちは心理学に、そして私たち自身の背中に蹴りを入れる必要がある。今日の心理学の現状の水準を公平に採点するなら、「大いに改善の余地あり」というところではないだろうか。最後に、私のインタビューに応じてくれたすべての人々に心から感謝の気持ちを捧げたい。

監訳者あとがき

本書は、David Cohen, *Psychologists on Psychology*. Hodder & Stoughton, 2004. の全訳である。本書は、ジャーナリストで映画監督もつとめる才人デイヴィッド・コーエンが一三人の心理学者にその生い立ちや経歴、人間に対する見方や心理学に対する考え方をインタヴューして聞き出したものである。インタヴュー・メソッド（面接法）は、心理学の重要な方法ではあるが、実のところ、それによって人間の真実に近づくことはかなり難しい。本書の価値は、コーエンが著名な心理学者たちの生の声を引き出し、その内面心理を明るみに出す素晴らしいインタヴューを行った点にある。一三人の心理学者の簡単なプロフィールは次のとおりである。

第1章　サンドラ・ベム（一九四四－　）：米、心理学
第2章　ノーム・チョムスキー（一九二八－　）：米、言語学
第3章　アントニオ・ダマシオ（一九四四－　）：ポルトガル→米、医学・脳科学
第4章　ハンス・アイゼンク（一九一六－九七）：独→英、心理学
第5章　ジョン・フレイヴル（一九二八－　）：米、発達心理学

第6章　ヴィクトール・フランクル（一九〇五－九七）：墺、精神医学
第7章　ダニエル・カーネマン（一九三四－　）：イスラエル→米、心理学
第8章　R・D・レイン（一九二七－八九）：英（スコットランド）、精神医学
第9章　ハーバート・サイモン（一九一六－二〇〇一）：米、心理学・人工知能論
第10章　バラス・スキナー（一九〇四－九〇）：米、心理学
第11章　デボラ・タネン（一九四五－　）：米、心理学
第12章　ニコ・ティンバーゲン（一九〇七－八八）：蘭→英、生物学・比較行動学
第13章　フィリップ・ジンバルド（一九三三－　）：米、社会心理学

本書を読むと、心理学という学問の特徴がよく示されている。心理学は、もちろん心の諸問題を取り扱うものであるが、心の問題とは一筋縄でいかない実に大きなものであり、さまざまな分野から多角的にアプローチをする必要がある。心理学が専門分野（ディシプリン）として確立したのは、たかだか一三〇年ほど前、ドイツのヴィルヘルム・ヴントが一八七九年にライプツィヒ大学に心理学実験室を開設したときのこととされる。歴史が短く多様性の大きい分野であるから、他の研究領域からの参入や他分野からの影響関係も大きい。心理学史上の三人の偉人をあげるとすれば、ロシアのイヴァン・パヴロフ、オーストリアのジグムント・フロイト、スイスのジャン・ピアジェになるだろうが、いずれも本来心理学者ではない。すなわち、パヴロフは医学（生理学）、フロイトも医学（精神医学）、ピアジェは生物学の出身である。

本書に登場する一三人の研究者を出身分野で色分けすると、次のようになる。

A（最初から心理学者）：ベム、アイゼンク、フレイヴル、カーネマン、スキナー、タネン、ジンバルドー

B（他領域から心理学に参入）：サイモン（政治学・経済学）

C（心理学者ではないが心理学に影響力）：チョムスキー（言語学）、ダマシオ（医学）、フランクル（医学）、レイン（医学）、ティンバーゲン（生物学）

この中でノーベル賞受賞者は、ティンバーゲン（生理学医学賞）、サイモン（経済学賞）、カーネマン（経済学賞）の三人である。サイモンは、政治学・経済学から心理学に参入してきたが、カーネマンは逆に心理学から経済学に参入した。このように、本書を読むと、心理学者が多様なバックグラウンドを有すること、心理学が非常に幅広い分野であることがよくわかる。

本書のインタヴューは、故人のものも含まれ、全体がかなり以前のものであるが、その内容は決して古くなることはない。なぜなら、インタヴューを受けた心理学者の「生の声」が聞こえてくるからである。そのことは、本書の第一版が一九七七年に刊行され、一九九五年に第二版、二〇〇四年にこの第三版が刊行されたという事実からもうかがえる。日本の出版界から考えると、とてつもなく息の長い本である。なお、アイゼンク、スキナー、チョムスキー、レイン、ティンバーゲンの五人は第一版からの「生き残り」であり、三〇年の歳月を越えて評価されている。

本書の翻訳の過程について説明しておきたい。監訳者は、本書を出版からあまり日がたたないうちに入

手した。本書の一三人の心理学者のうち、監訳者が直接面識のあるのは、ジョン・フレイヴル教授だけである。一九九五年一月、阪神淡路大震災の直前、フレイヴル教授をカリフォルニア州にあるスタンフォード大学の研究室に訪ねた。定年間際の白髪の教授が親切に応対してくださった。そのときの強い印象と本書のインタヴューの内容とが私の頭の中でスーパーインポーズされたことが、本書翻訳の動機づけの一つとなった。

監訳者が新曜社編集部に翻訳の話を持ち込んだのは、二〇〇四年十月のことであった。担当の塩浦暲氏（現・新曜社社長）との話から、まずプロの翻訳家に訳出を依頼することになり、三宅真季子氏にその作業をお願いした。あがってきた三宅氏の訳稿を編集部で整理したものを監訳者が受け取ったのが二〇〇六年二月、そこからが監訳者の苦しみの始まりであった。多忙な仕事の合間を縫い、外国出張（オーストラリア・メルボルン、イギリス・ランカスター、スペイン・サラゴサ）にまで持参して原書と首っ引きで一文一文確認・修正する作業を続けたが、「はじめに」、「ダマシオ」、「アイゼンク」、「フレイヴル」、「カーネマン」、「未完の結論」の章で一年が終わり、それでは翻訳の契約期間に間に合うよう作業を終えることができないことが明らかになった。二〇〇七年四月でやむなく一旦作業を打ち切り、残りの章は校正によって確認・修正を続けたが、初校の段階で刷り上がりが五〇〇ページにもなることを知り、驚くと同時にあきらめもついた。人名索引の生没年、分野の調査にも一週間を費やし、ようやく完成の喜びを得た。最後になったが、塩浦氏、三宅氏には心より御礼申し上げたい。

二〇〇八年十月

子安増生

新曜社

心理学者、心理学を語る
時代を築いた13人の偉才との対話

初版第1刷発行　2008年11月25日©

著　者　デイヴィッド・コーエン
監訳者　子安増生
訳　者　三宅真季子
発行者　塩浦　暲
発行所　株式会社　新曜社
〒101-0051 東京都千代田区神田神保町2-10
電話(03)3264-4973・FAX(03)3239-2958
e-mail info@shin-yo-sha.co.jp
URL http://www.shin-yo-sha.co.jp

印刷　三協印刷　Printed in Japan
製本　難波製本
ISBN978-4-7885-1137-8　C1011

著者
デイヴィッド・コーエン（David Cohen）
1946年生まれ。英国オックスフォード大学で心理学を学ぶ。心理学博士。心理学者として『遊びの発達』，『心理テストをテストする』，『子どもの心はいかに発達するか』，『J.B.ワトソン』，『ピアジェ』，『カール・ロジャース』など多くの著書を書くと同時に，雑誌『心理学ニュース』を創刊して編集長を務め，ジャーナリストとして映画・テレビ番組の制作にもあたってきた才人。邦訳書に『ブロードモア精神病棟』（海燕書房），『心と脳』（河出書房新社），『相場を動かすブルの心理，ベアの心理』（主婦の友社）がある。本書の原著『心理学者，心理学を語る』は，1977年，1985年，2004年の3つの異なる版があるロングセラー。

監訳者
子安増生（こやすますお）
1950年京都市生まれ。京都大学教育学部卒，同大学院を経て，1997年より京都大学大学院教育学研究科教授。博士（教育学）。発達心理学専攻。日本発達心理学会理事長。著書に『幼児期の他者理解の発達』（京都大学学術出版会），『心の理論』（岩波書店），編著に『芸術心理学の新しいかたち』（誠信書房），『経済心理学のすすめ』（有斐閣），『よくわかる認知発達とその支援』（ミネルヴァ書房），『キーワードコレクション　心理学フロンティア』（新曜社），訳書にM.コックス著『子どもの絵と心の発達』（有斐閣）ほか，著書論文多数。

訳者
三宅真季子（みやけまきこ）
フリー翻訳家。国際イベントの企画書，国連広報資料など，多様な分野の翻訳に取り組んでいる。訳書にG.ポール著『恐竜骨格図集』（学習研究社），R.J.スターンバーグ著『愛とは物語である』，D.キムラ著『女の能力，男の能力』，L.J.フリードマン著『エリクソンの人生』（上・下），M.ネスル著『フード・ポリティクス』（以上共訳，新曜社）などがある。

人名索引

太字は本書で取り上げた13人の心理学者と，その章の始まりのページ。

■ア行

アイゼンク（Eysenck, H. J. 1916-1997；独→英・心理学） 5, 11, 13-14, 18, 21-24, 105, **125**, 344, 360, 374, 462-463, 466-467, 469, 473-474
アインシュタイン（Einstein, A. 1879-1955；独→米・物理学） 94, 165, 217, 279, 316, 319-320
アーガイル（Argyle, M. 1925-2002；英・心理学） 459
アドラー（Adler, A. 1870-1937；墺→米・心理学） 194, 203-204, 468
アードレイ（Ardrey, R.） 410
アリストテレス（Aristotle，前384-322；古代ギリシア・哲学） 5, 381
アレン（Allen, W. 1935- ；米・映画監督／俳優） 226, 384
アーレント（Arendt, H. 1906-1975；独→米・哲学） 212
ヴァーノン（Vernon, P. 1905-1987；英→加・心理学） 138
ヴィゴツキー（Vygotsky, L. S. 1896-1934；露、ソ連・心理学） 32
ウィーゼル（Wiesel, T. N. 1925- ；スウェーデン→米・生理学） 224
ウィトゲンシュタイン（Wittgenstein, L. 1889-1951；墺→英・哲学） 369
ウェルトハイマー（Wertheimer, M. 1880-1943；チェコ→独→米・心理学） 317
ウェルニッケ（Wernicke, C. 1848-1905；独・神経学） 115
ウェルマン（Wellman, H.；米・心理学） 167, 176
ヴォルテール（Voltaire 1694-1778；仏・哲学） 341
ヴント（Wundt, W. 1832-1920；独・心理学） 4
エイヤー（Ayer, A. J. 1920-1989；英・哲学） 262
エスターソン（Esterson, A. 1923-1999；英・精神科医） 267-268, 281
エッジワース（Edgeworth, F. Y. 1845-1926；英・数理経済学） 254
エドワーズ（Edwards, W. 1927-2005；米・心理学） 244
オーウェル（Orwell, G. 1903-1950；英・作家） 348
オースティン（Austin, J. L. 1911-1960；英・哲学） 381

■カ行

ガザニガ（Gazzaniga, M. S. 1939- ；米・心理学） 112
カスパロフ（Kasparov, G. 1963- ；ソ連、露・チェス名人） 305, 327
カーネマン（Kahneman, D. 1934- ；イスラエル→米；心理学） 7, 25, **223**, 305, 477
カフカ（Kafka, F. 1883-1924；チェコ・作家） 276
カミュ（Camus, A. 1913-1960；仏・作家） 276
カラジッチ（Karadic, R. 1945- ；ボスニア・政治家） 468
ガルバーニ（Galvani, L. 1737-1798；伊・生理学） 303
ガルブレイス（Galbraith, J. K. 1908-2006；米・経済学） 227
ガレノス（Galen 129?-199；古代ギリシア・医学） 131, 146
カント（Kant, I. 1724-1804；独・哲学） 88, 106
ギゼリ（Ghiselli, E. 1907-1980；米・心理学） 239
キッツィンジャー（Kitzinger, S. 1929- ；英・社会人類学） 57
キッシンジャー（Kissinger, H. A. 1923- ；米・政治家） 402
ギャランター（Galanter, E. 1925- ；米・心理学） 310
キューブリック（Kubrick, S. 1928-1999；米・映画監督） 309
ギリガン（Gilligan, C. 1936- ；米・心理学） 48
キルケゴール（Kierkegaard, S. A. 1813-1855；デンマーク・哲学） 276
グッドマン（Goodman, N. 1906-1998；米・哲学） 66, 74-76
クーパー（Cooper, D. 1931-1986；南アフリカ・精神科医） 262-263, 267, 276, 281, 294
クライン（Klein, N. ） 290-291
クライン（Kline, P. 1937-1999；英・心理学） 5, 160, 466-467
クリントン（Clinton, B. 1946- ；米・政治家） 379
クレア（Clare, A. 1942-2007；アイルランド・精神科医） 271
クレッチマー（Kretschmer, E. 1888-1964；独・精神医学） 146
クレペリン（Kraeplin, E. 1856-1926；独・精神医学） 160, 264-266
クワイン（Quine, W. V. O. 1908- ；米・分析哲学） 76
クーン（Kuhn, T. 1922-1996；米・科学史） 8-9, 11
ゲシュウィンド（Geschwind, N. 1926-1984；米・神経学） 111-112, 116
ケラー（Keller, F. 1899-1996；米・心理学） 354, 356
ケーラー（Köhler, W. 1887-1967；独→米・心理学） 353

ゲーリング（Goering, H. W. 1893–1946；独・政治家） 468
ゴークラン（Gauquelin, M. 1928–1991；仏・心理学） 130–131, 155, 161
コペルニクス（Copernicus, N. 1473–1543；ポーランド・天文学） 4, 340
ゴールドスタイン（Goldstein, K. 1878–1965；独・神経学） 236–237
コンスタンティノープル（Constantinople, A. ；米・心理学） 47
ゴンペルツ（Gompertz, J. ） 392

■サ行

ザイアンス（Zajonc, R. 1923– ；ポーランド→米・心理学） 122, 166
サイモン（Simon, H. 1916–2001；米・心理学） 7, 224, **305**, 463, 469, 474, 476–478
サス（Szasz, T. 1920– ；ハンガリー・精神科医） 263, 268, 459
サーストン（Thurstone, L. L. 1887–1955；米・心理学） 149
サッカレー（Thackeray, W. M. 1811–1863；英・作家） 350
サックス（Sacks, O. 1933– ；英・神経医学） 103
サーバー（Thurber, J. 1921–1989；米・作家） 382
サハロフ（Sakharov, A. 1921–1989；ソ連・物理学） 402
サルキンド（Salkind, A. 1921–1997；ポーランド→仏・映画製作） 228
サルトル（Sartre, J.–P. 1905–1980；仏・哲学） 263, 275–276
シアーズ（Sears, R. ；1908–1989；米・心理学） 171
ジェームズ（James, W. 1842–1910；米・心理学） 4, 106–108, 119–20, 183, 300, 375
ジェームズ（James, O. 1953– ；英・心理学） 3
シェリントン（Sherrington, C. S. 1857–1952；英・生理学） 303, 351, 353, 355
ジェンセン（Jensen, A. 1923– ；米・心理学） 130, 149–152
シャトネー（Châtenay, V. ；スイス・ピアジェ夫人） 164
シャランスキー（Scharansky, N. 1948；ソ連→イスラエル・政治家） 380, 402–403
ジューヴェ（Jouver, M. 1925– ；仏・医学） 24, 460
ジュネ（Genet, J. 1910–1986；仏・作家） 453
シュミット（Schmidt, E. E. ） 155–156
シュワーダー（Schwader, R. ；文化人類学） 52
シュワルツェネッガー（Schwarzenegger, A. 1947– ；墺→米・俳優／政治家） 335

ジョーダン（Jordan, N.） 7, 8
ショックレー（Shockley, W. 1910-1989；米・物理学） 130
ショッター（Shotter, J. ；英→米・心理学） 13
ジョーンズ（Jones, N. B.） 426
ジンバルド（Zimbardo, P. 1933-　；米・心理学） 3, 6, 10, 72, 166, **431**, 460, 462, 467-470
スキナー（Skinner, B. F. 1904-1990；米・心理学） 7, 11, 13, 18-20, 22-23, 69, 72, 79, 85, 97-98, 174, 306, 315, **333**, 463, 466-467, 469, 474-475
スタンバーグ（Sternberg, R. J. 1949-　；米・心理学） 158
ストリンドベリ（Strindberg, A. 1849-1912；スウェーデン・作家） 272
スピアマン（Spearman, C. E. 1863-1945；英・心理学） 136, 149, 151
スピノザ（Spinoza, B. de 1632-1677；蘭・哲学） 88, 103-104, 110, 113-114, 120, 474
スペリー（Sperry, R. 1913-1994；米・神経学） 224
スペンス（Spence, K. 1907-1996；米・心理学） 148
スレーター（Slater, E. 1904-1983；英・精神医学） 154
セシ（Ceci, S. 1950-　；米・心理学） 471
ゼルツ（Selz, O. 1881-1943；独・心理学） 325
ソープ（Thorpe, B. 1902-1986；英・動物学） 423
ソフォクレス（Sophocles, E. A. 前496-406；古代ギリシア・詩人） 275
ソンドハイム（Sondheim, S. 1930-；米・作詞作曲家） 431

■タ行

ダーウィン（Darwin, C. R. 1809-1882；英・生物学） 362, 406, 416
タジフェル（Tajfel, H. 1919-1982；ポーランド→英・心理学） 24, 475
タネン（Tannen, D. 1945-　；米・言語学） 25, **379**, 434, 461-462, 469-470, 475, 476
ダマシオ（Damásio, A. R. 1944-　；ポルトガル→米・神経医学） 25, **103**, 474
チェイン（Chein, I. 1912-1981；米・心理学） 13
チェスタートン（Chesterton, G. K. 1874-1936；英・作家） 350
チャーチランド（Churchland, P. 1943-　；加・哲学） 14, 459
チョムスキー（Chomsky, N. 1928-　；米・言語学） 7, 11, 13, 24-25, **65**, 344-346, 363-364, 386, 467, 469
ティチェナー（Titchener, E. B. 1867-1927；英・心理学） 354
テイラー（Taylor, C. 1931；加・哲学）

13, 19, 21–22
ティンバーゲン（Tinbergen, N. 1907–1988；蘭→英・動物学） 7, 224, 305, **405**, 478
デカルト（Descartes, R. 1596–1650；仏・哲学） 5, 88–89, 103–104, 108, 113, 122, 474
デ・フロート（de Groot, A. 1914–2006；蘭・心理学） 308
トヴァスキー（Tversky, A. 1937–1996；米・心理学） 224–225, 228, 230–232, 240, 244–248, 250–251
トゥルーブラッド（Trueblood, C. ） 354
トスカニーニ（Toscanini, A. 1867–1957；伊・指揮者） 110
ドストエフスキー（Dostoevsky, F. M. 1821–1881；露・作家） 350
トールキン（Tolkien, J. R. R. 1892–1973；英・作家） 344

■ナ行

ナイサー（Neisser, U. 1928– ；米・心理学） 171
ニーチェ（Nietzsche, F. W. 1844–1900；独・哲学） 276
ニューウェル（Newell, A. 1927–1992；米・コンピュータ科学） 305, 308–310
ニュートン（Newton, I. 1642–1727；英・物理学） 4, 132, 156
ノイマン（Neumann, J. von 1903–1957；ハンガリー→米・数学） 308

■ハ行

ハイゼンベルク（Heisenberg, W. K. 1901–1976；独・物理学） 156–157
ハイデッガー（Heidegger, M. 1889–1976；独・哲学） 276
ハインロート（Heinroth, O. 1871–1945；独・動物学） 416
パウエル（Powell, E. 1912–1998；英・政治家） 260, 273
ハクスリー（Huxley, J. 1887–1975；英・生物学） 406, 416, 420
バークリー（Berkeley, G. 1685–1753；英・哲学） 5
バークレー（Berkeley, E. 1909–1988；米・コンピュータ科学） 308
パスカル（Pascal, B. 1623–1662；仏・哲学） 235
バーチ（Birch, D. ；米・心理学） 32–33, 35
ハット（Hutt, C. ） 425–426
ハット（Hutt, J. ） 425
ハーディ（Hardy, A. 1896–1985；英・動物学） 408
バート（Burt, C. 1883–1971；英・心理学） 130, 136, 149, 151, 157
ハドソン（Hudson, L. 1933–2005；英・心理学） 10–11, 13, 16, 21, 23–24, 460, 475–476

パブロフ（Pavlov, I. P. 1849–1936；露、ソ連・生理学） 7, 136, 199, 224, 339, 350–351, 354–355
ハリス（Harris, Z. 1909–1982；米・言語学） 66, 74–75, 77, 80–81
ハル（Hull, C. L. 1884–1952；米・心理学） 9, 372, 444
ハレ（Harré, R. 1927– ；ニュージーランド→英・心理学） 450
ハーロー（Harlow, H. 1905–1981；米・心理学） 447
ハンター（Hunter, W. 1889–1954；米・心理学） 351
バンデュラ（Bandura, A. 1925– ；加・心理学） 166
ハント（Hunt, J. M. 1906–1991；米・心理学） 171
ハンフリーズ（Humphreys, G. W.） 324
ピアジェ（Piaget, J. 1896–1980；スイス・発生的認識論） 7, 164–167, 169, 171–175, 179, 185, 227, 256, 380
ピーターセン（Petersen, N.） 364
ビーチ（Beach, F. 1911–1988；米・心理学） 417, 444, 446
ヒポクラテス（Hippocrates 前460–377；古代ギリシア・医学） 146
ピュイセギュール（Puysegur, M. de 1751–1825；仏・催眠研究） 5
ヒューベル（Hubel, D. H. 1926– ；加→米・脳科学） 224
ヒューム（Hume, D. 1711–1776；英・哲学） 5
ファルカス（Falkus, H. 1917– ；英・作家） 412, 427
フィッシャー（Fisher, B. 1943–2008；米→アイスランド・チェス名人） 327
フェスティンガー（Festinger, L. 1919–1989；米・心理学） 24, 432, 448
フォースター（Forster, E. M. 1879–1970；英・作家） 325
フッサール（Husserl, E. 1859–1938；独・哲学） 276
プトレマイオス（Ptolemy 生没年不詳；古代ギリシア・天文学） 4
ブライ（Bly, R. 1924– ；米・作家） 57
ブライアント（Bryant, P. 1937– ；英・心理学） 167
ブラームス（Brahms, J. 1833–1897；独・作曲家） 133, 157
フランクル（Frankl, V. E. 1905–1997；墺・精神医学） 13, 72, **189**, 342, 380, 461, 467–469
フリーデンバーグ（Friedenberg, E. Z.） 266, 282
フリッシュ（Frisch, K. von 1886–1982；墺・動物学） 405
ブリッジマン（Bridgman, P. W. 1882–1961；米・物理学） 355
プリブラム（Pribram, K. 1919– ；墺

→米・心理学） 310
フリン（Flynn, J. R. 1934- ；ニュージーランド・心理学） 168
プリングル（Pringle, J. W. S. 1912- ；英・動物学） 424
ブルーナー（Bruner, J. 1915- ；米・心理学） 171, 426
フレイヴル（Flavell, J. H. 1928- ；米・心理学） 25, **163**, 380, 463
フロイト（Freud, S. 1856-1939；墺→英；精神分析学） 12-13, 18, 105, 160, 174, 189-190, 193-194, 198-204, 209, 241, 272, 276, 335, 359, 382, 463, 468
ブローヴァーマン（Broverman, D. M. ；米・心理学） 47
ブローヴァーマン（Broverman, I. K. ；米・心理学） 47
ブローカ（Broca, P. P. 1824-1980；仏・神経医学） 105, 115
フロスト（Frost, R.L. 1874-1963；米・作家） 349, 475
ブロードベンド（Broadbent, D. 1926-1993；英・心理学） 9, 12-13, 22, 94, 459, 463, 472
ヘッブ（Hebb, D. O. 1904-1985；加・心理学） 314
ベム（Bem, D. ；米・心理学） 28, 32-33, 35, 52-53
ベム（Bem, S. 1944- ；米・心理学） 14, **27**, 384, 389, 469-470
ヘルツベルク（Herzberg, A. ；独・精神科医） 128, 144
ヘルムホルツ（Helmholtz, H. L. F. von 1821-1894；独・生理学） 5
ベンサム（Bentham, J. 1748-1832；英・哲学） 254, 351
ペンフィールド（Penfield, W. 1891-1976；加・神経外科学） 116
ホイットマン（Whitman, C. O. 1842-1910；米・動物学） 406
ボーヴォワール（Beauvoir, S. de 1908-1986；仏・作家） 379
ホヴランド（Hovland, C. 1912-1961；米・心理学） 444, 446
ポパー（Popper, K. 1902-1994；墺→英・哲学） 475
ホランド（Holland, C. ；米・心理学） 317
ポーリング（Pauling, L. C. 1901-1994；米・化学） 133, 159
ホールジー（Halsey, A. H. 1923- ；英・社会学） 424
ボルタ（Volta, A. 1745-1827；伊・物理学） 303
ホルト（Holt, R. R. ） 19
ポアンカレ（Poincaré, J.-H. 1854-1912；仏・数学） 355, 476

■マ行

マクドゥーガル（McDougall, W. 1871-1938；英・心理学） 406, 415

マグナス（Magnus, R.） 351
マクレランド（McClelland, D. 1917–1998；米・心理学） 17–18, 77, 135, 277, 350–351, 467–468, 475
マコビー（Maccoby, E. 1917– ；米・心理学） 166
マズロー（Maslow, A. 1908–1970；米・心理学） 13, 190–191, 197, 219, 461–462
マッハ（Mach, E, 1838–1916；墺・物理学） 355
マードック（Murdoch, R. 1931；オーストラリア→米・メディア企業社主） 6
マホニー（Mahoney, M. J. 1946–2006；米・臨床心理学） 20
マルクス（Marx, K. H. 1818–1883；独・思想家） 276
ミケッシュ（Mikes, G. 1912–1987；ハンガリー→英・作家） 127
ミッシェル（Mischel, W. 1940– ；墺→米・心理学） 159, 242
ミラー（Miller, G. 1920– ；米・心理学） 310–311, 317
ミラー（Miller, N. 1909–2002；米・心理学） 475
ミール（Meehl, P. E. ；米・心理学） 240
ミル（Mill, J. S. 1806–1873；英・哲学） 5
ミルグラム（Milgram, S. 1933–1984；米・心理学） 434, 450, 453
メイ（May, R. 1909–1994；米・臨床心理学） 290
メダワー（Medawar, P. B. 1915–1987；英・動物学） 417
メニンジャー（Menninger, K. 1893–1990；米・精神分析学） 459
メルロ＝ポンティ（Merleau–Ponty, M. 1908–1961；仏・哲学） 276
メンデル（Mendel, G. J. 1822–1884；墺・植物学） 156
モイニハン（Moynihan, M. 1928–1996；米・生物学） 420
モニス（Moniz, A. E. 1874–1955；ポルトガル・脳外科医） 118
モリス（Morris, D. 1928– ；英・動物学） 410, 413, 424

■ヤ行

ヤノフ（Janov, A. 1924– ；米・臨床心理学） 290
ユドキン（Yudkin, J. 1910–1884；英・生理学） 159
ユング（Jung, C. G. 1875–1961；スイス・精神医学） 13, 38, 146, 276–277

■ラ行

ライヒ（Reich, W. 1897–1957；墺→米・精神分析学） 192, 274
ライプニッツ（Leibniz, G. W. 1646–1716；独・哲学） 88–89, 203

ライル（Ryle, G. 1900–1976；英・哲学） 373–374
ライン（Rhine, J. B. 1895–1980；米・超心理学） 155–156, 459
ラシュレー（Lashley, K. S. 1890–1958；神経心理学） 352, 415
ラックマン（Rachman, S.） 141
ラッセル（Russel, B. 1872–1970；英・哲学） 309–310, 410
ラパポート（Rapaport, D. 1911–1960；ハンガリー→米・臨床心理学） 241
ラ・メトリー（La Mettrie, J. O. de 1709–1751；仏・哲学） 372
リッチ（Rich, A. 1929– ；米・詩人） 48–49
リンゼー（Lindsay, O.） 357
ルイス（Lewis, A. J. 1900–1975；英・精神医学） 127, 140
ルソー（Rousseau, J.–J. 1712–1778；仏・思想家） 343
ルリア（Luria, A. R. 1902–1977；露、ソ連・心理学） 32
レイコフ（Lakoff, R.） 386–387
レイボウィッツ（Leibowitz, Y. 1903–1994；イスラエル・生理学） 236
レイン（Laing, A.） 259, 303
レイン（Laing, R. D. 1927–1989；英・精神科医） 23–24, 99, **259**, 461, 467–468
レヴィ＝ストロース（Lévi–Strauss, C. 1908– ；仏・文化人類学） 280
レヴィン（Lewin, K. 1890–1947；独→米・心理学） 236
レスター（Lester, M. 1885–1968；英・社会改良家） 298
ロイポルト－ローウェンタール（Leupold–Lowenthal, H.） 24
ロウ（Roe, A 1904–1991；米・臨床心理学） 16–17, 469
ロジャーズ（Rogers, C. 1902–1987；米・臨床心理学） 13, 17, 19, 129, 163, 465
ローズ（Rose, S. 1938– ；英・生物学） 154
ロダン（Rodin, F. A. R. 1840–1917；仏・彫刻家） 184
ロック（Locke, J. 1632–1704；英・哲学） 69, 106
ローブ（Loeb, J. 1859–1924；独→米・生理学） 351
ローレンツ（Lorenz, K. 1903–1989；墺・動物学） 7, 224, 305, 405, 407, 409–410, 413, 416, 421–424, 429

■ワ行

ワトキンス（Wartkins, J.） 296
ワトソン（Watson, J. B. 1878–1958；米・心理学） 3, 199, 339, 349–352, 364, 415, 463, 465, 468, 477
ワーナー（Werner, H. ；米・心理学） 169

事項索引

■さ行

■ま行

■や行

■ら行

■わ行

文　献

Ardrey, R.（1967）*The Territorial Imperative: A Personal Inquiry into the Animal Origins of Property and Nations.* Collins.

Bem, S.（1974）The measurement of psychological androgyny.*Journal of Consulting and Clinical Psychology, 42,* 155–62.

Bem, S.（1993）*The Lenses of Gender.* Yale University Press.［サンドラ・L・ベム／福富護訳（1999）『ジェンダーのレンズ：性の不平等と人間性発達』川島書店］

Borger, R.and Cioffi, F.（eds.）（1970）*Explanation in the Behavioural Sciences.* Cambridge University Press.

Broadbent, D. E.（1961）*Behaviour.* Eyre and Spottiswoode.

Broadbent, D. E.（1974）*In Defence of Empirical Psychology.* Methuen.

Chein, I.（1972）*The Science of Behaviour and the Image of Man*. Tavistock Publications.

Chomsky, N.（1957）*Syntactic Structures.* Mouton.［ノーム・チョムスキー／勇康雄訳（1963）『文法の構造』研究社出版］

Chomsky, N.（1959）Review of Verbal Behaviour by B. E. Skinner. *Language, 35,* 26–58.

Chomsky, N.（1966）*Cartesian Linguistics.* Harper & Row.［ノーム・チョムスキー／川本茂雄訳（2000）『デカルト派言語学：合理主義思想の歴史の一章』みすず書房］

Chomsky, N.（1968）*Language and Mind.* Harcourt Brace and World.［ノーム・チョムスキー／川本茂雄訳（1996）『言語と精神』河出書房新］

Chomsky, N.（1996）*The Nature of Language and Mind*. Cambridge University Press.

Clare, A.（1992）*In the Psychiatrist's Chair.* Heinemann.

Cohen, D.（1990）*Being a Man.* Routledge.

Cohen, D.（2000）*Carl Rogers: A Critical Biography.* Constable & Robinson.

Cohen, D.（2002）*How the Child's Mind Develops.* Routledge.

Cooper, D.（1967）*Psychiatry and Anti–Psychiatry.* Tavistock Publications.［D・クーパー／野口昌也・橋本雅雄訳（1974）『反精神医学』岩崎学術出版社］

Cooper, D.（1972）*Death of the Family.* Penguin.［デーヴィッド・クーパー／塚本嘉壽・笠原嘉訳（2000）『家族の死』みすず書房］

Damasio, A.（1994）*Descartes' Error: Emotion, Reason and the Human Brain.* Avon Books.［アントニオ・R・ダマシオ／田中三彦訳（2000）『生存する脳：心と脳と身体の神秘』講談社］

Damasio, A.（2000）*The Feeling of What Happens.* Vintage.［アントニオ・R・ダマシオ／田中三彦訳（2003）『無意識の脳　自己意識の脳：身体と情動と感情の神秘』講談社］

Damasio, A.（2003）*Looking for Spinoza.* Random House.［アントニオ・R・ダマシオ／田中三彦訳（2005）『感じる脳：情動と感情の脳科学　よみがえるスピノザ』ダイヤモンド社］

Dennett, D.（1992）*Consciousness Explained.* Little, Brown.［ダニエル・C・デネット／山口泰司訳（1998）『解明される意識』青土社］

Eysenck, H. J.（1952）The effects of psychotherapy and evaluation. *Journal of Consulting Psychology, 16*（5）, 319–24.

Eysenck, H. J.（1953）*The Scientific Study of Personality.* Routledge & Kegan Paul.

Eysenck, H. J.（1964）*Crime and Personality.* Routledge & Kegan Paul.［H・J・アイゼンク／ＭＰＩ研究会訳（1966）『犯罪とパーソナリティ』誠信書房］

Eysenck, H. J.（1967）*The Biological Basis of Personality.* University of Chicago Press.

Eysenck, H. J.（1986）*The Decline and Fall of the Freudian Empire.* Penguin.［H・J・アイゼンク／宮内勝他訳（1988）『精神分析に別れを告げよう：フロイト帝国の衰退と没落』批評社］

Eysenck, H. J.（1990）*Rebel with a Cause.* W. H. Allen.

Flavell, J.（1964）*The Developmental Psychology of Jean Piaget.* Van Nostrand Reinhold.［フラベル／岸本弘・岸本紀子・植田郁朗訳（1969–1970）『ピア

ジェ心理学入門　上下』明治図書出版]

Frankl, V.（1964）*Man's Search for Meaning: An Introduction to Logotherapy.* Hodder.［ヴィクトール・E・フランクル／池田香代子訳（2002）『夜と霧』みすず書房]

Frankl, V.（1986）*The Doctor and the Soul.* Vintage.［ヴィクトール・E・フランクル／霜山徳爾訳（1985）『死と愛：実存分析入門』みすず書房]

Freidenberg, E. Z.（1973）*Laing.* Fontana.

Freud, S.（1900；reprinted 1991）*The Interpretation of Dreams.* Penguin.［フロイト／新宮一成訳（2007）『夢解釈：1900年』フロイト全集＜4＞，岩波書店]

Freud, S.（1922）*Beyond the Pleasure Principle.* International Psycho-Analytical Press.［フロイト／須藤訓任・藤野寛訳（2006）『不気味なもの、快原理の彼岸、集団心理学：1919 - 22年』フロイト全集＜17＞，岩波書店]

Harris, Z.（1951）*Methods in Structural Linguistics.* University of Chicago Press.

Holt, R. R.（1962）Individuality and generalisation in the psychology of personality. *Journal of Personality, 30,* 377–404.

Hudson, L.（1966）*Contrary Imaginations: A Psychological Study of the English Schoolboy.* Methuen.

Hudson, L.（1972）*The Cult of the Fact.* Jonathan Cape.

Hudson, L.（1975）*Human Beings.* Anchor Press.

Jordan, N.（1968）*Themes in Speculative Psychology.* Tavistock Publications.

Kahneman, D.（1973）*Attention and Effort.* Prentice Hall.

Kahneman, D.（2002）*Autobiography for Nobel Prize.* Swedish Academy of Sciences.

Kahneman, D.（2003）*Well Being.* Russell Sage Foundation.

Kahneman, D.and Tversky, A.（1973）On the psychology of prediction. *Psychological Review, 80,* 237–257.

Kahneman, D.and Tversky, A.（1996）On the reality of cognitive illusions: A reply to Gigerenzer's critique, *Psychological Review, 103,* 582–591.

Kahneman, D.and Tversky, A.（2000）*Choices, Values and Frames.* Cambridge University Press.

Kendler, H. H.（1981）*A Science in Conflict.* Oxford University Press.

Kline, P.（1988）*Psychology Exposed.* Routledge.

Kuhn, T.（1962）*The Structure of Scientific Revolutions.* University of Chicago Press.［トーマス，クーン／中山茂訳（1971）『科学革命の構造』みすず書房］

Laing, A.（1994）*R. D. Laing.* Peter Owen.

Laing, R. D. and Cooper, D.（1950–1960）*Reason and Violence: A Decade of Sartre's Philosophy.* Tavistock,［R・D・レイン，D・G・クーパー／足立和浩訳（1973）『理性と暴力：サルトル哲学入門』番町書房］

Laing, R. D. and Esterson, A.（1964）*Sanity, Madness, and the Family.* Tavistock.［R・D・レイン，A・エスターソン／笠原嘉・辻和子訳（1972）『狂気と家族』みすず書房］

Laing, R. D.（1960）*The Divided Self.* Penguin.［R・D・レイン／阪本健二他訳（1971）『ひき裂かれた自己：分裂病と分裂病質の実存的研究』みすず書房］

Laing, R. D.（1967）*The Politics of Experience.* Penguin.［R・D・レイン／笠原嘉・塚本嘉壽訳（2003）『経験の政治学』みすず書房］

Laing, R. D.（1972）*Knots.* Penguin.［R・D・レイン／村上光彦訳（1997）『結ぼれ』みすず書房］

Laing, R. D., Phillipson, H., and Lee, A. R.（1966）*Interpersonal Perception: A Theory and a Method of Research.* Tavistock.

Lorenz, K.（1966）*On Aggression.* Harcourt, Brace & World.［コンラート・ローレンツ／日高敏隆・久保和彦訳（1985）『攻撃：悪の自然誌』みすず書房］

Mahoney, M.（1976）Seekers after truth. *Psychology Today,* April.

Maslow, A. H.（1973）*Farther Reaches of Human Nature.* Penguin.［A・H・マスロー／上田吉一訳（1973）『人間性の最高価値』誠信書房］

McClelland, D.（1973）The two faces of power. in D. McClelland and R. S. Steele（eds.）, *Readings in Human Motivation,* General Learning Press.

Milgram, S.（1974）*Obedience to Authority: An Experimental View.* HarperCollins.［S・ミルグラム／岸田秀訳（1995）『服従の心理：アイヒマン実験』河出書房新社］

Miller, G.A., Galanter, E., and Pribram, K. H.（1986）*Plans and the Structure of Behavior.* Adams Bannister Cox.［G・A・ミラー他／十島雍蔵他訳（1980）

『プランと行動の構造：心理サイバネティクス序説』誠信書房]
Mischel, W.（1961 a）Preference for delayed reinforcement and social–responsibility. *Journal of Abnormal and Social Psychology, 62,* 1 –15.
Mischel, W.（1961b）Delay of gratification, need for achievement, and acquiescence in another culture. *Journal of Abnormal and Social Psychology, 62,* 543–560.
Morris, D.（1967）*The Naked Ape: A Zoologist's Study of the Human Animal.* Dell Pub.［デズモンド・モリス／日高敏隆訳（1999）『裸のサル：動物学的人間像』角川書店］
Piaget, J.（1960）*The Psychology of Intelligence.* Routledge & Paul.［ジャン・ピアジェ／波多野完治・滝沢武久訳（1989）『知能の心理学』みすず書房］
Polanyi, M.（1971）*Knowing and Being.* Routledge & Kegan Paul.［マイケル・ポラニー著，M・グリーン編／佐野安仁他監訳（1985）『知と存在：言語的世界を超えて』晃洋書房］
Popper, K.（1968）*The Logic of Scientific Discovery.* Hutchinson. originally published in German in 1934.［カール・R・ポパー／大内義一・森博訳（1971–1972）『科学的発見の論理　上下』恒星社厚生閣］
Richardson, K.（1989）*Understanding Psychology.* Open University Press.
Roe, A.（1953）A comparative psychological study of eminent psychologists and anthropologists and a comparision with biological and physical scientists. *Genetic Psychological Monographs, 67,* no.352.
Rosenberg, M.（1965）When dissonance fails, *Journal of Personality and Social Psychology, 1,* 28.
Rowan, J.（1988）*Sub–Personalities.* Routledge.
Ryle, G.（1949）*The Concept of Mind.* Hutchinson.［ギルバート・ライル／坂本百大・宮下治子・服部裕幸訳（1987）『心の概念』みすず書房］
Shotter, J.（1975）*Images of Man in Psychological Research.* Methuen.
Simon, H.（1991）*Models of My Life.* Basic Books.［ハーバート・A・サイモン／安西祐一郎・安西徳子訳（1998）『学者人生のモデル』岩波書店］
Skinner, B. F.（1976）*Walden Two.* Macmillan.［B・F・スキナー／宇津木保・うつきただし訳（1983）『ウォールデン・ツー：森の生活：心理学的ユートピア』誠信書房］

Skinner, B. F.（1953）*Science and Human Behavior*. Macmillan.［B・F・スキナー／河合伊六他訳（2003）『科学と人間行動』二瓶社］

Skinner, B. F.（1957）*Verbal Behavior*. Prentice Hall.

Skinner, B. F.（1972）*Beyond Freedom and Dignity*. Jonathan Cape.［B・F・スキナー／波多野進・加藤秀俊訳（1972）『自由への挑戦：行動工学入門』番町書房］

Skinner, B. F,（1976）*Particulars of My Life*. Knopf.

Spearman, P.（1927）*The Abilities of Man: Their Nature and Measurement*. The Macmillan Company.

Szasz, T.（1960）The myth of mental illness. *American Psychologist,15,* 113–18.

Tannen, D.（1986）*That's Not What I Meant!: How Conversational Style Makes or Breaks Your Relations with Others*. Morrow.［デボラ・タネン／田丸美寿々・金子一雄訳（1995）『「愛があるから…」だけでは伝わらない：わかりあえるための話し方10章』講談社］

Tannen, D.（1992）*You Just Don't Understand: Women and Men in Conversation*. Virago Press.［デボラ・タネン／田丸美寿々訳（2003）『わかりあえる理由わかりあえない理由：男と女が傷つけあわないための口のきき方８章』講談社］

Tannen, D.（1994）*Gender and Discourse*. Oxford University Press.

Tannen, D.（1994）*Talking from 9 to 5* ：*How Women's and Men's Conversational Styles Affect Who Gets Heard, Who Gets Credit, and What Gets Done at Work*. Morrow.［デボラ，タネン／田丸美寿々・金子一雄訳（2001）『どうして男は、そんな言い方　なんで女は、あんな話し方：男と女の会話スタイル9 to 5』講談社］

Tannen, D.（1998）*The Argument Culture: Moving from Debate to Dialogue*. Random House.

Tannen, D.（2003）*I Only Say This Because I Love You*. Virago Press.

Taylor, C.（1964）*The Explanation of Behaviour*. Routledge & Kegan Paul.

Tversky, A.（1977）Features of similarity. *Psychological Review*, *84*（4）, 327–352.

Tversky, A. and Kahneman, D.（1974）Judgment under uncertainty: Heuristics and biases, *Science, 185,* 1124–1131.

Watson, J. B.（1913）Psychology as the behaviorist views it. *Psychological Review, 20,* 158–177.

Zimbardo, P. and Gerrig, R.（2002）*Psychology and Life.* Allyn and Bacon.

Zimbardo, P.and Huggins, M.（2002）*Violence Workers: Police Torturers and Murderers Reconstruct Brazilian Atrocities.* University of California Press.